Paul Hoffmann

Studien zur Frühgeschichte der Jesus-Bewegung

W0322203

Stuttgarter Biblische Aufsatzbände
17

Herausgegeben von
Gerhard Dautzenberg und Norbert Lohfink

Paul Hoffmann

Studien zur Frühgeschichte der Jesus-Bewegung

Verlag Katholisches Bibelwerk GmbH, Stuttgart

Die Deutsche Bibliothek – CIP-Einheitsaufnahme

Hoffmann, Paul:
Studien zur Frühgeschichte der Jesus-Bewegung / Paul Hoffmann. –
2. Aufl. – Stuttgart: Verl. Kath. Bibelwerk, 1995
(Stuttgarter biblische Aufsatzbände; 17: Neues Testament)
ISBN 3-460-06171-5

NE: Hoffmann, Paul: [Sammlung]: GT

Alle Rechte vorbehalten
© 1994 Verlag Katholisches Bibelwerk GmbH, Stuttgart
Satz: Hagedornsatz, Berlin
Druck und Bindung: J. F. Steinkopf Druck GmbH, Stuttgart

Den alten und neuen Freunden der Bamberger Jahre

Inhaltsverzeichnis

Vorwort

Der vorliegende Sammelband enthält exegetische Untersuchungen und Vorträge aus den Jahren meiner Lehrtätigkeit in Bamberg. Ihre drei Themenkreise: Verkündigung Jesu, Ostern und die Anfänge der Christologie, neutestamentliche Gemeindemodelle folgen Schwerpunkten der Arbeit dieser Jahre. Sie ergaben sich eher zufällig, sind aber doch gleichzeitig auch Antwort auf aktuelle Herausforderungen. Ihr gemeinsames Ziel ist es, den Blick auf die sensible Phase des Anfangs zu lenken, in der dem rückschauenden Auge der Ursprung jener Geschichte, auf die sich die christlichen Kirchen heute zurückführen möchten, sichtbar werden kann, zugleich mit den Schatten, die die Jesus-Bewegung offensichtlich schon von Anfang an begleiteten.

Ich widme den Band den alten und den neugewonnenen Freunden der Bamberger Zeit in und außerhalb des universitären Bereichs, die unter der zunehmenden Banalisierung des postkonziliaren Katholizismus das Leben erträglicher und die Arbeit sinnvoller machten. Manche von ihnen waren – direkt oder indirekt – mit ihren Ideen, Fragen und Rückfragen an den hier entwickelten Überlegungen beteiligt. So gehört ihnen mein Dank.

Entsprechend dem dokumentarischen Charakter der Reihe werden die Beiträge – abgesehen von einigen stilistischen oder kleineren Korrekturen – unverändert abgedruckt, das gilt auch für die Vorträge. Wo sich meine Auffassung wesentlich geändert hat, habe ich meine jetzige Position durch einen Zusatz kenntlich gemacht. Die bibliographischen Nachweise wurden vor allem im ersten Teil gekürzt, um die Anmerkungen zu entlasten. Auf Literaturnachträge wurde in der Regel schon mit Rücksicht auf den beschränkten Umfang des Bandes verzichtet. Dipl.-Theol. Thomas Hieke erstellte freundlicherweise das Register.

Mein Dank gilt dem Freund und Herausgeber der Reihe Gerhard Dautzenberg, dem Lektorat des Verlags Katholisches Bibelwerk und den Setzern, den Mitarbeiterinnen und Mitarbeitern in Bamberg, nicht zuletzt auch für ihre Geduld.

Bamberg, März 1994 Paul Hoffmann

I. Perspektiven der Verkündigung Jesu

Jesu einfache und konkrete Rede von Gott

1. Die Einheit von Wort und Tat

153 Wie jeder Versuch, die historische Gestalt Jesu zu erfassen und zu verstehen, steht auch der folgende Beitrag aufgrund der Quellenlage vor besonderen Schwierigkeiten, die bedacht sein wollen, soll diese Rückfrage nicht zu einer Fahrt ins Blaue werden. Jesus ist uns

---

Generell verweise ich auf die entsprechenden Abschnitte der neutestamentlichen Theologien, der Jesus-Bücher und Gleichnisauslegungen sowie auf die einschlägigen Artikel des ThWNT, bes. III 65–123.999–1034; V 948–1016; X/2 (Literaturnachträge) 945.1008–1014.1150–1152.1225. Grundlegend für die neuere Diskussion in Auseinandersetzung mit älteren Fragestellungen ist *W. G. Kümmels* Aufsatz: Die Gottesverkündigung Jesu und der Gottesgedanke des Spätjudentums: Judaica 1 (1945) 40–68 (= *ders.*, Heilsgeschehen und Geschichte. Gesammelte Aufsätze, Marburg 1965, 107–125). Zum Thema nenne ich über die in den Anmerkungen zitierte Literatur hinaus besonders: *J. A. Baird,* The Justice of God in the Teaching of Jesus, Philadelphia 1963; *J. Blank,* Jesus von Nazareth. Geschichte und Relevanz, Freiburg 1972; *G. Bornkamm,* Mensch und Gott in der griechischen Tragödie und in der urchristlichen Botschaft, in: *ders.,* Das Ende des Gesetzes, München 1952, 173–195; *ders.,* Mensch und Gott in der griechischen Antike, in: Studien zu Antike und Christentum. Ges. Aufs. II, München 1959, 9–46; *H. Braun,* Spätjüdisch-häretischer und frühchristlicher Radikalismus (BHTh 24) Tübingen 1957; *ders.,* Wie man über Gott nicht denken soll. Dargelegt an Gedankengängen Philos von Alexandria, Tübingen 1971; *G. Haufe,* Gott in der ältesten Jesustradition: Die Zeichen der Zeit 24 (1970) 201–206; *E. Käsemann,* Der Ruf der Freiheit, Tübingen 1968 (bes. 28–58: War Jesus liberal?); *H. Kessler,* Erlösung und Befreiung, Düsseldorf 1972; *W. Marxsen,* Anfangsprobleme der Christologie, Gütersloh 1960; *H. Peukert,* Wissenschaftstheorie – Handlungstheorie – Fundamentale Theologie, Düsseldorf 1976 (bes. 294–302); *K. Schäfer,* Jesu „indirekte" und „praktische" Rede von Gott: Conc 8 (1972) 424–428; *ders.,* Warum fragen wir nach dem Gott Jesu?: IntDialZ 6 (1973); *R. Schäfer,* Jesus und der Gottesglaube, Tübingen 1970; *E. Schillebeeckx,* Jesus. Die Geschichte von einem Lebenden, Freiburg ^{3}1975 (bes. 102–240); *W. Schrage,* Theologie und Christologie bei Paulus und Jesus auf dem Hintergrund der modernen Gottesfrage: EvTh 36 (1976) 121–154; *W. Trilling,* Die Botschaft Jesu, Freiburg 1978 (bes. 9–56); *A. Vögtle,* Der verkündigende und verkündigte Jesus „Christus", in: *J. Sauer* (Hrsg.), Wer ist Jesus Christus, Freiburg 1977, 27–91 (bes. 34–48).

nur im Spiegel der frühchristlichen Jesusauslegung zugänglich. Das bedeutet: Die Jesusüberlieferung der drei synoptischen Evangelien – vom Johannesevangelium kann faktisch abgesehen werden, da in ihm die historischen Traditionen fast vollständig von theologischer Reflexion überlagert sind – stellt selbst bereits das Produkt von „historischer" Erinnerung und aktualisierender Verkündigung dar. Es ist nicht nur der historische Jesus, sondern immer auch der Glaube an Jesus, der hier predigend, tröstend, mahnend zu Wort
154 kommt. So wird man alle jene Elemente, die der späteren gemeindlichen Christusverehrung entsprechen, bis zum Beweis des Gegenteils dem historischen Jesus eher ab- als zusprechen. Das gilt z. B. auch für die Unterscheidung von „meinem" und „eurem" Vater oder für die Rede vom Vater und vom Sohn, die gern als Zugang für das Gottes- und Selbstverständnis Jesu gewählt werden. Auch das Vaterunser, in das zahlreiche jüdische Gebetselemente aufgenommen und zu einem „Christengebet" ausgestaltet wurden, kann in den vorliegenden Fassungen des Matthäus- und Lukasevangeliums nicht ohne weiteres auf Jesus zurückgeführt werden[1].

Wir stoßen auf das Profil Jesu gerade dort, wo die Gemeinde auch für sie Anstößiges – nicht ohne den Versuch einer Entschärfung – aufbewahrt hat oder wo Jesus mit seinen jüdischen Zeitgenossen in Konflikt gerät. Dabei ist nicht ausgeschlossen, sondern im Gegenteil vorausgesetzt, daß Jesus in der Kontinuität der Glaubensgeschichte seines Volkes steht. Anders wäre er in seinem geschichtlichen Auftreten nicht zu begreifen, hätte er kaum eine Chance gehabt, von seinen Zeitgenossen verstanden zu werden. Offenbar hatte man ihn jedoch sehr gut verstanden. So gut, daß der Konflikt mit denen unausweichlich wurde, die sich als die Hüter des wahren Glaubens und Sachwalter der rechten Frömmigkeit verstanden. Für sie wurde er zum Übertreter des Gesetzes. Als Aufrührer gegen die geltende Ordnung wurde er schließlich von den Römern hingerichtet[2].

Der Konflikt Jesu mit den führenden Vertretern seines Volkes ist ein Streit um den Gott Israels: Der von ihm neu entdeckte Gott Abrahams, Isaaks und Jakobs steht gegen den „Gott" herrschend

---

[1] Vgl. z. B. *H. Conzelmann,* Grundriß der Theologie des Neuen Testaments, München 1967, 122f, sowie *M. Brocke* (Hrsg.), Das Vaterunser, Freiburg 1974, darin bes. *A. Vögtles* Beitrag, ebd. 165–195.

[2] Vgl. *K. Müller,* Jesus und die Sadduzäer, in: Biblische Randbemerkungen. FS R. Schnackenburg, Würzburg 1974, 3–24, sowie *A. Strobel,* Die Stunde der Wahrheit, Tübingen 1980.

gewordener religiöser Überlieferung und Frömmigkeitspraxis. Dieser Streit verbindet ihn mit den alttestamentlichen Propheten (vgl. Mt 23,29–32/Lk 11,47f).

Jesus tritt nicht als Gesetzeslehrer oder wie ein pharisäischer Rabbi auf, wenngleich er natürlich auch bemüht war, seine Zuhörer in den Dörfern Galiläas zu belehren. Neuere Jesusarbeiten haben mit Recht in Aufnahme religionssoziologischer Einsichten Jesus als prophetisch-charismatischen Außenseiter beschrieben, der durch sein Auftreten die geltenden gesellschaftlichen Ordnungen in Frage stellt[3]. Für ihn ist die Identität von Lehre [155] und Praxis charakteristisch. Der Vermittler ist die Botschaft und die Botschaft ist seine Praxis. Sie dient ihm dazu, sein Wort konkret und anschaulich werden zu lassen. Und das Wort hilft ihm, die Gotteserfahrung, die ihn zu seinem Handeln bewegt, in eine neue, seinem Gott gemäßere Lebenspraxis zu übersetzen oder aber dort, wo er angegriffen wird, diesen Gott rechtfertigend für sein Verhalten in Anspruch zu nehmen. Es ist bezeichnend, daß gerade jene Gleichnisse, die als der klassische Ausdruck jesuanischen Gottesverständnisses gelten, Reaktionen auf Angriffe von Gegnern sind, die an seinem Verhalten Anstoß nahmen (vgl. Lk 15; Mt 20,1–15).

Der Versuch, Jesu Gotteserfahrung und sein Reden von Gott darzustellen, muß diesem Befund Rechnung tragen. Die Praxis Jesu ist der Schlüssel, der uns den Zugang zu seinem Gott erschließt. Diese *seine konkrete Rede von Gott* stellt eine bloß lehrhafte, vertheologisierte Vermittlung seiner Botschaft oder eine verritualisierte christliche Praxis von vornherein in Frage. Wenn Jesu Praxis als der Ort seiner Rede von Gott angesehen werden muß, dann gewinnt auch die christliche Praxis einen neuen Stellenwert. Sie kann nicht nur den Gesetzen der Praktikabilität oder Aktualität, der Organisation und des reibungslosen Funktionierens überlassen bleiben; vielmehr muß sie – gegebenenfalls sogar gegen das politische oder kirchenpolitische Kalkül – als der Bereich ernstgenommen werden, in dem der Gott Jesu vom Menschen *konkret* erfahren werden will.

---

[3] Vgl. z. B. *M. Hengel,* Nachfolge und Charisma (BZNW 34), Berlin 1968, sowie die stärker soziologisch orientierte Darstellung von *A. Holl,* Jesus in schlechter Gesellschaft, Stuttgart 1971.

2. Die Rückkehr nach Galiläa

Einen ersten historisch zuverlässigen Einblick in Jesu „Gottesverständnis“ gewinnen wir aus der Tatsache, daß er sich von Johannes taufen ließ[4]. Wie Jesus in den Jahren vorher den Gott seiner Väter erlebt, wie er von [156] ihm gesprochen hat, ob er durch Frömmigkeit oder sonstwie besonders auffiel, ist aufgrund der Quellenlage nicht mehr auszumachen. Angesichts des religiösen und soziokulturellen Gefälles zwischen Jerusalem/Judäa und Galiläa dürfte der Galiläer Jesus zumindest in der Sicht orthodoxer Kreise kaum als besonders fromm gegolten haben[5]. Die Botschaft des Täufers vom unmittelbar bevorstehenden Zorngericht Gottes riß ihn aus seiner Familie und seinem Beruf heraus und veranlaßte ihn, aus Galiläa wegzugehen. Er schloß sich dem Täufer an, der sich in die judäische Wüste – in seinem Auftreten ganz Verkörperung seiner Botschaft – zurückgezogen hatte. Solche Existenz bedeutete den „Exodus im Sinne des Auszugs aus dem Bestehenden, weil angesichts der drohenden Zukunft nur solche der Nullpunktsituation weitgehend entsprechende Lebenshaltung angemessen“ war[5a]. Die in Mt 3,7–12/Lk 3,7–10.16f erhaltene Täuferpredigt läßt uns die Gewalt der Gotteserfahrung spüren, die den Täufer getroffen hatte. Dieser Gott ist ein verzehrendes Feuer. Vor seinem Gericht schwinden alle Heilsprivilegien Israels und jegliche Standesvorrechte. Bestehen kann nur der, der sich der Forderung einer radikalen Änderung seiner Lebenseinstellung unterwirft. Diese Gotteserfahrung bestimmte offenbar auch Jesus; sie blieb in ihrem Kern für ihn zeitlebens bestehen, auch als er sich vom Täufer abwandte und

---

[4] Zum Folgenden vgl. vor allem *J. Becker,* Täufer. – Siehe jetzt auch *E. Linnemann,* Jesus und der Täufer, in: FS E. Fuchs, Tübingen 1973, 219–236; *F. Lang,* Erwägungen zur eschatologischen Verkündigung Johannes des Täufers, in: Jesus Christus in Historie und Theologie. FS H. Conzelmann, Tübingen 1975, 459–473; *P. Wolf,* Gericht und Reich Gottes bei Johannes und Jesus, in: Gegenwart und kommendes Reich. Schülergabe A. Vögtle, Stuttgart 1975, 43–49; *O. Böcher,* Johannes der Täufer in der neutestamentlichen Überlieferung, in: Rechtfertigung – Realismus – Universalismus in biblischer Sicht. FS A. Köberle, Darmstadt 1978, 45–68.

[5] Vgl. *W. Bauer,* Jesus der Galiläer, in: Festgabe für A. Jülicher, Tübingen 1927, 16–34; *R. Meyer,* Der ʿAm ha-ʾAreṣ. Ein Beitrag zur Religionssoziologie Palästinas im ersten und zweiten nachchristlichen Jahrhundert: Judaica 3 (1947) 169–199; *ders.,* ThWNT V 589f.

[5a] *J. Becker,* Täufer 26.

eigene Wege ging. Sie erlaubt es nicht, den Gott Jesu und seinen Anspruch zu verharmlosen. Vor diesem Gott gibt es kein Ausweichen. Der Mensch wird in eine Krise geführt; es geht um eine Entscheidung, in der er sein Leben endgültig finden oder verlieren kann (Lk 13,1–5; Mk 9,42–48; 8,35 u.a.).

Zwischen diesem Anfang und Jesu späterem Verhalten besteht jedoch ein Bruch. Irgendwann muß sich Jesus vom Täufer getrennt und seinen eigenen Weg gefunden haben. Dieser Weg führte ihn aus der Wüste zurück nach Galiläa. Schon der Wechsel der Landschaften ist bezeichnend. Aus einem Leben am Rande des Existenzmöglichen kehrt er in ein blühendes, dicht besiedeltes Land zurück, dessen „wunderbare Natur und Schönheit" der zeitgenössische Schriftsteller *Flavius Josephus* anschaulich schildert[6]. Er verläßt den Ort, wohin sich viele Fromme Israels immer wieder zurückgezogen haben, um jenseits von Raum und [157] Zeit die Nähe Gottes zu erfahren, und sucht die Nähe der kleinen Leute in den Dörfern Galiläas. Mit ihnen redet er, ihnen hilft er, mit ihnen feiert er. Ein auf die Jesusgeschichte zurückschauendes Wort der Gemeindeüberlieferung spiegelt diesen Wechsel im Leben Jesu – wahrscheinlich in Aufnahme zeitgenössischer Polemik – in aller Schärfe wider: „Es kam Johannes, er aß nicht und trank nicht; sie sagen: ‚Er hat einen Dämon.' – Es kam der Menschensohn, er aß und trank; sie sagen: ‚Seht den Fresser und Säufer, den Genossen von Zöllnern und Sündern'" (Mt 11,18f/Lk 7,33f).

Zugleich mit dieser neuen Einstellung Jesu zu seiner Umwelt ändern sich auch die Bilder, mit denen er die gegenwärtige Zeit deutet. Der Täufer sprach von der „Axt, die schon an die Wurzeln des Baumes gelegt ist", von der „Worfschaufel, die der Bauer auf seiner Tenne in die Hand nimmt", um mit der Scheidung von Spreu und Weizen zu beginnen. Auch für Jesus ist die Gegenwart die Zeit der letzten Entscheidung[7] – doch geht es ihm um die Entscheidung für einen Gott, der menschenfreundlich ist und dessen Nähe wohltut. So vergleicht Jesus die anbrechende Zeit mit der Stunde der Hochzeit, die den Bräutigam und die „Söhne des Brautgemachs" zu fröhlichem Gelage zusammenführt; Fasten hat in dieser Zeit keinen Sinn mehr (Mk 2,19). Es ist die Stunde des Festes, das Mastkalb wird geschlachtet, und alle sind eingeladen, die Freude des Vaters zu

---

[6] Der jüdische Krieg 3,516–521.
[7] Vgl. *J. Becker,* Täufer 95–104.

teilen (Lk 15,23.32). Jesus spricht von der Freude des Hirten, der das verlorene Schaf findet (Lk 15,5), von der Freude des Landarbeiters über den Schatz im Acker (Mt 13,44). Er sieht die Stunde kommen, die alle Völker mit den Vätern Israels beim endzeitlichen Festmahl vereinen wird (Mt 8,11/Lk 13,29), und verheißt angesichts seines Todes seinen Jüngern, daß er mit ihnen von der Frucht des Weinstockes wieder trinken wird im Reiche Gottes (Mk 14,25).

3. *Gott in Welt*

Im Unterschied zum Täufer spricht Jesus nicht nur vom Kommen Gottes in der Zukunft, sondern *vom Anbruch seiner Herrschaft in der Gegenwart:* Die Herrschaft Gottes ist schon da – auch wenn ihre Vollendung noch aussteht[8]. Die Kluft, die nach zeitgenössischen apokalyptischen [158] Anschauungen zwischen dieser bösen gegenwärtigen Weltzeit und der kommenden Welt Gottes besteht[9], scheint für ihn überwunden zu sein. Der ferne Gott ist der nahe Gott. In

[8] Grundlegend für die neuere Diskussion *W. G. Kümmel,* Verheißung und Erfüllung (1945) ^{3}1956, 98–102. Zur näheren Begründung s. *P. Hoffmann – V. Eid,* Jesus von Nazareth und eine christliche Moral (QD 66) Freiburg ^{3}1978 (= in diesem Band S. 41–72), sowie *P. Hoffmann,* Eschatologie und Friedenshandeln der Jesusüberlieferung, in: *G. Liedke u.a.* (Hrsg.), Eschatologie und Frieden Bd. 2, Heidelberg 1978, 179–223 (bes. 182–191.213–216). Vgl. auch *R. Schnackenburg,* Gottes Herrschaft und Reich, Freiburg ^{4}1959; *E. Gräßer,* Die Naherwartung Jesu (SBS 61) Stuttgart 1973; *ders.,* Jesus und das Heil Gottes. Bemerkungen zur sog. „Individualisierung des Heils", in: FS H. Conzelmann (Anm. 4) 167–184; *E. Linnemann,* Zeitansage und Zeitvorstellung in der Verkündigung Jesu, in: ebd. 237–263; *W. Schmithals,* Jesus und die Apokalyptik, in: ebd. 59–85; *M. Lattke,* Zur jüdischen Vorgeschichte des synoptischen Begriffs der „Königsherrschaft Gottes", in: Gegenwart und kommendes Reich (Anm. 4) 9–25; *I. Maisch,* Die Botschaft Jesu von der Gottesherrschaft, in: ebd. 27–41; *H. Merklein,* Die Gottesherrschaft als Handlungsprinzip, Würzburg 1978. Einen Überblick über die Diskussion bietet *H. Vorgrimler,* Hoffnung auf Vollendung. Aufriß der Eschatologie (QD 90) Freiburg 1980, bes. 32–45.

[9] Vgl. *K. Müller,* Art.: Apokalyptik, in: TRE III 202–251. Besonders verweise ich auf *G. Scholem,* Zum Verständnis der messianischen Idee im Judentum, in: *ders.,* Grundbegriffe; *W. Harnisch,* Verhängnis und Verheißung der Geschichte. Untersuchungen zum Zeit- und Geschichtsverständnis im 4. Buch Esra und in der syrischen Baruchapokalypse, Göttingen 1969; *P. Lampe,* Die Apokalyptiker – ihre Situation und ihr Handeln, in: *G. Liedke,* (Anm. 8) 127–178 (= SBS 101, Stuttgart 1981, 59–114).

dieser gegenwärtigen Welt und Geschichte, deren Verkehrtheit von Jesus nicht übersehen wird, sieht er ihn am Werk.

Wenn Jesus von der Gegenwart des Reiches, zutreffender: der Herrschaft Gottes, spricht, ist dies nicht statisch zu verstehen. Im Sinne alttestamentlich-jüdischen Sprachgebrauchs ist vielmehr gemeint, daß Gott seine Herrschaft antritt, sich durchsetzt, daß er in der Welt Herr ist und Herr werden will.

Es ist der „Finger Gottes“, den Jesus in seinen Dämonenaustreibungen wirken spürt. Dies gibt ihm die Gewißheit, daß Gott seine (für die Endzeit verheißene) Herrschaft in der Welt jetzt schon antritt (Mt 12,28/Lk 11,20)[10]. So lehnt er eine Berechnung der Termine dieses Herrschaftsantritts ebenso ab wie ihre Festlegung auf bestimmte Orte; denn – so [159] versichert er seinen Zuhörern irgendwo in Galiläa – „die Herrschaft Gottes ist mitten unter euch“ (Lk 17,20f).

Das Gewicht der Aussage wird gerade aufgrund ihres Unterschieds zu zeitgenössischen Vorstellungen deutlich. Auch im Judentum konnte man mit dem Einbruch der jenseitig-zukünftigen Welt Gottes in diese Geschichte rechnen: So wußte sich die Qumran-Gemeinde in ihren Kultfeiern mit der himmlischen Welt verbunden[11]. Die zelotische Befreiungsbewegung rechnete bei ihrem Aufstand gegen Rom mit dem Eingreifen Jahwes und hoffte, daß ihr Kampf in den endzeitlichen Krieg Gottes übergehen und so zum Endsieg führen würde[12]. Propheten der Zeit Jesu führten ihre Anhänger in die Wüste und versprachen ihnen, die Wunder der Zeit des Auszugs aus Ägypten zu wiederholen und so die Heilszeit zu eröffnen[13].

Für Jesus dagegen ist diese Gegenwart Gottes weder an heilige Zeiten oder heilige Orte gebunden, noch verlangt sie außerordent-

---

[10] Vgl. vor allem *J. Becker,* Das Heil Gottes, Göttingen 1964 (bes. 199–203), sowie neuerdings *T. Lorenzmeier,* Zum Logion Mt 12,28; Lk 11,20, in: Neues Testament und christliche Existenz. FS H. Braun, Göttingen 1973, 289–304; zu ihm kritisch *E. Gräßer,* Zum Verständnis der Gottesherrschaft: ZNW 65 (1974) 3–26.

[11] Vgl. *H. W. Kuhn,* Enderwartung und gegenwärtiges Heil. Untersuchungen zu den Gemeindeliedern von Qumran mit einem Anhang über Eschatologie und Gegenwart in der Verkündigung Jesu, Göttingen 1966.

[12] Vgl. *M. Hengel,* Zeloten 235–319.

[13] Vgl. *Flavius Josephus,* Der jüdische Krieg 2,258ff.261ff;7,438ff; Jüdische Altertümer 20,97f.167f.169ff; Apg 5,36; 21,38 und dazu *J. Becker,* Täufer 47–49.

liche Machttaten oder den Heiligen Krieg. In den alltäglichen Situationen seiner Zuhörer ist sie vielmehr verborgen da. Wie im Gleichnis vom Schatz im Acker der Tagelöhner während seiner alltäglichen Arbeit durch den überraschenden Fund die einmalige Chance bekommt, daß sich alles in seinem Leben zum Besseren verändert (vgl. Mt 13,44), so ist in der Sicht Jesu dem Menschen die Chance gegeben, jetzt schon – in einer dem Bösen ausgesetzten Welt – jene Möglichkeit des Besseren wahrzunehmen, die die apokalyptische Vision endzeitlicher Gottesherrschaft erst für die Zukunft verheißt. Eine bloß an der Zukunft oder dem Jenseits orientierte Heilserwartung steht immer in Gefahr, die Geschichte als Ort der Gegenwart Gottes preiszugeben und der Welt ihren Schöpfungscharakter abzusprechen. Die Erfahrung der Nähe Gottes ermöglicht es Jesus, in dieser Welt Gottes Schöpfung wieder zu entdecken und sie nicht hoffnungslos dem Bösen zu überlassen, sondern in ihr – von Gott her – die Chance des Neuen auszumachen.

Jesus überläßt sich der Dynamik des durch Gottes Herrschaftsantritt [160] ausgelösten Geschehens. Er weiß sich von ihm getragen, zugleich jedoch auch herausgefordert, für diese von Gott gegebene Alternative zum Bestehenden kompromißlos Partei zu ergreifen. Die bestehenden Realitäten werden von ihm weder schwärmerisch übersprungen noch totalitär zurechtgerückt.

Er weiß, daß die Tage böse und die Verhältnisse schlecht sind. Die Gleichnisse von der Saat, die in Mk 4 und Mt 13 gesammelt sind, stellen sich dem Widerspruch, der zwischen dieser Gegenwart der Herrschaft Gottes und den gegenwärtigen Verhältnissen unübersehbar besteht. Er vergleicht die Herrschaft Gottes mit dem Verhalten eines „verrückten Bauern[14]“, der gegen die Regeln auch der palästinischen Ackerbauwirtschaft den Samen wahllos auswirft, so daß er auf den Weg, unter Dornen und Disteln, auf Felsboden, aber auch auf fruchtbares Land fällt, wo er dreißig-, sechzig-, ja hundertfache Frucht bringt (Mk 4,3–8). Jesus sieht, daß mit dem Weizen auch das Unkraut heranwächst, und weiß, daß es nicht beseitigt werden darf, soll damit nicht auch der Weizen ausgerissen werde (Mt 13,24–30): Die heile Welt oder reine Gemeinde gibt es so wenig wie den vollkommenen Menschen. Jesus spricht vom Bauern, der das Seine tut im Vertrauen, daß auch die Erde das Ihre tun wird; einem Bauern, der zu warten versteht – bis der Zeitpunkt der Ernte

[14] Ich folge hier einem Deutungsvorschlag von Ulrich Busse.

kommt (Mk 4,26–29). Er vergleicht die gegenwärtige Situation der Herrschaft Gottes mit einem Senfkorn, dem kleinsten aller Samenkörner, das doch einmal zu einem großen Baum heranwachsen wird (Mk 4,30–32; Mt 13,31f; Lk 13,18f). Der Kontrast ist entscheidend. Er bringt unübersehbar die Spannung zur Sprache, der sich Jesus ausgesetzt weiß und die nicht überspielt werden darf. Die Vollendung ist allein Gottes Sache. Jetzt kann es nur darum gehen, ohne Resignation jenes mühsame Geschäft der kleinen Schritte, des ständigen Anfangens und immer neuer Versuche zu betreiben.

Der Historiker muß hier die Frage stellen, wie Jesus zu dieser Sicht des Verhältnisses von Gott und Geschichte kam. Dieser Gott erinnert an die Ursprünge alttestamentlichen Gottesglaubens[15]. Es ist der Gott der Nomaden, der durch die Wüste vor seinem Volk einherzieht. Er ist frei, er läßt sich nicht festlegen und gestattet es nicht, sich ein Bild von ihm zu machen. In seiner Treue bekundet er jedoch immer wieder neu und überraschend seine Anwesenheit. Man kann auch darauf verweisen, daß [161] in Jesu Verkündigung weisheitliche und prophetisch-apokalyptische Redeformen und Vorstellungselemente nebeneinander stehen, und von daher seine Rede von der Gegenwart Gottes als schöpferische Synthese weisheitlichen Schöpfungsglaubens und apokalyptischer Zukunftshoffnung verstehen. So wird einerseits die apokalyptische Vision der zukünftigen Welt Gottes auf die Erde zurückgeholt und wird andererseits das nur am Bestehenden orientierte und an ihm oft verzweifelnde Denken der Weisheitslehrer aufgebrochen, indem im Bestehenden – provoziert von der Zukunftshoffnung – die Möglichkeit der Veränderung aufgewiesen wird. Damit ist zwar das Phänomen geistesgeschichtlich eingeordnet, aber noch nicht geklärt, warum Jesus zu dieser Synthese kam.

Ulrich B. Müller hat zur Klärung dieser Frage einen für die moderne Jesus-Rezeption recht anstößigen Ausspruch Jesu in die Diskussion gebracht: „Ich sah den Satan wie einen Blitz vom Himmel fallen“ (Lk 10,18)[16]. Tatsächlich könnte das Wort eine Erklärung dafür bringen, wie Jesus zu seiner Deutung der Gegenwart kam

---

[15] Vgl. *M. Görg,* Anfänge israelitischen Gottesglaubens: Kairos 18 (1976) 256–264.

[16] Vision und Botschaft. Erwägungen zur prophetischen Struktur der Verkündigung Jesu: ZThK 74 (1977) 416–448 (bes. 417–422). *Müller* bezieht sich neben Offb 12 auf die Kriegsrolle von Qumran (1QM XV,12–XVI,1); Sib III 796–807; AssMos 10,1f und verweist dazu auf *P. von der Osten-Sacken,* Gott

– soweit es historisch überhaupt möglich ist, das Geheimnis schöpferischer Intuition zu erfassen. Jesus beschreibt in diesem Wort eine visionäre Erfahrung. Wann und wo dies geschah, läßt die Überlieferung nicht mehr erkennen. In dieser Vision fand offenbar eine ihn äußerst bewegende und für ihn sehr wesentliche Einsicht verdichtet ihren Ausdruck. Seine Schau setzt die Bilderwelt der zeitgenössischen Apokalyptik voraus. Danach ist die gesamte Welt der Herrschaft böser Mächte unterworfen. In der Endzeit wird es zu einem gewaltigen Kampf im Himmel zwischen den Mächten Gottes und den Mächten des Bösen kommen. In Offb 12,7–12 zum
162 Beispiel, wo die gleiche Vorstellung verarbeitet wird, ist vom endzeitlichen Kampf zwischen Michael und dem Drachen die Rede. Der Sturz des Satans aus dem Himmel ist der Ausdruck des Sieges der göttlichen Mächte über das Böse: Signal für den Beginn der Heilszeit. Die Herrschaft des Bösen ist damit grundsätzlich gebrochen. Auch wenn der Kampf auf Erden noch andauert, ist – im Bild gesprochen – die Entscheidungsschlacht geschlagen. Dieser religionsgeschichtliche Hintergrund vermag den Stellenwert zu erklären, der der Vision vom Satanssturz für Jesus zukommt: Die Befreiung der Welt von dämonischen Mächten hat eingesetzt. Die Herrschaft des Bösen ist endgültig gebrochen, auch wenn die bösen Mächte die Erde noch beherrschen. *Gott beginnt seine Schöpfung wieder zu erobern.* Jesus weiß sich von diesem Prozeß getragen, ja er versteht sich offenbar als Exponent der göttlichen Aktion auf der Erde. Das zeigen seine Dämonenaustreibungen, die er ja mit der sich in der Welt durchsetzenden Herrschaft Gottes in ursächlichen Zusammenhang bringt. Dies zeigt aber auch sein Anspruch, daß die Zeugen seiner Taten und Worte den Anbruch der von den Propheten

---

und Belial, Göttingen 1969. – Zur Frage des Verhältnisses von Theologie und Eschatologie in der Basileia-Verkündigung Jesu vgl. auch die Lösungsvorschläge von *H. Schürmann,* Eschatologie und Liebesdienst in der Verkündigung Jesu, in: Vom Messias zum Christus, hrsg. von *K. Schubert,* Wien–Freiburg–Basel 1964, 203–232 (= *ders.,* Ursprung und Gestalt, Düsseldorf 1970, 279–298); *ders.,* Das hermeneutische Hauptproblem der Verkündigung Jesu. Eschato-logie und Theo-logie im gegenseitigen Verhältnis, in: Gott in Welt. FS K. Rahner, Bd. I, Freiburg–Wien–Basel 1964, 579–607 (= *ders.,* Traditionsgeschichtliche Untersuchungen zu den synoptischen Evangelien, Düsseldorf 1968, 13–35); dazu kritisch *A. Vögtle,* „Theo-logie" und „Eschato-logie" in der Verkündigung Jesu?, in: Neues Testament und Kirche. FS R. Schnackenburg, Freiburg 1974, 371–398.

und Königen des Alten Testaments erwarteten Heilszeit erleben (Lk 10,23f/Mt 13,16f, vgl. Mt 11,2–6/Lk 7,18–23).

Ist Jesus also nur ein „bornierter, in den Grenzen jüdischer Egozentrik befangener Schwärmer“ *(R. Augstein)*? Bedeutet sein Wirken nur eine von zeitgenössischer Apokalyptik infizierte Episode, die mit seinem Tod ihr jähes Ende fand? Damit wäre – auch in der Sicht des Historikers – der Vorgang nicht ausreichend beschrieben. Natürlich erscheint Jesus als Kind seiner Zeit, befangen in den Vorstellungen seiner Umwelt. Sie bietet ihm das Vorstellungsmaterial, mit dessen Hilfe er seine Einsichten artikuliert. Auf letztere kommt es jedoch an. Im Horizont apokalyptischer Naherwartung wird hier apokalyptisches Denken überwunden. Die Geschichte wird als Ort des Heilshandelns Gottes entdeckt; der Schöpfungscharakter der Welt wird zur Geltung gebracht. Der Versuch, seine Neuauslegung des Willens Gottes als „Interimsethik“ zu deuten (und damit dem St. Nimmerleinstag zu überlassen), verkennt die Perspektive, aus der Jesus handelt. Ihm geht es nicht um die Überbrückung einer Zwischenzeit, sondern um den Anfang der neuen Welt Gottes in dieser – apokalyptisch gesprochen – immer noch andauernden bösen Weltzeit. Richtiger wäre es, von einer Prolepse oder Antizipation des Kommenden im Wirken Jesu zu sprechen, insofern er aufgrund seiner Gotteserfahrung den Vorgriff auf das noch ausstehende Neue wagt. Die Konkretheit seiner Rede von Gott ist darin begründet.

4. Gottes unbedingte Güte

163 Daß der Gott Israels *ein gütiger und menschenfreundlicher Gott* ist, „ein Gott der Vergebung“ (Neh 9,17), gehört zu den Grundüberzeugungen jüdischen Glaubens. *Peter Fiedler* hat in seiner Studie „Jesus und die Sünder“ die konstitutive Bedeutung des Primats der Gnade auch für das Judentum der Zeit Jesu aufgezeigt[17]. Dennoch ist nicht zu übersehen, daß wegen dieser Frage Jesus in

---

[17] Jesus und die Sünder, Frankfurt 1976, vgl. die Zusammenfassung 86–95. Zur religionsgeschichtlichen Einordnung s. *E. Sjöberg,* Gott und die Sünder im palästinischen Judentum, Stuttgart–Berlin 1938, sowie *R. Mach,* Der Zaddik in Talmud und Midrasch, Leiden 1957, und unter systematischem Gesichtspunkt *G. Fuchs,* Glaubenserfahrung – Theologie – Religionsunterricht. Ein Versuch ihrer Zuordnung: KatBl 103 (1978) 190–216. Er spricht in diesem Zusammenhang vom „kategorischen Indikativ des Glaubens“.

einen lebensbedrohenden Konflikt gerade mit den Frömmsten seiner Zeitgenossen geriet. Offenbar waren die Konsequenzen, die er aus diesem jüdischen Grunddogma zog von einer Art, daß vielen jener von Jesus für sein Verhalten in Anspruch genommene Gott nun selbst in Frage gestellt schien[18].

Der Streit entzündete sich an Jesu unbefangenem freiem Umgang mit Zöllnern und Sündern (vgl. Lk 7,34; 15,1f; Mk 2,14–17)[19]. Er reagierte auf den Angriff, indem er auf eine Alltagserfahrung seiner Zuhörer verwies: „Läßt nicht der Hirte die 99 Schafe der Herde zurück und geht dem einen, das er verloren hat, nach, bis er es findet? Und wenn er es endlich gefunden hat, freut er sich, daß er das verlorene fand" (vgl. Lk 15,1–6/Mt 18,12–13).

Wir dürfen das Gleichnis[20] weder mit Matthäus sofort auf die Fürsorgepflicht für die „Kleinen im Glauben" beziehen (vgl. Mt 18,14), noch den lukanischen Vorbehalt eintragen, der in dem angehängten Schlußsatz zur Sprache kommt: „Ich sage euch, so wird Freude im Himmel sein über einen Sünder, der *umkehrt,* mehr als über 99 Gerechte, die der Buße nicht [164] bedürfen" (Lk 15,7)[21]. Von einer „Umkehr" – also einer der Zuwendung Gottes vorangehenden Aktivität des Verlorenen – ist im Gleichnis gerade nicht die Rede. Im Gleichnis handelt der Hirte, nicht das Schaf. Er freut sich, Verlorenes zu finden. Genauso unbedingt und voraussetzungslos versteht Jesus offenbar Gottes Güte. Die Menschen, mit denen er Gemeinschaft aufnimmt, sind durch keine Sühneleistungen als „Söhne der Umkehr" ausgewiesen; sie sind „Verlorene" – und doch freut sich Gott, sie zu finden: ohne Wenn und Aber.

Zweifellos ist hier nur die eine Seite des Bekehrungsvorgangs angesprochen. Auch in der Sicht Jesu soll der Mensch seine verkehrten Wege verlassen und zu Gott umkehren. Dennoch ist der

---

[18] *P. Fiedler,* ebd. 273–275.

[19] Vgl. *Fiedler,* ebd. 149–153, sowie *L. Schottroff – W. Stegemann,* Jesus von Nazareth – Hoffnung der Armen (UTB 639), Stuttgart 1978, 15–28; *O. Hofius,* Jesu Tischgemeinschaft mit den Sündern, Stuttgart 1967.

[20] Zur Auslegung des Gleichnisses vgl. vor allem *E. Linnemann,* Gleichnisse 70–87; zur weiteren Diskussion *Fiedler,* (Anm. 17) 224–228, und *F. Schnider,* Das Gleichnis vom verlorenen Schaf und seine Redaktoren: Kairos 19 (1977) 146–154; grundsätzlich zu Jesu Gleichnisrede *K. P. Jörns,* Die Gleichnisverkündigung Jesu. Reden von Gott als Wort Gottes, in: Der Ruf Jesu und die Antwort der Gemeinde. FS J. Jeremias, Göttingen 1970, 157–178.

[21] Zur Begründung des sekundären Charakters dieses Verses s. *Fiedler,* (Anm. 17) 220–222.

Unterschied deutlich. Für Jesu Zeitgenossen war die Buße ein Vorgang, den der Mensch – durchaus im Wissen um Gottes Barmherzigkeit – von sich aus ins Werk setzen mußte. In der Sicht Jesu kommt Gott dem Menschen entgegen und nimmt ihn an, so wie er ist. Im ersten Fall erfährt sich der Mensch einer Forderung ausgeliefert, die ihn oft genug überfordert und der er sich durch Verdrängungen entzieht. Der Gott Jesu nimmt dem Menschen die Angst vor sich, vor seiner Vergangenheit und seiner Zukunft. Dadurch ermöglicht er es ihm, sich so zu sehen und anzunehmen, wie er ist, und eröffnet ihm gerade damit die Chance zu leben[22]. Ein solcher Gott muß von einem Menschen, der sein Leben auf Leistung baut, als Bedrohung empfunden werden. Dies vermag den Widerspruch zu erklären, den Jesus in der religiösen Leistungsgesellschaft seiner Zeit fand.

Jesus sieht den Menschen nicht einseitig – so als wenn es jeweils nur *die* Guten oder *die* Bösen gäbe. Um seinen Zuhörern klarzumachen, daß man von Gott eigentlich nur Gutes erwarten kann, wenn man ihn darum bittet (eben weil Gott *der* Gute schlechthin ist), verweist er sie auf den Zwiespalt ihrer eigenen Existenz. In ihrem Leben ist in rätselhafter Verstrickung beides anzutreffen: „Ihr, die ihr böse seid, wißt doch euren Kindern gute Gaben zu geben ..." (Mt 7,11/Lk 11,13). Die gute Seite, die wir gelegentlich zeigen, besteht für ihn nicht ohne den dunklen Hintergrund, der den Menschen vor Gott immer als Sünder ausweist. Er ist der *allein* Gute. So lehnt Jesus die Anrede „guter Meister" radikal für sich ab: „Was [165] nennst du mich gut? Keiner ist gut außer einem – Gott" (Mk 10,18). Gegenüber dem Anspruch dieser absoluten Güte Gottes – erscheint der Mensch immer als „Versager". Es gibt keinen, dem nicht das Gericht drohte (Lk 13,1–5).

Trotzdem gilt aber auch das andere: „Ihr wißt doch euren Kindern gute Gaben zu geben." Die realistische Diagnose führt nicht zu Pessimismus und Resignation. Der Mensch hat für Jesus immer auch die Chance des Guten. Er findet sie, wenn er diese Einsicht in die Ambivalenz seines Wesens nicht verdrängt, sondern

---

[22] Vgl. *Fiedler,* ebd. 151: „Er behandelte die Sünder ‚unvoreingenommen', das meint: nicht mehr als Sünder – da sie der Vergebung Gottes gewiß sein können, da sie schon von ihrem Vater im Himmel angenommen sind, ehe sie ihre Verfehlungen auch nur bekannt haben. So eröffnete er ihnen Umkehr, neues Leben."

diese seine Wahrheit anerkennt. So entgeht er der Gefahr der Doppelzüngigkeit und Heuchelei; sein Leben gewinnt jene „Einfachheit" und „Lauterkeit", die die Seligpreisung der „Reinen im Herzen" meint (Mt 5,8).

Daß im Vorangehenden die Aussage Jesu nicht überinterpretiert wurde, bestätigt das Gleichnis vom Pharisäer und Zöllner (Lk 18,10–14a)[23]. Der Erzähler dieser Geschichte will weder gegen den Pharisäismus polemisieren noch ihn karikieren, wenngleich deutlich ist, daß er für den Zöllner Partei ergreift. Es geht vielmehr um die jeden betreffende Frage, womit er sein Leben rechtfertigt. In den zwei Gestalten werden – in gezielter Einseitigkeit – typische Versuche menschlicher Rechtfertigung dargestellt. Der Pharisäer, der in der Geschichte als ehrenwerter Mann, der Gott die Ehre gibt, geschildert ist, wird merkwürdigerweise nicht gerechtfertigt; das heißt, er kann im Gericht Gottes nicht bestehen. Der Zöllner dagegen, dessen Sündigkeit offenkundig ist, verläßt gerechtfertigt den Tempel. Zu diesem unterschiedlichen Ausgang der Geschichte kommt es, obwohl beide in ihren Gebeten auf den Psalter zurückgreifen, also fromm beten. Warum? Der eine gesteht ein, daß er nichts vorzuweisen hat, womit er sein Leben rechtfertigen könnte, und liefert sich so ganz Gottes Urteil aus. Der andere klammert, während er auf seine Leistungen verweist, diese dunkle Seite seines Wesens aus, obwohl auch er ein sündiger Mensch ist, der Gottes Erbarmen braucht. So verfehlt er seine Wahrheit und damit auch den Freispruch. Obwohl er in seinem Gebet keine Unwahrheiten sagt, erweist er sich als Heuchler[24].

---

[23] Vgl. wieder *E. Linnemann,* Gleichnisse 64–70, sowie neuerdings *H. Merklein,* „Dieser ging als Gerechter nach Hause ...". Das Gottesbild Jesu und die Haltung der Menschen nach Lk 18,9–14: BiKi 32 (1977) 34–42. Mit Recht spricht er das Gleichnis wieder Jesus zu – gegen *L. Schottroff,* Die Erzählung vom Pharisäer und Zöllner als Beispiel für die theologische Kunst des Überredens, in: Neues Testament und christliche Existenz. FS H. Braun, Tübingen 1973, 439–461, der auch *Fiedler* folgt ([Anm. 17] 229).

[24] Vgl. *Merklein,* ebd. 41: „Zwar weiß er (der Pharisäer), daß er es Gott verdankt, kein (faktischer) Sünder zu sein (V. 11b). Das hindert ihn aber nicht, seine Taten als Leistung zu verstehen, die er mit Gott verrechnen kann und die ihn seines Heils sicher sein läßt. Nach seinem Gottesbild sind Heil ... und menschliche Tat korrespondierende Größen. Dies spricht er zwar nicht direkt aus. Aber gerade weil er von dieser korrespondierenden Gesetzmäßigkeit überzeugt ist, muß er den Zöllner disqualifizieren, der solche Leistung nicht aufzuweisen hat ... Diese Haltung macht dem Pharisäer die Annäherung an den Gott, wie

[166] In geschickter Erzählregie läßt Jesus in der Geschichte von den Arbeitern im Weinberg (Mt 20,1–15)[25] den Widerspruch seiner Zuhörer gegen den von ihm verkündigten Gott der Güte im Protest der Arbeiter der ersten Stunde Ausdruck finden. Sie stehen vor der Entscheidung, ob sie den Gott Jesu akzeptieren: „Ich tue dir nicht Unrecht. Ich will aber diesem Letzten ebensoviel geben wie dir. Ist es mir nicht erlaubt, mit dem Meinen zu tun, was ich will?" Der Gott Jesu ist souverän. Er nimmt sein absolutes Verfügungsrecht voll in Anspruch und verfährt nach anderen Maßstäben als denen der Leistung. Dem Zuhörer bleibt nur die Alternative, diese Güte zu akzeptieren oder abzulehnen: „Ist dein Auge böse, weil ich gut bin?" Die Frage trifft die Lebenseinstellung der Zuhörer: Ertragen sie es, daß andere unabhängig von ihrer Leistung akzeptiert werden? Oder können sie nur auf Kosten anderer leben? Ertragen sie es aber auch, daß sie unabhängig von ihrer Leistung akzeptiert sind? Wieder wird deutlich, wie das Bild, welches sich Menschen von Gott machen, die Einstellung zu sich selbst und zum anderen engstens zusammengehören. Der Gott Jesu verwickelt seine Hörer in die Frage, wer sie selbst sind und sein wollen[26].

5. *Abba*

Die neutestamentliche Überlieferung hat das aramäische *abba* als Gottesanrede aufbewahrt[27]. Sie schien den frühen Christen für Jesus so bezeichnend [167] zu sein, daß sie auch in den griechischen Texten im aramäischen Wortlaut erhalten blieb (Mk 14,36; Röm

---

ihn Jesus verkündet, unmöglich. Er muß verurteilen (V. 11b Ende), wo Gott sich erbarmt und Wohlgefallen schenkt (V. 14a). Gerade deswegen kann er selbst Gottes Wohlgefallen nicht finden."

25 Vgl. *E. Linnemann,* Gleichnisse 87–94, sowie *Fiedler,* (Anm. 17) 173–184.

26 Auch *Fiedler* betont den „existentiellen" Anspruch des Gleichnisses: „Denn die Hörer sind, wenn man die ‚Pointe' der Parabel so aussprechen darf, gefragt, ob sie den allen menschlichen Maßstäben zuwiderlaufenden Maßstab der Liebe Gottes anerkennen wollen, der ‚Lohn' auch dort schenkt, wo geringes, ja (so darf man nun schon die Linie ausziehen) wo kein ‚Verdienst' geltend gemacht werden kann. Damit sind sie als Israeliten auf den Grund ihrer eigenen Existenz hin angesprochen" (ebd. 182).

27 Vgl. *J. Jeremias,* Abba, in: *ders.,* Abba. Studien zur neutestamentlichen Theologie und Zeitgeschichte, Göttingen 1966, 15–67; *H. F. D. Sparks,* The Doctrin of the Divine Fatherhood in the Gospels, in: Studies in the Gospels. Essays in Memory of R. H. Lightfoot, Oxford 1957, 241–262. – Zur neueren Diskussion s. *Fiedler,* (Anm. 17) 98–100.

8,15; Gal 4,6). Das Wort entstammt der Kindersprache und ließe sich im Deutschen am ehesten mit „Papa“, „Väterchen“ wiedergeben. Diese Vateranrede verweist nicht wie das feierliche „Unser Vater, der du bist im Himmel“ der Matthäusfassung des Herrengebets (Mt 6,9) auf die väterliche Gewalt, die Autorität des Familienoberhaupts oder Königs. Sie meint nicht Gott als den Herrn über Himmel und Erde. Eine solche Gottesvorstellung lag der alttestamentlich-jüdischen Überlieferung ebenso nahe wie dem antik-heidnischen Denken, wo Zeus als der „Vater der Götter und Menschen“ und der römische Kaiser als der „Vater des Vaterlandes“ angesprochen wurden. Natürlich ist Gott auch für Jesus Herr der Welt und Geschichte; die Gottesanrede *abba* erinnert jedoch an jene ursprüngliche Erfahrung väterlicher Kraft und Zärtlichkeit, die es dem Kleinkind möglich macht, sich unbefangen und voll Vertrauen seinem Vater zuzuwenden. Dieser Vater mutet seinem Kind weder eine lebenslange Infantilität zu, noch gleicht er dem Urvater Chronos, der seine Kinder auffrißt – für Franz Kafka das Urbild aller Väter.

Um Gottes Zuwendung zum Menschen zu beschreiben, greift Jesus auf eine menschliche Ersterfahrung zurück, von der das Gelingen menschlichen Lebens entscheidend abhängt. Gott nimmt den Menschen ganz an und sucht von Grund auf das Verhältnis des Menschen zu sich und zum andern zu regenerieren, indem er ihn jene Bejahung erfahren läßt, die er braucht, um sich und andere bejahen zu können. Diese Bejahung trifft den Menschen in der Tiefe seines Wesens, wo dessen Einheit und Zwiespalt ihren Grund haben. Daher fragt dieser Gott nicht nach Gelingen und Mißlingen, er legt nicht den Maßstab der Leistung an, sondern ist in seiner Güte einfach da. Die Auseinandersetzung mit einem von Gesetz und Leistung bestimmten Gottesbild und einer solchen Lebenseinstellung ist damit vorprogrammiert.

Das Gleichnis vom verlorenen Sohn (Lk 15,11–32)[28] greift das alte [168] Menschheitsthema der zwei ungleichen Brüder auf – aller-

---

28 *L. Schottroff,* Das Gleichnis vom verlorenen Sohn: ZThK 68 (1971) 27–52, hat das Gleichnis Jesus abgesprochen. Für die Echtheit s. *J. Jermias,* Tradition und Redaktion in Lukas 15: ZNW 62 (1971) 172–189; *Fiedler,* (Anm. 17) 155–172. Vgl. *R. Pesch,* Zur Exegese Gottes durch Jesus von Nazaret. Eine Auslegung des Gleichnisses vom Vater und den beiden Söhnen (Lk 15,11–32), in: Jesus – Ort der Erfahrung Gottes. FS B. Welte, Freiburg–Basel–Wien 1976, 140–189; *F. Schnider,* Die verlorenen Söhne. Strukturanalytische und historisch-kritische Untersuchungen zu Lukas 15, Freiburg (Schweiz)–Göttingen 1977.

dings mit einem unerwarteten Ausgang. Am Ende steht der ältere zu Hause gebliebene brave Sohn seinem Vater fremd gegenüber, während sein jüngerer Bruder, der von zu Hause wegging und in der Fremde sein Erbteil in einem Lotterleben durchbrachte, eine neue positive Beziehung zu seinem Vater findet. In dieser Erzählung stoßen zwei Vaterbilder aufeinander[29].

Der Vater, der in der Geschichte agiert, erscheint in seinem Verhalten ungewöhnlich. Der Forderung des jüngeren Sohnes auf Auszahlung des Erbes gibt er nach, er läßt ihn in die Fremde ziehen – und wartet. Den aus dem Elend Zurückkehrenden sieht er schon von weitem. Er eilt ihm entgegen, umarmt und liebkost ihn. Der Sohn wagte es nicht mehr, sein Sohnsein für sich geltend zu machen, als Tagelöhner wollte er sich dem Vater verdingen – der Vater kommt seinem Schuldbekenntnis zuvor und akzeptiert ihn als Sohn und Erben, ehe dieser auch nur ein Wort über die Lippen gebracht hat. Ihn leitet nur die Freude, daß er den Verlorenen wiedergefunden hat. Dieses sein Verhalten ist nicht Schwäche. Nirgendwo in der Geschichte wird die Autorität dieses Vaters in Frage gestellt. Er bleibt in jedem Wort und in jeder Geste er selbst. Seine Güte ist Ausdruck seiner Souveränität, und seine Souveränität ist nichts als Güte.

Gegen diesen Vater der Erzählung steht das Vaterbild des älteren Sohnes, das in dessen Protest gegen die Aufnahme des Bruders zum Ausdruck kommt: „Siehe, so viele Jahre diene ich dir als Knecht und niemals übertrat ich dein Gebot, doch niemals gabst du mir (auch nur) einen Ziegenbock, damit ich zusammen mit meinen Freunden mich freuen konnte. Als aber dieser dein Sohn kam, der dein Vermögen mit Huren verpraßte, da ließest du für ihn das Mastkalb schlachten“ (V. 29f). Indem er gegen den gütigen Vater protestiert, kommt sein Konflikt mit einem übermächtigen Vater zum Vorschein; einem Vater, der von ihm nur Dienst und Gehorsam verlangt und ihm kein Vergnügen gönnt; einem Vater, der ihn nicht leben läßt. Seine Einstellung zum Bruder entspricht diesem seinem Vaterbild. Er kann es nicht ertragen, daß dieser – ohne Leistung –

---

[29] Vgl. *P. Ricoeur,* Die Vatergestalt – vom Phantasiebild zum Symbol, in: Hermeneutik und Psychoanalyse, München 1974, 313–353; *R. Strunk – M. Mausshardt,* Glück – Leistung des Schöpferischen (Lk 15,11–32), in: *Y. Spiegel* (Hrsg.), Doppeldeutlich. Tiefendimensionen biblischer Texte, München 1978, 57–76.

angenommen wird. Man kann fragen, ob mit diesem Zerrbild
169 eines Vaters das Gottesbild der Gesprächspartner Jesu adäquat wiedergegeben ist. Der Erzähler rechnete offenbar mit einem solchen Gottesbild bei seinen Zuhörern und versuchte, ihnen seine Sicht Gottes verständlich zu machen. Der *wirkliche* Vater der Geschichte ist ein anderer als der Vater des älteren Sohnes. Als dieser sich weigert, hineinzugehen und das Fest für den heimgekehrten Bruder mitzufeiern, geht der Vater zu ihm hinaus. Seine Antwort bietet auch dem älteren Sohn die Chance, ein neues freies Verhältnis zu seinem Vater – und zu seinem Bruder – zu finden: „Kind, du bist alle Zeit bei mir, und alles, was mein ist, ist dein; jetzt aber mußte man sich freuen und fröhlich sein, denn dieser dein Bruder war tot und ist wieder lebendig geworden ...“ (V. 31f).

6. *Die Forderung Gottes*

Die Freiheit und Reife des Lebens, zu der der Gott Jesu den Menschen führen will, finden ihre Entsprechung in *Jesu Stellungnahme zum Gesetz und zur jüdischen Gesetzesfrömmigkeit*. Gegen die Vorschriften der dem Moses auf dem Sinai offenbarten ewig gültigen Tora stellt Jesus das, was er unmittelbar als Willen Gottes erkennt. Gott und Mensch stehen einander ohne Zwischeninstanzen gegenüber. In dieser Situation werden gesetzliche Festlegungen, kultische Vorschriften und Rituale zum Hindernis für die Ganzheit und Einfachheit der Beziehung zwischen Gott und Mensch, gerade weil sie Gott festlegen und dem Menschen die Möglichkeit geben, sich vor Gott (und dem Mitmenschen) zu verstecken[30].

Jesu Argumentation in der Frage der Sabbatheilungen mag für seine jüdischen Gesprächspartner noch nachvollziehbar gewesen sein (vgl. Mt 12,11; Lk 13,15; 14,5). Für die Rettung aus Todes-

---

30 Vgl. zur Entwicklung des jüdischen Gesetzesverständnisses in nachexilischer Zeit: *P. Hoffmann – V. Eid*, (Anm. 8) 79–85 (= in diesem Band S. 79 – 84), sowie *G. Scholem*, Offenbarung und Tradition als religiöse Kategorien im Judentum, in: *ders.*, Grundbegriffe 90–120; *M. Limbeck*, Die Ordnung des Heils. Untersuchungen zum Gesetzesverständnis des Frühjudentums, Düsseldorf 1971; *J. Maier – J. Neusner*, Die gesetzlichen Überlieferungen, in: *J. Maier – J. Schreiner* (Hrsg.), Literatur und Religion des Frühjudentums, Würzburg–Gütersloh 1973, 57–72; *M. Hengel*, Judentum, bes. 307–318.

gefahr[31], für die [170] Befreiung eines in den Brunnen gefallenen Tieres[32], bot auch die rabbinische Gesetzesauslegung Ausnahmeregelungen. Für die Rechtfertigung des Ährenpflückens der Jünger am Sabbat konnten solche Argumente nicht geltend gemacht werden. Der Spruch „Der Sabbat ist für den Menschen da, nicht der Mensch für den Sabbat“ (Mk 2,27) findet eine formale Parallele in der rabbinischen Überlieferung, im Kontext des Verhaltens Jesu erhält er jedoch einen neuen Stellenwert. Betont der pharisäische Gesetzesgelehrte damit den Charakter der Heilsgabe des Gesetzes, um Israel umso fester an dieses Gesetz zu binden, so ist das Wort Jesu Ausdruck seiner Freiheit im Umgang mit dem Gesetz, über das er sich „zugunsten des Menschen“ hinwegsetzt. Gott weiß, was der Mensch braucht, und will es ihm nicht vorenthalten. Ähnlich relativiert Jesus in Mt 5,23f den heiligen Opferdienst im Tempel zugunsten der Versöhnung mit dem Mitmenschen. Die Mitglieder der pharisäischen Laienbruderschaft suchten mit ihrer peniblen Beachtung der Zehntvorschriften sicherzustellen, daß Gott auch in ihrem Alltag nichts von dem vorenthalten wurde, was ihm zukommt. Jesus vergleicht ihr Verhalten mit dem Seihen von Mücken. Ihm geht es nicht um die Verzehntung von Kräutern und Gemüse, sondern um die Forderung der Treue, Gerechtigkeit und Barmherzigkeit (Mt 23,23f/Lk 11,42). Jesus hebt die für das antik-jüdische Weltverständnis grundlegende Unterscheidung von *rein* und *unrein* und damit die von *heilig* und *profan* auf: „Nichts, was von außen in den Menschen hineinkommt, vermag ihn zu verunreinigen; vielmehr das, was aus dem Menschen herauskommt, ist es, was den Menschen verunreinigt“ (Mk 7,15)[33]. Gottes Schöpfungsgaben sind gut; der Mensch schafft also jene tödliche Unreinheit, die das Gesetz mit seinen kultischen Vorschriften (vergeblich) zu bannen suchte. Er wird aufgrund seiner Gier und Ungerechtigkeit zu einem Herd der Unreinheit, zu einem „unsichtbaren Grab“, das seine Umgebung verseucht (vgl. Lk 11,44/Mt 23,27).

---

[31] Vgl. *Billerbeck,* Kommentar I, 623–626.629f.

[32] *Billerbeck,* ebd. Bd. II, 5.

[33] Vgl. *W. G. Kümmel,* Äußere und innere Reinheit des Menschen bei Jesus, in: Das Wort und die Wörter. FS G. Friedrich, Stuttgart 1973, 35–46.

Wenn Jesus in den Antithesen der Bergpredigt[34] jeweils gegen den überlieferten Wortlaut des mosaischen Gesetzes seine Forderung stellt, überwindet [171] er grundsätzlich ein gesetzliches Verständnis des Willens Gottes. Er durchstößt die Ebene gesetzlicher Aus- und Festlegungen und deckt jenen Bereich zwischenmenschlicher Beziehungen auf, der sich gesetzlicher Regelung entzieht, in dem aber über die Qualität des menschlichen Verhaltens entschieden wird. Wieder geht es um das Herz des Menschen als das Zentrum menschlichen Fühlens und Wollens, wo die Taten des Menschen ihre Wurzel haben. Eine solche Radikalisierung des Willens Gottes richtet sich gegen die mit jeder Gesetzesfrömmigkeit gegebene Versuchung, sich mit Hilfe des Buchstabens dem konkreten Anspruch zu entziehen (vgl. Mk 7,11–13). Die zweifellos schon die Gebote der zweiten Tafel des Dekalogs leitende Intention, dem anderen gerecht zu werden, ist nicht mehr festgelegt auf bestimmte Grenzfälle, sie wird vielmehr uneingeschränkt zur Geltung gebracht. Wenn Jesus die Kontrolle der Aggressivität, die Sensibilität für die Rechte des anderen und eine umfassende Wahrhaftigkeit fordert, die selbst das schlichte Ja oder Nein bestimmt, so zielt dies auf eine neue Gestaltung der zwischenmenschlichen Beziehungen im Sinne der Ganzheit und Einfachheit des Umgangs miteinander, die in der Art des Gottes Jesu ihren Grund und Maßstab findet – ohne jene Heuchelei, die aus manchem „Gerechten“ einen „Sohn der Hölle“ macht (vgl. Mt 23,15). Wie sich Gott dem Menschen ohne Wenn und Aber zuwendet, so soll auch der Mensch sich seinem Mitmenschen zuwenden.

Der Gott Jesu verführt den Menschen, das ihn schützende, oft aber auch erdrückende Gehäuse gesetzlicher Frömmigkeit zu verlassen und das Abenteuer der Liebe zu wagen. Der Zaun der Tora, durch den gesetzesgelehrte Tradition in einer minutiösen Auslegung die Wirklichkeit des Lebens einzufangen suchte, ist niedergerissen. Der Mensch ist Gott, sich selbst und dem andern im dauernden Wandel der Situationen unverstellt und unvermittelt ausgesetzt. War für rabbinisch-jüdisches Gesetzesverständnis die Tora jene Instanz,

---

[34] Vgl. *P. Hoffmann – V. Eid,* (Anm. 8) 73–94 (= in diesem Band S. 73–94). Vgl. *C. Dietzfelbinger,* Die Antithesen der Bergpredigt (ThEx 186) München 1975; *ders.,* Die Antithesen der Bergpredigt im Verständnis des Matthäus: ZNW 70 (1979) 1–15; *G. Strecker,* Die Antithesen der Bergpredigt (Mt 5,21–48 par.): ZNW 69 (1978) 36–72 (Lit.); sowie *I. Broer,* Freiheit vom Gesetz und Radikalisierung des Gesetzes. Ein Beitrag zur Theologie des Evangelisten Matthäus (SBS 98), Stuttgart 1980, bes. 75–113.

in welcher der Mensch Gottes Anspruch begegnet, so trifft nun der Mensch in seinen Mitmenschen auf den Anspruch Gottes. Der andere, die Not, Erwartungen und Hoffnungen, die dieser – bewußt oder unbewußt – ihm entgegenbringt, sind zum „Textbuch von Gottes Willen“ geworden. Dieses Textbuch bleibt „im einzelnen immer konkret, je nur in actu erfahrbar und nicht vorweg fixierbar“[35]. Eine solche Offenheit bedeutet für den einzelnen, vor allem [172] für den in Gesetzesfrömmigkeit Aufgewachsenen, ein Wagnis. Er erfährt sie als gefährlich; zudem ist sie selbst durch das menschliche Bedürfnis nach Absicherungen ständig gefährdet. Der Gott Jesu ist ein Gott, der das Risiko liebt und es auch dem Menschen zumutet (vgl. Mt 25,14–30/Lk 19,12–27).

7. *Der Gott aller*

Die Überzeugung, daß *Gott den Armen und Entrechteten Recht schaffen wird,* teilt Jesus mit der alttestamentlich-jüdischen Überlieferung. Die prophetischen und apokalyptischen Schriften belegen in vielfachen Abwandlungen die gemeinjüdische Hoffnung, daß sich Gott seines Volkes erbarmen, daß er seine Frommen befreien wird – auch wenn angesichts der politischen Entwicklung die Erfüllung dieser Hoffnung immer mehr in eine Zeit jenseits dieser Geschichte verlagert wird und die Erfahrung des Abfalls und der Sünde im eigenen Volk dazu führt, den Kreis derer, die diese Rettung erfahren, zunehmend einzuengen.

Jesus greift mit der Seligpreisung der Armen, Hungernden und Trauernden (Lk 6,20f/Mt 5,3.4.6) auf eine prophetische Verheißung aus der Zeit des babylonischen Exils zurück: „Den Armen Frohes zu melden, hat er mich gesandt, zu heilen, die gebrochenen Herzens sind, Befreiung zu künden den Gefangenen, den Gefesselten Lösung (der Stricke), auszurufen ein huldvolles Jahr des Herrn und einen Rachetag unseres Gottes, zu trösten alle Trauernden“ (Jes 61,1f)[36].

---

[35] Vgl. *U. Luz,* Einige Erwägungen zur Auslegung Gottes in der ethischen Verkündigung Jesu, in: Evangelisch-Katholischer Kommentar zum Neuen Testament, Vorarbeiten H. 2, Zürich–Neukirchen 1970, 119–130 (Zitat: 125).

[36] Diesen Zusammenhang stellt auch die Logienquelle her: Mt 11,5/Lk 7,22. Zu meiner Auslegung s. *P. Hoffmann,* (Anm. 8) 201–206. Vgl. jetzt auch *W. Grimm,* Weil ich dich liebe. Die Verkündigung Jesu und Deuterojesaja, Frankfurt 1976, 68–77, und *L. Schottroff – W. Stege-mann,* (Anm. 19) 29–53.

Mit dieser Rede vertröstet Jesus nicht die Angesprochenen auf irgendein Heilshandeln Gottes in der Zukunft, seine Verkündigung ist vielmehr Vollzug der alten prophetischen Zukunftsverheißung. Er versteht sich als der endzeitliche Freuden- und Friedensbote Gottes, der gesandt ist, Gottes endzeitliches Befreiungshandeln anzusagen. Sein Kommen ist das Zeichen des Anbruchs der Gottesherrschaft. Unter den noch herrschenden Unrechtsverhältnissen und gegen sie proklamiert er die neue Ordnung Gottes.

Der Gott Jesu erweist sich als ein Gott, der eindeutig Partei ergreift für die Armen und Entrechteten, die Zu-kurz-Gekommenen und die um ihr Glück, den schalom, Betrogenen. In der Tradition altorientalischen Königsrechts wird Gottes Gerechtigkeit als helfende und ausgleichende [173] Gerechtigkeit verstanden, die sich gerade derer annimmt, die unter den bestehenden Verhältnissen benachteiligt sind[37].

Wieder läßt das konkrete Verhalten Jesu erkennen, daß sein Gott *ein Gott* ist, *der die Grenzen überschreitet*. Gegenüber der im zeitgenössischen Judentum bestehenden Tendenz, die Verheißungen Gottes auf Israel, insbesondere auf die Frommen in Israel und die Erfüller des Gesetzes, einzuengen, weitet er den Begriff der Armen aus. Es sind – ohne Vorbehalt – die, die Hilfe nötig haben, Heiden wie Juden; in der damaligen Gesellschaft besonders die sozial oder religiös an den Rand Gedrängten: Frauen, Kinder, Aussätzige, Kranke und Besessene, Zöllner, Dirnen, öffentliche Sünder usw. Sein Wirken in Galiläa, das als Land der kleinen Leute und Gesetzesunkundigen verachtet war, spricht für sich. Jesus schließt auch die nicht aus, die nach unserem Urteil möglicherweise solche Zuwendung nicht verdient haben: Er nimmt die Einladung des Pharisäers ebenso an, wie er dem Reichen den Weg in die Nachfolge anbietet. Die Geschichte vom barmherzigen Samariter (Lk 10,30–37) macht unmißverständlich klar, daß die Not, in der sich ein Mensch befindet, denjenigen unausweichlich in die Pflicht nimmt, der ihr begegnet. Das Maß der Hilfe ist nicht dem Urteil des Helfers überlassen, sondern wird durch die konkrete Situation bestimmt.

---

[37] Vgl. *H. P. Hasenfratz*, Die Rede von der Auferstehung Jesu Christi, Bonn 1975, 230: „Proklamation der königlichen Gerechtigkeit Gottes." Zum Gerechtigkeitsbegriff und seiner politischen Relevanz, auch in der Situation der Verkündigung Jesu, vgl. ebd. 212–226.

Der Gott Jesu ist also – auch wenn er ein Gott für mich ist – immer der *Gott der anderen*. Genauer: Er ist der Gott derer, die übersehen, abgeschoben, die zum Geringsten, zum Fremden, zum Feind, zum Nicht-Nächsten gemacht werden. Daher identifiziert er sich mit den Kindern (Mk 9,37), mit den Kranken, den Gefangenen, den Hungernden, mit denen, die weder Kleidung noch ein Dach über dem Kopf haben (Mt 25,31–46)[38]. Er ist der Gott, der seine Sonne aufgehen läßt über Böse und Gute und der es regnen läßt über Gerechte und Ungerechte (Mt 5,45, vgl. Lk 6,35). Die eher skeptische Feststellung jüdischer Weisheitslehre, daß Gottes Sonne und Regen keine Ausnahme machen, dient Jesus zur Begründung seiner Forderung der Feindesliebe[39]. Indem er in dem schon [174] im Alten Testament gegebenen Gebot der Nächstenliebe den manipulierbaren Begriff des Nächsten durch den des Feindes ersetzt, wird der Begriff des Nächsten unendlich ausgeweitet. Es wird jener Punkt zur Sprache gebracht, an dem menschliche Solidarität ihre Grenze findet und, wie man oft genug sagt, finden muß, damit man überleben kann. Das Verhalten Gottes wird zum positiven Gegenmodell menschlichen Verhaltens. Der Rekurs auf die Schöpfungsordnung durchstößt die vom Menschen errichtete Welt der Unterschiede, der Ungleichheiten und Gegensätze und zeigt eine Welt auf, in der sich alle in gleicher Weise von Gottes Fürsorge getragen erfahren können. „Sohn Gottes" ist der, der sich von dieser umfassenden Güte Gottes bewegen läßt, die durch Vorurteile und Eigeninteressen errichteten Grenzen zu überschreiten und jeden – selbst den Feind – als einen Menschen anzusehen, der von Gott akzeptiert ist. Daher gilt: „Selig sind die Friedensmacher, sie werden Söhne Gottes genannt werden" (Mt 5,9).

8. Der einfache Glaube Jesu

Jesu konkrete Rede von Gott und die für sie bezeichnende Ineinssetzung von Gottes- und Nächstenliebe bedeuten nicht eine „Horizontalisierung" der Gottesbeziehung oder den Verlust der Innerlich-

---

[38] Vgl. *J. Friedrich,* Gott im Bruder. Eine methodenkritische Untersuchung von Redaktion, Überlieferung und Traditionen in Mt 25,31–46, Stuttgart 1977; *E. Brandenburger,* Das Recht des Weltenrichters (SBS 99), Stuttgart 1980.

[39] Vgl. vor allem *D. Lührmann,* Liebet eure Feinde (Lk 6,27–36/Mt 5,39–48): ZThK 69 (1972) 412–438.

keit. Seine Praxis ist vielmehr die Außenseite einer ihn im Innersten bestimmenden *Gotteserfahrung*, auch wenn von ihr in den überlieferten authentischen Jesusworten nur selten ausdrücklich gesprochen wird. Am deutlichsten geschieht dies in dem Mt 6,7f überlieferten Wort vom Beten: „Wenn ihr betet, redet nicht daher wie die Heiden, die meinen: Wer viele Worte spricht, wird erhört. Macht es nicht so wie sie; euer Vater weiß, was ihr braucht, noch bevor ihr ihn bittet" (vgl. Mt 6,32/Lk 12,30).

Der Sinn dieses Wortes ist noch nicht ausreichend erfaßt, wenn es nur als Kritik der Gebetspraxis in Jesu Umwelt verstanden wird. Als ginge es darum, eine quantitative Häufung von Gebeten und Ritualen durch ehrfürchtigere Umgangsformen mit Gott abzulösen. Matthäus scheint das Wort bereits so aufgefaßt zu haben, wenn er es als Einleitung zum „Vater-Unser" benutzt (6,9a), um dieses als christliches Mustergebet vorzustellen. Dadurch wird die Aussage Jesu jedoch entschärft. Ihm geht es nicht um den Gegensatz von vielen oder wenigen Gebetsworten; er stellt vielmehr zwei unterschiedliche Einstellungen des Beters zu Gott gegeneinander. Die „Heiden" (und alle, die so beten, beten seiner Meinung nach offenbar „heidnisch") meinen, durch Gebete Gott beeinflussen zu müssen, sei es, daß sie durch ihre Gebetsaktionen Gottes Aufmerksamkeit [175] und hilfreiche Zuwendung erstmals gewinnen wollen, sei es, daß sie durch Sühnegebete den Zorn der Götter zu besänftigen suchen. Der Gott Jesu dagegen weiß, was der Beter braucht, ehe dieser ihn darum bittet. Seine Aufmerksamkeit und Zuwendung kommen dem Menschen zuvor. Was Jesu Aussage also kennzeichnet, ist der *Sprung aus der Ambivalenz* des heidnischen Beters *in die Gewißheit absoluten göttlichen Wohlwollens*, das den Menschen schlechthin umfängt und dem sich der Mensch fraglos überlassen darf. So kann Jesus seinen Zuhörern versichern: „Bittet, und euch wird gegeben werden. Suchet, und ihr werdet finden. Klopft an, und euch wird geöffnet werden. Denn jeder, der bittet, empfängt, und jeder, der sucht, findet, und jedem, der anklopft, wird geöffnet" (Mt 7,7f/Lk 11,9f). Jesus sucht den Menschen zu einem solchen Vertrauen zu motivieren, indem er ihn – in den gewählten Beispielen durchaus Kind seiner Zeit – auf alltägliche Erfahrungen in seinem Leben und seiner Umwelt verweist[40]: auf die Spatzen, die

---

[40] Vgl. *D. Zeller*, Die weisheitlichen Mahnsprüche bei den Synoptikern, Würzburg 1977, bes. 82–93 (zu Mt 6,25–33), 94–101 (zu Mt 10,28–31), 133–135

nichts wert sind und die doch nicht gegen den Willen Gottes vom Himmel fallen (Mt 10,29–31); auf die Raben, die Gott ernährt, auf die wild wachsenden Anemonen, die er wunderbar kleidet, obwohl sie Gras sind, das heute wächst und morgen in den Ofen geworfen wird (Mt 6,26–30/Lk 12,24–28). Jesus verweist seine Zuhörer auf die Haare ihres Hauptes, die gezählt sind (Mt 10,30/Lk 12,7), und auf die Länge ihrer Lebenszeit, die sie nicht beeinflussen können (Mt 6,27/Lk 12,25). Er nötigt sie, aus ihrem eigenen Verhalten zu lernen. Auch sie geben ihrem Kind keinen Stein, wenn es sie um Brot bittet, und keine Schlange, wenn es sie um einen Fisch bittet (Mt 7,9f/Lk 11,11f). Diese Verweise meinen nicht eine Naturidylle, sie verharmlosen nicht die Realitäten: das Gras verdorrt, die Spatzen fallen vom Himmel, der Tage sind gezählt, der Mensch ist böse. Innerhalb dieser Grenzen, die Vergänglichkeit und das böse Herz des Menschen setzen, werden Momente in unserem Leben und unserer Welt ent-deckt, die auch für uns das Vertrauen Jesu – seinen „einfachen Glauben" – rechtfertigen könnten. Ihn trägt ein solches Vertrauen in seinem Tun; es läßt ihn an seinem Weg festhalten, als er Ablehnung erfährt und mit seinem Tod rechnen muß. Das in der Abendmahlsüberlieferung erhaltene Abschiedswort Mk 14,25 ist von der Gewißheit [176] bestimmt, daß Gott zu ihm stehen wird – auch über den Tod hinaus. Ob es Jesus gelungen ist, dieses Vertrauen bis zum Ende durchzuhalten, muß angesichts der unterschiedlichen Aussagen der Evangelien über sein Sterben offen bleiben. Doch spricht das Zeugnis seines Lebens eher dafür.

Fühlen, Denken, Reden und Tun, innen und außen, die Beziehung zu Gott und zum Nächsten, Glaube, Hoffnung und Liebe fallen in Jesus nicht auseinander; sie bilden eine Einheit[41]. Diese *Einfachheit* mag die Wirkung erklären, die er auf viele seiner Zeitgenossen ausübte: Sein Leben machte Gnade erfahrbar, ließ die Wahrheit seines

---

(zu Mt 6,7f: Der Vergleich mit den Heiden reicht m.E. nicht aus, das Logion Jesus abzusprechen, so *Zeller* 135), sowie *P. L. Berger,* Auf den Spuren der Engel. Die moderne Gesellschaft und die Wiederentdeckung der Transzendenz, Frankfurt 1970.

[41] Vgl. dazu *H. Wolff,* Jesus der Mann. Die Gestalt Jesu in tiefenpsychologischer Sicht, Stuttgart 1975 (bes. 115–126: „Das heile Gottesbild" und 164–171: „Das heile Menschenbild").

Gottes konkret werden. Ohne diese Einfachheit und Konkretheit der menschlichen Existenz ist der Gott Jesu nicht zu haben. Wo sie fehlen, bleiben nur Ideologie und Heuchelei[42].

---

[42] In Anmerkung wenigstens sei auf eine Verdächtigung eingegangen, der die Rückfrage nach dem historischen Jesus als dem Grund und Maßstab kirchlichen Christusglaubens und kirchlicher Praxis ausgesetzt ist. Die obigen Darlegungen haben, so hoffe ich, deutlich gemacht, daß die „Sache Jesu“ von seiner Person nicht zu trennen ist, daß vielmehr beide unauflöslich zusammengehören. Auch der urchristliche Osterglaube kann nur verstanden werden als die In-Geltung-Setzung des Anspruches Jesu, im Namen Gottes zu handeln, durch diesen Gott selbst, der „ihn aus den Toten erweckte“, wie *J. Becker* in seinem Aufsatz „Das Gottesbild Jesu und die älteste Auslegung von Ostern“, in: Jesus Christus in Historie und Theologie. FS H. Conzelmann, Tübingen 1975, 105–126, deutlich gemacht hat. Wenn z. B. *Walter Kasper* (Jesus der Christus, Mainz 1974) eine solche Bewertung Jesu als „Plattfußtheologie“ (ebd. 19) disqualifiziert, wird zugleich auch der Ursprung christlichen Glaubens selbst disqualifiziert und dem Doketismus bzw. der Beliebigkeit der Christusspekulationen und Kirchenpolitik Tür und Tor geöffnet. Das gilt unbeschadet der Tatsache, daß der Begriff „Sache Jesu“ eine Fülle von hermeneutischen Implikationen enthält, ohne deren Beachtung und Entfaltung er höchst mißverständlich und theologisch falsch werden kann. Auf Kaspers ein Schlagwort Karl Barths aufgreifende Etikettierung kann – im Hinblick auf die daraus sich ergebenden Konsequenzen – nur mit demselben Barth geantwortet werden: „Bei diesem Schleimfädenziehen ohne Ende müßte ja ein Erzengel banal werden.“

Die Basileia-Verkündigung Jesu und die Option für die Armen

[27] Die Rückfrage nach den für „unsere Moral“ gültigen Perspektiven der Verkündigung Jesu soll bei einer Thematik einsetzen, die verspricht, für Jesus Charakteristisches, ihn von seiner Umwelt Unterscheidendes, aber auch für sein Handeln Grundlegendes zu erschließen. Es ist dies, soweit hier die Quellen ein Urteil gestatten, vor allem seine Rede von der Basileia, dem Reich, der Herrschaft, dem Königtum usw. Gottes.

Ich nenne einleitend zwei Texte der neutestamentlichen Jesustradition, deren Authentizität von J. Jeremias bis R. Bultmann anerkannt ist[1] und welche die hier anstehenden Probleme bereits andeuten.

„Glücklich die Armen (Mt + *im Geiste*), ihnen (Lk: *euch*) gehört das Reich Gottes (Mt: *Reich der Himmel*)“ (Mt 5,3/Lk 6,20b).

„Wenn ich aber mit dem Finger Gottes (Mt: *im Geiste Gottes*) die Dämonen austreibe, dann ist das Reich Gottes zu euch gekommen“ (Mt 12,28/Lk 11,20).

Zunächst dokumentieren diese zwei Sprüche die Fremdheit und Ferne der Jesusüberlieferung, durch die sie einem selbstverständlichen Verstehen entzogen und Fehldeutungen ausgesetzt sind. Letzteren wird der Ausleger um so leichter erliegen, je selbstverständlicher er [28] sein Vorverständnis schon für die Aussage des Textes hält, je weniger er also bereit ist, jene Distanz in Rechnung zu stellen, die zwischen ihm und der historischen Situation des Textes besteht. Wer sind jene „Armen“ oder „Armen im Geiste“, denen sein Reich zugesprochen wird? Sozial Arme? Die religiös verachtete Gruppe der Anawim? Vor Gott arm Gewordene, also die Frommen? Die, die ihre Armut akzeptieren? Oder nach einer für die Wirkungsgeschichte des Christentums bezeichnenden volkstümlichen Version dieser Se-

---

[1] Vgl. *Bultmann,* Tradition 133 zu Lk 6,20b.21; 174 zu Mt 11,28: „kann m.E. den höchsten Grad an Echtheit beanspruchen, den wir für ein Jesuswort anzunehmen in der Lage sind“.

ligpreisung: die „Bekloppten“, die Dummen? Was meint die Rede vom Reich? Einen Zustand am Ende der Zeiten? Das jenseitige Himmelreich unsterblicher Seelen? Die Kirche als „Reich Gottes auf Erden“? Wie sind die Zeitansagen in der Rede vom Reich zu verstehen? Spricht Jesus hier von einem gegenwärtigen Reich, wie die Formulierung „ankommen“ in Mt 12,28 vermuten läßt? Oder meint er ein zukünftiges Geschehen? Kann aber eine Gegenwart des Reiches allen Ernstes behauptet werden? Wäre dies nicht nur der verwegene Wunsch eines enthusiastischen Schwärmers, der durch den Ablauf der Geschichte schon längst widerlegt wurde, wie R. Augstein[2] zuletzt wieder meinte? Müssen wir es also bei der Zukunftsaussage belassen und uns Brechts Datierung auf den St.-Nimmerleins-Tag gefallen lassen? Oder gilt Loisys den historischen Ablauf – durchaus wohlwollend – konstatierende Feststellung: „Jesus predigte das Reich Gottes – gekommen ist die Kirche“?[3] Führt dieser Befund notwendig zur so gut gemeinten Praxis des Großinquisitors?

Fragen historischen Verstehens und Fragen der Übersetzung sind aneinander gebunden, und die Beantwortung der ersten ermöglicht erst die Antwort auf die zweite Frage, mag jene auch von dieser geleitet sein. Erste Aufgabe ist es daher, den ältesten erreichbaren, Jesus also historisch am nächsten stehenden Text zu erarbeiten und diesen von seinen sozio-kulturellen Voraussetzungen her zu verstehen. Dann erst können wir die Übersetzung wagen.

1. Die Seligpreisung der Armen: eine Konkretion der Basileia-Verkündigung Jesu

1. Zur Traditionsgeschichte der Seligpreisungen

29 Zunächst ein paar Bemerkungen zur Traditionsgeschichte der Seligpreisungen[4]. Ziel ist, den ältesten, möglicherweise auf Jesus

[2] Vgl. Jesus Menschensohn, München 1972, 99: „Dieser Jesus der Enderwartung, uns wortgetreu und schriftgerecht von (J.) Jeremias skizziert, ist ein bornierter, in den Grenzen jüdischer Egozentrik befangener Schwärmer...“

[3] Evangelium und Kirche, München 1904, 112f (französisches Original: L’Évangile et l’Église [Bellevue ^{3}1904] 155). Vgl. dazu *D. Hoffmann-Axthelm,* Loisys L’Évangile et l’Église: ZThK 65 (1968) 291–328.

[4] Vgl. neben den Kommentaren *Bultmann,* Tradition 114f; *Dupont,* Les Béatitudes I, 205–345; *H. Frankemölle,* Die Makarismen (Mt 5, 1–12; Lk 6, 20–23).

selbst zurückgehenden Textbestand zu eruieren. Sowohl die Matthäus- als auch die Lukasfassung der Seligpreisungen zeigen Spuren der Bearbeitung in Redaktion und Tradition. Die beiden Fassungen lassen die Form ihrer gemeinsamen Vorlage in Q in etwa erkennen (Mt 5, 3–12/Lk 6, 20–23):

> Glücklich sind die Armen, ihnen gehört die Herrschaft Gottes.
> Glücklich sind die Hungernden, sie werden gesättigt werden.
> Glücklich sind die Trauernden, sie werden getröstet werden.
>
> Glücklich seid ihr, wenn sie euch ausschließen, euch schmähen und euren Namen wegen des Menschensohnes öffentlich in Verruf bringen. Freut euch und jubelt, denn großer Lohn wartet im Himmel auf euch. Ebenso haben sie die Propheten vor euch verfolgt.

Matthäus hat die Seligpreisungen durch Zusätze ethisiert („Arme *im Geiste*", hungern *und dürsten nach der Gerechtigkeit*") und ihnen vier weitere Seligpreisungen hinzugefügt, die sich auf spezifische Verhaltensweisen, nämlich Gewaltlosigkeit (V. 5), Barmherzigkeit (V. 7), Wahrhaftigkeit (V. 8), Friedensschaffung (V. 9), Gerechtigkeit (V. 6.10), beziehen. Aus der Seligpreisung der Armen wurde ein Tugendkatalog, in dem der christlichen Gemeinde, die Salz der Erde, Stadt auf dem Berge, Licht der Welt sein soll (V. 13–16), die Einlaßbedingungen für die endzeitliche Herrschaft Gottes genannt werden. Für Matthäus ist die christliche Wahrheit konkret; Heil gewinnt nur, wer die [30] „bessere Gerechtigkeit" (5,20), das heißt den Willen des Vaters im Himmel (7,21), tut.

Lukas hat die vier Seligpreisungen in der alten Direktheit gelassen; er stellt ihnen aber vier Weherufe entgegen und typisiert die Gruppen: „Arme" und „Reiche" dienen ihm zur Darstellung des Gegensatzes zwischen der kleinen Herde Jesu und der bösen Welt (Lk 12,32). Die beiden Gruppen werden direkt angesprochen. Indem er im zweiten und dritten Spruch jeweils ein „jetzt" der Kennzeichnung der Angeredeten einfügt (V. 21 ab.25ab), wird deren gegenwärtiger Zustand betont einem zukünftig-jenseitigen gegenübergestellt, der den Ausgleich bringen wird. (Lk 16,19ff veranschaulicht diesen Gegensatz in der Geschichte vom Reichen und vom Armen.) Er ordnet so die überlieferte Aussage seiner Konzeption einer jenseitsorientierten Vergeltungsethik ein[5].

Auch die *Q-Fassung*[6] der Seligpreisungen zeigt bereits Spuren von Bearbeitung und Interpretation. Die vierte Seligpreisung unterscheidet sich von den ersten drei durch Form und Inhalt. Erst sie bringt den ausdrücklichen Bezug auf den Menschensohn Jesus, auf die Verfolgungssituation der Gemeinde, den tröstenden

---

Motive und Umfang der redaktionellen Komposition: BZ 15 (1971) 52–75; *G. Strecker,* Die Makarismen der Bergpredigt: NTS 17 (1971) 255–275; *H. Schürmann,* Lukasevangelium 325–341. Eine grundlegende Untersuchung zur Thematik legte *Chr. Kähler* vor: Studien zur Form- und Traditionsgeschichte der biblischen Makarismen, Diss. Masch. Jena 1974.

[5] Vgl. dazu Lk 6, 32–35; 14,7–14 und *W. C. van Unnik,* Die Motivierung der Feindesliebe in Lk 6, 32–35: NovT 8 (1966) 284–300.

[6] Vgl. auch *S. Schulz,* Q 452–457; *Hoffmann,* Logienquelle 114f, 182, 325f.

Hinweis auf den für den Gerichtstag im Himmel aufbewahrten Lohn und den Vergleich des Geschicks der Anhänger des Menschensohnes mit dem der Propheten ein. Dies weist auf die spätere Gemeindesituation hin. Die ersten drei Sprüche sind in ihrer Aussage weniger spezifiziert. Offenbar wurden sie durch die vierte Seligpreisung auf die verfolgten Anhänger des Menschensohnes Jesu bezogen und für sie in Anspruch genommen.

Die ersten drei Aussagen können dagegen auf Jesus selbst zurückgehen, zumal wenn sich in ihnen Züge finden, die sich weder aus dem zeitgenössischen Judentum noch aus der früheren Gemeinde ableiten lassen und die sonstigen authentischen Aussagen Jesu korrespondieren. Der Wandel der Situation der Gemeinde und ihres jeweiligen Verstehenshorizontes – das Bekenntnis zum Menschensohn Jesus und eine damit verbundene Reapokalyptisierung der Botschaft Jesu, später ein hellenistisch bzw. weisheitlich geprägtes Ethos usw. – hat die Auslegung der ältesten Überlieferung bestimmt. Die Änderungen der überlieferten Aussage stehen im Dienste einer notwendigen Aktualisierung, sie haben aber auch eine Verengung des Verständnisses der überlieferten Aussage zur Folge gehabt.

31 Welches war nun der Sinn jener drei ältesten, möglicherweise auf Jesus zurückgehenden Seligpreisungen? Ihr Verständnis hängt von der Klärung zweier Fragen ab: Wer ist mit den Armen, Trauernden und Hungernden gemeint? Welche Bedeutung kommt ihrer Seligpreisung im Rahmen der Basileia-Verkündigung Jesu zu?

2. Die Adressaten der Seligpreisung

Die Verheißung, daß Gott sich der Armen annimmt, läßt sich in ihrer Bedeutung erst verstehen, wenn wir ihre geistesgeschichtlichen Voraussetzungen in der altisraelitisch-jüdischen Tradition kennen[7]. Die Beurteilung des Armen geht im Alten Testament nicht vom Gedanken des Eigentums und von den Rechten der Besitzenden aus. Vielmehr ist nach israelitischer Anschauung allein Jahwe der Besitzer des Landes Kanaan; er hat dieses sein Land allen Israeliten geschenkt. Jeder Israelit soll darum nach Gottes Willen an diesem Land Anteil haben. Die Verarmten, denen ihr Anteil am Lande verlorengegangen ist, sind die um Jahwes Verheißung Betrogenen.

---

[7] Vgl. dazu *E. Bammel:* ThWNT VI, 888–919; *Maier,* Texte II, 83–87; allgemein zur antiken Einstellung zu den Armen: *H. Bolkestein,* Wohltätigkeit und Armenpflege im vorchristlichen Altertum. Ein Beitrag zum Problem „Moral und Gesellschaft“, Utrecht 1939.

Sie haben daher Anspruch auf den Rechtsschutz Gottes, den er ihnen aufgrund seiner Bundestreue gewährt. So finden wir bereits in den alten Gesetzesbestimmungen ausdrückliche Schutzbestimmungen zugunsten der Armen[8]. Die älteren Propheten (vgl. vor allem Am 2, 6–10) und das Deuteronomium (Dt 15, 7–11.12–18; 23, 20.25f; 24, 6.14f) treten in diesem Sinn für die Armen ein. Von daher hat der Armenbegriff im Alten Testament *zugleich eine soziale und religiöse Komponente*. Im Gegensatz zu denen, die selbstherrlich über Gesetz und Besitz verfügen, stellt sich der Arme unter den Bundeswillen Gottes und vertraut in seiner Not darauf, daß Jahwe ihm sein Recht verschaffen wird. In diesem Sinn wird der Arme im alttestamentlich-jüdischen Denken als der „Demütige" verstanden. Auch in exilischer und nachexilischer Zeit bleibt diese prophetisch-deuteronomistische Sicht bestimmend[9]. Sie ist nun aber mit der Erwartung verbunden, daß Jahwe das Recht der Armen in seinem *endzeitlichen* [32] Heilshandeln verwirklichen wird. Aufgabe des endzeitlichen Boten Gottes wird es sein, „den Armen Frohes zu melden ... zu heilen die gebrochenen Herzens sind, Befreiung zu künden den Gefangenen, den Gefesselten Lösung (der Stricke), auszurufen ein huldvolles Jahr des Herrn und einen Rachetag unseres Gottes, zu trösten alle Trauernden" (Jes 61, 1 f). Eine dritte Entwicklungsstufe erreicht der Begriff in nachexilischer Zeit. Er verliert in zunehmendem Maße den Bezug zum alttestamentlichen Bundesgedanken und wird mit dem Gedanken der Gesetzeserfüllung verbunden. Parallel zu „gerecht" dient er nun jenen Gruppen zur Selbstbezeichnung, die sich einer besonderen Gesetzesobservanz unterwerfen. In Weiterführung der prophetischen Tradition wird so der Begriff „arm" („arm im Geiste" nimmt auf Jes 66, 2: „arm und zerknirschten Geistes" Bezug) zum Ehrennamen des Frommen. Vor allem in der Gemeinde von Qumran ist der Arme „identisch mit dem Täter des Gesetzes", dem also, der die besondere Gesetzesobservanz dieser religiösen Gemeinschaft erfüllt[10].

---

[8] Zum Beispiel die Bestimmungen des sogenannten Bundesbuches Ex 21, 2–11; 22,24; 23,6.10f.

[9] Vgl. Deutero- und Trito-Jesaja sowie einzelne Psalmen, z. B. 34,19; 51,19.

[10] Vgl. 1 QM 14,6f: „Und er verleiht denen, deren Knie wanken, festen Standort und Festigkeit der Lenden dem zerschlagenen Nacken. Und durch die, die arm im Geiste sind [...] das verstockte Herz. Und durch die, die vollkommenen Wandels sind, werden alle Völker des Frevels vertilgt." Aufschlußreich ist die Parallelisierung der Armen mit den Vollkommenen. 1 QH 5,22 ist von den

Jesus steht offenbar in der alttestamentlich-jüdischen Tradition; der Bezug auf Jes 61, 1f in den Seligpreisungen ist deutlich erkennbar. Jesus gibt aber den traditionellen Begriffen wieder einen konkreten Bezug. Aufgrund des vorauszusetzenden Zusammenhangs dieser Rede mit seinem sonstigen Wirken, seinem Eintreten für Sünder und Zöllner, Deklassierte und religiös Verachtete, für Kranke und von Dämonen Besessene, für Frauen und Kinder, die in der damaligen Gesellschaft kaum Ansehen fanden, wird nämlich deutlich, daß Armsein, Hunger, Trauer von ihm real gemeint sind. Wie jene Kranken, die Jesus heilte, wirklich Kranke, jene Sünder, mit denen er aß, wirklich Sünder waren, so sind jene Armen, Hungernden und Trauernden wirklich von Armut, Hunger und Leid getroffene Menschen. Die politische Situation sowie die allgemeine wirtschaftliche Lage in Israel zur Zeit Jesu lassen die bestürzende Aktualität seiner Rede erkennen.

Jesus spricht von den Armen und Gebeugten ohne die Einengung auf den Gesetzesgehorsam. Er beschränkt seine Zusage nicht auf eine [33] besondere Gruppe. Er sammelt nicht in Israel den Heiligen Rest[11], wie es die Qumransekte wollte; er hatte vermutlich auch nicht die Absicht, eine „Gemeinde“ zu gründen. Weder die Armen nur „in Israel“ oder die Armen nur „unter den Frommen“ seiner Zeit noch die Armen ausschließlich „unter seinen Anhängern“ oder nur „unter den Jüngern“ sind also hier gemeint. Ohne irgendeine Einengung verkündet er, daß Gott den Armen schlechthin ihr Recht verschafft. Wie in der Beispielerzählung vom barmherzigen Samariter (Lk 10, 30–37) oder im Gebot der Feindesliebe mit dem Hinweis auf den Gott, der seine Sonne über jedermann aufgehen läßt (Mt 5, 45 par.), jede nationale Begrenzung überwunden wird, so ist auch hier die Anrede *universal* gemeint. Weder eine spiritualisierende Entkonkretisierung noch eine parteiliche Konkretisierung treffen daher die Intention Jesu. Er meint die „Zu-kurz-Gekommenen“ (P. Stuhlmacher), die um ihr Glück (den Schalom) Betrogenen, die „im Dunkeln“ (B. Brecht) schlechthin. Sie lassen sich nicht auf eine

---

„Armen der Gnade“ gesprochen, 1 QpHab 12,3f–6.10 von den Armen als den „Einfältigen Judas“ und „Tätern des Gesetzes“. Vgl. dazu *Maier,* Texte II, 86.

[11] Vgl. *J. Jeremias,* Der Gedanke des „Heiligen Restes“ im Spätjudentum und in der Verkündigung Jesu: *ders.,* Abba. Studien zur Neutestamentlichen Theologie und Zeitgeschichte, Göttingen 1966, 121–132.

Gruppe einschränken; ihre Not läßt sich nicht auf eine Weise der Armut, des Hungers oder des Leids festlegen.

Die Seligpreisungen geben einer *Tendenz* Ausdruck, die in Jesu Gesamtwirken zum Zuge kommt: seiner ständigen Grenzüberschreitung auf den Menschen in Not, in der Isolation, in der Diffamierung hin. Insofern stehen sie der Sache nach in deutlicher Korrespondenz zu seiner Auslegung des Gesetzes nach dem Kriterium des Liebesgebots (s.u.). Solche Grenzüberschreitungen mußten – gerade von den „staatserhaltenden" Kräften – als Eklat, als Angriff auf die Grundordnung der Gesellschaft angesehen werden[12]; sie konnten aber auch als Einbruch eines Neuen, als Erlösung und Befreiung erlebt und – in der hochgespannten apokalyptischen Atmosphäre der Zeit – zum Anlaß werden, in Jesus einen der Heilbringer jüdischer Endzeiterwartung zu vermuten (vgl. Mk 6,15; 8,28).

3. Die Seligpreisung der Armen und die Basileia-Verkündigung Jesu

34 Die Seligpreisung der Armen wird in einem Nachsatz durch den Hinweis begründet, daß gerade ihnen das Reich Gottes gehört. Wie ist diese Zusage des Reiches zu verstehen? Sind sie Verweis (also Vertröstung?) auf einen endzeitlichen Ausgleich, wie es der Gebrauch der Zukunftsform in der zweiten und dritten Seligpreisung nahelegt? Die Makarismen nehmen eine sehr wahrscheinlich aus dem Kult stammende, vor allem aber in der Weisheitslehre verbreitete Redeform auf[13]. Doch schon in der apokalyptischen Literatur ist nicht zu übersehen, daß die Makarismen und die dort zahlreicheren Weherufe als Bestandteile von Offenbarungsreden den Frommen auf einen der Welt verborgenen, aber künftig gültigen Sachverhalt

---

[12] Vgl. *E. Linnemann,* Gleichnisse 75, Anm. g u.a.

[13] Vgl. *Bultmann,* Tradition 133, sowie *F. Hauck – G. Bertram:* ThWNT IV, 365–373. Zur formgeschichtlichen Frage vgl. *Schürmann,* Lukasevangelium 329 (mit weiteren Hinweisen). Zum apokalyptischen Makarismus vgl. ebd. sowie *K. Koch,* Was ist Formgeschichte?, Neukirchen 1964, 8. Allgemein: *A. George,* La „forme" des béatitudes jusqu' à Jésus: Mélanges Bibliques rédigés en l'Honneur de A. Robert, Paris o.J. (1957), 398–403; Vgl. an alttestamentlichen Belegen Jes 30,18; 32,20; Dt 33,29; 1 Kö 10,8; Ps 1,1; 2,12; 32,1f; 33,12; 34,9; 40,5; 41,2; 65,5; 89,16; 94,12; 106,3; 112,1; 119,1f; 127,5; 128,1f; 137,9; Job 5,17; Spr 3,13; 8,32.34; 14,21; 16,20; 20,7; 28,14; 29,18; Prd 10,17; Sir 14,1f.20; 25,8f; 26,1; 31,8; 48,11; 50,28; Weish 3,13f; Tob 13,15f sowie PsSal 4,23; 6,1; 10,1; 4 Makk 18,9 u.a.

verweisen und insofern auch die gegenwärtigen Unrechtsverhältnisse endzeitlich in Frage stellen[14]. Bei der Seligpreisung der Armen fällt auf, daß auf eine nähere Zeitangabe verzichtet ist; den Armen gehört das Reich Gottes schlechthin. Entscheidend für das jesuanische Verständnis aller drei Makarismen ist jedoch, daß sie auf Jes 61,1f und seinen weiteren Kontext zurückgreifen[15]. Das geschieht nicht nur im Sinn einer sprachlichen Bezugnahme, sondern mit dem Anspruch der Realisation des dort [35] angekündigten Geschehens. Wenn Jesus hier den Armen das Reich zuspricht, die Trauernden tröstet, dann tritt er wie jener für die Endzeit verheißene Bote auf, dessen Ankündigung den Anbruch der Endzeit anzeigt. Jesu Rede ist also bereits Endzeitgeschehen[16]. Die Makarismen sind dann zuerst und zunächst Proklamation der in der Zeit der Gegenwart der Basileia – das heißt aber für Jesus: *jetzt* – gültigen Ordnung der Herrschaft Gottes. Nur so sind sie Tröstung der Armen. Jesus deckt hier gegen die (noch) bestehenden Verhältnisse die Ordnung Gottes vor der Welt auf, eine Ordnung, nach der keiner zu kurz kommen soll. Er deckt sie auf gegen die, die „im Besitz" und daher auch immer versucht sind, sich diese Herrschaft Gottes nach ihren und den Interessen ihrer Gruppen zurechtzulegen. Indem Jesus ein solch

---

[14] Vgl. z. B. die Weherufe äthHen 94,6ff; 95,4ff; 96,3ff; 97,7ff; 98,9ff; 99,1ff.11ff; 100,7ff; 103,5. Die Gerechten werden hier in der Regel nicht selbst seliggepriesen, sondern zu Ausdauer und Hoffnung ermuntert und auf den bevorstehenden Ausgleich verwiesen. Ihre Seligpreisung erfolgt gleichsam e contrario durch die Weherufe gegen die Sünder. Vgl. die eschatologischen Makarismen Jes 56,2; Dan 12,12; PsSal 17,44; 18,6; äthHen 58,2; 81,4; 82,4; 99,10; 103,5; slavHen 41,2; 42,6–14; 44,4; 52,1–13; 61,2; 62,1; 4 Esr 7,45; Weish 3,13–14; Sib III 371f.

[15] So schon *Billerbeck,* Kommentar I, 190. Vgl. *G. Eichholz,* Auslegung 26ff, 38ff; *P. Stuhlmacher,* Das paulinische Evangelium. I. Vorgeschichte, Göttingen 1968, 219; *Dupont,* Les Béatitudes II, 91–142.

[16] Vgl. für diese Interpretation auch *Schürmann,* Lukasevangelium, 332 („Der Anbruch der Erfüllungszeit ... speziell die Erfüllung von Is 61,1 wird hier in Gang gesetzt. In diesem auf Is 61,1 rückbezogenen ‚eschatologischen Erfüllungsruf' hören wir wohl die Basileia-Verkündigung Jesu unmittelbar in ihrer Urform").
Der in der Logienquelle überlieferte Spruch Mt 11,5/Lk 7,22, der allerdings nicht auf Jesus zurückgeführt werden kann (vgl. *Hoffmann,* Logienquelle 202–204, 210–212), bestätigt diese Sicht, wenn dort Jesu Verkündigung an die Armen unter Verwendung weiterer Anspielungen auf jesajanische Texte mit den endzeitlichen Heilungen und der Totenerweckung zusammengeordnet und als Endzeitgeschehen qualifiziert wird.

befreiendes Wort sagt, schafft er bereits Erlösung und Freiheit, löst er – tritojesajanisch gesprochen – die „Stricke der Gefesselten". Das *Wort*, selbst schon aufdeckend und befreiend, steht im Kontext seines *Handelns*, das als solches schon ansprechender und beanspruchender Art ist; es ist begleitet von Taten der Solidarisierung mit den in der damaligen Gesellschaft an den Rand Gedrängten.

Dieses präsentisch-eschatologische Verständnis der Seligpreisung bedarf der Absicherung durch weitere Aussagen Jesu[17]. Es findet eine [36] erste Bestätigung in der Seligpreisung der Augen- und Ohrenzeugen von Jesu Auftreten in Lk 10,23f/Mt 13,16f[18]. Jesus beansprucht für sein Wirken insgesamt, daß es Erfüllung der Hoffnungen der Propheten und Könige Israels und somit Endzeitgeschehen ist. Nicht irgendwelche Details des Wirkens Jesu werden dabei mit Details alttestamentlicher Verheißung in Beziehung gesetzt (wie es späterer gemeindlicher Schriftbeweis versucht); vielmehr ist für den Spruch ein originäres Vollmachtsbewußtsein kennzeichnend, aufgrund dessen Jesus generell die noch unabgegoltenen alten Hoffnungen für sich in Anspruch nimmt und – sie zugleich neu auslegend – auf sein Wirken bezieht.

In dem schon zitierten Spruch Mt 12,28/Lk 11,20, in dem Jesus seine Dämonenaustreibungen verteidigt, wird direkt der Anspruch erhoben, daß in solchem Tun die Basileia gegenwärtig ist: „Wenn ich mit dem Finger Gottes die Dämonen austreibe, ist die Basileia Gottes zu euch gekommen"[19]. Die bisherigen Ausführungen werden hier in zweierlei Hinsicht ergänzt:

---

[17] Zur Eschatologie Jesu vgl. allgemein *G. Bornkamm*, Jesus 58–87; *H. Conzelmann*, Reich Gottes II: RGG V, 912–918; *Dupont*, Les Béatitudes II, 99–123; *E. Gräßer*, Die Naherwartung Jesu, Stuttgart 1973; *N. Perrin*, Was lehrte Jesus wirklich? Göttingen 1972, bes. 52ff; *R. Schnackenburg*, Gottes Herrschaft und Reich, Freiburg i. Br. 1959; *Ch. Walther*, Typen des Reich-Gottes-Verständnisses, München 1961. Vgl. jetzt vor allem *H. Merkel*, Die Gottesherrschaft in der Verkündigung Jesu: *M. Hengel – A. M. Schwemer*, Königsherrschaft und himmlischer Kult im Judentum, Urchristentum und in der hellenistischen Welt, Tübingen 1991, 119–161.

[18] Vgl. zur Interpretation des Spruches vor allem *H. W. Kuhn*, Enderwartung und gegenwärtiges Heil. Untersuchungen zu den Gemeindeliedern von Qumran mit einem Anhang über Eschatologie und Gegenwart in der Verkündigung Jesu, Göttingen 1966, 193–195; *Hoffmann*, Logienquelle 210–212.

[19] Zur Rekonstruktion des Spruches und zu seinem Kontext in Q vgl. *Schulz*, Q, 203–206. Zur Interpretation vgl. *Kuhn*, (Anm. 18) 190–193; *J. Becker*, Das Heil Gottes. Heils- und Sündenbegriffe in den Qumrantexten und im Neuen Testament, Göttingen 1964, 209–213; *ders.*, Täufer, 82f.

a) Gegen den Vorwurf des Bündnisses mit Beelzebul, dem Herrn der Dämonen, beansprucht Jesus, in der Kraft Gottes zu handeln. Der religiös-theologische Grundaspekt seines Wirkens tritt hier deutlich zutage. Er ist für Jesu Handeln konstitutiv. Die Gottesfrage bildet im Streit mit seinen Gegnern bis zur Hinrichtung am Kreuz den zentralen Punkt der Auseinandersetzung. Jesu Wirken in Wort und Tat, auch seine Gleichnisse, seine Gesetzesauslegung, seine Gemeinschaft mit den Verachteten und Ausgestoßenen lassen sich wie die Rede vom [37] Reich Gottes von diesem seinem Gott nicht trennen. Die verschiedenen Aspekte seines Auftretens zeigen vielmehr nur die vielfältige Brechung dieser mit Jesus aufgeworfenen Gottesfrage in den konkret-historischen Situationen seines Lebens und seiner Zeit. Darin erweist sich seine Zugehörigkeit zur israelitischen Glaubenstradition ebenso wie die Besonderheit seines Auftretens und ist der Grundansatz für das nachösterliche christologische Bekenntnis gegeben.

b) Zugleich mit dieser Inanspruchnahme Gottes deutet Jesus sein Tun als die Ankunft, den Einbruch des Reiches Gottes unter seinen Zuhörern. Sowohl die Verwendung von ἔφθασεν, „ist angekommen" (im Aorist), im Unterschied zum traditionelleren ἤγγικεν, „ist nahegekommen" (so Mk 1, 15 u.a.)[20], als auch der ausdrückliche Bezug auf die Anwesenden ἐφ' ὑμᾶς, „zu euch", sind für die Aussage charakteristisch. Das erste läßt keinen Zweifel daran, daß Jesus hier von der vollen Gegenwart der Herrschaft Gottes spricht, nicht nur von einem Vorzeichen, einer Prolepse o.ä.[21] Das zweite bindet diese Gegenwart – fast punktuell – an das Auftreten Jesu. Es sind seine Taten, in denen sich die Gegenwart der Basileia realisiert. Jesus erhebt hier zweifellos nicht den Anspruch, über die Basileia zu verfügen. R. Ottos Bemerkung trifft nach wie vor zu: „Nicht Jesus ‚bringt' das Reich... sondern das Reich bringt ihn mit."[22] Zugleich wird jedoch deutlich, daß durch die Bindung an ihn das Basileia-Geschehen eine je spezifische Auslegung erfährt: in seiner Tat der Heilung, in seiner Zuwendung zu den Armen tritt Gottes Basileia in Erscheinung. Auch im zeitgenössischen Judentum wie

---

[20] Zum Verständnis der Verben vgl. *Kuhn,* (Anm. 18) 192, bes. Anm. 1.

[21] Gegen ein solches Verständnis, das J. Weiss, M. Dibelius, E. Gräßer, H. Conzelmann vertreten, *W. G. Kümmel,* Verheißung und Erfüllung, Zürich ^{3}1956, 101, Anm. 10, und *Kuhn,* (Anm. 18) 193, Anm. 1.

[22] Reich Gottes und Menschensohn, München 1933, 75.

allgemein in der hellenistischen Gesellschaft suchte man durch Exorzismen, Amulette, Zauberpraktiken u.ä. dem Machtbereich jener dämonischen Mächte zu entrinnen, die das Leben des Menschen ständig verunsicherten und bedrohten. Religionsgeschichte und Archäologie dokumentieren, wie damals die Mehrzahl der Menschen von solcher Angst beherrscht war. Nach jüdischer Überlieferung entstammen jene Zwischenmächte der Vereinigung der Himmelssöhne mit den Menschentöchtern (vgl. z.B. Gen 6); sie bilden ein wohlorganisiertes Reich unter einer einheitlichen Leitung. Erst für die Endzeit kennt das Judentum die Verheißung, daß diese Mächte gebunden und [38] der Mensch von ihrer Herrschaft befreit wird. Ihm selbst wird dann die Macht über diese Mächte des Bösen gegeben sein[23]. Jesus verbindet die zwei Aspekte: Wie die „Söhne" seiner jüdischen Gesprächspartner (Mt 11,27) sucht er die Kranken, auf die er trifft, von den dämonischen Zwängen zu befreien. Dieses helfende und befreiende Tun unterscheidet sich jedoch qualitativ von den Exorzismen der Zeitgenossen: es ist Realisation jener verheißenen endgültigen Überwindung der den Menschen fesselnden Mächte. Das Reich Gottes steht gegen das Reich des Satans, wie der Kontext des Spruchs in der Logienquelle erkennen läßt (vgl. Lk 11,17.18 par.). Durch die visionäre Aussage Lk 10,18: „Ich sah den Satan wie ein Blitz vom Himmel fahren", durch das Gleichniswort Mk 3,27 von dem, der in das Haus des „Starken" eindringt und ihn „überwältigt", wird diese Sicht bestätigt. Jesus sieht also – das wäre drittens festzustellen – sein „individuelles" Tun durchaus unter einem gesamtgeschichtlich-kosmischen Aspekt. Mit seinem Tun kämpft er um die Grundverfassung der Welt, er überwindet das Reich des Satans und schafft dem Reich Gottes in dieser Welt Raum.

---

[23] Zum jüdischen Dämonenglauben vgl. *Billerbeck,* Kommentar IV, 501–535. Zur endzeitlichen Überwindung der Dämonen vgl. äthHen 55,4: „Ihr Könige und Mächtigen, die ihr auf dem Festlande wohnen werdet, ihr sollt meinen Auserwählten sehen, wenn er auf dem Throne meiner Herrlichkeit sitzen und den Asasel, seine ganze Genossenschaft und alle seine Scharen im Namen des Herrn der Geister richten wird"; Test Levi 18: „Beliar wird von ihm (dem Hohenpriester der messianischen Zeit) gebunden werden, und er (der Hohepriester) wird seinen Kindern Gewalt geben, auf die bösen Geister zu treten" (vgl. *Billerbeck,* ebd. 527 mit weiteren Belegen). Vgl. auch *O. Böcher,* Das Neue Testament und die dämonischen Mächte, Stuttgart 1972; *H. Schlier,* Mächte und Gewalten im Neuen Testament, Freiburg i. Br. ^{2}1958.

Nach Mk 2, 19a verteidigt Jesus seine Jünger gegen den Vorwurf, daß sie nicht fasten, mit dem Hinweis auf die gegenwärtige endzeitliche Freudenzeit. Diese dürfte in dem in seinem Kern wohl auf Jesus selbst zurückgehenden Spruch „Wie sollen die Söhne des Brautgemachs fasten, während der Bräutigam mit ihnen ist" vorausgesetzt sein[24]. Jesus begreift also auch hier seine Gegenwart als den Anbruch der Endzeit, die die Übungen der Buße überflüssig macht. Dieses Wort wirft ein eigentümliches Licht auf Jesu Mahlgemeinschaft mit den öffentlichen Sündern und Zöllnern, die Anlaß für den Vorwurf „Fresser und Säufer, Freund der Sünder und Zöllner" war (vgl. Lk 7, 34 par.). Hat Jesus auch diese Mähler als Ausdruck des endzeitlichen Freudenmahles (vgl. Mt 8, 11 f) [39] verstanden? Dokumentieren sie also, daß Gott gerade auch für jene religiös wie gesellschaftlich Disqualifizierten das Festmahl der Endzeit bereitet hat und mit ihnen die Gemeinschaft sucht? Die Argumentation, mit der Jesus in den Gleichnissen von den Arbeitern im Weinberg (Mt 20, 1–16) oder vom Verlorenen (Lk 15) gerade diese seine Gemeinschaft mit den Ausgestoßenen verteidigt[25], läßt erkennen, daß jene Gegenwart der Basileia für ihn von der *Vorgabe* der Güte Gottes bestimmt ist, durch die *alle* eingeladen werden, dieses Fest Gottes mitzufeiern, indem sie sich der Stunde des Festes überlassen und sich dem, der *trotz allem* ihr Bruder ist, öffnen (vgl. bes. Lk 15, 25ff).

Sowohl der aufgewiesene Gegenwartsbezug der Basileia als auch die mit der Basileia-Aussage verbundene positive Zuwendung zum Menschen sind für Jesu Basileia-Verständnis konstitutiv. Sie sind als die entscheidenden Momente der mit Jesu Rede von der Basileia gegebenen Perspektiven anzusehen. Ihre Eigentümlichkeit soll daher im Vergleich mit zeitgenössischen Heilserwartungen noch genauer erfaßt werden.

---

24 Vgl. *Kuhn,* (Anm. 18) 198f.

25 Vgl. *E. Linnemann,* Gleichnisse z. d. St.; *O. Hofius,* Jesu Tischgemeinschaft mit den Sündern, Stuttgart 1967.

2. Die Basileia-Verkündigung Jesu im Kontext zeitgenössischer Heilshoffnungen

1. Die apokalyptische Zukunftserwartung

Jesu Rede von der Basileia setzt – trotz erheblicher Differenzen – die Heilserwartungen und Heilsvorstellungen seiner Umwelt voraus. Dies beweist nicht zuletzt die Tatsache, daß er in seiner Rede ohne nähere Erläuterung traditionelle Begriffe der Endzeiterwartung aufnimmt. Er spricht von der Herrschaft Gottes, vom Tag des Gerichts, vom endzeitlichen Mahl, (möglicherweise auch) vom Menschensohn und will damit offenbar zunächst einmal auch seinen Zuhörern vertraute endzeitliche Sachverhalte benennen. Die Vielzahl religiöser Gruppierungen im zeitgenössischen Judentum und die nachweisbare Pluralität [40] und Variabilität der Vorstellungen gestatten es aber nicht, Jesus vorschnell und zu direkt mit einer Vorstellungstradition zu identifizieren oder ihn gar als „Apokalyptiker" schlechthin zu etikettieren.

Ein gemeinsamer Grundzug der divergierenden Anschauungen dürftc in der Erwartung der endzeitlichen Offenbarung der Herrschaft Gottes gegeben sein, bei der sich Gott – unabhängig von jeder menschlichen Aktivität – als Herr der Welt und Geschichte erweisen wird. Bei der Darstellung dieses Heils werden – wie Scholem formuliert[26] – „restaurative" Züge mit „utopischen" verbunden. So kann das Heil als Wiederkehr des urzeitlichen Paradieses, als davidisches Reich, als neuer Exodus beschrieben werden; zugleich sind jedoch in den apokalyptischen Darstellungen Aussagen enthalten, die das Noch-nie-Dagewesene, das Neue, das allein Gott zu schaffen vermag, signalisieren. Die Utopie kann „die radikale Form der Vision eines neuen Inhalts annehmen, der von einer Zukunft realisiert werden soll, die doch im Grunde nichts sein soll als die Wiederherstellung des Uralten, die Wiederbringung des Verloren-

[26] Zum Verständnis der messianischen Idee im Judentum: *ders.,* Grundbegriffe 121–167, bes. 123–125. Zur allgemeinen Orientierung vgl. *J. Maier,* Religion; *Hengel,* Judentum bes. 319ff; *J. Schreiner,* Die apokalyptische Bewegung: *J. Maier – J. Schreiner,* Literatur 214–253 mit weiteren Literaturhinweisen. Zur Geschichte der Forschung der Apokalyptik vgl. *J. M. Schmidt,* Die jüdische Apokalyptik. Die Geschichte ihrer Erforschung von den Anfängen bis zu den Textfunden von Qumran, Neukirchen 1969. Vgl. jetzt *D. Hellholm* (Hrsg.), Apocalypticism in the Mediterranean World and the Near East, Tübingen 1983 sowie ANRW II, 19.1, Berlin 1979.

gegangenen. Dieser ideale Inhalt des Vergangenen liefert zugleich die Grundlage für die Vision der Zukunft. Aber in solche restaurativ ausgerichtete Utopie schleichen sich bewußt oder unbewußt Elemente ein, die gar nichts Restauratives an sich haben und die sich aus der Vision eines ganz neuen, messianisch zu verwirklichenden Standes der Welt herschreiben. Das ganz Neue hat Elemente des ganz Alten, aber auch dieses Alte selber ist gar nicht das realiter Vergangene, sondern ein vom Traum Verklärtes und Verwandeltes, auf das der Strahl der Utopie gefallen ist" (ebd. 125).

Scholem hat mit Recht darauf hingewiesen, daß der „jüdische Messianismus in seinem Ursprung und Wesen... eine Katastrophentheorie" ist[27]. Die apokalyptische Hoffnung auf jenes radikal Neue, das [41] alle Geschichte transzendiert, ist Antwort auf die Erfahrung des Zusammenbruchs der staatlichen und religiösen Institutionen Israels im Rahmen des weltpolitischen Geschehens im Vorderen Orient in den letzten Jahrhunderten vor Christus. K. H. Müller[28] hat die Entstehung der Apokalyptik auf die schokkierende Erfahrung der seleukidischen Übermacht im Vorderen Orient zurückgeführt, die nach seinem Aufweis auch in Iran und Ägypten eine ähnliche „Großmutation der lokalen Zukunftshoffnungen zur apokalyptischen Eschatologie bewirkte" (ebd. 42). Unter diesem Aspekt gesehen, findet er das „Proprium des Apokalyptischen" gerade in der radikalen „Eschatologisierung des Geschichtsbewußtseins" (ebd. 39). „Nur indem man die Hoffnung auf Befreiung transformierte und eschatologisierte, vermochte man sich mit dem sich zunehmend verfinsternden Erfahrungshorizont der Gegenwart zu arrangieren. So betrachtet, sind die (iranischen) Orakel des Hystaspes (auf diese bezieht sich Müller) Zeugnisse eines nicht zu unterschätzenden Widerstandswillens: vom Vorbehalt der eschatologischen Zukunft her war es möglich, den Totalitätsanspruch der hellenistischen Übermacht zu relativieren" (ebd. 36).

---

[27] *Scholem,* ebd. 130. Gerade auch für die Apokalyptik ist das von K. Marx allgemein zur Religion Gesagte zu bedenken: „Das *religiöse* Elend ist in einem *der Ausdruck* des wirklichen Elends und in einem die *Protestation* gegen das wirkliche Elend. Die Religion ist der Seufzer der bedrängten Kreatur, das Gemüt einer herzlosen Welt, wie sie der Geist geistloser Zustände ist. Sie ist *das Opium* des Volkes" (Zur Kritik der Hegelschen Rechtsphilosophie, Einleitung).

[28] Ansätze der Apokalyptik: *J. Maier – J. Schreiner,* Literatur 31–42, unter Bezugnahme auf *S. K. Eddy,* The King is dead, Lincoln 1961. Vgl. auch *Hengel,* Judentum 355.

Letzteres gilt zweifellos auch für die Endzeiterwartung des Frühjudentums. Für sie ist jedoch zugleich bezeichnend, daß mit dieser Transformation der Zukunftshoffnung eine *Konzentration auf den Tora-Gehorsam* verbunden ist. In der Erfüllung des Gesetzes realisiert Israel (kollektiv) seinen „Erwählungsauftrag“. Die „messianische Funktion“ – kollektiv verstanden – ist „Aufgabe des erwählten Volkes ‚hier und jetzt‘“[29]. Die Bindung an die Tora mit der Verpflichtung zum konkreten Gehorsam bewahrte Israel in der Regel vor jener mit der apokalyptischen Erwartung verbundenen Gefahr einer Flucht aus der Gegenwart in ein Jenseits bzw. in eine ferne Zukunft. Zugleich bewirkte sie jedoch eine extreme Übersteigerung der Tora-Forderung. Der damit gegebene Leistungszwang führte zu „unerträglichen Belastungen“ der Frommen, bei vielen zu einem „bis ins Neurotische gesteigerte(n) Sündenbewußtsein“. Andererseits wurden sowohl das [42] Ausbleiben des erwarteten Anbruchs der Endzeit als auch die wiederholte Erfahrung des Scheiterns jener angestrebten idealen (messianischen) Gesetzeserfüllung Anlaß für eine permanente Frustration, die ihrerseits wieder zu weiterer Radikalisierung führte[30].

2. Die Gerichtspredigt des Täufers und die Verkündigung Jesu

Jesus nimmt mit dem Begriff der Herrschaft Gottes – in der für ihn typischen Verbindung von Gegenwarts- und Zukunftsaussage – auf solche Erwartungen, gerade in ihrer transzendent-zukünftigen Gestalt, Bezug. Den Beginn der zukünftig-endzeitlichen Ereignisse setzt auch er in unmittelbarer Nähe voraus. Diese gesteigerte Naherwartung verbindet ihn – allerdings in spannungsvoller Weise – mit Johannes dem Täufer. Die Beziehung zum Täufer kann als eines der gesichertsten historischen Daten der „Biographie“ Jesu gelten. Jesus hatte sich von Johannes taufen lassen; er war offenbar sein Schüler gewesen; von der überragenden Bedeutung des Johannes spricht er selbst in Mt 11,11a. So bietet sich ein Vergleich beider an, gerade auch um die Eigentümlichkeit der jesuanischen Botschaft schärfer zu erfassen[31]. Jesus trat wie Johannes als charismatischer Außen-

---

29 *Maier*, Religion 25.

30 *Maier*, ebd. 27f.

31 *J. Becker*, Täufer, hat diese Beziehung beider zum Ausgangspunkt seiner interessanten Untersuchung gemacht.

seiter und Prophet auf[32]. Sein vollmächtiges „Ich sage euch" findet im prophetischen Vollmachtsbewußtsein des Johannes ebenso eine Analogie (Mt 3,9) wie die Ausschließlichkeit, mit der er sich und seine Situation von Gott und dessen Zukunft her begreift. Von ihr her werden die traditionellen religiösen Werte Israels relativiert und wird dessen Heilsvorrang in Frage gestellt. Die theologische Strenge der Zukunftsaussagen und ihre „Reduktion auf ein kaum noch unterbietbares Minimum an apokalyptischer Färbung"[33] bestimmen die Predigt beider.

Zugleich lassen sich jedoch auch grundsätzliche Divergenzen vor allem in zwei Punkten feststellen. Erstens: Nicht die täuferische Naherwartung in ihrer übersteigerten Form („die Axt ist schon an den Baum gelegt...": Mt 3,10) gibt der Predigt Jesu ihren Akzent, sondern – diese Naherwartung noch überbietend – die Ansage der Gegenwart [43] der Basileia[34]. Zweitens: Während beim Täufer die Ansage des Gerichts dominiert, dem nur der entrinnen kann, der sich taufen läßt und Früchte der Umkehr bringt, ist für Jesus diese Gegenwart der Basileia von der vorbehaltlosen Heilszuwendung Gottes zu jedem Menschen bestimmt.

Diese Umgestaltung der Botschaft des Täufers zeigt sich auch dort, wo Jesus – durchaus auf der Linie der täuferischen Predigt – vom Gericht oder generell von der Zukunft spricht. Johannes ist primär am unmittelbar drohenden *Gericht* und am Kommen des Richters interessiert; von dorther leitet er seine Umkehrforderung ab. Jesus kann ihm z.B. in Lk 13, 1–5 darin folgen, doch zeigen weitere Zukunftsaussagen, etwa Lk 12,16b–20; 16,1–7; 17,21ff, daß die „Zeitansage unmittelbarer Nähe... – ohne daß sie aufgegeben wird – zurück(tritt) zugunsten der Plötzlichkeit und Unerbittlichkeit des Gerichts"[35]. Die Terminangabe tritt in den Hintergrund. Nicht der Menschensohn, Gericht, Hölle, Gehenna, ewiges Verderben als solche finden zudem sein Interesse; vielmehr dienen sie nur als „sprachliche Indikatoren" für das unabweisbare Faktum des Gerichts und die drohende Katastrophe (ebd. 94). Im Unterschied zum Täufer ist die *Heilsmöglichkeit* als Alternative zur Gerichtsdrohung klar zur Sprache gebracht (vgl. Lk 17,34; Mk 9, 43–48); ja gerade sie bildet den ausdrücklichen Gegenstand der

---

[32] Vgl. dazu vor allem *Hengel,* Nachfolge, bes. 70ff. *A. Holl,* Jesus in schlechter Gesellschaft, Stuttgart 1971, hat als Religionssoziologe Jesus von einem ähnlichen Ansatz aus erklärt. [Vgl. jetzt vor allem *M. N. Ebertz,* Das Charisma des Gekreuzigten, Tübingen 1987.]

[33] *Becker,* Täufer, 94.

[34] Vgl. z.B. die Charakteristik von *Linnemann,* Gleichnisse 47, oder von *Becker,* Täufer 81 („Jesus läßt die Zukunft nicht nur sozusagen hautnahe an die Gegenwart angrenzen, sondern reißt auch noch diese zeitliche Grenze ein").

[35] Zum Ganzen vgl. *Becker,* Täufer 86–104, Zitat 89.

jesuanischen Predigt. Jesus verwendet bevorzugt den Begriff „Herrschaft Gottes“, während ihn der Täufer offenbar nicht gebrauchte. Dem Gericht hat Gott eine Zeit der „‚Vorgabe‘ göttlicher Güte“ vorgeordnet (vgl. Lk 18, 1–5; 18, 9–14; Lk 15: ebd. 97). Ihre Ankündigung besitzt bei Jesus den Primat. Die Gerichtsansage zeigt so nur die Dringlichkeit und Irreversibilität der jetzt gegebenen Chance auf (vgl. Lk 10, 13 f; 11, 31 f; vielleicht auch 12, 8f), sie dient dazu, die Zeit Jesu als Entscheidungszeit zu qualifizieren.

Ähnliche Tendenzen bestimmen auch die Art und Weise, wie Jesus von der *zukünftigen* Gottesherrschaft spricht. Ähnlich wie bei den Gerichtsansagen dienen die das zukünftige Heil bezeichnenden Begriffe und Bilder nur der „Heilsanzeige“, nicht aber einer „ausführlichen Heilsbeschreibung“[36]. In der Regel ist auch hier auf eine Terminbestimmung verzichtet[37]; die Erforschung des Termins wird in Lk 17,20f ausdrücklich verboten. Es ist also nur „das Faktum ausschlaggebend, daß die Basileia noch aussteht, und zwar im Sinne 44 einer Zeitbestimmung: Die Zugehörigkeit zu ihr im futurischen Dann entscheidet sich am jetzigen Verhalten“ (ebd. 79). Die Gegenwart ist als der „Ort der Zukunft“ herausgestellt (ebd. 81 f).

Es ist das Verdienst J. Beckers, die jesuanischen Gerichts- und Zukunftsaussagen so klar in den Kontext der Gegenwartsaussagen gestellt zu haben. Die Gegenwartsaussage kann von daher nicht nur als ein Element der eschatologischen Verkündigung Jesu neben anderen gesehen werden; sie bildet vielmehr das Zentrum seines Basileia-Verständnisses, in dem die übrigen Aussagen konvergieren. Damit ist aber eine beachtliche Modifikation der täuferischen und allgemein apokalyptischen Sicht des Verhältnisses von zukünftigem Heil und Geschichte gegeben, der noch genauer nachzugehen ist.

3. Zukünftiges Heil und gegenwärtige Geschichte in jüdisch-apokalyptischer Überlieferung

Das Alte Testament kennt die Vorstellung von Jahwes universalem Königtum, das sich in der Schöpfung sowie in der Geschichte Israels und der Völker immer wieder erweist und durchsetzt[38]. In dem Maße jedoch, wie in prophetischer[39] und vor allem apokalyptischer

---

36 Zum folgenden vgl. ebd. 78–81, Zitat 79.

37 Ausnahmen bilden Mk 1, 15; 9, 1. Doch ist die Authentizität gerade dieser Stellen umstritten. Vgl. *Becker,* ebd. 79f u. a.

38 Vgl. *Schnackenburg,* (Anm. 17) 1–8.

39 Vgl. vor allem Deutero-Jesaja. Er begründet die eschatologische Prophetie in der Unterscheidung zweier Zeitalter: Das „Entweder-Oder“ alter prophetischer Umkehrpredigt wird in ein zeitliches „Vorher-Nachher“ umgedeutet. So *Fohrer,* Die Struktur der alttestamentlichen Eschatologie: ThLZ 85 (1960) 401–420.

Tradition die zukünftige Offenbarung dieses Königtums Jahwes Gegenstand der Hoffnung wird, tritt die Distanz, der radikale Bruch zwischen endzeitlichem Heil und gegenwärtiger Geschichte zunehmend hervor. Dabei ist allerdings für jüdisches Denken bezeichnend, daß der schon durch das Alte Testament vorgegebene Gedanke des universalen Königtums Gottes und der einer Kontinuität der Heilsgeschichte immer erhalten bleibt. Letzterer gewinnt gerade in Verbindung mit dem Verständnis der Tora als dem die Geschichte bewegenden Faktor die eigentümlich jüdische Ausprägung[40].

„Die Erlösung ist kein Ergebnis innerweltlicher Entwicklungen... Sie ist vielmehr ein Einbruch der Transzendenz in die Geschichte, ein [45] Einbruch, in dem die Geschichte selber zugrunde geht, in diesem Untergang sich freilich wandelnd, aber von einem Licht getroffen, das von ganz woanders her in sie strahlt."[41] Grundthema der Apokalyptik ist die Frage nach jenem „Ereignis der Offenbarung der in der Gegenwart verborgenen Macht Gottes"[42]. Schon in Dan 2 und 7 werden die negativ gekennzeichnete Geschichtszeit und das (transzendente) Königreich Gottes gegeneinandergestellt[43]. In der Gemeinde von Qumran tritt zur „grundsätzlichen Zweiteilung des Weltlaufs in die zukünftige (anbrechende) Heilszeit und die vorausgehende Zeit des Frevels... eine durch die Endzeitverzögerung bedingte Periodenlehre". Der Gegensatz wird zunehmend dualistisch als „Kampf zwischen Licht und Finsternis... im kosmischen, politisch-geschichtlichen und psychischen Bereich" lokalisiert[44]. In der Apokalyptik des ersten nachchristlichen Jahrhunderts wird dieser Gegensatz durch die Gegenüberstellung dieses gegenwärtigen Äons (Weltzeit) und jenes zukünftigen Äons radikalisiert; ein Gegensatz,

---

[40] Vgl. *Maier,* Religion, 25; *K. H. Müller,* Geschichte, Heilsgeschichte und Gesetz: J. Maier – J. Schreiner, Literatur 73–105, sowie *Maier,* Kontinuität und Neuanfang: ebd. 13f.

[41] *Scholem,* Grundbegriffe 133.

[42] *Harnisch,* Verhängnis und Verheißung der Geschichte. Untersuchungen zum Zeit- und Geschichtsverständnis im 4. Buch Esra und in der Syr. Baruchapokalypse, Göttingen 1969, 19.

[43] Vgl. *M. Noth,* Das Geschichtsverständnis der alttestamentlichen Apokalyptik: Gesammelte Studien zum AT, München 1960, 248–273, sowie *Hengel,* Judentum 330ff: Das universale Geschichtsbild der frühen Apokalyptik (speziell 332–335, 355). Vgl. außerdem das Geschichtsverständnis der Tiervision (äthHen 85–90) sowie der Zehn-Wochen-Apokalypse (äthHen 93, 3–10; 91, 12–17) und dazu *K. H. Müller,* (Anm. 40) 78–80, 82–84.

[44] *Maier,* Religion 59. Vgl. *Hengel,* Judentum 394ff.

der auch das rabbinische Geschichtsverständnis bestimmt. Nach 4 Esra wurde die ursprüngliche Schöpfungsintention durch die Tat Adams verdorben (vgl. 4 Esr 9, 18ff); seitdem ist der gegenwärtige Äon gekennzeichnet von Elend, Sünde, Tod – von Heilsferne schlechthin. Der „Äon eilt mit Macht zum Ende. *Er vermag es ja nicht, die Verheißungen,* die den Gerechten zu ihrer Zeit gemacht sind, *zu ertragen*" (4 Esr 4, 26f)[45].

Allein die Erfüllung des Gesetzes bietet dem Frommen die Chance, sich aus dieser Welt zu retten und die Anwartschaft auf das kommende [46] Heil zu gewinnen. „Selig sind, die in diese Welt kommen und deine Gebote halten" (4 Esr 7,45, vgl. 7,94)[46].

Mit dem Hinweis auf das Gesetz ist jener Grundzug jüdischer Endzeiterwartung ausgesprochen, auf den oben bereits verwiesen wurde, die Konzentration auf den Tora-Gehorsam. Das Verständnis der Tora-Erfüllung als des bewegenden Faktors der Welt- und Heilsgeschichte führte zu einer eschatologisch motivierten Verschärfung der Tora-Forderung. Der Tora-Gehorsam ist für das jüdische Verständnis von Geschichte und endzeitlichem Heil und deren Verhältnis zueinander als konstitutiv anzusehen. In das Spannungsverhältnis dieser drei Größen sind vorrangig auch jene jüdischen Aussagen einzuordnen, die ein *gegenwärtiges Geschehen mit der Endzeit in Beziehung* setzen.

1. Die frühjüdisch-apokalyptische wie auch die spätere rabbinische Überlieferung kennen die Erwartung einer dem Ende vorausgehenden *Periode endzeitlicher Drangsale* (Völkerkrieg, Auflösung der Ordnung in der Gestirnwelt, in der Natur und im Menschenleben), deren einzelne Ereignisse als „Vorzeichen" verstanden und gelegentlich zur Berechnung des Endtermins herangezogen

---

[45] Vgl. *Harnisch,* (Anm. 42) 106–142. Vgl. auch 4 Esr 7, 10–13: „So ist auch Israels Teil: Ihrethalben habe ich zwar den Äon geschaffen; als aber Adam meine Gebote übertrat, ward die Schöpfung gerichtet. Da sind die Wege in diesem Äon schmal und traurig und mühselig geworden, elend und schlimm, voll von Gefahren und nahe an großen Nöten; die Wege des großen Äons aber sind breit und sicher und tragen die Früchte des Lebens."

[46] Vgl. dazu wieder *Harnisch,* (Anm. 42) 142–240. In der syrBar 46,5f heißt es entsprechend: „Bereitet ihr aber einzig und allein euere Herzen darauf vor, daß ihr dem Gesetze gehorcht und daß ihr euch denen unterwerft, die in [Gottes-]Furcht weise und verständig sind, und macht euch geschickt, daß ihr euch nicht von ihnen lossagt. Denn wenn ihr das tut, so werden die Verheißungen für euch herbeikommen ... und nicht werdet ihr der Pein verfallen ..."; und in 85,14: „Deshalb ist ein Gesetz durch Einen, eine Welt und für die, die in ihr sind, ein Ende für alle."

werden[47]. Jesu Rede von der Gegenwart der Basileia ist mit der Kategorie des „Vorzeichens“ kaum adäquat erfaßt (vgl. oben Anm. 21), immerhin dokumentieren diese Zeugnisse gerade in der Darstellung des endzeitlichen Krieges, daß die Übergänge zwischen der letzten bösen Zeit der Geschichte und dem Anbruch der Endzeit fließend vorgestellt werden konnten.

So dürften auch die *Zeloten*[48] von der Vorstellung einer dem Ende vorausgehenden und dieses einleitenden Übergangszeit beeinflußt gewesen sein. Sie deuteten die gegenwärtige politische Notzeit in diesem Sinn als Periode messianischer Wehen und erwarteten die eschatologische Wende dementsprechend in unmittelbarer Nähe. Einzelne ihrer Führer traten mit messianischen Ansprüchen auf. Es ist bezeichnend, daß auch ihre politisch-revolutionären Aktionen von der Forderung eines radikalen Tora-Gehorsams inspiriert waren[49]. 47 In chassidischen Kreisen des 2. Jahrhunderts v. Chr. wurde offenbar bereits der makkabäische Befreiungskrieg im Sinne des Anbruchs der messianischen Zeit gedeutet, wie die Tiervision äthHen 90,9–13.14–20 zeigt[50]. Voll ausgebildet ist die „Theorie“ vom endzeitlichen Krieg unter Aufnahme zahlreicher militärischer Details in der sogenannten Kriegsrolle von Qumran (1 QM); auch hier ist die Vorstellung der eschatologischen Notzeit und letzten Prüfung mit der Gewißheit des „Anbruch(s) der Erlösung Israels“ verbunden[51].

---

[47] Vgl. *P. Volz,* Die Eschatologie der jüdischen Gemeinde im neutestamentlichen Zeitalter, Tübingen ²1934, 147–163, bes. 155ff sowie 162f.

[48] Vgl. dazu vor allem *Hengel,* Zeloten, bes. 235–319.

[49] Zur verschärften Tora-Auslegung und ihrer oft gewaltsamen Durchsetzung vgl. *Hengel,* ebd. 229–234.

[50] ÄthHen 90,13: „Ich sah, bis daß die Hirten und Adler, jene Geier und Weihen kamen, und sie schrien den Raben zu, daß sie das Horn jenes Böckchens zerbrechen sollten; sie kämpften und fochten mit ihm, und es stritt mit ihnen und schrie, daß seine Hilfe zu ihm kommen möge ... (15) Ich sah, bis daß jener Herr der Schafe im Zorn zu ihnen kam, und alle, die ihn sahen, flohen, und alle fielen in Finsternis (?) vor seinem Angesicht ... (18) Ich sah, bis daß der Herr der Schafe zu ihnen kam, seinen Zornstab in die Hand nahm, die Erde schlug, so daß sie zerbarst, und alle Tiere und Vögel des Himmels glitten von jenen Schafen herunter und versanken in die Erde, die sich über ihnen schloß. (19) Ich sah, bis daß den Schafen eine großes Schwert überreicht wurde, und die Schafe zogen gegen alle Tiere des Feldes, um sie zu töten, und alle Tiere und Vögel des Himmels flohen vor ihnen. (20) Ich sah, bis daß ein Thron in dem lieblichen Land errichtet wurde und der Herr der Schafe sich darauf setzte ...“ (zit. nach *E. Kautzsch*). Vgl. dazu *Hengel,* Judentum 343.

[51] Vgl. *Hengel,* Zeloten 286. Zur Darstellung des Kriegsmessias vgl. 1QSb 5,24–27: „und [du wirst die Völker schlagen] mit der Kraft deines [Mundes], mit deinem Szepter wirst du die Erde verwüsten, und mit dem Hauch deiner Lippen (25) wirst du die Gott[losen] töten ... Und es wird sein (26) Gerechtigkeit der Gürtel [deiner Lenden und Treue] der Gürtel deiner Hüften. [Und] er mache deine Hörner aus Eisen und deine Hufe aus Erz. (27) Mögest du stoßen wie ein Jung[stier und niedertreten die Völker] wie den Kot der Straßen. Denn Gott hat dich erhoben zum Szepter (28) über die Herrscher“ (Übersetzung nach Lohse).

Eine „domestizierte“ Variante solcher Erwartung bietet die *spätere rabbinische Überlieferung*. Der Israelit nimmt im Bekenntnis zu Jahwe und zur Tora, wie es das Sch^{e}ma zum Ausdruck bringt, das „Joch der Gottesherrschaft“ auf sich. Die Vorstellung setzt wieder den Gedanken der universalen Herrschaft Gottes voraus, die im gegenwärtigen Äon verborgen ist. Entsprechend der grundsätzlichen Bindung der „messianischen“ Hoffnung an die Erfüllung der Tora wird die endzeitliche Herrschaft Gottes, in der alle Menschen dem Joch seiner Herrschaft unterworfen werden, gerade dort als schon wirksam und gegenwärtig gesehen, wo der Israelit sich dem Willen Gottes vollkommen unterwirft[52]. Es ist nicht zu verkennen, daß gerade die rabbinische Überlieferung [48] grundsätzlich an der Unverfügbarkeit der endzeitlichen Erlösung festhält, dennoch wird in verschiedenen talmudischen Aussagen ihr Kommen zum gegenwärtigen Verhalten Israels – zur Sabbaterfüllung, zur Buße, zum Tora-Studium, zur Wohltätigkeit – in Beziehung gesetzt und von deren vollkommener Erfüllung ein „Nähern“ der messianischen Erlösung, ihre Beschleunigung, abhängig gemacht[53].

2. Josephus berichtet von *Propheten*, die in den Jahrzehnten vor dem Jüdisch-Römischen Krieg ihre Anhänger zum Zug in die Wüste aufriefen und ihnen dort Zeichen der Freiheit oder Wundertaten in Aussicht stellten[54]. Einer von ihnen, Theudas, versuchte, die Jordandurchquerung Josuas (Jos 3,15ff) nachzuahmen[55]; ein „Ägypter“ versuchte, in Nachahmung der Eroberung Jerichos (Jos 6) Jerusalem zu stürmen[56]. Ihre Aktionen waren offenbar von der Erwartung bestimmt, daß die Urzeit (hier die Zeit des Auszugs aus Ägypten) in der Endzeit wiederkehre; sie verstanden ihre Taten in diesem Sinn als endzeitliche Ereignisse bzw.

---

[52] Vgl. *Maier*, Religion 175; *Schnackenburg*, (Anm. 17) 36. Zur Vorstellung vom „Joch-der-Herrschaft-Gottes-auf-sich-Nehmen“ vgl. *Billerbeck*, Kommentar I, 172f, 176–178. Bezeichnend für den großen Ernst der hier zum Ausdruck kommenden Einstellung ist die Geschichte vom Martyrium des Rabbi Akiba: Berakhoth 61b, vgl. *Billerbeck*, ebd. 177.

[53] Vgl. einzelne Belege bei *Billerbeck*, Kommentar I, 599–601, z. B. Joma 86b: „Groß ist die Buße; denn sie bringt die (messianische) Erlösung herbei“; Schabbath 118b: „Wenn die Israeliten nur zwei Sabbate vorschriftsmäßig hielten, so würden sie sofort erlöst werden ...“; Baba Bathra 10^{a}: „Groß ist die Wohltätigkeit, denn sie nähert (beschleunigt) die (messianische) Erlösung ...“; Midrasch Hohes Lied 5,2 (118^{a}): „Wenn die Israeliten auch nur einen Tag Buße täten, so würden sie sofort erlöst werden, und es käme sofort der Sohn Davids ...“; Vgl. dazu *Schnackenburg*, (Anm. 17) 37f; *Scholem*, Grundbegriffe 134f; *Hengel*, Zeloten 254. Zur Kritik des zelotischen Versuches, den Anbruch der messianischen Zeit gewaltsam herbeizuführen, vgl. *Billerbeck*, ebd. 599, sowie *C. Thoma*, Auswirkungen des jüdischen Krieges gegen Rom (66–70/73 n. Chr.) auf das rabbinische Judentum: BZ 12 (1968) 30–54.186–210, hier 53.

[54] Vgl. *Flavius Josephus*, Bell. 2,258ff; Ant. 20,167f. Zum Auftreten des Webers Jonathan vgl. Bell. 7,438ff.

[55] *Flavius Josephus*, Ant. 20,97f; vgl. Apg 5,36.

[56] *Flavius Josephus*, Bell. 2,261 ff; Ant. 20, 169ff; vgl. Apg 21,38.

als deren Einleitung[57]. Die römischen Prokuratoren sahen ihr Tun als politische Herausforderung und sorgten mit Hilfe des Militärs für ihre Liquidierung.

3. Von grundlegender Bedeutung für die Vorstellungsmöglichkeit der Vergegenwärtigung endzeitlicher Ereignisse dürfte *das spezifisch hebräische Raum- und Zeitverständnis* sein[58]. Der Hebräer erfährt den Bereich des Todes [49] oder den Bereich Gottes und des Lebens nicht statisch fixiert, sondern als eine dynamische, transzendierende „Machtsphäre". Das galt besonders für den Tempel, wo himmlische und irdische Wohnstatt Gottes ineinander übergehen[59]. Ähnlich werden im semitischen Denken auch Vergangenheit und Gegenwart sowie Gegenwart und Zukunft weniger in einem Nacheinander, als in einem Ineinander erfahren. Vergangenes, aber auch zukünftiges Heilsgeschehen kann so im Kult präsent werden[60]. J. Jeremias schließt aufgrund des endzeitlichen Verständnisses der Hallel-Psalmen des Passa-Mahles (Ps 114–118) in der jüdischen Exegese, daß „das Passa-Fest zur Zeit Jesu keineswegs nur als Erinnerungsmahl (an den Auszug aus Ägypten) gefeiert wurde, sondern daß es zugleich, ja primär Vergegenwärtigung der Stunde der Enderlösung war"[61]. Vom Sabbat wird in der rabbinischen Tradition gesagt, daß er ein Sechzigstel der kommenden Welt darstelle, während jene kommende Welt ganz Sabbat sei. Die Sabbat-Liturgie setzt im Unterschied zur Wochentagsliturgie voraus, daß das Eschaton präsent ist[62].

H. W. Kuhn hat in seiner Untersuchung „Enderwartung und gegenwärtiges Heil" für verschiedene qumranische Texte gezeigt, daß hier „entsprechend dem hebräischen Raum- und Zeitverständnis aufgrund der Tempelsymbolik" die Gemeinde als der Ort angesehen wird, „wo die strenge Scheidung zwischen Erde und Himmel, zwischen Jetztzeit und eschatologischer Heilszeit nicht zutrifft". Mit der Aufnahme in die Gemeinde „ist der Fromme in den Himmel versetzt"

[57] *Becker,* Täufer 48: Bar 5,7; syrBar 29, 4–8; 4 Esr 13,43 f; PsSal 11,4, die auch für die Endzeit die Wundertaten des Exodus erwarten. Rabbinische Belege vgl. *Billerbeck,* Kommentar I, 85–88; II, 481; IV, 890, 954. Zur Vorstellung vgl. *Hengel,* Zeloten 235–239; *Becker,* Täufer 47–49 (ebd. 110, Anm. 28 Lit.); *R. Meyer:* ThWNT VI, 813ff sowie *J. Jeremias:* ThWNT IV, 863.

[58] *Kuhn,* (Anm. 18) 183, hat mit Recht auf diese hebräischen Denkstrukturen verwiesen. Zur näheren Diskussion vgl. dort. Auf die Beziehung der Basileia-Aussage zu solchem „sphärischen Denken" hat bereits *Becker,* (Anm. 19) 198ff, aufmerksam gemacht. Dabei ist vor allem die verbale Grundstruktur der semitischen Aussage zu beachten: „Gott ist bzw. wird König."

[59] Vgl. dazu *Kuhn,* (Anm. 18) 183 f mit weiteren Hinweisen. Vgl. auch *G. Klinzing,* Die Umdeutung des Kultus in der Qumrangemeinde und im NT (Göttingen 1971). Zur Tempelvorstellung vgl. *Maier,* Religion 31, 163.

[60] *Kuhn,* (Anm. 18) 183; zu beachten sind aber die weit vorsichtigeren Ausführungen von *H.-J. Kraus,* Psalmen I, Neukirchen 1960, 203–205.

[61] Abendmahlsworte, Göttingen ³1960, 247–251, Zitat 251.

[62] Einzelne Belege finden sich bei *Billerbeck,* Kommentar IV, 839 f. Zum Messianischen in der Liturgie des Sabbats vgl. *F. Rosenzweig,* Stern der Erlösung, Frankfurt a.M. ²1930, 3. Teil, 65–67. Ich verdanke diesen Hinweis Jakob Petuchowski, Cincinnati (Ohio).

(1 QH 3,20), steht er „in Gemeinschaft mit den Engeln vor Gott, und es sind ihm schon die eschatologischen Heilsgüter zum Besitz gegeben" (1 QS 11,5ff); „überhaupt ist das eschatologische Heil gegenwärtig (1 QH 11,15ff; 15,15ff)"[63].

4. Die Bedeutung der Rede Jesu von der Gegenwart der Basileia

50 Die angeführten Beispiele, vor allem die Qumran-Parallelen[64], zeigen, daß Jesu Rede von der Gegenwart der Basileia auf einer hebräischem Denken grundsätzlich möglichen Vorstellungsstruktur basiert. Die Selbstverständlichkeit, mit der Jesus von einer solchen Gegenwart sprechen kann, findet so eine Erklärung. Ärgernis erregend wurde seine Behauptung erst durch die Bindung dieser Gegenwart an sein Handeln. Hier werden auch die charakteristischen Differenzen sichtbar: Die Präsenz des endzeitlichen Heiles ist nicht mehr an den sakralen Bereich des Tempels, nicht an heilige Zeiten, nicht an die Esoterik gemeindlicher Feiern gebunden. Sie setzt nicht

---

[63] *H. W. Kuhn,* (Anm. 18) 185. Er stützt sich bei diesem Urteil auf eine ausführliche Analyse der Lieder 1QH 3,19–36; 11,3–14.15ff; 15,15ff sowie auf die Lehrerlieder 1QH 6,24ff und 1QH 8,4–14, wo die Gemeinde als „das noch verborgene und von Gott durch Engel geschützte Paradies geschildert" wird (ebd. 188). Zur Veranschaulichung sei der letztgenannte Text zitiert: „Ich [preise dich, Herr! Denn du] hast mich an einen Quellort von Bächen im trockenen Lande versetzt, eine Wasserquelle im dürren Land und Be[wä]sserung (5) eines Gartens [...] du [pflanztest] eine Pflanzung von Wacholder und Pappeln mit Zedern zusammen zu deiner Ehre, Bäume (6) des Lebens sind an geheimnisvollem Quell verborgen inmitten aller Bäume am Wasser. Und sie sollen Sprosse treiben zu einer ewigen Pflanzung, (7) um Wurzeln zu schlagen, ehe sie sprossen, und ihre Wurzeln sollen sie zum Wasserla[uf] strecken. Und es hat freien Zugang zum Lebenswasser sein Wurzelstock, (8) und es wird zur ewigen Quelle. Und an seinem sprießenden Laub werden alle [Tiere] des Waldes weiden, und ein Tretplatz ist sein Wurzelstock für alle, (9) die des Weges vorbeiziehen, und seine Zweige für alle Vögel. Aber es werden sich über ihn alle Bä[ume] am Wasser erheben; denn in ihrer Pflanzung wachsen sie empor, (10) aber zum Wasserlauf strecken sie ihre Wurzeln nicht hin. Aber der hei[li]ge Sproß treibt Blüten zur Pflanzung der Wahrheit, verborgen, nicht (11) geachtet und nicht erkannt, sein geheimnisvolles Siegel. Aber d[u, o Go]tt, hast rings seine Frucht beschützt (vgl. Gen 3,24) durch das Geheimnis kraftvoller Helden (12) und heiliger Geister und der zuckenden Feuerflamme, damit niemand [an] die Quelle des Lebens [herankomme] und mit den ewigen Bäumen (13) nicht heiliges Wasser trinke, seine Frucht nicht sprießen lasse zusammen mit [...] des Himmels. Denn man sieht, ohne zu erkennen, (14) und plant, ohne der Quelle des Lebens zu glauben" (Übersetzung nach Lohse).

[64] Auf sie verweist besonders *H. W. Kuhn,* (Anm. 18) 181f, 189; ihm stimmen *Becker,* Täufer 81, und andere zu.

die Sammlung des Heiligen Restes – auch nicht die Sammlung einer Jesusgemeinde – oder den Zug in die Wüste voraus. Jesus greift nicht auf die Machttaten der Zeit des Auszugs aus Ägypten zurück, er ruft nicht zum Heiligen Krieg auf und macht das Kommen der Erlösung nicht von der vollkommenen Erfüllung der Tora abhängig. Indem Jesus die Basileia für sein Auftreten, für seinen Umgang mit den Menschen beansprucht, auf die er irgendwo in Palästina trifft, wird uneingeschränkt der Bereich menschlicher Geschichte als der Ort ihrer Gegenwart erwiesen, ohne daß es allerdings möglich wäre, sie auf einen Ort in ihr festzulegen (vgl. Lk 17,21). Es fehlt bei Jesus sowohl die enthusiastisch-esoterische[65] als auch die gesetzlich-rigoristische Konditionierung [51] ihrer Gegenwart. Natürlich handelt Jesus in der Erwartung, daß die Herrschaft Gottes in absehbarer Zeit sich vor aller Welt manifestieren wird; natürlich sind auch für ihn dieser Äon schlecht und der Mensch böse (Mt 7,11 par.). Das beweist aber gerade, daß die Gegenwart, so wie sie nun einmal ist, als Ort des überraschenden Handelns Gottes erkannt ist[66].

Es fällt auf, daß in der Jesusüberlieferung (und offenbar auch schon beim historischen Jesus) neben prophetisch-apokalyptischen Sprüchen und Basileia-Gleichnissen sich auch Sprüche finden, deren Form der Weisheitstradition entstammt und die auch inhaltlich weniger einen Bezug zur Endzeiterwartung als vielmehr einen solchen zum Schöpfungsgedanken erkennen lassen (vgl. bes. Mt 5,45). Der Hinweis auf die Schöpfung steht – in der Regel zwar unverbunden, aber doch gleichwertig – neben der Rede von der Basileia. Beide treffen sich darin, daß sie die Gegenwart als den Ort der Anwesenheit Gottes voraussetzen. Die Spruchreihe über das Verbot des Sorgens (Lk 12,22–31/Mt 6, 25–33.34) ist dafür beispielhaft. Der weisheitliche Rekurs auf Gott, der Blumen und Vögel kleidet und nährt, steht parallel zu der Aufforderung: „Suchet das Reich Gottes, alles andere wird euch gegeben werden." Mag diese Kombination auf Jesus oder auf die Gemeinde zurückgehen, sie zeigt, daß für Jesus die Erfahrung Gottes als des Schöpfers und die Rede von seinem Reich miteinander verbunden werden konnten. Vielleicht läßt sich von hierher Jesu Rede von der Gegenwart des Reiches religions- und geistesgeschichtlich einordnen: Die apokalyptische

---

[65] Vgl. auch die Gegenüberstellung bei *Becker,* (Anm. 19) 216, sowie *Hengel,* Nachfolge 65–67.

[66] Vgl. die Gleichnisse vom Schatz im Acker und von der Perle (Mt 13,44–46).

Utopie entwarf in der Situation des Exils und der nationalen Katastrophe das Bild eines alle Erwartung übersteigenden Heils für eine Zukunft, die jenseits dieser Geschichte liegt. Jesus nimmt diese Hoffnung auf, interpretiert sie aber in der Verbindung mit jenem zweiten Strang alttestamentlich-jüdischer Überlieferung, nämlich mit dem weisheitlich geprägten Schöpfungsglauben. Dadurch gelingt es ihm, *die schöpferische Kraft der apokalyptischen Utopie an die jeweilige Gegenwart zu binden,* ohne der apokalyptischen Versuchung der Flucht aus der Gegenwart zu erliegen. Umgekehrt wird der jüdische Schöpfungsglaube, der gerade im zeitgenössischen Rabbinismus zu einer konservativen Auslegung des Gesetzes im Sinne der Praktikabilität des Überkommenen führte, von ihm zwar positiv aufgenommen im Vertrauen an den Gott, der als der Schöpfer insgeheim diese Welt [52] trägt, aber zugleich korrigiert, indem *die Möglichkeit des Neuen, die Möglichkeit der Veränderung (zugunsten des Menschen) als Chance menschlicher Geschichte aufgewiesen wird*[67]. Da dieses Neue – gut apokalyptisch – allein als Werk Gottes begriffen wird, ist aber die dem Menschen neu erschlossene Geschichte vom Leistungsdruck des Gesetzesrigorismus befreit.

So gilt es, im vielfältigen Geflecht zwischenmenschlicher Beziehungen, auf den verschlungenen Wegen menschlicher Schicksale, angesichts von Schuld, Krankheit und Elend die den Menschen freisetzende, einem jeden Leben ermöglichende Anwesenheit Gottes wahrzunehmen. Insofern die Rede der Basileia die Zuwendung Gottes zu jedem Menschen meint, *kommt* sie dort *an,* wo sich Jesus und der ihm Nachfolgende in der Weise Gottes dem Menschen zuwenden: in Güte, Liebe, Entgegenkommen – vorbehaltlos und zuvorkommend – dem, der solches braucht. Und das ist schließlich jeder. Die Gegenwart der Basileia ist also nicht mehr von der Botschaft Jesu zu trennen; in der Konzentration auf das Liebes-

---

[67] Auf die Verbindung von Schöpfung und Eschatologie verweist auch *F. Hahn,* Methodologische Überlegungen zur Rückfrage nach Jesus: *K. Kertelge* (Hrsg.), Frage 47f. Vgl. *A. Vögtle,* „Theo-logie" und „Eschato-logie" in der Verkündigung Jesu?: Neues Testament und Kirche. Festschrift für R. Schnakkenburg, Freiburg i. Br. 1974, 371–398, sowie *Schürmann,* Das hermeneutische Hauptproblem der Verkündigung Jesu. Eschato-logie und Theo-logie im gegenseitigen Verhältnis: Gott in Welt I. Festgabe für K. Rahner, Freiburg 1964, 579–607 (= *ders.,* Traditionsgeschichtliche Untersuchungen zu den synoptischen Evangelien, Düsseldorf 1968, 13–35).

gebot, das universal auf jeden Menschen ausgeweitet wird, unterscheidet sie sich auch inhaltlich von den zeitgenössischen Antizipationen des Heiles.

Ist nämlich diese Basileia, die nach apokalyptischem Verständnis zusammenfassender Ausdruck für das allein von Gott bewirkte Heil ist, gegenwärtig als jene umfassende Heilstat Gottes, die dem Menschen Vergebung, Befreiung, Rechtsschutz gewährt, dann werden aufgrund jener Gegenwart auch die das Leben des Menschen bestimmenden Faktoren neu gesehen. Nicht mehr die Forderung des Gesetzes, sondern die zuvorkommende Vergebung ist die Grundlage menschlicher Existenz. Die Weite des endzeitlichen Heiles wird zum Modell gegenwärtigen Verhaltens: die Sammlung des Heiligen Restes, der Rückzug nach Qumran, ist dann ebensowenig möglich (und nötig!) wie die Sanktionierung der Privilegien der Etablierten. Suchte der Pharisäismus die Überlieferung der Vergangenheit unter den Bedingungen der [53] sich wandelnden Zeit durch seine Gesetzesauslegungen praktikabel zu erhalten und so der Herrschaft Gottes Raum zu schaffen, wird es nun möglich, ja ist es notwendig, von dem gegenwärtig Neuen her den Zaun der Tora niederzureißen. Der Mensch ist so in eine Offenheit gestellt, in der er bis in sein Herz hinein sich von Gott, der ihm überall begegnet – ethisch formuliert, also von jedem Menschen –, in Anspruch nehmen lassen muß und darf. Gerechtfertigt wird, wer sich seiner Wahrheit, auch der Wahrheit seines Versagens, stellt und nicht versucht, sich eine Position vor Gott und vor den anderen aufzubauen (vgl. Lk 18,9–14). Sabbat (Mk 2,28), Opfer (Mt 5,24), Gebet (Mt 6,7), Überlieferung (Mt 5,21 ff), Familie (Mt 8,21 f; 10,37), Besitz (Mt 6,19f), Heimat (Mt 8,20) werden relativiert. Gegen den Heiligen Krieg, gegen die Verteidigung der eigenen Rechtsansprüche, gegen nationale und egoistische Interessen steht die umfassende Güte Gottes als das, was die Welt und Geschichte trägt. Herrschaft des Menschen über den Menschen kann es dann konsequenterweise nicht mehr geben (Mk 9,35; 10,42–44). Das Ethos Jesu, das in den verschiedenen Sprüchen der matthäischen Bergpredigt vor allem Ausdruck findet, läßt sich m. E. von diesem Basileia-Verständnis her konsequent begreifen (s. u.). Zugleich dokumentiert die Verbindung der Basileia-Botschaft mit einem solchen Ethos, daß Jesus in seiner Verkündigung tatsächlich von der Gegenwart der Basileia ausgeht und diese Gegenwart als neue Möglichkeit für menschliches Handeln begreift. Den Bezug der Nachfolgeforderung Jesu zur Basileia-Predigt hat

M. Hengel mit Recht herausgestellt[68]; auch die Nachfolge setzt die Erfahrung der durch Jesus vermittelten Präsenz der Basileia voraus und meint dann die Bereitschaft, sich auf sie einzulassen – in der Weiterführung des Wirkens Jesu, im Weitersagen seines befreienden Wortes, im Weitertun seiner helfenden Tat.

Die Diskrepanz, die zwischen Jesu Wirken im Kleinen und dem damit verbundenen Anspruch der Gegenwart der Basileia einerseits und jener erwarteten zukünftigen Basileia andererseits besteht, kommt in der Verkündigung Jesu in den Kontrastgleichnissen bereits zur Sprache; im Gleichnis vom Sämann (Mk 4, 3–8), vom Senfkorn (Mk 4, 30–32), vom Sauerteig (Mt 13,33) oder auch von der selbstwachsenden Saat (Mk 4, 26–29). Die Problematik der gegenwärtigen [54] Situation wird nicht verharmlost. Die Kleinheit des Anfangs sowie die deprimierenden Mißerfolge spiegeln sich in den Bildaussagen der Gleichnisse deutlich wider: in der Betonung des kleinen Samenkorns im Gleichnis vom Senfkorn, in der ungewöhnlich breiten Schilderung der Erfolglosigkeit der Aussaat im Gleichnis vom Sämann. Der Kontrast ist überdeutlich herausgestellt; die Auslegung im Sinn einer weltimmanenten Entwicklung würde das Gemeinte ins Gegenteil verkehren. Die Gegenwart bleibt im Zeichen des kleinen Samenkorns; allein die Zukunft Gottes bringt die Fülle. Dennoch wird in jedem dieser Gleichnisse der Kontrast in „gelassener Zuversicht" (J. Becker) geschildert, aufgrund des sicheren Zusammenhangs von kleinem Anfang und großer Vollendung. Dieses Gesamtgeschehen bildet in den Gleichnissen den Vergleichspunkt (z. B. „der beigemengte Sauerteig säuert den ganzen Teig"; „aus dem kleinen Senfkorn wird ein großer Baum"): „Gottes Herrwerden geschieht hier durch Jesus ganz unscheinbar und klein, aber – dessen soll man gewiß sein – es wird ‚von selbst' und unwiderstehlich zum endgültigen und totalen Herrschen Gottes."[69] Die Situation der Gegenwart der Basileia ist als die Situation des Glaubens beschrieben, die Mut, Gelassenheit und Ausdauer verlangt. Offenbar auch für Jesus.

---

[68] Nachfolge 81: „Dies würde jedoch bedeuten, daß Nachfolge Jesu im Grunde nur verständlich wird als Dienst an der Sache des nahen Gottesreiches."

[69] *Becker*, (Anm. 19) 208f.

3. Konsequenzen

1. Die Basileia-Verkündigung Jesu läßt *zwei Grundperspektiven* erkennen:

a) *Die apokalyptische Utopie der kommenden Welt, für die Gerechtigkeit, Friede, Heil und Glück dem Menschen in einem jede Erwartung übersteigenden Maße verheißen wird, ist an die Gegenwart gebunden.* Dies geschieht in vollem Eingeständnis des Bösen und des Elends, die nach wie vor die Gegenwart bestimmen, und unter Aufrechterhaltung der Zukunftsaussage, durch die der gegenwärtige Anspruch der Basileia einerseits radikalisiert (am „Jetzt" entscheidet sich die ganze Zukunft), aber auch unter einen Vorbehalt gestellt wird (das kleine „Senfkorn"). Jesus steht noch innerhalb apokalyptischer [55] Zukunftserwartung und ist in diesem Sinn durchaus auch von der großen Illusion seiner Zeit, daß nämlich der Anbruch dieses Reiches unmittelbar bevorstünde, bestimmt; er überwindet sie aber, indem er die mythische Zukunft in die Gegenwart hereinholt und diese, ohne die Unverfügbarkeit des Heiles aufzugeben, als Chance eines erfüllten menschlichen Lebens aufzeigt. Indem er die apokalyptischen Bilder auf die theologisch strenge Rede von der Herrschaft Gottes reduziert, wird die *Eschato-logie* zur *Theo-logie;* die Frage nach der Zukunft wird zu der allein wichtigen Frage nach Gott. Hierin scheint mir das jesuanische Proprium der Eschatologie, ein entscheidendes Kriterium für ihre Auslegung, gegeben zu sein. Die paulinische Eschatologie mit der Spannung von „schon" und „noch nicht", die Rede von der Gegenwart des Lebens als der allein durch den „Sohn" dem Menschen erschlossenen Möglichkeit im Johannesevangelium sind genuine Entfaltungen dieses jesuanischen Ansatzes.

b) Zugleich mit dieser Konzentration auf den in der Geschichte gegenwärtigen Gott wird *seine Gegenwart als heilvolle Zuwendung zu jedem Menschen, vor allem zu dem, der in Not ist,* beschrieben. Die apokalyptischen Visionen und Offenbarungsreden haben den Frommen die Überwindung der gegenwärtigen Verhältnisse, die Befreiung von Unterdrückung, Verfolgung, Armut und Hunger, Leid und Krankheit, in der Schaffung eines universalen Friedensreiches in Aussicht gestellt – auf dem Hintergrund des Gerichts, das die Sünder und Übeltäter erbarmungslos treffen wird. Für Jesus ist gerade dieser Gott, der Heil, Glück, Schalom schafft, der gegenwärtige Gott, und von diesem Heil ist seiner Meinung nach *keiner* ausgenommen. Es ist die Zeit, in der Gott alles Verlorene findet. Mit der Vergegenwärtigung der apokalyptischen Heilserwartung ist also eine Einschränkung der Heilszusage verbunden, die der universalen Güte Gottes Raum gibt. Die Chance der Basileia wird dort wahrgenommen, wo sich der Mensch in der Weise Gottes den Menschen zuwendet, und soll auch so wahrgenommen werden: Die Gegenwart der Güte Gottes verlangt vom Menschen, in seinem Verhalten dieser Güte zu entsprechen.

2. Jesu Rede von der Basileia ist also getragen von dem *Glauben an den in der Geschichte sich dem Menschen zuwendenden Gott*. Trotz der Probleme, vor die die Aufgabe der Übersetzung solcher – durchaus auch historisch bedingter – Gotteserfahrung in die Situation des modernen Menschen stellt, ist gerade sie unaufgebbares Postulat.

Eine nur imperativische Weiterführung der Verkündigung Jesu,
56 etwa im Sinn des Aufrufs zu einem neuen Ethos oder zu einer neuen Praxis, würde gerade die durch Jesus vermittelte Erfahrung der Befreiung und Erlösung verspielen. Paulinisch gesprochen: Der Indikativ bleibt die Mitte des Evangeliums. Getragen von seiner Gotteserfahrung, hat Jesus durch sein Sprechen und sein Tun jeweils jenen Erfahrungsraum geschaffen, in welchem Menschen diesen seinen Gott erfahren konnten: Sie wurden von ihren Ängsten und Zwängen befreit (die Heilungs- und Wundergeschichten spiegeln gerade diese Erfahrung wider), sie fanden den Mut zu sich (auch zu ihrer Schuld) und zu ihrem Leben, sie wurden so fähig, sich offen und wohlwollend auch dem anderen zuzuwenden.

Diese Erfahrung weiterzugeben, bleibt die zentrale Aufgabe des Christentums. Die Frage ist, ob in der christlichen Gemeinde in solcher Weise die Gegenwart der Basileia noch erfahren wird und wie sie wieder erfahrbar gemacht werden kann.

3. Die Konzentration Jesu auf das seiner Meinung nach nur eine Notwendige, nämlich „Gott und seine Herrschaft", und der mit ihr verbundene Verzicht auf ein politisch-sozialreformerisches Engagement werden häufig als Argument für ein *rein religiöses* Verständnis des Wirkens Jesu und gegen seine *politisch-revolutionäre* Mißdeutung genannt. In der Tat läßt sich, historisch gesehen, Jesus nicht als politischer Reformer oder Sozialrevolutionär bestimmen[70].

---

[70] Zur Diskussion vgl. z. B. *M. Hengel*, War Jesus Revolutionär? Stuttgart 1970; *ders.*, Gewalt und Gewaltlosigkeit. Zur „politischen Theologie" in neutesta-

Damit sind aber die im Hintergrund der Auseinandersetzung stehenden Fragen nach der Interpretation des Christlichen noch nicht erledigt.

Bereits die aufgestellte Alternative ist falsch. Einerseits ist auch heute ein rein religiöses Verhalten nicht ohne politisch-gesellschaftliche Relevanz; andererseits gilt gerade für antik-jüdisches Denken die enge Verbindung von Religion und Politik[71]. Jesu Auftreten als charismatisch-prophetischer [57] Außenseiter bedeutete – gesellschaftlich gesehen – aufgrund des erhobenen religiös-prophetischen Anspruchs die Infragestellung der bestehenden religiös-politischen Ordnungen. Mit der Rede von der Herrschaft Gottes nimmt Jesus auf eine politische, ja weltpolitische Größe Bezug, die nach damaliger Erwartung die radikale Änderung der bestehenden Verhältnisse bedeutete[72]. Zudem modifiziert Jesus die traditionelle Rede von Gott und von der zukünftigen Basileia in bezeichnender Weise: er spricht von Gott als dem Gott, der für jeden Menschen da ist; er proklamiert die Gegenwart jener zukünftigen Herrschaft und realisiert sie, indem er sich im Namen dieses Gottes gerade den Ausgestoßenen und den Zu-Kurz-Gekommenen zuwendet. Gerade so gewinnen seine Worte soziale Bedeutung, seine Taten politische Relevanz[73]. Bezeichnenderweise haben seine Gegner die durch sein Verhalten gegebene Herausforderung verstanden und haben auf sie durchaus politisch reagiert.

Außerdem ist die Distanz Jesu gegenüber realpolitischen Verhaltensweisen näherhin zu untersuchen. Setzt sie die Erfahrung der Perversion politischer Machtübung zur Unterdrückung der Untergebenen voraus (vgl. Mk 10, 42–44)? In Mt 6, 25–33 par.

---

mentlicher Zeit, Stuttgart 1971; *E. Gräßer,* Die politische Herausforderung an die biblische Theologie: EvTh 30 (1970) 228–254; u. a.

[71] Vgl. z. B. *Hengel,* Zeloten 317: „Für das Judentum waren politische Wirklichkeit und endzeitliche Hoffnung engstens aufeinander bezogen, genauso wie die Tora das geltende Recht für Staat, Familie, Besitz und Arbeit enthielt und zugleich als Gottes einmalige, autoritative Offenbarung Grundlage allen religiösen Lebens war."

[72] Vgl. dazu z. B. die Weherufe in den Schlußkapiteln des äthHen (oben Anm. 14).

[73] Vgl. jetzt auch *W. Schrage,* Barmen II, 127–171, der in seiner sehr differenzierten Darstellung zu dem Schluß kommt: „Jedenfalls scheint mir unbestreitbar, daß die Botschaft von der alle Menschen suchenden Liebe Gottes auch die Rechts- und Sozialstruktur tangiert und auch eine gesellschaftskritische Dimension hat." Vgl. auch *K. Schäfer,* Warum fragen wir nach dem Gott Jesu? IntDialZ 6 (1973) 366, 372.

Lk 12, 22–31 wird die Sorge um Kleidung und Nahrung als Ausdruck eines im Vorfindlichen verbleibenden Verhaltens verboten. Nach der Botschaft Jesu schloß die statt dessen dort geforderte alleinige Sorge um das Reich Gottes gerade die Sorge für den verlorenen, hungernden, kranken Bruder ein (vgl. Mt 25, 31–46). Dienen also die Kritik am Sorgen und die Relativierung der irdischen Beziehungen gerade dazu, dem in solchem Tun auf sich selbst fixierten Menschen den Blick für die Sache der Herrschaft Gottes und damit auch für den Menschen zu öffnen? Die Relativierung menschlicher Macht durch die Konfrontation mit dem bevorstehenden Anbruch der Herrschaft Gottes ist schließlich nicht ein rein religiöser Vorgang, sondern ein Politikum ersten Ranges, insofern dadurch jede irdische Macht konkret in Frage gestellt wird.

58 Die Frage nach dem Selbstverständnis des Christentums kann nicht auf die Alternative „religiös oder politisch" gebracht werden. Entscheidend kann nur sein, daß unter konsequenter Berücksichtigung der veränderten gesellschaftlichen Bedingungen des christlichen Handelns das von Jesus Begonnene weitergeführt wird und daß für dieses Handeln alleiniger Maßstab die „Sache des Reiches" bleibt, das heißt aber Gottes Zuwendung zum Menschen *und* des Menschen Hoffnung auf ihn.

4. Jesu Gottes- und Basileia-Verständnis ist bestimmt von einer eindeutigen Option zugunsten eines jeden Menschen, gerade des Zu-kurz-Gekommenen. Der kirchlich-pastorale Grundsatz „Salus animarum suprema lex" bedarf von daher einer Rekonkretisierung. *Das Gottesverständnis Jesu verlangt eine entsprechende Verkündigung, Praxis und „Politik" der Kirchen.* Die Realisation der Nachfolge kann sich nicht beschränken auf eine Imitation des palästinischen Anfangs. Die kulturellen und soziologischen Entwicklungen, die aus den ersten Anhängern Jesu die Großgruppe Kirche gemacht haben, lassen sich nicht rückgängig machen. Es zu versuchen, wäre eine anachronistische Spielerei. Dennoch ist nicht zu verkennen, daß die *Institution* Kirche jenem charismatisch-außenseiterischen Anfang ständig konfrontiert bleiben muß. Sie hat dafür Sorge zu tragen, daß jener Impuls nicht den „Mächten des Alltags" unterliegt[73a]. Wenn Nachfolge es primär damit zu tun hatte, daß sich Menschen auf die Basileia-Erfahrung Jesu einließen und sich mit ihm handelnd solidarisierten, dann wäre auch heute noch Christsein zu umschreiben

[73a] Vgl. dazu *M. Weber,* Wirtschaft und Gesellschaft, Tübingen [5]1972, 661f.

als ein Sicheinlassen auf diesen Glauben und die Hoffnung Jesu im ständigen Nach- und Weiterdenken und Tun jenes durch ihn realisierten befreienden Anfangs. Das umfaßt das freie Spiel der Phantasie und äußerste Anstrengung der Vernunft, die Ausdauer der Analyse ebenso wie die Kraft zur Synthese, harte Arbeit und den langen „Marsch durch die Institutionen", häufiges Scheitern und gelegentlich ein befreiendes und beglückendes Gelingen.

Die Spannung von gegenwärtigem und zukünftigem Reich, von Basileia und Geschichte, ist nicht aufhebbar. Das bedeutet aber, daß die Basileia sich unter uns nicht „superlativisch" verwirklicht, sondern nur annäherungsweise, „komparativisch". Dem entsprechen menschlicherseits immer neue Versuche, „kleine Schritte": Jede gefundene Lösung, jedes Programm, das wir entwerfen, bleiben also überholbar und änderungsbedürftig.

Die Begründung einer neuen Ethik in den Antithesen der Bergpredigt

1. Die primären Antithesen der Bergpredigt

[73] Ausgangspunkt der Überlegungen sollen die Antithesen der Bergpredigt sein[1]. In ihnen kommt die Grundstruktur der jesuanischen Gesetzeskritik am deutlichsten zum Ausdruck. Sie finden sich im ersten Hauptabschnitt der Bergpredigt (Mt 5, 21–48), der in der Komposition des Matthäus der Darstellung der „besseren Gerechtigkeit" (5, 20) im Sinne der Erfüllung des Gesetzes (5,17) dient. Einer Aussage der alttestamentlich-jüdischen [74] Gesetzesüberlieferung wird jeweils die Position Jesu mit einem „Ich aber sage euch" gegenübergestellt. Diese antithetische Form ist jedoch nicht in allen sechs Sprüchen ursprünglich, man unterscheidet daher sekundäre und primäre Antithesen[2]. Nur die letzten sind für uns hier von Interesse, da in ihnen die antithetische Struktur zur ursprünglichen Form gehört und damit auch konstitutiv für die inhaltliche Aussage ist. Es sind dies die Antithesen vom Töten (Mt 5,21 f), vom

---

1 Allgemeine Literaturhinweise: *K. Berger,* Gesetzesauslegung; *J. Blank,* Was Jesus heute will; *H. Braun,* Radikalismus II; *R. Bultmann,* Tradition 142–144; *W. D. Davis,* The Setting of the Sermon on the Mont, Cambridge–New York 1964; *M. Dibelius,* Bergpredigt; *J. Dupont,* Les béatitudes I, bes. 145–159; *H. Günther,* Die Gerechtigkeit des Himmelreiches: KeDo 17 (1971) 133–126; *E. Lohse,* „Ich aber sage euch": *ders. (Hrsg.),* Der Ruf Jesu und die Antwort der Gemeinde. Festschrift für J. Jeremias, Göttingen 1970, 189–203; *U. Luz,* Einige Erwägungen zur Auslegung Gottes in der ethischen Verkündigung Jesu: EKK Vorarbeiten 2, Neukirchen 1970, 119–130; *P. Noll,* Jesus und das Gesetz. Rechtliche Analyse der Normenkritik in der Lehre Jesu, Tübingen 1968; *E. Percy,* Die Botschaft Jesu, Lund 1953, bes. 123–164; *H. Windisch,* Der Sinn der Bergpredigt. Ein Beitrag zum Problem der richtigen Exegese, Leipzig 1929; *H. Th. Wrege,* Überlieferungsgeschichte. Rabbinische Parallelen sind bei *P. Billerbeck* zusammengestellt, vgl. bes. den Exkurs „Zur Bergpredigt Jesu" in Bd. IV, 1–22.

2 Die Logien der fünften und sechsten Antithese sind auch in der lukanischen Parallelkomposition zur Bergpredigt, der sogenannten Feldrede (Lk 6,20–49), überliefert. Lukas bringt sie aber ohne die antithetische Einleitung und dürfte

Ehebruch (5, 27f) und wahrscheinlich auch die vom Schwören (5, 33–36). These und Antithese sind so aufeinander bezogen, daß nur in der Verbindung beider die Logien verständlich werden. Auch sie tragen Spuren matthäischer Bearbeitung. In der ersten und zweiten Antithese wurden Einzellogien angefügt: 5, 23f.25 (par. Lk 12, 57–59 = Q); 5, 29f (par. Mk 9, 43–48); die vierte Antithese wurde höchstwahrscheinlich durch 5, 33c.34b–36 erweitert. Diese primären Antithesen, für die sich in Q keine Parallelen finden, die aber dennoch aus alter Überlieferung stammen dürften[3], waren höchstwahrscheinlich das Modell, nach dem die übrigen Antithesen gebildet wurden. Dabei wurden – zugleich mit der Kombination verschiedener Traditionsstücke – die alten Aussagen neu ausgelegt[4]. Wir versuchen zunächst, die jeweils ursprüngliche Gestalt der Logien zu rekonstruieren, und fragen nach deren Aussage.

1. [75] Verhältnismäßig leicht lassen sich ursprünglicher Bestand und sekundäre Hinzufügung in Mt 5, 27–30 trennen. Der Spruch vom Ärgernis (Mt 5, 29f) stammt aus markinischer Überlieferung (Mk 9, 43–48) und wurde offenbar hier sekundär angefügt. 5, 27f ist ein selbständiger Spruch; der antithetische Aufbau gehört zur ursprünglichen Form:

„Ihr habt gehört, daß gesagt wurde:
‚Du sollst nicht ehebrechen‘ (Ex 20, 14).
Ich aber sage euch: Jeder, der auf eine Frau blickt, um sie zu begehren, hat schon mit ihr Ehebruch begangen in seinem Herzen“
(„in seinem Herzen“ ist möglicherweise redaktioneller Zusatz des Matthäus).

---

damit der Q-Vorlage näherstehen. Von Matthäus selbst oder in einer vormatthäischen Bearbeitung von Q sind also diese Logien erst in einen antithetischen Rahmen gestellt worden. Ähnliches geschah auch in der dritten Antithese; auch hier wurde ein Jesuswort, das in Q allerdings in einem anderen Zusammenhang überliefert wird (vgl. Lk 16,18), sekundär mit dem Antithesenschema verbunden.

[3] Vgl. *Bultmann,* Tradition 157f; *Braun,* Radikalismus II, 3; *Lohse,* (Anm. 1) 189f. Für sekundär hält die Antithesen *Berger,* Gesetzesauslegung 11ff.

[4] Eine genauere Analyse zeigt, daß die Neuauslegung eine einheitliche Redigierung darstellt, deren Konzeption mit Mt 5,17–20 und den übrigen Partien des Evangeliums deutlich übereinstimmt. Dies ist ein Indiz dafür, daß der Endredaktor des Evangeliums es ist, der die Komposition geschaffen und durch die Jesus- und Q-Überlieferung für seine Gemeinde ausgelegt hat. Vgl. dazu *Hoffmann,* Bergpredigt, bes. III, 184–186; *G. Barth,* Das Gesetzesverständnis des Evangelisten Matthäus: *G. Bornkamm – G. Barth – H. J. Held,* Überlieferung und Auslegung im Matthäus-Evangelium, Neukirchen 1960, 54–154.

„Hören“ und „sagen“ beziehen sich auf den Traditionsvorgang. Für jüdisches, vor allem pharisäisches Verständnis war die schriftgelehrte Tradition mit der am Sinai geoffenbarten Tora identisch, daher richtet sich Jesu Wort gegen die Tora samt ihrer schriftgelehrten Auslegung[5].

Was ist die sachliche Aussage der Antithese? Auf der einen Seite steht die gesetzliche Bestimmung. Sie richtet sich gegen einen konkreten, nachprüfbaren Tatbestand, den vollzogenen Ehebruch. Jesus bestimmt in seiner Antithese den „Tatbestand“ des Ehebruchs neu. Ehebruch läßt sich nicht auf irgendwelche Handlungen einschränken. Vielmehr ist die innere Intention des Verhaltens entscheidend; das Herz des Menschen (auch wenn diese Angabe redaktionell sein sollte, trifft sie das Gemeinte) wird als die Stelle aufgedeckt, wo – lange vor den Taten und den auf sie gerichteten Gesetzen – die Entscheidung fällt[6].

76 Was erreichte Matthäus durch die Kombination mit dem Spruch 5, 29f? Die Sprüche stammen aus Mk 9, 43–48; dort sind sie dreigliedrig. Hand, Fuß, Auge haben dort jedoch nichts mit Sexualität zu tun; die Sprüche veranschaulichen vielmehr den vom Menschen geforderten kompromißlosen Einsatz bei der Entscheidung für die Herrschaft Gottes. Matthäus übernimmt die Sprüche an zwei Stellen; 18, 8–9 erläutert er mit ihnen – wie Markus – die Forderung, den Kleinen kein Ärgernis zu geben. An unserer Stelle bringt er nun den Spruch vom (rechten = MtR) Auge und von der (rechten) Hand in einer stark parallelisierten Gestalt. Diese Abweichungen sind jedoch kein Indiz für eine eigenständige Vorlage, sondern lassen sich aus der Redaktionsabsicht erklären. Mat-

---

[5] In diesem Sinne möchte ich mit *R. Hummel,* Die Auseinandersetzung zwischen Kirche und Judentum im Matthäusevangelium, München 1963, 72, die viel diskutierte Frage beantworten, ob sich Jesus hier ausdrücklich gegen das alttestamentliche Gesetz oder „nur“ gegen die schriftgelehrte Überlieferung wende. Für den Juden gehörte beides zusammen.

[6] Vgl. *Braun,* Radikalismus II, 108ff; zu jüdischen Parallelen vgl. *Braun,* ebd. 86, Anm. 1, sowie *Berger,* Gesetzesauslegung 325f. *Berger* bemerkt zur Auslegung des 6. Gebotes im Spätjudentum u. a.: „Entsprechend der vulgärstoischen Tradition ... wird in zunehmendem Maße die Begierde selbst schon sündhaft: das führt zu der bekannten Ausweitung des 6. Gebotes auf die sexuellen Begierden überhaupt, die als sündhaft angesehen werden. Die Nähe des 9. und des 6. Gebotes wirkte sich hier auf die Interpretation des 6. Gebotes besonders aus. Wie nun die Begierde als das Haupt aller Sünde angesehen wird, so sind Unzucht und sexuelles Begehren die größten aller Sünden. Bereits in jüdischer Tradition führt das zur Ablehnung des Geschlechtsverkehrs überhaupt“ (326). Der Vergleich macht die Unterschiede deutlich. In der Antithese geht es nicht um die Bestimmung der Begierde als Sünde, sondern um die Verlagerung der Verantwortung von der vollzogenen Tat zu ihren ersten Ansätzen im Menschen.

thäus nennt nur Auge und Hand und läßt den Fuß weg, da er die Sprüche auf sexuelle Verfehlungen bezieht (der „Fuß“ eignet sich für diese Applikation offenbar weniger)[7]. Die Intention ist deutlich: Die Forderung Jesu soll durch diese Veranschaulichung konkretisiert und für die Gemeinde praktikabel gemacht werden. Eine zweite Änderung kommt hinzu. In der ursprünglichen Form der Sprüche (Mk 9, 43–48/Mt 18, 8f) wird der Hörer vor eine Alternative gestellt: Leben, Reich Gottes auf der einen, die Hölle auf der anderen Seite. In 5, 29f dagegen dominiert die Höllendrohung; sie wird noch dadurch verschärft, daß nicht wie im ursprünglichen Wortlaut von zwei Gliedern, sondern von dem „ganzen Leib“ gesprochen wird, der der Hölle verfällt. Zur konkret-ethischen Auslegung der Forderung Jesu tritt also deren Sanktionierung durch den Hinweis auf das Endgericht.

2. Der Spruch Mt 5, 21f – daß es sich in V. 23f und 25f um sekundär angefügte Einzellogien handelt, ist deutlich – ist in seiner Aussagerichtung uneinheitlich:

„Ihr habt gehört, daß den Alten gesagt wurde:
‚Du sollst nicht töten‘ (Ex 20, 13). Wer tötet, soll dem Gericht verfallen sein.
Ich sage euch aber:
Jeder seinem Bruder Zürnende soll dem Gericht verfallen sein.

(Und jetzt ändert sich die Konstruktion und die Intention der Aussage.)
Wer aber zu seinem Bruder ‚Raka‘ (Dummkopf) sagt, soll dem Synhedrion verfallen sein.
Wer aber ‚Tor‘ sagt, soll der Feuerhölle verfallen sein.“

Abgesehen von dem Stilwechsel (Partizip – Relativsatz), besteht zwischen der ersten und den folgenden zwei Aussagen der Antithese auch inhaltlich ein Bruch: Zunächst geht es – ähnlich wie in 5, 27f – um den [77] Gegensatz zwischen der Tat des Tötens und der (schon) im Zorn sich äußernden Einstellung zum Bruder[8]. Indem Jesus beide unter dieselbe Gerichtsdrohung stellt, zeigt er, daß es nicht genügt, erst im Grenzfall des Tötens das Recht auf Leben zu respektieren. Vielmehr steht der Mensch in seiner Gesamteinstellung zum anderen (eben schon in jenen ersten Regungen des Zornes) unter dem Anspruch Gottes und kann am anderen schuldig werden.

In den Satzgliedern 22bc dagegen fällt die Aussage wieder in das – gerade V. 22a durchbrochene – gesetzliche Denkschema zurück, indem nun wieder Taten, zwar nicht die Tötung des anderen,

---

[7] Vgl. *Brauns* Hinweis auf rabbinische Parallelen: Radikalismus II 110 Anm. 7. „Auge und Hand als Vermittler sexueller Delikte“: *Billerbeck,* Kommentar I, 302, zur Forderung des Abhauens: ebd. 302f, 779ff.

[8] Zur jüdischen Auslegung des 5. Gebotes vgl. jetzt *Berger,* Gesetzesauslegung 290–306.

sondern schon dieses oder jenes Schimpfwort[9] (soviel ernster ist hier die Gerechtigkeitsforderung genommen!), mit Strafsanktionen versehen werden. Zweitens fällt die Steigerung der Gerichtsaussagen wieder auf. Die Drohung mit dem Synhedrion und mit der Hölle sprengt gewohnte Maßstäbe. Durch die dreimalige Wiederholung bekommt die Gerichtsaussage nun einen eigenen – im Zusammenhang dominierenden – Akzent (vgl. oben zu Mt 5, 29f)[10]. In V. 21.22a veranschaulichte der Hinweis auf das Gericht, daß dem Zorn die gleiche Bedeutung zukommt wie der Tat (21b); das war entscheidend, nicht die Strafandrohung. Nun werden Zorn und Gebrauch von Schimpfworten mit Strafandrohungen versehen; der Vergeltungslehre entsprechend wird ein überschaubarer Zusammenhang zwischen dem Verhalten hier und dem ewigen Geschick dort hergestellt. Diese Verschiebung der Aussageintention läßt darauf schließen, daß V. 22bc sekundär hinzugefügt wurde. Durch das Verbot des Gebrauchs von Schimpfwörtern soll Jesu „Verbot" des Zürnens für die Gemeinde praktikabel gemacht werden. Die in 5, 23.24f hinzugefügten Sprüche ergänzen das Verbot durch positive Verheißungen. Der erste Spruch soll in der matthäischen Komposition die Versöhnungspflicht des Christen veranschaulichen; der zweite dient Matthäus zum Ausblick auf das strenge Gericht (am Ende der Weltzeit), das dem droht, der sich nicht aussöhnt.

3. In der Antithese vom Schwören (Mt 5, 33–37) ist der ursprüngliche [78] Wortlaut nicht mehr sicher auszumachen. Gegenüber dem alttestamentlichen Verbot des Meineides (vgl. Ex 20, 7; Dt 5, 11; Lev 19, 12) verbietet Jesus jeden Schwur (V. 34a). V. 34b–36 folgt eine Aufzählung verbotener Schwurformen; sie ähnelt der Polemik gegen Schwurformen, die Matthäus (23, 16–22) den Weherufen gegen die Pharisäer eingefügt hat. Nach V. 37 ist nur eine einfache Schwurform „ja, ja" oder „nein, nein" gestattet[11]. Die

---

[9] Vgl. die rabbinische Parallele Qidduschin 28a Bar: „Wer seinem Nächsten Sklave sagt, der soll in den Bann getan werden; wer zu ihm Bastard sagt, der empfängt die vierzig (Geißelschläge); wer zu ihm Gottloser sagt, dem kann er (der Beleidigte) an sein Leben gehen" (zit. nach *Billerbeck,* Kommentar I, 280).

[10] Zur Gerichtsvorstellung bei Matthäus vgl. *G. Bornkamm,* Enderwartung und Kirche im Matthäusevangelium: *Bornkamm – Barth – Held,* (Anm. 4) 13–47.

[11] Vgl. slavHen 49,1 (längere Rezension): „Ich schwöre euch, meine Kinder, aber ich schwöre nicht mit einem einzigen Schwur, weder bei dem Himmel noch bei der Erde, noch bei einer anderen Kreatur ... Denn es spricht der Herr: Nicht

radikale Forderung von V. 34a: „Ich aber sage euch, schwöret überhaupt nicht", ist also nicht durchgehalten. War es hier wieder Matthäus, der zum Zweck der Praktikabilität in die Forderung Jesu eingegriffen hat? Die vermutete ursprüngliche Intention ist in diesem Fall in außersynoptischer Überlieferung klarer erhalten; Jak 5, 12 bringt folgende Form der Aussage: „Es sei vielmehr euer Ja (ein) Ja und euer Nein (ein) Nein" (ähnlich auch Justin, Apologie I 16, 5). Wenn auch die traditionsgeschichtlichen Beziehungen dieser zwei Formen nicht mehr genau zu klären sind, so macht die außersynoptische Überlieferungsvariante doch deutlich, worum es im Jesuswort ursprünglich ging. Nicht eine vereinfachte Schwurform wird am Ende zugestanden, Jesus durchstößt vielmehr mit seiner Forderung einen auf den Eid „beschränkten" Wahrhaftigkeitsanspruch, indem er eine umfassende Wahrhaftigkeit fordert, in der jedes Ja ein Ja, jedes Nein ein Nein ist. Die Rede des Menschen soll Ausdruck seiner Integrität sein. Das Verbot des Meineides, das Gebot, die Gelübde einzuhalten, verraten demgegenüber die noch nicht überwundene existentielle Unwahrhaftigkeit des Menschen in seiner Beziehung zum Nächsten und zu Gott.

In der matthäischen Bearbeitung wird nun das Verbot des Schwörens auf verschiedene Schwurformen, das Schwören beim Himmel, bei der Erde, bei Jerusalem, bezogen. Der Bearbeiter lehnt solche Formen ab, weil in ihnen über Gott verfügt wird. Die Konsequenz des Bearbeiters ist aber nicht der Verzicht auf jeden Eid, sondern die Einführung eines Schwurersatzes, in dem Gott nun nicht mehr direkt genannt wird. [79] Die Maxime „umfassende Wahrhaftigkeit" wird als Weisung ausgelegt, die eine „ehrfürchtigere" Praxis begründet.

---

ist in (bei) mir ein Eid noch Ungerechtigkeit, sondern Wahrheit. Und wenn unter den Menschen keine Wahrheit ist, so mögen sie schwören mit dem Wort: Ja, ja, wenn aber, so: Nein, nein" (zitiert nach *M. Dibelius – H. Greeven,* Jakobusbrief, Göttingen 1956, 231, Anm. 1). [Dieser Text ist allerdings möglicherweise bereits christlich beeinflußt.] Vgl. *K. Berger,* Die Amen-Worte Jesu, Berlin 1970, 16f: Er verweist auf den griechischen Gebrauch eines doppelten ναί als Schwurpartikel. Vgl. jetzt: *G. Dautzenberg,* Ist das Schwurverbot Mt 5,33–37; Jak 5,12 ein Beispiel für die Torakritik Jesu?: BZ 25 (1981) 47–66 sowie *ders.,* TRE IX (1982) 375–382, bes. 380f.

Die Antithesen dürften also ursprünglich folgenden Wortlaut gehabt haben:

(5, 21 f) Ihr habt gehört,
daß den Alten gesagt wurde:
Du sollst nicht *morden,*
wer mordet, sei dem Gericht verfallen.
Ich aber sage euch:
Jeder, der seinem Bruder *zürnt,*
sei dem Gericht verfallen.

(5, 27 f) Ihr habt gehört,
daß gesagt wurde:
Du sollst nicht *ehebrechen.*
Ich aber sage euch:
Jeder, der eine Frau ansieht, um sie zu *begehren,*
hat schon mit ihr Ehebruch begangen
(in seinem Herzen).

(5, 33–36; Jak 5, 12) Weiter habt ihr gehört,
daß zu den Alten gesagt wurde:
Du sollst keinen Meineid *schwören* ...
Ich aber sage euch:
Ihr sollt überhaupt nicht schwören ...
vielmehr sei euer *Ja ein Ja* und euer *Nein ein Nein* ...

(Die Hervorhebungen sollen die für die Antithesen entscheidenden Gegenüberstellungen verdeutlichen.)

2. Bemerkungen zum jüdischen Gesetzesverständnis

In den Antithesen steht traditioneller jüdischer Gesetzesauffassung jeweils die Position Jesu gegenüber und überbietet jene in eigentümlicher Weise. Die Bedeutung dieser Gegenüberstellung und Überbietung kann erst angemessen beurteilt werden, wenn dieses durch Jesus in Frage gestellte Gesetzesverständnis in seiner Besonderheit erkannt ist[12].

[12] Allgemeine Literaturhinweise (in Auswahl): *M. Hengel,* Judentum, passim; *J. Maier,* Religion 20–23, 170–178; *ders.,* Kontinuität und Neuanfang: *J. Maier – J. Schreiner (Hrsg.),* Literatur 1–18 (vgl. auch 57ff); *R. Meyer,* Tradition und Neuschöpfung im antiken Judentum dargestellt an der Geschichte des Pharisäismus, Berlin 1965; *ders.,* Der Pharisäismus im Judentum: ThWNT IX, 12–36; *K. H. Müller,* Geschichte, Heilsgeschichte und Gesetz: J. Maier – J. Schreiner (Hrsg.), Literatur 73–105; *G. Scholem,* Offenbarung und Tradition als religiöse Kategorien im Judentum: *ders.,* Grundbegriffe 90–120. Vgl. auch *K. S. Frank,* Gehorsam: RAC IX, 390–430.

1. [80] Die spezifisch jüdische Zusammenordnung von Gott – Offenbarung – Israel mit der Tora bildete sich erst in exilisch-nachexilischer Zeit heraus. Nach altisraelitischer Auffassung konstituierte nicht das Gesetz die Volksgemeinschaft, sondern der Bund mit Jahwe (Ex 24, 9–11). Tora bezeichnet ursprünglich die Einzelanweisung; der Pentateuch enthält zahlreiche Sammlungen solcher Weisungen, die aus verschiedenen Zeiten stammen und ursprünglich zunächst jeweils nur für eine bestimmte Zeit und einen bestimmten Bereich Geltung hatten. Die ältesten Rechtssätze[13] vermitteln nicht eine komplette Lebensordnung, sondern setzen diese im Bund voraus und suchen sie in bestimmten Hinsichten zu schützen.

Für die Entwicklung des alttestamentlichen Gesetzesverständnisses zum jüdischen bildet der Untergang des Staates Juda im Jahre 597/587 das entscheidende Datum. Das Volk verlor seine staatliche Selbständigkeit, das Königtum wurde abgeschafft, das Zentralheiligtum zerstört, die Opfer wurden eingestellt. Ein Teil der Bevölkerung wurde nach Babylonien deportiert und damit gezwungen, in einem unreinen Land und in fremder religiöser Umgebung zu leben. In dieser Situation wird – soziologisch sehr verständlich – das Gesetz zum Konstitutivum der Volksgemeinschaft. „Nicht diese Gemeinschaft bildet die Voraussetzung für Bestehen und Geltung des Gesetzes, sondern das Gesetz als das voraussetzungslos Primäre schuf die Gemeinschaft, die nichts anderes war als die Vereinigung derjenigen Menschen, die sich dem Gesetz in allen seinen Punkten unterwarfen."[14] In Aufnahme und Verarbeitung älterer Traditionen entstand erst in nachexilischer Zeit (ca. 5. Jh.) das große Sammelwerk des Hexateuchs bzw. – um das Buch Josua verkürzt – des Pentateuchs. In ihm sind die überlieferten uneinheitlichen Gesetzeskorpora zu einem Gesetz zusammengefaßt, [81] sie sind kodifiziert und werden als das eine Gesetz verstanden, das Gott dem Moses auf dem Berge Sinai gab. Die Tora im spezifisch jüdischen Sinn ist also ein Produkt des Exils, der babylonischen Diaspora. Esra hat sie bei der Neukonstituierung des jüdischen Staates unter persischer Oberhoheit 398 v. Chr. zum Grundgesetz

---

13 Vgl. *E. Würthwein,* Gesetz II: RGG II, 1513–1515; *J. Hempel,* Bund II: RGG I, 1513–1516 (Literaturhinweise). Zum Beispiel Ex 20,2ff (Dekalog); Dt 27,15ff (sichemitischer Dodekalog); Lev 19, 13–18; Ex 21, 12.15–17 u. a.

14 *M. Noth,* Die Gesetze im Pentateuch: *ders.,* Gesammelte Studien zum Alten Testament, München 1957, 9–141, Zitat 114f.

erklärt. Damit hat er „das Frühjudentum geschaffen und ihm im Pentateuch seine religiöse Grundlage gegeben“[15]. Jene Bindung an das Gesetz und die Prägung der gesamten Daseinshaltung durch dasselbe werden durch die Krise des Jahres 175 v. Chr. erheblich intensiviert, die anläßlich des hellenistischen Reformversuches und der damit verbundenen Verfolgung der Gesetzesanhänger entstand und zu den makkabäischen Befreiungskriegen führte. Die Gesetzesfrage wurde so zum wesentlichsten Faktor der weiteren Entwicklung. Das Judentum dieser Jahrhunderte ist sozusagen „auf die Tora fixiert“[16]; dieses Urteil gilt nicht nur für den Pharisäismus, sondern auch für das griechisch sprechende Diasporajudentum und vor allem für jene zahlreichen kleinen Gruppen in Palästina, deren Kennzeichen die eschatologische „Torahverschärfung“ (H. Braun) ist, also für die Gemeinde von Qumran, die Zeloten usw.[17] Angesichts solcher Verabsolutierung der Tora wurde jede Kritik des Gesetzes oder des Kultes – in Nachwirkung jenes Schocks von 175 v. Chr. – als Angriff auf den jüdischen Glauben selbst gedeutet und verfolgt.

2. Charakteristisch für dieses jüdische Gesetzes- bzw. Offenbarungsverständnis, vor allem in seiner pharisäischen Ausprägung, ist die *Bindung an* die schriftlich fixierte Tora als *die dem Moses am Sinai gegebene Offenbarung*. Die anderen Schriften des Alten Testaments erhalten ihre Autorität nur als ihre Auslegung. Aufgrund dieses Gesetzesverständnisses kann es nur noch „um die richtige Interpretation und um die rechte Praxis des schriftlich fixierten Gotteswillens“ gehen[18], dessen Gültigkeit nicht nur für das religiöse Leben, sondern auch für die politische und soziale Ordnung der Gesellschaft beansprucht wird. Diese Bindung an das Gesetz des Moses einerseits, der Anspruch seiner Geltung für alle Situationen andererseits fordern eine ständige Aktualisierung und Ergänzung; diese ist aber im Rahmen des vorgegebenen Offenbarungsverständnisses nur als mündliche Auslegung des ein für [82] allemal geoffenbarten Gotteswillens möglich. Diese bildet den „Zaun für die Tora“[19].

[15] Vgl. *Fohrer,* Geschichte 368f, Zitat 369.

[16] *Hengel,* Judentum 563.

[17] Vgl. *Hengel,* ebd. 563.

[18] *Maier,* Religion 20.

[19] Vgl. *R. Meyer:* ThWNT IX, 28f, zur pharisäischen Toraauslegung im Gegensatz zur sadduzäischen.

Das bedeutet aber zugleich, daß die mündliche Lehrtradition als Entfaltung der einen am Sinai gegebenen Tora angesehen wird: „Wende sie (die Tora) um und um, denn alles ist in ihr" (Rabbi Akiba).

So kann Rabbi Josua ben Levi (ein palästinischer Lehrer des 3. Jahrhunderts) sagen: „Schrift, Mischna, Talmud und Aggada, ja sogar was ein scharfsinniger Schüler dereinst vor seinem Lehrer vortragen wird, ist bereits dem Moses auf dem Sinai gesagt worden." Scholem fügt hinzu: „sogar die Fragen, die solch ein scharfsinniger Schüler seinen Lehrer fragen wird", und deutet das hier zugrunde liegende Offenbarungsverständnis: „Solche Sätze... verabsolutieren den Begriff der Tradition, in der sich zwar in der historischen Zeit der Sinn der Offenbarung auseinanderlegt, aber nur weil in einem zeitlosen Substrat schon alles, was erkannt werden kann, vorweggenommen ist. Damit kommen wir auf eine Annahme über die Natur der Wahrheit, die für das rabbinische Judentum, wie vielleicht für jede traditionelle Religionsverfassung, charakteristisch ist: die Wahrheit ist ein für allemal gegeben und festgelegt. Im Grunde braucht sie nur überliefert zu werden ... die Anstrengung des Wahrheitssuchenden besteht nicht darin, sich etwas auszudenken, sondern vielmehr darin, sich in die Kontinuität der Tradition des göttlichen Wortes einzuschalten und das, was ihm von dorther zukommt, in seiner Beziehung auf sein Zeitalter zu entfalten."[20]

Das heißt aber: „Nicht das System, sondern der Kommentar ist die legitime Form, unter der die Wahrheit entwickelt werden kann" (ebd. 101). Dabei ist allerdings für das jüdische Verständnis der Tradition bezeichnend, daß *alle* Meinungen tradiert werden, auch jene, die keine mehrheitliche Anerkennung durch die Schriftgelehrten fanden. In späterer kabbalistischer Zeit wird damit gerechnet, daß diese verworfenen Gesetzesauslegungen ihre Gültigkeit in der messianischen Zeit erhalten werden (vgl. ebd. 102f). Hier zeigt sich ein deutlicher Unterschied zum christlichen Traditionsverständnis, wo die „Irrlehre" verworfen bleibt.

3. Dem geschilderten Offenbarungsverständnis korrespondiert die unaufgebbare *Verbindlichkeit des einmal schriftlich fixierten Wortlauts* der Tora, auch dort, wo sich ihre Forderung menschlichem Verstehen [83] verschließt. Das hellenistische Diasporajudentum hat solche Aussagen mit Hilfe hellenistischer Exegese zu interpretieren versucht; dem palästinischen und babylonischen Judentum genügte es im allgemeinen, „daß es sich um den offenbarten Willen des Herrn handle, der natürlich den Sinn seiner Verordnungen kennt und weiß, wozu er sie befohlen hat"[21].

---

[20] *Scholem,* Grundbegriffe 100f.

[21] Vgl. *Maier,* Judentum 171 sowie 86.

Bezeichnend, wenn auch nicht generalisierbar ist die Aussage des Rabbi Jochanan ben Zakkai (um 80 v. Chr.) über den Ritus der roten Kuh: „Bei eurem Leben, nicht der Tote verunreinigt, noch reinigt das Wasser; aber es ist eine Bestimmung des Königs aller Könige. Gott hat gesagt: Eine Satzung habe ich festgesetzt, eine Bestimmung getroffen, kein Mensch ist berechtigt, meine Bestimmung zu übertreten, wie es heißt Nm 19,2: Dies ist die Bestimmung der Tora.“[22]

Gott selbst hat sich an diese einmal gegebene Tora gebunden, er hält sie ein, studiert sie und wird in der kommenden Welt selbst ihr Lehrer sein.

Besonders anschaulich ist der Streit der Rabbinen mit Rabbi Eliezer ben Hyrkanos (um 90 n. Chr.) über die Frage, ob der Ofen des Achni, der eine besondere Bauart hatte, unrein werden könne. Am Ende wird die von den Schriftgelehrten abgelehnte Meinung des Rabbi Eliezer zwar durch eine Stimme vom Himmel bestätigt, von den Schriftgelehrten aber dennoch verworfen: „Da erscholl eine Stimme vom Himmel und sprach: Was habt ihr gegen Rabbi Eliezer? Die Hallacha ist stets wie er. Da stand Rabbi Josua auf und sprach (Dt 30, 12): Sie ist nicht im Himmel. Was heißt: Sie ist nicht im Himmel? Rabbi Jirmeja erwiderte: Die Tora ist bereits vom Berge Sinai her verliehen worden ... Wir achten auf keine himmlische Stimme, denn bereits am Berge Sinai hast du in die Tora geschrieben (Ex 23, 2): Nach der Mehrheit ist zu entscheiden.“ Die Erzählung fährt fort: „Rabbi Nathan traf den Propheten Elias und fragte ihn, was der Heilige, gelobt sei er, in dieser Stunde getan habe. Er erwiderte: Er schmunzelte und sprach: Meine Kinder haben mich besiegt, meine Kinder haben mich besiegt.“[23]

4. Um die Tragweite dieses jüdischen Gesetzesverständnisses zu verstehen, muß noch auf einen weiteren grundlegenden Aspekt eingegangen werden. Es ist dies die Identifizierung der als Prinzip der Welt verstandenen kosmischen Weisheit (vgl. Spr 8, 22ff; Jb 28; Sir 24) mit [84] der dem Moses gegebenen Tora, wie sie erstmals zu Beginn des 2. vorchristlichen Jahrhunderts durch Jesus Sirach bezeugt ist (Sir 1, 1–20; 24, 5–8)[24]. Die damit begründete „Tora-Ontologie“ ist für das rabbinische Gesetzesdenken konstitutiv und macht z. B. die Ausweitung kultischer Vorschriften auf die Alltags-

---

[22] Pesiqtha 40ª, zitiert nach *Billerbeck,* Kommentar IV, 524. Vgl. dazu *Maier,* Religion 171.

[23] Zitat nach *Scholem,* Grundbegriffe 104.

[24] Vgl. zum folgenden *Hengel,* Judentum 252ff (Ben Sira), 275ff (jüdische Weisheitsspekulation), 307ff (Weisheit und Tora im pharisäisch-rabbinischen Judentum); *E. Zenger,* Die späte Weisheit und das Gesetz in: *Maier, J. – Schreiner, J.,* Literatur 43–56; *H. F. Weiss,* Untersuchungen zur Kosmologie des hellenistischen und palästinischen Judentums, Berlin 1966, bes. 283–304: Die Tora als kosmisches Prinzip im palästinischen Judentum.

situation verständlich. Die Vorstellung berührt sich mit der stoischen Vorstellung vom Weltgesetz bzw. Weltlogos. Die Tora wird durch diese Identifikation zu einer kosmischen und erkenntnistheoretischen Größe ersten Ranges: Wie die Weisheit ist sie präexistent und an Gottes Schöpfungswerk beteiligt. „Gott schaute in die Tora, als er die Welt schuf" (Rabbi Akiba), und wer bei ihrem Abschreiben einen Buchstaben verändert, ist wie einer, der „die ganze Welt zerstört" (Rabbi Meïr). Die „613 Gebote und Verbote sind die vermaterialisierte Ausdrucksform der göttlichen Schöpfungs- und Heilsordnung"[25]. Das hat praktische Konsequenzen: Israels Tora-Gehorsam hat „Erlösungsfunktion für die gesamte Welt"; die Menscheitsgeschichte und der Kosmos sind durch ihn in ihrer „Ordnung" und ihrem „Bestand" gesichert[26]. Damit ist ein letzter Aspekt jüdischen Tora-Verständnisses und jüdischer Tora-Praxis genannt. Die Tora ist Erweis der Erwählung Israels; in ihrer Erfüllung nimmt Israel eine messianische Funktion wahr. Aufgrund eines kollektiven Verständnisses des Messianischen wird Israels Tora-Gehorsam als der die Heilsgeschichte bewegende Faktor verstanden[27]. Von daher wird es verständlich, daß die Frage nach dem Verständnis und der Praxis der Tora die Geschichte Israels immer wieder in Bewegung gebracht und die Geister geschieden hat.

Durch die Bindung an den Tora-Gehorsam bleibt die Vorstellung der Erlösung in Israel dem Zwang der Konkretion unterworfen, mag dies zum zelotischen Aufstand oder zum rabbinischen Legalismus führen. Deutlich ist jedoch auch, daß jener Konkretionswille durch die Bindung an die Tora in ihrem fixierten Wortlaut die dem Alten
85 Testament eigene Offenheit für den in der Geschichte wirkenden, jeweils neuen Gott verloren hat[28].

3. Aspekte einer neuen Sittlichkeit in den Antithesen

Kennzeichnend für die Aussagestruktur der Antithesen war, daß dem vom mosaischen Gesetz klar umschriebenen strafbaren Tatbestand ein Verhalten entgegengestellt wird, das die innersten Regungen des Menschen umfaßt: Der Mordtat wird das Zürnen, dem

---

[25] *Hengel,* Judentum 312. Zu den beiden Zitaten vgl. *Hengel,* ebd. 310, 312f.
[26] Vgl. *Maier,* Religion 174f.
[27] Vgl. dazu *Maier,* Religion 21.
[28] Vgl. *Hengel,* Judentum 314: „Jedes Verständnis für die Geschichte als Form der göttlichen Heilsoffenbarung wurde damit ausgeschlossen."

im Geschlechtsverkehr mit der Frau des anderen vollzogenen Ehebruch wird das begehrliche Anschauen, dem die Wahrheits- bzw. Treueaussage begrenzenden Eid und Gelöbnis wird das wahrhaftige Ja oder Nein entgegengestellt. Diese Verhaltensäußerungen stehen für Jesus unter der gleichen Sanktion wie der gesetzlich festgelegte Tatbestand. Solche offenbar bewußt gestaltete antithetische Gegenüberstellung bedeutet zunächst eine Kritik am vorgegebenen Gesetzesverständnis. Wie die Formulierung „Ihr habt gehört, daß den Alten gesagt wurde..." erkennen läßt, bezieht sich diese Kritik auf die Tora samt ihrer Auslegung (s.o. Anm. 5); sie bringt aber zugleich auch ein jenem alten entgegenstehendes neues Verständnis des Willens Gottes zum Ausdruck, dem auch die mosaische Gesetzesbestimmung und ihre Praxis dienen wollte. Dieses Neue wird mit eigener prophetischer Autorität „Ich aber sage euch" von Jesus vorgetragen[29]. Diese jesuanische Korrektur des traditionellen Verständnisses ist nun näher und genauer [86] zu erfassen, indem ihre verschiedenen Aspekte im einzelnen untersucht und durch weitere Aussagen Jesu ergänzt werden.

1. Zunächst ist deutlich: Gott beansprucht mit seiner Forderung den Menschen umfassender, als es die Gesetzesforderung zum Ausdruck bringt. Das ist nicht quantitativ gemeint (mehr Detailgebote), sondern qualitativ: Gott beansprucht den ganzen Menschen, in der Einheit von Denken, Reden, Handeln[30]. Insofern kann von einer Radikalisierung und Intensivierung gesprochen werden; denn gegen-

---

[29] Zur prophetischen Deutung des „Ich sage euch" vgl. die ähnliche Vollmachtsformel des Täufers Mt 3,9, die dort nicht eine Stellungnahme gegen das Gesetz, sondern gegen den Erwählungsglauben Israels einleitet. Vgl. dazu *J. Becker,* Täufer 113 sowie 59f, 62 (Nr. 11), 88, 105 (Nr. 8). *E. Lohse,* (Anm. 1) 196–200, vergleicht die Aussage mit dem rabbinischen Sprachgebrauch und arbeitet ihre Eigentümlichkeit heraus; er berücksichtigt aber zuwenig das prophetische Element. „Indem Jesus seine radikalisierende Auslegung des göttlichen Gebotes mit ἐγὼ δὲ λέγω ὑμῖν einführt, setzt er weder sein Wort dem eines anderen Gelehrten entgegen, noch begründet er es durch eine Schriftexegese, die die Legitimation für seine Auffassung vorweist. Die Zuspitzung des göttlichen Willens, der den Menschen ‚nicht erst' an einer weit entfernten Grenze, sondern ‚schon da' trifft, wo er bereits steht, wird auch nicht als die Kunde hingestellt, die einst schon an die Alten ergangen ist; sondern sie erfolgt unmittelbar in der Verkündigung Jesu. Sein Anspruch wird durch keinen Hoheitstitel gedeckt, sondern sein Wort erweist seine Wahrheit, indem es trifft" (198f). Vgl. auch *Braun,* Radikalismus II, 15–17.

[30] Vgl. *Braun,* Radikalismus II, 29–34, 34–61.

über der gesetzlichen Sanktion jeweils vollendeter und beklagbarer äußerer Tatbestände wird nun jener „innere Bereich" im Menschen einbezogen, wo jene Taten „ihre Wurzel" haben, biblisch gesprochen: das Herz.

Diese *Ganzheitsforderung* wird durch das Bildwort vom Auge als dem Licht des Leibes (Mt 6, 22f) veranschaulicht[31], indem mit Hilfe volkstümlicher Anthropologie die zentrale Bedeutung des „Lichtes in mir" als der Mitte menschlicher Existenz für das Ganze veranschaulicht wird. Der Mensch hat sein Herz dort, wo er seinen Schatz hat, und entscheidet gerade so über sein ewiges Geschick (Mt 6, 19–21). Die Ganzheitsforderung begründet die Kritik an der „Heuchelei" der Pharisäer, die sich zwar um die Reinheit der Speise- und Trinkgefäße bemühen, zugleich aber hinnehmen, daß deren Inhalt dem „Raube" entstammt und der Völlerei dient. Das Innere als die allein relevante Stelle sittlicher Entscheidung leitet schließlich Jesu Kritik an den Reinheitsvorschriften Mk 7, 15: „Nichts, was von außerhalb des Menschen in ihn hineinkommt, kann ihn unrein machen, sondern das, was aus dem Menschen herauskommt, ist es, was den Menschen verunreinigt." Die Gemeindeauslegung (Mk 7, 20ff) versteht dieses „aus dem Menschen herauskommen" richtig als Hinweis auf das „Herz der Menschen", wo Gedanken, Worte und Werke ihren Ursprung haben. Das vorausgehende, wohl gleichfalls der Gemeindetradition entstammende Streitgespräch nimmt Jes 29, 13 (LXX) auf und disqualifiziert die Reinheitsvorschriften als Menschensatzungen und als Lippendienst, bei dem das Volk „sein Herz" Jahwe gerade vorenthält. Diese Betonung [87] der inneren Einstellung schließt die *Forderung des Tuns* des Gesagten nicht aus: „Was nennt ihr mich ‚Herr, Herr' und tut nicht, was ich sage?" (Lk 6, 46/Mt 7, 21; vgl. Lk 6, 47–49 sowie Lk 13, 25–27 par.)

Der Ganzheitsforderung korrespondiert die *Kompromißlosigkeit,* die Jesus für die sittliche, aber auch für die religiöse Entscheidung verlangt: „Niemand kann zwei Herren dienen ...: Gott und dem Mammon" (Mt 6, 24 par.). „Wenn dir dein Auge zum Ärgernis wird, reiße es heraus..." (Mk 9, 43–48). Die Nachfolge verlangt die Tren-

---

[31] Vgl. *C. Edlund,* Das Auge der Einfalt. Eine Untersuchung zu Matth. 6,22–23 und Luk. 11,34–35, Kopenhagen – Lund 1952. Zur jesuanischen Kritik am Reinheitsgesetz vgl. allgemein: *W. Paschen,* Rein und unrein. Untersuchung zur biblischen Wortgeschichte, München 1970, bes. 173–187. Vgl. auch *P. Hoffmann – K. Rahner,* Herz: HThG I, 686–697.

nung von Familie, Besitz, Leben (Lk 14, 26; 9, 57–62; Mk 8, 35–37; vgl. Mk 10, 17–31). Wer den „Schatz im Acker" oder jene „kostbare Perle" erwerben will, muß alles verkaufen, was er besitzt, und so die Chance wahrnehmen, die ihm der unerwartete Fund bietet (Mt 13, 44–46)[32].

Die von Jesus geforderte sittliche Entscheidung entspricht der Entscheidungsforderung, vor die der Mensch auch angesichts der gegenwärtigen Basileia gestellt wird. In beiden Fällen wird der Mensch durch Jesus dem ihn ganz beanspruchenden Gott konfrontiert. Erst dann trifft der Mensch eine dem Angebot der Basileia oder der Forderung Gottes angemessene Entscheidung, wenn er sich ganz, das heißt in allen Dimensionen seiner Existenz, auf sie einläßt. Halbe Zusagen, Vorbehalte, Kompromisse sind sowenig möglich, wie eine auch noch so korrekte, aber nur auf den Buchstaben bedachte Erfüllung (vgl. Lk 18, 9–14; Mt 21, 28–32).

2. Indem in den Antithesen verlangt wird, daß sich der Mensch in solcher Weise ganz auf Gottes Forderung einläßt, wird auch der *Inhalt des Geforderten neu bestimmt.* In der vierten Antithese ist eine umfassende Wahrhaftigkeit verlangt, die für jede Situation, nicht nur in der des Eides gelten soll, in der ersten und zweiten eine Sensibilisierung der Einstellung zum andern, die ihm und seinen Ansprüchen bis in die innerste Regung hinein gerecht zu werden sucht: es soll nicht nur der Ehebruch vermieden, sondern die eheliche Beziehung des andern voll respektiert werden; in der eigenen Beziehung zum Mitmenschen soll nicht nur der Mord vermieden, sondern die Aggressivität beherrscht werden. Positiv ist also eine Grundeinstellung des Wohlwollens und der Güte verlangt. Die zweifellos schon die [88] Gebote der zweiten Tafel des Dekalogs leitende Intention des Dem-anderen-Gerecht-Werdens ist nun nicht mehr festgelegt auf bestimmte Grenzfälle, sie wird vielmehr ohne Einschränkung zur Geltung gebracht. Dadurch erfahren aber diese eine Interpretation, die den im überlieferten Wortlaut festgelegten Sinn weit überschreitet.

---

32 Vgl. *Schrage,* Barmen II 141: „Ein Gleichnis wie das vom Schatz im Acker und der Perle (Mt 13, 44–46) zeigt, daß durch das Finden des Schatzes und der Perle die sittliche Entscheidung überhaupt erst ihren Sinn und ihre Motivation findet, die Gottesherrschaft evoziert also selbst das ihr adäquate Verhalten."

Mag diese Ausweitung noch als Tora-Verschärfung deutbar sein, zur Infragestellung bzw. praktischen Aufhebung der Tora[33] kommt es dort, wo deren innere Intention gegen den Wortlaut kritisch geltend gemacht wird, z. B. in Jesu Kritik an der mosaischen Regelung der Ehescheidung, auf die noch eigens einzugehen sein wird, oder aber auch in seiner Einstellung zum Sabbat. Das Wort Jesu „Der Sabbat ist für den Menschen da, nicht der Mensch für den Sabbat“ (Mk 2, 27) findet in rabbinischer Überlieferung Parallelen; rechtfertigt die Aussage aber dort die Milderung bzw. Dispens von einzelnen Sabbatvorschriften unter bestimmten Umständen, vor allem in der Todesgefahr[34], so ist hier dieses Zugunsten-des-Menschen (wie die Gemeindeauslegung in dem Streitgespräch erkennen läßt) grundsätzlich auf den Menschen in Not bezogen, der Hunger hat (Mk 2, 23–26) oder der krank ist (Mt 12, 9–14; Lk 13, 10–17; 14, 1–6), der also der Hilfe bedarf[35]. Entsprechend wird in der m. E. auf Jesus zurückgehenden Opferregel Mt 5, 23 f die Versöhnung der Kulthandlung in einer Weise vorgeordnet, daß letztere – ohne ausdrücklich in Frage gestellt zu werden – faktisch ad absurdum geführt wird[36]: „Wenn du dich erinnerst, daß dein Bruder etwas gegen dich hat, laß dort vor dem Altar deine Opfergabe liegen; gehe zuerst und versöhne dich mit deinem Bruder, [89] und dann komme und bringe deine Gabe dar.“ Auch die Kritik an den Reinheitsvorschriften (Mk 7, 15) ordnet das sittliche Tun dem Ritualgebot vor. Im Weheruf gegen die Pharisäer Mt 23,25/Lk 11,39f geschieht dies mit dem ausdrücklichen Hinweis auf das, was eigent-

---

[33] *E. Lohse,* (Anm. 1) 199f: „Zwar entspricht die antithetische Formulierung einer verschiedentlich von den Rabbinen verwendeten Redeweise, und zur Radikalisierung des Gebotes finden sich vergleichbare Aussagen sowohl in den Texten von Qumran als auch in der rabbinischen Gesetzeslehre ... Jesus hat die Autorität des Gesetzes nicht grundsätzlich in Frage gestellt; faktisch führt jedoch gerade die Radikalisierung des göttlichen Gebotes, wie Jesus sie in seinem in ἐξουσία gesprochenen ἐγὼ δὲ λέγω ὑμῖν vollzieht, zur Sprengung der Tora.“ Er verweist dazu auf *H. Braun,* Die Problematik einer Theologie des Neuen Testaments: *ders.,* Gesammelte Studien zum Neuen Testament und seiner Umwelt, Tübingen ²1967, 327: „Gerade die Radikalisierung der Tora führt nun freilich zu ihrer konkreten Sprengung.“

[34] Vgl. *Billerbeck,* Kommentar I 615–618, 620–622.

[35] Vgl. dazu *U. Luz,* (Anm. 1) 122 sowie *E. Neuhäusler,* Jesu Stellung zum Sabbat. Versuch einer Interpretation: BiLe 12 (1971) 1–16; *Ch. Hinz,* Jesus und der Sabbat: KeDo 19 (1973) 91–108; *Hübner,* Gesetz 113–141.

[36] Vgl. dazu *Hoffmann,* Bergpredigt III 184.

lich zu meiden gilt, nämlich Ungerechtigkeit und Maßlosigkeit. In der Kritik an der Zehentvorschrift (Mt 23,23/Lk 11,42) werden gegen die Verzehntung von Minze, Anis und Kümmel Gerechtigkeit, Barmherzigkeit und Treue als das herausgestellt, worauf es bei der Erfüllung des Willens Gottes allein ankommt (V. 23d ist ein ausgleichender Zusatz von *Q*). *Damit ist faktisch das Liebesgebot als inhaltlicher Maßstab jesuanischer Gesetzeskritik genannt.*

3. Wenn aber in solcher Weise der Inhalt der Forderung Gottes vom andern abhängig gemacht wird, dem ich mich in vorbehaltloser Liebe zuwenden soll, erscheint *der Wille Gottes nun nicht mehr fixiert auf die Buchstaben der Tora und ihre Auslegung durch die Gesetzeslehre.* Er kommt vielmehr in der jeweiligen Situation (ich und der andere, der andere und ich) selbst zur Sprache und erfährt in dem Beziehungsprozeß, der nun zwischen mir und dem anderen entsteht, seine Auslegung. Indem so der Mensch als der „Ort" der Weisung Gottes definiert ist, wird „jenes Gebäude", welches das Gesetz als Summe der Lebensmöglichkeiten und Forderungen – helfend und schützend – bildet, endgültig verlassen. Der Zaun der Tora, durch den die gesetzesgelehrte Tradition in einer minutiösen Auslegung die Wirklichkeit des Lebens einzufangen suchte, ist niedergerissen. Der Mensch ist Gott, sich selbst und dem andern im dauernden Wandel der Situationen unverstellt und unvermittelt ausgesetzt. War für rabbinisch-jüdisches Gesetzesverständnis die Tora jene Instanz, in welcher der Mensch Gottes Anspruch begegnete (wie ja auch nach rabbinischer Tradition Gott seine Zeit und Ewigkeit damit zubringt, jene Tora zu studieren), so trifft nun der Mensch in seinem Mitmenschen auf den Anspruch Gottes. Der andere, seine Not, seine Erwartungen und Hoffnungen, die er – bewußt oder unbewußt – mir entgegenbringt, sind zum „Textbuch von Gottes Willen" geworden. Dieses Textbuch bleibt „im einzelnen immer konkret, je nur in actu erfahrbar und nicht vorweg fixierbar"[37].

Dabei liegt, was vor allem E. Fuchs mit Recht herausstellte, das jesuanische Proprium der Gottesbeziehung gerade nicht in der (isolierten) [90] Relation „Ich und mein Gott", wie häufig angenommen wird; mag das nun in der Suche nach dem „gnädigen Gott", in der Devise „Rette deine Seele" oder in einem „neuen Selbstverständnis" seinen Ausdruck finden; vielmehr ist die Beziehung zu Gott

[37] *Luz,* (Anm. 1) 125.

eingeordnet in jene Beziehung, die der Mensch zu seinem Mitmenschen hat.

Die Vergebungssprüche bringen das klassisch zum Ausdruck[38]: „Wenn ihr den Menschen ihre Verfehlungen vergebt, so wird sie auch euch der himmlische Vater vergeben. Wenn ihr die den Menschen nicht vergebt, so wird euch euer Vater auch eure Verfehlungen nicht vergeben" (Mt 6, 14f par. Mk 11,25; vgl. auch Mt 5, 23f). Der Christ kann daher nur beten: „Erlasse uns unsere Schulden, wie auch wir sie unseren Schuldnern erlassen haben!" (Mt 6, 12/Lk 11, 4). Die Zuwendung Gottes zum anderen verlangt, daß auch ich mich dem anderen zuwende und ihn akzeptiere. Diese Forderung bildet den Kernpunkt im Streit Jesu mit den Pharisäern anläßlich seiner Gemeinschaft mit den Sündern (Mt 20, 1ff; Lk 15, 1ff, vor allem V. 25–32). Jesus geht noch weiter. Nach seiner Schilderung des Endgerichtes wird sich Gott gerade mit den anderen, den Hungernden, Durstigen, Kranken, Gefangenen usw., also mit denen, die in Not und im Dunkeln sind, identifizieren: „Ich hatte Hunger, und ihr habt mir zu essen gegeben; ich hatte Durst, und ihr habt mir zu trinken gegeben; ich war ein Fremder, und ihr habt mich beherbergt; ich war nackt, und ihr habt mich bekleidet; ich war krank, und ihr habt mich besucht; ich war im Gefängnis, und ihr kamt zu mir" (Mt 25, 35–36). Allein von solchem Verhalten – ohne Berücksichtigung irgendeiner kultischen oder religiösen Leistung – wird das Heil bzw. Unheil des Menschen abhängig gemacht[39]. Umgekehrt wird die Forderung der Feindesliebe und der Barmherzigkeit durch den Hinweis auf Gottes Güte und Barmherzigkeit begründet (Mt 5, 45; Lk 6, 36). In diesem Zusammenhang gewinnt die Antwort Jesu auf die Frage nach dem obersten Gebot durch das Doppelgebot der Gottes- [91] und Nächstenliebe ihre Prägnanz (Mk 12, 28–34)[40]. Die

---

[38] Vgl. dazu meine Ausführungen: Die Botschaft Jesu von der Vergebung und ihr heutiges Verständnis. Lehren und Glauben. Beilage der Arbeitsgemeinschaft für religiöse Bildung (katholisch) Nr. 2, Mai 1967: Neue Deutsche Schule 9 (1967).

[39] Vgl. dazu *Luz,* (Anm. 1) 126–128. Luz hält die Darstellung für jesuanisch, bezieht sie aber in ihrer ältesten Form auf Gott; er ist der König. Der Bezug auf den Menschensohn (V. 31) ist als sekundär auszuschalten. Vgl. die analoge Aussageintention in Mk 9,37; Mt 10,40; Joh 13,20 u.a. (ebd. 127, Anm. 32).

[40] Vgl. *G. Bornkamm,* Doppelgebot 37–45; *Luz,* (Anm. 1) 123f; *Ch. Burchard,* Das doppelte Liebesgebot in der frühen christlichen Überlieferung: *E. Lohse* (Hrsg.), Der Ruf Jesu und die Antwort der Gemeinde. Festschrift für J. Jeremias, Göttingen 1970, 39–62.

Zusammenstellung der beiden Gebote ist auch im Judentum bekannt, das erste wird auf das Bekenntnis zu Gott, das zweite auf die Erfüllung der Gebote bezogen[41]. Bei Jesus sind – das ist gegen eine isolierende Auslegung festzuhalten – beide Gebote engstens miteinander verschränkt. „Die Liebe Gottes aus ganzem Herzen, mit dem ganzen Leben und Denken und aller Kraft" konkretisiert sich in der „Liebe gegenüber den Mitmenschen, die sowenig eine Grenze kennen darf, wie (sie) die Liebe zu sich selbst (kennt)"[42].

4. Gerade darin zeigt sich eine erstaunliche *Konvergenz der Gesetzesauslegung Jesu mit der Basileia-Botschaft*[43]. Denn in beiden Fällen ist die jeweilige Gegenwart als die Stelle der fordernden bzw. entgegenkommenden Anwesenheit Gottes benannt. Der ferne und zukünftige Gott ist nahegebracht: die Geschichte ist wieder der Ort seiner Gegenwart. Das Gesetz verstellte den Zugang zu ihm; jetzt ist er für jedermann zugänglich. Sowohl die Gesetzesauslegung als auch die Basileia-Botschaft interpretieren diese Nähe inhaltlich als Präsenz der Güte, als Gottes besondere Zuwendung zum Menschen in der Not. Beide Aussagen bedingen sich daher auch gegenseitig. Wenn Gott sich vorbehaltlos dem Menschen zuwendet, muß auch der Mensch sich vorbehaltlos auf Gott, das heißt aber im Sinne der ethischen Verkündigung Jesu auf den Menschen einlassen. Wenn Gott für jeden Menschen da ist und seine Herrschaft überall gegenwärtig ist und Gegenwart werden will, dann können Gott und seine Herrschaft nicht mehr auf die Gesetze der Tradition eingeengt werden. Das Gesetzbuch Gottes – der Codex iuris divini – sind die Welt und die Geschichte der Menschen. [92] Sie liefern die Buchstaben, mit denen der Mensch – nicht ohne die Anstrengung seines Verstandes und das Spiel der Phantasie – Gottes Willen enträtseln muß (und darf). Jene Gegenwart der Basileia, die im Sprechen und Handeln Jesu präsent wird, schafft den Bereich, in dem das Gesetz für den verstehbar und praktikabel wird, der sich auf ihn und seine

---

41 *Luz,* (Anm. 1) 123, Anm. 20, verweist auf TestIss 5,2; 7,6; TestDan 5,3; TestSeb 5,1f; TestBen 3,3. Zur Auslegung der zwei Gebote im Judentum und in den synoptischen Zeugnissen vgl. vor allem *K. Berger,* Gesetzesauslegung 56–257.

42 *Luz,* (Anm. 1) 123f, bes. 124 Anm. 22.

43 Vielfach wird betont, daß beide in keinem Spruch ausdrücklich aufeinander bezogen werden. Das mag für die Spruchüberlieferung zutreffen. Doch zeigen gerade die Gleichnisse vom Verlorenen die bestehende Beziehung auf; denn mit dem Hinweis auf Gottes gegenwärtiges Finden wird ein entsprechendes zwischenmenschliches Verhalten begründet bzw. gefordert. Vgl. dazu *W. Schrage,* Barmen II 140f (Literaturhinweise).

Botschaft einläßt und in der Erfahrung jener Güte Gottes selbst befreit und geöffnet wird. Gegenüber diesem „Indikativ“ zeigt der „Imperativ“ der Gesetzesauslegung: Die Realisation der Basileia kann weder einer eschatologischen Zukunft oder dem Jenseits vorbehalten noch als ein Vorgang in den „Seelen“ der Menschen jenseits von Welt und Geschichte gedeutet werden. Die Basileia verlangt vielmehr ein neues Verhalten, das sich im Bereich zwischenmenschlicher Beziehungen zu bewähren hat[44].

5. U. Luz[45] hat mit Recht die Konsequenzen der jesuanischen Gesetzesauslegung als *„Demokratisierung“, „Vereinfachung“ und „Ausweitung“ der Gottesbeziehung* beschrieben. „Für die Erfüllung des Ritualgesetzes etwa oder für das Gebot des Verzehntens bringen verschiedene Menschen sehr verschiedene Voraussetzungen mit. Je nachdem sind sie arm oder reich und können sich das Verzehnten leisten. Je nachdem üben sie einen Beruf aus, der ihnen rituelle Reinheit erlaubt oder nicht. Je nachdem sind sie Frauen oder Männer, Juden oder Nichtjuden. Die Voraussetzungen gegenüber dem Gebot der Nächstenliebe sind für alle gleich.“ Luz möchte gerade darin auch den Skopus der Beispielerzählung vom barmherzigen Samariter sehen[46]. Im Gegensatz zu der Fülle der komplizierten, alle Möglichkeiten einbeziehenden Auslegungen jüdischer Gesetzeslehre, deren Verständnis eine eigene Schulung voraussetzte, ist das Gebot der Nächstenliebe und seine jeweilige Auslegung durch die konkreten Bedürfnisse des Nächsten für jeden Menschen verstehbar.

Es ist nicht zu verkennen, daß jener von Jesus geforderte Sprung
93 in die Konkretheit und Unmittelbarkeit zwischenmenschlicher Beziehung für den einzelnen, vor allem für den in Gesetzestradition Aufgewachsenen, ein Wagnis bedeutet. Vielleicht ist gerade von daher zu verstehen, daß Jesus in zahlreichen Gleichniserzählungen die von ihm geforderte Entscheidung mit der Bereitschaft zum vollen

---

[44] Das gilt trotz der Betonung der Naherwartung in der Verkündigung Jesu und kann kaum im Sinn einer Interimsethik (A. Schweitzer u. a) interpretiert werden. Vielmehr wird hier noch im Horizont apokalyptischer Naherwartung die Geschichte als Bereich menschlicher Verantwortung wiederentdeckt.

[45] (Anm. 1) 124f.

[46] Ebd. 124. Luz verweist hier auf verschiedene Berufe, die nach rabbinischer Auffassung sofort in Verdacht der Unreinheit standen, wie Schauspieler, Zöllner, Ärzte, Hundekotsammler, Gerber usw. Verschiedene Bevölkerungsgruppen, vor allem die „armen Bauern Galiläas, waren aus finanziellen Gründen gar nicht imstande, ihre Ernte ordnungsgemäß zu verzehnten“ (ebd. Anm. 23).

Einsatz (Mt 13, 44f), mit dem Mut zum Risiko (Mt 25, 14ff par.), ja auch mit einem Handeln jenseits der Legalität (Lk 16, 1ff) vergleicht. Der Mensch muß das ihn schützende Gehäuse des Gesetzes verlassen und die erlernten Verhaltensweisen in Frage stellen, um jene Flexibilität zu gewinnen, die es ihm ermöglicht, die spezifischen Bedürfnisse des andern überhaupt wahrzunehmen und ihnen zu entsprechen. Jene stützenlose Offenheit, in die er durch Jesus gestellt wird, erfährt er als gefährlich; zudem ist sie selbst durch das menschliche Bedürfnis nach Absicherungen ständig gefährdet. Diese Offenheit verlangt ein sensibles Wahrnehmungsvermögen, ein differenziertes Urteil und spontane Entschlußfähigkeit. Es ist hier also ein Können vorausgesetzt, das – wie es die jahrhundertelange Erziehung zu den Anpassungs-„Tugenden" der Bravheit und des Gehorsams auf ihre Weise beweist – gleichfalls einer Einübung bedarf.

6. Damit ist in diesem Zusammenhang die letzte Frage zu stellen: *Sind die Anithesen Jesu als Gesetze gesetzlich zu verstehen?* Zweifellos wird der Anspruch Gottes durch Jesus nicht zurückgenommen, er wird im Gegenteil so intensiviert, daß er die Grenze des dem Menschen Möglichen weit zu überschreiten scheint. Das hier Geforderte ist gesetzlich nicht einklagbar, es entzieht sich der positivistischen Erfassung durch den Gesetzgeber. Gerade aufgrund der Übersteigerung nähern sich jene Aussagen – ähnlich wie die Opferregel oder die Sprüche vom Schlag auf die Backe – der Paradoxie. Jesus benützt die alte gesetzliche Sprachform, verwendet sie aber, um die hinter dem Gesetz stehende und durch ein gesetzliches Verständnis gerade verstellte Wirklichkeit aufzudecken. Ihm geht es um die Unabdingbarkeit der hier aufgewiesenen Sachverhalte, deren Evidenz – vor der Frage der Erfüllbarkeit – von jedem anzuerkennen ist[47]. Die Aufstellung [94] eines solchen Superlativs ist gefährlich,

---

[47] Vgl. *G. Bornkamm,* Jesus 98: „Die Frage nach der Erfüllbarkeit der Bergpredigt ist nicht das erste, was sie dem Hörenden abnötigt, sondern die Anerkennung der Wahrheit ..." *Braun* betont den unjuristischen Charakter der Redeweise Jesu: Jesus 64: „Die konkreten Formulierungen Jesu und der Gemeinde sind also nie so gemeint, daß sie juristisch exakt die Wegstrecke abstecken, innerhalb deren der Mensch noch gehorsam zu sein beanspruchen darf; und daß sie dann den Punkt markieren, von dem ab der Ungehorsam anfängt" (vgl. auch Radikalismus II, 23ff); *Lohse,* (Anm. 1) 199f: „Jesu Wort zerschlägt jede Möglichkeit, durch Entwicklung einer neuen Gesetzlichkeit den Gehorsam wiederum zu formalisieren."

da sie als Überforderung des Menschen gerade das Gegenteil von dem erreichen kann, was sie intendiert. A. Mitscherlich[48] hat in seiner Rede zur Verleihung des Friedenspreises des Deutschen Buchhandels im Rückgriff auf Freuds Kritik am Gebot der Nächstenliebe auf den Mangel an psychologischer Einsicht bei der Sozialisierung einer solchen Forderung aufmerksam gemacht: „Eine so großartige Inflation der Liebe kann nur den Wert (der Liebe) herabsetzen, nicht die Not beseitigen" (S. Freud). Die angedeutete Problematik ist bei der Auslegung des Superlativs Jesu zu bedenken. Es ist ein „Superlativ", der unsere „Komparative" herausfordern und ihnen Perspektive geben will. Damit ist aber die grundsätzliche Berechtigung auch des matthäischen Vorgehens erwiesen, mag man seine zeitbedingten Auslegungen im einzelnen auch mit Recht kritisieren. Der Superlativ Jesu bedarf, um nicht zu einem Alibi für ein Alles-beim-Alten-Lassen, für die Erhaltung des Status quo zu werden, einer Übersetzung in konkrete Verhaltensmuster und Handlungsanweisungen, in denen der jeweiligen gesellschaftlichen und individuellen Situation Rechnung getragen wird. Es ist der Weg der „kleinen Schritte". Zugleich ist es aber notwendig, sich des Superlativs Jesu immer wieder *zu erinnern,* um so zu verhindern, daß die einmal erreichten Komparative zu Schlupflöchern werden, in denen wir uns dem Anspruch des Mitmenschen und damit Gott selbst entziehen.

Gotthard Fuchs verdanke ich den Hinweis auf die Darstellung des in den Antithesen sich abzeichnenden Sachverhalts durch Hegel: „Unmittelbar gegen Gesetze gekehrt, zeigt sich dieser über Moralität erhabene Geist Jesu in der Bergpredigt, die ein an mehreren Beispielen von Gesetzen durchgeführter Versuch ist, den Gesetzen das Gesetzliche, die Form von Gesetzen zu nehmen, der nicht Achtung für dieselben predigt, sondern dasjenige aufzeigt, was sie erfüllt, aber als Gesetze aufhebt, und also etwas Höheres ist als der Gehorsam gegen dieselben und sie entbehrlich macht ... Wenn Jesus auch das, was er den Gesetzen entgegen – und über sie setzt, als Gebote ausdrückt ... so ist diese Wendung in einem ganz anderen Sinne Gebot als das Sollen des Pflichtgebotes; sie ist nur die Folge davon, daß das Lebendige gedacht, ausgesprochen, in der ihm fremden Form des Begriffs gegeben wird, dahingegen das Pflichtgebot seinem Wesen nach als ein Allgemeines ein Begriff ist ..." (Der Geist des Christentums und sein Schicksal. Suhrkamp-Werkausgabe I 324, in Auseinandersetzung mit Kants Verständnis des Sittengesetzes).

[48] Über hergestellte Dummheit: *ders.,* Toleranz – Überprüfung eines Begriffs. Ermittlungen, Frankfurt a. M. 1974, 35–48, hier 43, mit Hinweis auf *S. Freud,* Gesammelte Werke XIV, 503.

Das Recht der Frau oder „Wider die legalisierte Willkür des Mannes“

1. Literargeschichtliche Vorbemerkung

109 Die synoptischen Evangelien enthalten zwei Überlieferungen, in denen durch Jesus eine Stellungnahme zu Ehe und Ehescheidung[1] gegeben wird: das Streitgespräch Mk 10, 1–12 par. Mt 19, 3–9 sowie einen 110 Spruch der Logienquelle, der in Lk 16, 18 in isolierter Gestalt überliefert und sekundär mit weiteren Sprüchen verbunden ist, in Mt 5, 32 aber innerhalb der Antithesen der Bergpredigt deren antithetischer Form eingepaßt ist. In etwas abweichender Form wird er auch durch das Markusevangelium überliefert; er ist dort als Jüngerbelehrung in einer Hausszene dem Streitgespräch über die Ehescheidung nachgestellt (Mk 10, 11). Matthäus übernimmt ihn zusammen mit dem Streitgespräch, kürzt ihn aber und verbindet ihn unmittelbar mit dem Vorangehenden (Mt 19, 9).

---

[1] Literaturhinweise: *H. Baltensweiler,* Ehe (passim); *G. Delling,* Das Logion Mk 10, 11 (und seine Abwandlungen) im Neuen Testament: NovT 1 (1956) 263–274; *H. Greeven,* Zu den Aussagen des Neuen Testaments über die Ehe: ZEE 1 (1957) 109–125; *H. Greeven – J. Ratzinger – R. Schnackenburg – H. D. Wendland – H. Krems – R. Mumm (Hrsg.),* Theologie der Ehe, Regensburg – Göttingen 1969; *U. Nembach,* Das neutestamentliche Ehescheidungsrecht im Rahmen des jüdischen Rechts, Diss. jur. Münster 1969 (Lit. zur Rechtsgeschichte); *ders.,* Ehescheidung nach alttestamentlichem und jüdischem Recht: ThZ 26 (1970) 161–171; *R. Pesch,* Die neutestamentliche Weisung für die Ehe: BiLe 9 (1968) 208–221; *A. Sand,* Die Unzuchtsklausel in Mt 5, 33–32 und 19, 3–9: MThZ 20 (1969) 118–129; *B. Schaller,* Die Sprüche über Ehescheidung und Wiederheirat in der synoptischen Überlieferung: Der Ruf Jesu und die Antwort der Gemeinde. Festschrift für J. Jeremias, Göttingen 1970, 226–246 (Lit.!); *K. Schubert,* Ehescheidung im Judentum zur Zeit Jesu: ThQ 151 (1971) 23–27. Vgl. auch *Hübner,* Gesetz 42–67, sowie die verschiedenen Artikel zum Stichwort Ehe: RAC IV, 650–731 sowie *K. Thraede,* Frau: ebd. VIII, 197–269.

Baltensweiler[2] hat neuerdings die These wieder zu begründen versucht, daß das Streitgespräch historisch sei. Gegen die These spricht jedoch schon die einleitende Frage. Ein Jude, für den die Scheidung selbstverständlich war, kann kaum so gefragt haben. Fragestellung und auch Aufbau des Gespräches sind von vornherein so komponiert, daß für die Lehrantwort Jesu eine Basis geschaffen wird. Das weist auf eine künstliche Bildung hin. Das Zitat aus Gen 2, 24 folgt zudem wörtlich der LXX; aus ihr stammt die für die Antwort Jesu konstitutive Aussage „die *zwei* werden ein Fleisch", während der hebräische Text nur die Lesart „*sie* werden ein Fleisch" kennt. Das Streitgespräch samt der Antwort Jesu dürfte also die Gestalt, in der es bei Markus vorliegt, höchstwahrscheinlich erst in der griechisch sprechenden judenchristlichen Gemeinde erhalten haben.

In dem Spruch aus der Logienquelle, deren Wortlaut die zweigliedrige Form Lk 16, 18 am nächsten kommt, dürfte dagegen alte Überlieferung vorliegen. Nur in der zweiten Spruchhälfte ist die Form des Relativsatzes (so Mt 5, 32b) wahrscheinlich ursprünglicher als die Partizipialkonstruktion von Lk 16, 18b, die der ersten Spruchhälfte angepaßt ist. Ebenso erweckt die Näherbestimmung „eine *von ihrem Mann* Entlassene", die Mt 5, 32b fehlt, den Eindruck sekundärer Erläuterung. Der Q-Text dürfte also gelautet haben:

Jeder, der seine Frau entläßt
(und eine andere heiratet),
begeht Ehebruch,
und wer eine (von ihrem Mann) Entlassene heiratet,
begeht Ehebruch.

111 Die in Mt 5, 32a vorliegende passive Konstruktion: „Jeder, der seine Frau entläßt außer im Fall von Unzucht, macht, daß mit ihr (nämlich bei ihrer Wiederheirat) die Ehe gebrochen wird", läßt sich am ehesten als Anpassung an das im Zusammenhang der Antithese angeführte Zitat aus Dt 24,1 erklären, das speziell die Entlassung der Frau durch die Ausstellung des Scheidebriefs hervorhebt und so veranlaßt, daß hier gerade die Folgen für die Entlassene in den Blick genommen werden. Damit ist die Aussage stärker auf jüdisches Milieu bezogen, auf das ja auch die Unzuchtsklausel hinweist (vgl. zu ihr unten). Matthäus konnte hier zudem auf die Darlegung der

[2] Ehe 51–53. *Schnackenburg,* (Anm. 1) 13, möchte wenigstens V. 9 für ein „originales Jesuswort" halten. Ähnlich auch *Schaller,* (Anm. 1) 238, Anm. 5. Zum Ganzen vgl. *Bultmann,* Tradition 25f; *A. Suhl,* Die Funktion der alttestamentlichen Zitate und Anspielungen im Markus-Evangelium, Gütersloh 1965, 74f.

Folgen der Entlassung für der Mann verzichten, da er diese in 19, 9 allein zur Sprache bringt[3].

Der für Q erschlossene Wortlaut stimmt in der ersten Spruchhälfte (Lk 16, 18a) mit Mk 10, 11 überein[4] – bis auf den Zusatz ἐπ' αὐτήν. [112] B. Schaller[5] möchte im Gegensatz zur verbreiteten Deutung „in bezug auf sie" (gemeint ist dann die gestörte Beziehung zur ersten Frau) in der Wendung aramäischen bzw. syrischen Spracheinfluß finden und dann übersetzen: „Er treibt Ehebruch mit ihr", nämlich mit der zweiten Frau. „Nicht die lukanische, sondern

---

[3] *Schulz,* Q 116f, hält die matthäische Form für ursprünglich und nimmt für die lukanische Version von 16, 18a eine Beeinflussung durch das Logion Mk 10, 11 an, das Lukas in seinem Evangelium zusammen mit dem Streitgespräch übergeht. Die Frage ist, ob die mehr stilistisch-wortstatistischen Argumente von Schulz oder die redaktionsgeschichtlichen Argumente das größere Gewicht haben. Ich möchte mich für letztere entscheiden.
U. Nembach, Ehescheidung (Anm. 1) postuliert die Authentizität von Mt 5, 32; 19,9 *gerade wegen der Unzuchtsklausel,* da diese Stellen die einzigen Texte bieten, die eine Ausnahme vom grundsätzlichen Ehescheidungsverbot kennen und insofern jüdischem Eherecht entsprechen. „Eine Scheidung kann nicht verboten sein, wenn sie wegen Ehebruchs vom jüdischen Recht geboten ist" (169). In jüdischem bzw. judenchristlichem Milieu wäre daher ein Scheidungsverbot untragbar gewesen. Nach Nembach ist das Scheidungsverbot ohne Ausnahme primär an Heidenchristen gerichtet und in diesem Bereich auch entstanden. „Aufhebung der gebotenen Ehescheidung wäre aber keine Radikalisierung des Gesetzes, sondern dessen Pervertierung. Dagegen ist eine Beschränkung der Fälle der gebotenen Ehescheidung auf die des Ehebruchs ein Ausdruck dafür, daß die Ehe eine Gemeinschaft ist, die nicht aufgehoben werden soll. Im Falle des Ehebruchs ist sie aber bereits durch den Ehebruch aufgehoben ... Die Ausnahmeregelung in Matth. 5, 32 und 19, 9 ist somit Ausdruck einer Radikalisierung des Gesetzes, wie sie nur Jesus möglich war, und als solche ebenfalls ursprünglich" (170). Nembachs Interpretation übersieht a) die literar- und traditionsgeschichtliche Problematik neutestamentlicher Texte, b) die im Matthäusevangelium erkennbare Rejudaisierungstendenz. c) Die Herausforderung, die Jesu Stellungnahme zur Ehescheidung darstellt, läßt sich kaum gegen die Authentizität kehren. (Er macht Jesus zu einem etwas radikalisierten Schammaiten.) Vgl. dazu auch Ehescheidungsrecht, (Anm. 1) 45–58, 83.

[4] Mk 10, 12 dagegen stellt eine Adaption an hellenistisch-römisches Scheidungsrecht dar und ist insofern sekundär. Der Zusatz läßt sich durch Nachweis eines ähnlichen Einflusses hellenistisch-römischen Eherechts auf die Vorstellungen in den Elephantine-Papyri kaum für Palästina reklamieren: gegen *E. Bammel,* Mk 10, 11f und das jüdische Eherecht: ZNW 61 (1970) 95–101. Zum hellenistisch-römischen Eherecht vgl. *H. Conzelmann,* Der erste Brief an die Korinther, Göttingen 1969, 145, Anm. 22 (Literaturhinweise).

[5] (Anm. 1) 239–243.

die markinische Fassung gibt in diesem Fall die gemeinsame Traditionsgrundlage besser wieder“ (ebd. 232). Damit wird für ihn nicht nur aufgrund der formalen Struktur, sondern auch „von der sprachlichen Seite her das Verständnis des Spruches als Wort gegen eine nach vollzogener Scheidung beabsichtigte Wiederheirat gestützt“ (ebd. 243). Eine solche Aussage ist dann mit dem apodiktischen Nein Jesu zur Ehescheidung, „das den Kern des Streitgesprächs in Mk 10, 9 bildet und sicherlich Jesu Meinung selbst wiedergibt“ (ebd. 238), nicht vereinbar. Sie ist eine sekundäre Bildung „im Bereich der christlichen Gemeinden Syriens“.

Diese Folgerungen sind nicht zwingend. Schallers Interpretation von Mk 10, 11 trifft zwar im Kontext von Mk 10 zu; der Spruch stellt den Versuch eines Kompromisses zwischen dem theologischen Postulat der Einheit der Ehe und der Praxis dar. Eine ähnliche Regelung hat offenbar auch Paulus 1 Kor 7 im Auge. Sie setzt ein Verständnis der Stellungnahme Jesu als Gebot voraus. In der isolierten Fassung Lk 16, 18 ist das Verdikt des Ehebruchs nicht wie in Mk 10, 11 (aufgrund von Kontext und Zusatz) auf den Fall der Wiederheirat beschränkt. Vielmehr läßt sich die Formulierung „entlassen und eine andere heiraten“ auch als Bezugnahme auf die gängige Praxis verstehen, in der Entlassung und zweite Eheschließung in der Regel einander folgten. Der Spruch bringt also nicht notwendig zum Ausdruck, daß eine Scheidung ohne Wiederheirat nicht unter das Verdikt des Ehebruchs fiele[6]. Eine solche kasuistische Interpretation liegt erst einem gesetzhaften Verständnis der Stellungnahme nahe, das meines Erachtens für Jesus selbst noch nicht angenommen werden kann (vgl. die folgende Interpretation). Es ist daher auch mit der Möglichkeit zu rechnen, daß infolge eines solchen gesetzhaften Verständnisses der Spruch erst sekundär (in Q?) den kasuistischen Zusatz erhielt[7]. In der [113] ursprünglichen, Q vorausgehenden Fassung könnte also der Hinweis auf die Wiederheirat des Mannes gefehlt haben: „Wer seine Frau entläßt... begeht Ehebruch, und wer eine Entlassene heiratet, bricht die Ehe.“ Traditionsgeschichtlich gesehen, ist unter der Voraussetzung eines solchen Spruches die Entstehung der Varianten (zumal wenn der

[6] Auch nach *Schaller,* ebd. 237, behauptet „der Spruch ... entgegen allem jüdischen Rechtsempfinden ... der Mann könne sich gegen seine eigene Ehe vergehen“.

[7] So mit *Baltensweiler,* Ehe 62.

Priorität von Q vor Markus mehr Gewicht eingeräumt wird, als es Schaller tut) leichter erklärbar, als wenn die Entwicklung aus Mk 10, 11 abgeleitet wird. Ebenso ist der Spruch Mk 10,9 eher als (sekundäre) theologische Begründung des als grundsätzliches Scheidungsverbot gedeuteten Spruches Lk 16,18 zu beurteilen, als umgekehrt der Q-Spruch als eine Bildung unter dem Einfluß der Mk 10,9 zugrunde liegenden Stellungnahme Jesu[8]. Lk 16,18 (mit oder ohne Erwähnung der Wiederheirat des Mannes) bietet also den ältesten Wortlaut der Fassung des Spruches und kann möglicherweise auf Jesus selbst zurückgehen[9].

2. Zum jüdischen Verständnis von Ehescheidung und Ehebruch

Jesus setzt in dem Logion die jüdischen Gesetzesbestimmungen über Ehescheidung und Ehebruch voraus. Um den Skopus seiner Aussage, aber auch um ihre Relevanz ermessen zu können, sind diese kurz darzulegen[10].

Aufgrund eines patriarchalischen Eheverständnisses war die Entlassung der Frau allein das Recht des Ehemannes[11]. Die Eheschließung erfolgte in altisraelitischer Zeit durch die Zahlung eines Brautpreises an den Brautvater[12]; auch in neutestamentlicher Zeit war die Zahlung eines solchen Brautpreises konstitutives Element der Eheschließung. [114] Sie wurde als Kethuba der Braut anläßlich der Verlobung übergeben; im Fall einer Auflösung der Ehe oder beim Tod des Mannes fiel sie der Frau zu. Der Mann vollzog die Entlassung – terminologisch genauer: Verstoßung! – der Frau durch die Ausstellung des Scheidebriefes, in dem er die Frau ausdrücklich

[8] Welche Bedeutung hatte Mk 10,9 dann ursprünglich? *Schaller,* (Anm. 1) 244, Anm. 75, möchte die Stelle offenbar nicht im Sinn von „kann der Mensch nicht scheiden" verstehen.

[9] Zur Frage der Ursprünglichkeit des Doppelspruchs vgl. *Schaller,* ebd. 236f. Er läßt es unentschieden, ob nur die erste Spruchhälfte oder beide zum ursprünglichen Bestand gehören.

[10] Vgl. *Nembach,* Ehescheidungsrecht (Anm. 1) 6–35; *Bialoblocki:* Encyclopaedia Judaica VI, 233–253; *Billerbeck,* Kommentar I, 303–321; II, 373–399; *Schubert* (Anm. 1).

[11] Vgl. *Flavius Josephus,* Ant. 15, 259: „Denn dem Manne ist es bei uns erlaubt, dies zu tun (nämlich einen Scheidebrief auszustellen), der Frau, die sich von sich aus getrennt hat, ist es nicht erlaubt, sich zu vermählen, wenn sie nicht der Mann vorher weggeschickt hat."

[12] Vgl. zum alttestamentlichen Eheverständnis *F. Horst:* RGG II, 316–318.

für eine neue Eheschließung mit einem anderen Mann freigab. Die Frau dagegen hatte ein Recht auf die Entlassung durch den Mann (!) nur dann, wenn eine Krankheit oder der Beruf des Mannes für sie besondere Belastungen zur Folge hatte oder wenn sie von ihm zu sie entwürdigenden Gelübden genötigt wurde. Doch auch dann hatte ihr der Mann den Scheidebrief auszustellen.

Die Gründe für die Entlassung entnahm die Rechtsprechung Dt 24, 1–4: „Wenn jemand eine Frau zur Ehe nimmt, sie ihm aber später nicht mehr gefällt, weil er an ihr etwas Schandbares entdeckt, so soll er ihr einen Scheidebrief schreiben, diesen ihr aushändigen und sie aus seinem Hause entlassen." In der Stelle wird vorausgesetzt, daß die Frau wegen etwas „Schändlichem", „Anstößigem", „Schandbarem" entlassen wird. Was darunter näher zu verstehen ist, war in der gesetzesgelehrten pharisäischen Diskussion umstritten. Die Mischna (Gittin 9, 10) überliefert die Positionen: „Die Schule Schammais hat gesagt: Der Mann soll seine Frau nur verstoßen... wenn er an ihr eine Sache von Schandbarem... (das heißt etwas Schandbares) gefunden hat; denn es heißt Dt 24, 1: Weil er an ihr eine Schande von Sache gefunden hat. Dagegen sagte die Schule Hillels: auch wenn sie seine Speise hat anbrennen lassen; denn es heißt: Weil er an ihr Schandbares von irgend etwas gefunden hat... Rabbi Akiba sagte: Auch wenn er eine andere findet, die schöner ist als sie; denn heißt Dt 24, 1: Und wenn sie keine Gnade in seinen Augen findet" (Billerbeck, Kommentar I, 313). Die Schule des Rabbi Schammai hat also den Akzent auf *Schandbares* gelegt und verstand darunter vor allem Unzucht, aber auch andere schandbare Vergehen. Dabei ist zu beachten, daß in solchen Fällen die Scheidung erfolgen mußte, da durch die Frau die göttliche Rechtsordnung verletzt war; die Scheidung galt dann als Pflichtgebot. Die Schule Hillels, deren Lehre sich in der rabbinischen Rechtspraxis durchsetzte, betonte bei der Auslegung *irgend etwas* und verstand dann „Schandbares und sonst irgend etwas" und gewann so über die nicht bestrittene Scheidungspflicht im Falle von etwas Schandbarem hinaus noch weitere Gründe für eine zwar nicht gebotene, aber dem Manne mögliche Entlassung der Frau. Der Bemerkung [115] „auch wenn sie eine Speise hat anbrennen lassen", kommt insofern grundsätzliche Bedeutung zu. Faktisch war damit die Scheidung in das Belieben des Mannes gestellt, bis dahin, daß, wie von Rabbi Akiba, die Zuneigung zu einer anderen Frau als ausreichender Grund angesehen wurde. Der wesentliche Unterschied bestand nur darin, daß im Falle von „Schandbarem" die Scheidung ein Pflichtgebot war und dann der Frau die Kethuba nicht ausgezahlt werden mußte. In den Fällen, in denen die Entlassung nicht geboten war, bestand die Pflicht zur Auszahlung der Kethuba an die Frau. Der Willkür des Mannes war so eine gewisse (finanzielle) Grenze gesetzt.

Um die rechtliche und praktische Situation der Ehefrau, zu der Jesus in seinen Ehescheidungslogien Stellung nimmt, zu veranschaulichen, sollen die Verstoßungsgründe im einzelnen aufgeführt und durch rabbinische Zeugnisse, die zum Teil allerdings aus späterer Zeit stammen, illustriert werden. Dabei ist zu berücksichtigen, daß im Fall einer gebotenen Verstoßung – und um diese handelt es sich in der Mehrzahl der Fälle – die Frau ihre Kethuba nicht ausgezahlt bekam.

1. Als erstes ist darauf hinzuweisen, daß die Todesstrafe, die auf Ehebruch gemäß Dt 22, 22 stand, durch verschiedene Bedingungen (nachgewiesene Willentlichkeit, zwei Zeugen usw.) auf wenige Fälle eingegrenzt wurde und durch eine Verstoßung ohne Auszahlung der Kethuba abgelöst wurde. Letzteres konnte auch im Fall der Verdächtigung des Ehebruchs angewandt werden[13].

2. Generell gilt die Verstoßung der Frau als geboten, wenn ihr eine schandbare Sache nachgewiesen ist; darunter verstand man zunächst Unzucht, aber auch allgemein das, was gegen die Sitte verstieß[14].

Rabbi Meïr (um 150) sagte: „Es gibt manchen, in dessen Schüssel eine Fliege fällt; er nimmt sie, saugt sie aus und ißt (dann weiter), was in ihr ist. Das ist ein gottloser Mensch, der sieht, wie sein Weib ausgeht mit aufgelöstem Haar und wie ihr Herz ausgelassen ist mit ihren Sklaven und ihren Nachbarn und wie sie auf der Straße spinnt und mit den Männern badet. Eine solche (durch Scheidung) zu verstoßen, ist ein Pflichtgebot, siehe Dt 24, 1 ..." (Tosephta Sota 5, 9 [302]).

„Ißt eine Frau auf der Straße, trinkt eine Frau gierig auf der Straße, säugt
116 sie (ihr Kind) auf der Straße, so soll sie, wie Rabbi Meïr ... von diesen allen gesagt hat, geschieden werden. Rabbi Akiba († um 135) sagte: Wenn die im Mondschein spinnenden Weiber anheben, von ihr zu erzählen. Rabbi Jochanan ben Nuri (um 110) antwortete ihm: In diesem Fall würdest du wohl unserem Vater Abraham keine Tochter übriglassen, die bei ihrem Manne bleiben dürfte..." (b Talmud Gittin 89a Bar). Er verweist dann auf Dt 19, 15, wonach eine Aussage von zwei oder drei Zeugen einer Sache erst Geltung gibt.

3. Als Scheidungsgrund gilt die Übertretung eines Gebotes durch die Frau: „Folgende Frauen sind durch Scheidebriefe zu entlassen, aber ohne Auszahlung der Hochzeitsverschreibung: die, welche das Gesetz Moses und das jüdische Recht übertritt. Was ist ... mit dem Gesetz Moses gemeint? Wenn z. B. die Frau

---

[13] Vgl. *Nembach,* Ehescheidungsrecht (Anm. 1) 28–31; *ders.,* Ehescheidung (Anm. 1) 164–168. Zur Todesstrafe im Fall des Ehebruchs vgl. auch die rechtsgeschichtliche Erörterung durch *Schaller* (Anm. 1) 234, Anm. 28 (Lit.); *Billerbeck,* Kommentar II, 520f; *J. Blinzler,* Die Strafe für Ehebruch in Bibel und Halacha. Zur Auslegung von Joh. VIII. 5: NTS 4 (1957/58) 32–47.

[14] Ich folge der Zusammenstellung der Scheidungsgründe bei *Billerbeck,* Kommentar I, 315–319.

ihrem Mann Unverzehntetes zu essen gibt oder wenn sie ihn den Beischlaf vollziehen läßt während ihrer Menstruation ... oder wenn sie nicht die Teighebe absondert oder wenn sie Gelübde auf sich nimmt und sie nicht hält. Was ist mit jüdischem Recht gemeint? Wenn sie mit aufgelöstem Haar ausgeht, wenn sie auf der Straße spinnt, wenn sie mit jedem beliebigen redet. Abba Schaul (um 150) sagte: Auch die, die des Mannes Eltern in seiner Gegenwart schimpflich behandelt. Rabbi Tarphon (um 100) sagte: Auch eine Schreierin. Was ist eine Schreierin? Die, welche in ihrem Hause (vertraulich mit ihrem Manne) redet, und ihre Nachbarn vernehmen ihre Stimme" (Mischna Kethubboth 7, 6).

4. Scheidungsgrund ist ein Verhalten, das den Mann in bösen Ruf bringt:

„Wenn eine Frau gelobt, daß sie nicht verleihen wolle Schwinge, Sieb, Mühle und Backofen, so entläßt er sie (durch Scheidebrief) und gibt ihr keine Hochzeitsverschreibung, weil sie ihn einen üblen Ruf vor seinen Nachbarn davontragen läßt" (Tosephta Kethubboth 7, 4).

Ein Scheidungsgrund war es auch, wenn die Frau dem Manne nicht die gebührende Ehre erwies oder wenn sie als „böses Weib" galt: „Raba († 352) hat gesagt: Es ist ein Pflichtgebot, ein böses Weib zu entlassen; s. Spr 22, 10: Treibe den Spötter fort, so geht der Zank fort, und ein Ende haben Prozeß und Schimpf ... Im Buch des Ben Sira steht geschrieben: Eine gute Gabe für ihren Mann ist ein gutes Weib; ferner heißt es: Ein gutes Weib wird an den Busen des Gottesfürchtigen gelegt (vgl. Sir 26, 3). Ein böses Weib ist Aussatz für ihren Mann. Was ist das Heilmittel dagegen? Er entlasse sie (durch den Scheidebrief), so wird er von seinem Aussatz geheilt werden ..." (bTalmud Jebamoth 63 b). Umstritten war jedoch, ob ihre Verstoßung Pflichtgebot ist.

5. Als Scheidungsgrund gilt schließlich auch die Kinderlosigkeit der Frau, doch war die Entlassung nicht unbedingt gefordert.

6. Als Gründe für eine gebotene Scheidung gelten bei der Hochzeitsschließung verschwiegene Mängel oder Gelübde:

117 „Hat er sie heimgeführt, ohne der Gelübde besonders Erwähnung zu tun, und es stellt sich heraus, daß solche auf ihr liegen, so wird sie (durch Scheidebrief) entlassen ohne Hochzeitsverschreibung ... Hat er sie heimgeführt, ohne der Leibesfehler besonders Erwähnung zu tun, und es stellt sich heraus, daß solche an ihr sind, so wird sie entlassen ohne Hochzeitsverschreibung. Alle Leibesfehler, die bei den Priestern (zum Priesterdienst) untauglich machen, machen auch bei den Frauen untauglich" (Mischna Kethubboth 7, 7). Die Parallelstelle Tosephta Kethubboth 7, 8 f [269] nennt nach Billerbeck als Beispiele von verschwiegenen Gelübden, daß die Frau kein Fleisch essen und keinen Wein trinken und keine bunten Kleider tragen wolle. Zu den Leibesfehlern fügt die Tosephta hinzu: „Geruch des Mundes, Geruch des Schweißes und ein Mal, auf dem kein Haar ist."

Um zu verdeutlichen, mit wie unterschiedlichem Maß im jüdischen Scheidungsrecht gemessen wurde, seien noch die Gründe angeführt, in denen ein Mann gezwungen werden konnte, seine Frau zu entlassen. Dabei entsteht der Eindruck, daß auch diese „Gründe" mehr dem Manne als der Frau dienten. Sie finden sich in der Mischna (Kethubboth 7, 9 f): „Wenn am Mann Leibesfehler entstehen (während der Ehe), so zwingt man ihn (gerichtlicherseits) nicht, sie zu entlassen. Rabbi Schimon ben Gamliël (um 140) hat gesagt: In welchem Fall gelten die

Worte? Bei kleinen Leibesfehlern? Aber bei großen Leibesfehlern zwingt man ihn, sie zu entlassen. Und folgende sind es, die man zwingt, sie zu entlassen: ein Aussätziger, ein mit einem Polypen (in der Nase) Behafteter, der Sammler von Hundekot, der Schmelzer von Kupfer und der Gerber, gleichviel, ob er es schon vor der Verheiratung war oder ob er es erst nach der Verheiratung geworden ist. Und über sie alle hat Rabbi Meïr (um 150) gesagt: Selbst wenn er es (vor der Verheiratung) mit ihr vereinbart (ihr zur Bedingung gemacht) hat, kann sie (hinterher) sagen: Ich habe geglaubt, daß ich es würde ertragen können; aber jetzt kann ich es nicht ertragen. Die Gelehrten aber sagten: Sie muß es wider Willen ertragen mit Ausnahme des Aussätzigen, weil sie diesen schwindsüchtig macht (durch ehelichen Umgang) ..."

Beachtenswert ist die Erläuterung in Tosephta Kethubboth 7, 11 (269): „Wer ist mit dem Sammler gemeint? Das ist ein Gerber. Andere sagen: Das ist einer, der Unrat sammelt (der zum Walken und Gerben benützt wurde); der Kupferschmelzer, das ist der, welcher Kupfer flüssig macht; der mit einem Polypen Behaftete, das ist der, welcher Mundgeruch hat. Rabbi Jose ben Jehuda (um 180) hat gesagt: In welchem Fall hat man von dem (Kot-)Sammler und Kupferschmelzer und Gerber gesagt: Er entläßt sie und gibt die Hochzeitsverschreibung? Wenn er will und sie nicht will, (oder) wenn sie will und er nicht will. Wenn aber beide wollen (nämlich in der Ehe weiter zusammenleben), so können sie es ausführen; was aber den Aussätzigen betrifft, so können sie es, auch wenn beide wollen, nicht ausführen. Rabban Schimon ben Gamliël (um 140) [118] hat gesagt: Ich habe einen Alten unter den Aussätzigen im Sepphoris getroffen, der zu mir gesagt hat: Vierundzwanzig Arten von Aussatz gibt es, bei ihnen allen ist die Frau schädlich nur für die mit dem triefenden Aussatz Behafteten."

Zu dem Scheidungsgrund der die Frau entwürdigenden Gelübde heißt es in der Mischna Kethubboth 5, 5: „Rabbi Schimon ben Gamliël (um 140) sagte: Auch wenn jemand seine Frau nötigt zu geloben, daß sie keine Arbeit verrichten wolle, so hat er sie zu entlassen und ihre Hochzeitsverschreibung auszuzahlen; denn der Müßiggang führt zur Geisteszerrüttung." Die Tosephta Kethubboth 7, 4 (268) bemerkt: „Wenn jemand seine Frau nötigt zu geloben, daß sie nicht verleihen wolle Schwinge, Sieb, Mühle und Backofen, so muß er sie entlassen und die Hochzeitsverschreibung auszahlen; weil sie (dadurch) einen bösen Ruf vor ihren Nachbarn davonträgt." In der Tosephta Kethubboth 7, 6 (269) wird diese Forderung für folgende Fälle erhoben: „Wenn jemand seine Frau nötigt zu geloben, daß sie von ihrer Speise jedermann wolle kosten lassen oder daß sie füllen und auf den Dunghaufen ausschütten wolle (nach dem babylonischen Talmud Kethubboth 72a ist damit gemeint: Wenn sie [Samen] empfangen hat, soll sie ihn [durch schnelles Gehen und dergleichen] wieder von sich geben) oder daß sie jedermann die Worte erzählen wolle, die zwischen ihm und ihr gesprochen würden, so muß er sie entlassen und die Hochzeitsverschreibung auszahlen, weil er nicht mit ihr nach dem Gesetz Moses und Israels verfuhr."

Auch in der *Beurteilung des Ehebruchs* wurde infolge der polygamen Eheauffassung mit zweierlei Maß gemessen. Die Bestimmungen dienten dem Schutz der Rechte des Mannes[15]. Die Ehe konnte nur

---

15 Zur Betonung der Treuepflicht des Mannes gegenüber der Frau kommt es im

von der Frau gebrochen werden; der Ehemann konnte seiner Frau gegenüber die Ehe nicht brechen, da er ja grundsätzlich das Recht auf mehrere Frauen besaß; er wurde nur zum Ehebrecher, wenn er den Ehe- und damit Rechtsbereich eines anderen Mannes verletzte. Der Geschlechtsverkehr – auch eines verheirateten Mannes – mit einer ledigen Frau galt nicht als Ehebruch, sondern als Unzucht[16].

3. Die Stellungnahme Jesu

Jesus bezeichnet also die Entlassung einer Frau durch ihren Mann, die nach jüdischer Rechtsauffassung legitim, in zahlreichen Fällen sogar Rechtspflicht war, sowie entsprechend auch die Wiederheirat des [119] Mannes und sogar die Heirat einer rechtmäßig von ihrem Mann entlassenen Frau als Ehebruch und damit als rechtswidrig. Damit steht er in klarem Gegensatz zum Mosaischen Gesetz und zur jüdischen Gesetzesauslegung und Gesetzespraxis seiner Zeit[17]. Das hier ausgesprochene Verdikt über die Ehescheidung kann im Sinne der vom Liebesgebot geprägten Gesetzeskritik Jesu als Ausdruck der Forderung verstanden werden, für seine Ehefrau in Liebe einfach ganz da zu sein[18]. Die notwendige Folgerung aus diesem Verdikt wäre, daß die Ehe zwischen Mann und Frau eine Einheit schafft, die durch das Mosaische Gesetz nicht aufgehoben werden kann, eine Einheit, wie sie das spätere, bei Markus überlieferte Streitgespräch darlegt.

---

jüdischen Bereich unter Einfluß bürgerlich-hellenistischen Rechts in Elephantine-Papyri. Vgl. dazu *Berger,* Gesetzesauslegung 307–326.

[16] Vgl. *Billerbeck,* Kommentar I, 294–298.

[17] Seiner Aussage steht die Polemik gegen Bigamie in Dam 4, 20–5, 2 nahe: „Sie wurden durch zweierlei in der Unzucht gefangen: zwei Weiber zu nehmen zu ihren Lebzeiten; aber die Grundlage der Schöpfung ist: ‚Als ein Mann und ein Weib hat Er sie geschaffen', und die in der Arche waren: je zu zweit kamen sie in die Arche. Und über den Fürsten steht geschrieben: ‚Er soll sich nicht viele Weiber nehmen'" (zit. nach *J. Maier*). Die Stelle läßt jedoch verschiedene Deutungen zu, sie kann sich 1) gegen Polygamie ohne ein Verbot der Scheidung oder der Wiederverheiratung nach dem Tode der Frau, 2) gegen Scheidung und Wiederheirat während der „Lebzeiten" der Frau oder 3) gegen eine zweite Eheschließung überhaupt während der „Lebzeiten" des Mannes richten. Für die erste Deutung spricht das am Schluß angeführte Zitat. Dam 13, 17 scheint außerdem auch die Möglichkeit einer Scheidung vorauszusetzen. So *J. Maier,* Texte II, 48. Ähnlich auch *Braun,* Radikalismus I, 131 u. 92, Anm. 4; *Baltensweiler,* Ehe 55, Anm. 38 u. a.

[18] Vgl. *Schulz,* Q 119; *Braun,* Radikalismus II, 10f Anm. 2; vgl. ebd. auch 108–114 (Die Ehehalacha).

Bei solcher Auslegung ist aber noch zuwenig die sprachliche Gestalt der Aussage und ihre spezifische Pointe im jüdischen Kontext berücksichtigt: Wenn Jesus hier die vom Gesetz erlaubte bzw. geforderte Entlassung der Frau als Ehebruch bezeichnet, stellt er diese einem Verhalten gleich (nämlich dem Ehebruch), durch welches nach jüdischer Auffassung die Frau den Rechtsbereich des eigenen Ehemannes bzw. ein Mann den Rechtsbereich des Ehemannes jener Frau verletzt, mit der er Ehebruch beging. Jener Treue-Anspruch, den nach jüdischer Auffassung der Ehemann auf seine Frau besaß, wird also umgekehrt zum Treue-Anspruch der Frau an ihren Mann. In solcher *Umkehrung* geltenden Rechts liegt die Provokation und wird die in Jesu Stellungnahme gegebene Perspektive deutlich. Jesus deckt hier das *Recht der Frau* gegen das einseitige Recht des Mannes auf. War die Frau vorher nur das „Rechtsobjekt“ des Ehemannes, wird sie nun zu einem „Rechtssubjekt“, sie wird ihm also in der Ehe gleichgestellt (*auch ihr gegenüber* gibt es den Fall von Ehebruch). Aus einem einseitigen [120] Treue-Anspruch ist also ein gegenseitiges Treue-Verhältnis geworden. Dieses ist gültig – so wird jüdisches Recht nochmals überschreitend betont – auch für den Fall der gesetzlich erlaubten Entlassung der Ehefrau, die nun einem Ehebruch gleichgestellt wird. Insofern wird aber auch „Ehe“ neu gesehen: Mann und Frau sind in gleicher Weise aneinander gebunden und zur Treue gehalten. Die *einseitige* Bindung der Frau an ihren Mann wird zur *gegenseitigen* Bindung der beiden Gatten.

Gibt Jesus mit diesem Logion ein Gesetz? Um das Logion recht zu verstehen, ist es mit verwandten ähnlichen paradox-provokanten Aussagen zu vergleichen. Es ist sowenig Gesetz wie das Verbot des Zürnens, des Eides oder Ehebruchs im Herzen. Jesus benutzt hier wie dort die Gesetzessprache, verfremdet sie aber, um die gesetzliche Ebene zu durchstoßen und die Wirklichkeit der zwischenmenschlichen Beziehung aufzudecken. Er befreit diese Beziehung von gesetzlicher Verengung und Verkürzung, hier vor allem von „legalisierter männlicher Willkür“[19]. Diese Parteinahme für die Frau ist – gerade auf dem Hintergrund jüdischen Scheidungsrechts – als die eigent-

---

19 Vgl. zu dieser Formulierung *Braun,* Jesus 120. Er betont, daß „das Verbot der Ehescheidung angesichts der jüdischen Theorie und wohl auch angesichts der damaligen Praxis die juristisch und menschlich bedrohte Stellung der jüdischen Frau aufwertet. Die Frau kann nun aufhören, Objekt legalisierter männlicher Willkür zu sein.“ Vgl. auch ebd. 98.

liche Intention der Kritik Jesu anzusehen. Solcher Einstellung Jesu korrespondiert die Gemeindetradition von den „Frauen in der Begleitung Jesu“ (Mk 15, 40f; 14, 3–9; Lk 8, 1–3; vgl. auch Lk 7, 36ff); sie macht deutlich, daß Jesus die „Animosität“ seiner Zeitgenossen, vor allem der Pharisäer, gegenüber der Frau nicht geteilt hat[20]. Durch diese Parteinahme für die Frau deckt Jesus die Wirklichkeit menschlicher Beziehung in der Ehe auf, die vor dem Gesetz liegt und die durch Gesetze niemals ausreichend geschützt werden kann. Dieser Aufweis enthält eine Forderung und Verheißung; er zeigt, was Menschen einander tatsächlich schuldig sind, aber auch welche Chance der Erfüllung ihnen gerade darin „geboten“ wird. Seine Stellungnahme ist insofern auch Norm und Kriterium für die Frage der Ehescheidung, vor allem aber für das Verständnis von Ehe überhaupt. Weil sie aber – herrschendes Unrecht kritisierend – die Wirklichkeit der Ehe zur Sprache bringt, [121] kann sie nicht gesetzhaft verstanden werden[21]. Sie gibt eine Perspektive, die in den konkreten Situationen der Gemeinden einer je eigenen Auslegung bedarf.

4. Die Perspektive Jesu in der urchristlichen Überlieferung

Da die Aussage Jesu gerade in der Vermittlung durch ihre urchristliche Auslegung kirchengeschichtlich wirksam geworden ist, soll diese in ihren Hauptbeispielen in die Untersuchung einbezogen werden. Zunächst ist festzustellen: In der urchristlichen Paränese hat diese Stellungnahme Jesu nicht nur Bedeutung für die Frage der Ehescheidung. Jesu Eintreten zugunsten der Frau wirkte sich auch auf die Weisungen für die innerehelichen Beziehungen aus, wenn z.B. in den Haustafeln Kol 3, 18f und Eph 5, 21ff die einer patriarchalischen Gesellschaftsordnung entsprechende Rede von der „Unterordnung der Frau unter den Mann“ *durchkreuzt* wird von der

---

[20] Vgl. *Braun,* Radikalismus 113f, sowie *M. Hengel,* Maria Magdalena und die Frauen als Zeugen: Abraham unser Vater. Festschrift für O. Michel, Leiden – Köln 1963, 243–456.

[21] *Nembach,* Ehescheidungsrecht (Anm. 1) 47, verkennt die Eigentümlichkeit der prophetischen Rede Jesu, wenn er sie – allerdings in bezug auf die von ihm als ursprünglich angesehene Fassung Mt 5, 32 – lapidar als Gesetz und Jesus als Gesetzgeber zeichnet.

Forderung der Liebe und Lebenshingabe des Mannes für seine Frau nach dem Beispiel Christi[22]. Insofern stellen die Ehescheidungsverbote nur einen Spezialfall der Auslegung der mit Jesu Wort aufgedeckten Perspektive dar.

1. Wie das Logion in der Logienquelle – also im frühen Judenchristentum – verstanden wurde, läßt sich nicht mehr ermitteln, da der Kontext des Wortes in Q unbekannt ist. Der Vergleich mit anderen Änderungen in Q gestattet allerdings die Vermutung, daß das Wort buchstäblich aufgefaßt wurde; dem Christen waren Scheidung und Wiederheirat verboten (vgl. oben 110f).

2. Lukas (16, 18) verstand das Logion im Sinn einer ethischen Weisung. [122] Im Anschluß an 16, 16f veranschaulicht es, wie auch in der Zeit des Evangeliums (16, 16) die ethische Forderung des christlich gedeuteten alttestamentlichen Gesetzes (16, 17) bestehenbleibt. Er mag das Ehelogion als Beispiel gewählt haben, um gegen die sexuelle Freizügigkeit in der heidnischen Umwelt seiner Gemeinde die strenge Eheauffassung als zentralen Punkt christlicher Ethik herauszustellen (vgl. dazu Apg 24, 25, wo Gerechtigkeit, Enthaltsamkeit und Gerichtserwartung als die zentralen Punkte christlichen Glaubens genannt werden, sowie Lk 8, 14).

3. In Mk 10, 1–32 hat Markus selbst die drei Traditionsstücke über Ehescheidung, Kinder und Besitz unter katechetischem Gesichtspunkt zusammengeordnet. Im Anschluß an die Leidensankündigung und die Nachfolgeworte legen sie die Forderung Jesu auf die Situation der Gemeinde hin aus. Dem Streitgespräch über die Ehescheidung (10, 2–9) hat Markus selbst in einer für ihn typischen Redaktionsweise[23] die Jüngerbelehrung im Haus angefügt. Ihre Funktion ist, die „Lehre" Jesu für die Gemeinde des Markus zu konkretisieren.

---

[22] Vgl. *E. Lohse,* Die Briefe an die Kolosser und an Philemon, Göttingen 1968, 223, 224–226; *J. Gnilka,* Der Epheserbrief, Freiburg 1971, 272–289; *E. Kamlah,* Ὑποτάσσεσθαι in den neutestamentlichen „Haustafeln": *O. Böcher – K. Haacker* (Hrsg.), Verborum Veritas. Festschrift J. G. Stählin, Wuppertal 1970, 237–243; *W. Schrage,* Zur Ethik der neutestamentlichen Haustafeln: NTS 21 (1974/75) 1–22. [Vgl. jetzt vor allem auch *K. Thraede,* Zum historischen Hintergrund der ‚Haustafeln' des NT: Pietas, Festschrift B. Kötting, Münster 1980, 359–368]

[23] Vgl. Mk 4, 10–13.34; 7, 17; 9, 28f.33; 13, 3f. *K. E. Reploh,* Markus – Lehrer der Gemeinde, Stuttgart 1969, 179f.

Ähnlich wie im Streitgespräch über Rein und Unrein (Mk 7) steht auch hier gegen die alte jüdische Ordnung die neue Ordnung, die Jesus in seiner Lehre erschließt[24]. Gegen das Scheidungsgebot des Moses (V. 3b.5 gegen V. 4b), das nur die Herzenshärte der Juden, ihre Verstockung aufzeigt (vgl. Mk 7, 6), deckt Jesus das auf, was von der Schöpfung her gilt (V. 6–9). ἕνεκεν τούτου (V. 7), das in Gen 2, 24 auf die Schöpfung der Frau aus dem Mann bezogen ist, weist hier auf V. 6 zurück; die Schöpfung des Menschen als Mann und Frau (Gen 1, 27) begründet die Einheit der Ehe. Auf dem letzten Teil des Zitats: „und werden die zwei zu einem Fleisch", liegt der Akzent; deswegen wird interpretierend wiederholt: „Daher sind sie nicht mehr zwei, sondern ein Fleisch." Durch die Zitatenkombination wird diese Einheit auf die Schöpfungstat Gottes selbst zurückgeführt. V. 9 zieht daraus die grundsätzliche Folgerung: „Was Gott verbunden hat[25], das soll [123] der Mensch nicht trennen." Es geht hier nicht um Scheidung und Wiederheirat; vielmehr wird, weil der Schöpfer die Einheit einer jeden Ehe schafft, auch schon eine „Trennung" als Eingriff in Gottes Wirken dargestellt, die dem Menschen daher grundsätzlich nicht gestattet ist.

Die primär theologisch-christologische Aussagerichtung des Streitgesprächs ist zu beachten: gegen die alte jüdische Gesetzesordnung verteidigt die christliche Gemeinde mit Hilfe von Gen 1 und 2[26] „Wesen" und „Anspruch" der Ehe, wie sie ihr durch Jesus erschlossen wurden.

Die Folgerungen für die Gemeinde zieht Markus in der von ihm angefügten Hausszene. Die Jünger fragen Jesus nach dem Sinn seiner Lehre; Markus deutet damit an, daß Jesu Offenbarung erst dem Glaubenden erschlossen wird. Markus benutzt für die Jesusantwort jenes Logion, das uns auch aus Q bekannt ist (vgl. oben I); hier muß es allerdings in Verbindung mit dem neuen Kontext gelesen werden. Von V. 9 her fällt auf, daß in ihm nicht nur von Entlassung,

---

[24] Vgl. *R. Hummel,* Die Auseinandersetzung zwischen Kirche und Judentum im Matthäus-Evangelium, München 1963, 53f, sowie die Markuskommentare zur Stelle. Besonders *E. Schweizer,* Das Evangelium nach Markus, Göttingen 1968, 114–117; *Reploh,* (Anm. 23) 179–185; *Suhl,* (Anm. 2) 72–76; *K. Berger,* Gesetzesauslegung 533–575.

[25] „Gott stiftet nicht nur die Ehe, sondern jede Ehe": *W. Grundmann,* Das Evangelium nach Markus, Berlin ^{2}1959, 204.

[26] Zum zeitgenössischen Verständnis der Genesisstellen vgl. *Baltensweiler,* Ehe 54–59 (mit Literaturhinweisen).

sondern auch von Wiederheirat die Rede ist. Entlassung *und* Wiederheirat sind dem Christen verboten. Das Postulat von V. 9 scheint hier aufgrund konkreter Erfahrungen in der Gemeinde modifiziert worden zu sein. In V. 12 wird außerdem das Logion entsprechend römisch-hellenistischen Rechtsverhältnissen erweitert (vgl. oben Anm. 4). Auch der Frau sind die Entlassung des Mannes *und* Wiederheirat verboten. Diese Erweiterung zeigt zweierlei: Das Logion wird als wörtlich zu erfüllendes Gebot aufgefaßt; gerade deswegen mußte es aber auch den neuen Verhältnissen angepaßt werden.

4. In Mt 19, 3–9; 5, 31 f sind die matthäische Redaktion der Überlieferung und die Bedeutung der sogenannten Unzuchtsklauseln genauer zu untersuchen. Wir beginnen mit der Analyse von Mt 19, 3–9[27]. Gegenüber Mk 10, 2 fällt die neue Fragestellung auf; die Pharisäer fragen: „Ist es erlaubt, seine Frau *aus jedem Grund* zu entlassen?“ Auch das Streitgespräch weicht in seinem Aufbau erheblich von Mk 10 ab. Jesus antwortet sofort mit dem Hinweis auf den Schöpfungswillen Gottes (Gen 1.2) und folgert daraus die unaufhebbare Einheit der Ehe. Gott wird ausdrücklich als der Schöpfer bezeichnet (V. 4), das Zitat [124] aus Gen 2, 24 wird Gott selbst in den Mund gelegt (V. 5). Die Änderungen sollen deutlich machen, daß in der Schöpfungsordnung der Wille Gottes zur Sprache kommt. Die Pharisäer argumentieren dagegen mit dem Hinweis auf das Ehescheidungs*gebot* (V. 7, abweichend von Mk 10, 4); Jesus wehrt den Einwand ab, indem er Dt 24, 1 als *Zugeständnis* interpretiert (V. 8a, abweichend von Mk 10, 3b.5), das der ursprünglichen Intention Gottes widerspricht: „Von Anfang an aber war es nicht so“ (V. 8b: Zusatz des Matthäus). Durch diese Änderung wird die Scheidungstora der umfassenderen Schöpfungsordnung eingeordnet; das Scheidungsgebot ist nur eine Konzession und weist als solche auf die Schöpfungsordnung als Maßstab ihrer Auslegung hin. Wieder abweichend von Markus verbindet Matthäus das Ehescheidungslogion (Mk 10, 11) direkt mit dem Streitgespräch (V. 9); dadurch aber wird es zur Antwort auf die Frage, welche die Pharisäer eingangs stellten. Jesus gibt hier ähnlich wie in Mt 15, 20b oder 12, 12b eine Gesetzesauslegung. Seine neue autoritative Auslegung

---

[27] Außer den Kommentaren vgl. *Hummel,* (Anm. 24) 49–51; *G. Strecker,* Weg der Gerechtigkeit. Untersuchung zur Theologie des Matthäus, Göttingen 1962, 130–132.

(„ich sage euch aber“) steht gegen die jüdische, kann sich aber auf den Willen Gottes selbst berufen. Das Streitgespräch (19, 3–8) hat also bei Matthäus eine theologisch-hermeneutische Funktion: die Schöpfungsordnung wird in ihm nämlich als das Kriterium der Gesetzesauslegung herausgestellt, von der her die Weisung Jesu als die richtigere Auslegung des Willens Gottes bewiesen werden kann.

Das Verständnis der christlichen Halacha in V. 9 hängt davon ab, wie die in das Logion eingefügte Unzuchtsklausel gedeutet wird. Daß die Wendungen μὴ ἐπὶ πορνείᾳ in 19,9 und παρεκτὸς λόγου πορνείας in 5,32 (vgl. Apg 26,29) eine Ausnahme bezeichnen, bedarf heute keiner Diskussion mehr[28]; umstritten ist jedoch, worauf sie sich in ihrer Sachaussage beziehen.

Zwei Auffassungen sind vor allem verbreitet. Nach der einen Deutung meint πορνεία wie in Apg 15,20.29 eine *unerlaubte Ehe zwischen Verwandten* (vgl. Lev 18). Der Sache nach geht es dann nicht um eine Ausnahme, in der die Scheidung einer gültigen Ehe *erlaubt* wäre, sondern um die vom Gesetz *gebotene* Trennung illegitimer Ehen[29]. Um diese Deutung abzusichern, suchte [125] H. Baltensweiler[30] eine Gemeindesituation zu rekonstruieren, in der die Einführung solcher Klauseln sinnvoll ist. Er denkt an judenchristliche Gemeinden; ehemals jüdischen Proselyten, die aufgrund der laxeren jüdischen Praxis illegitime Ehen geschlossen hatten (nach jüdischem Proselytenrecht galten für Proselyten die Eheverbote von Lev 18 nur begrenzt), werde von der christlichen Gemeinde die Scheidung dieser Ehen geboten, da nach christlicher Auffassung (Apg 15,20) solche Ehen nicht erlaubt waren. Matthäus setzte mit seiner Klausel für solche Fälle Jesu Scheidungsverbot außer Kraft. Der Sache nach handle es sich nicht um eine Einschränkung des Scheidungsverbotes Jesu, sondern um eine Verschärfung des jüdischen Gesetzes, wie sie ja auch sonst für Matthäus kennzeichnend ist.

Nach der zweiten Deutung handelt es sich um die *Erlaubnis* zur Scheidung einer *gültigen* Ehe; verschiedene Ansichten bestehen nur darüber, was der Scheidungsgrund πορνεία bedeutet[31]: allgemein Unzucht oder Ehebruch, „wilde, vielleicht perverse Sinnlichkeit“[32], ein voreheliches Vergehen der Frau, das sich erst in der Ehe herausstellt[33], oder Prostitution[34]?

---

[28] Vgl. *Baltensweiler,* Ehe 90, Anm. 31; *Sand,* (Anm. 1) 121; *R. Schnackenburg,* Die sittliche Botschaft des NT, München ²1962, 103–106.

[29] Vgl. *J. Bonsirven,* Le divorce danc le Nouveau Testament, Paris 1948. Ihm haben sich u.a. angeschlossen: *J. B. Bauer,* De coniugali foedere quid edixerit Matthaeus? (Mt 5,31f; 19, 3–9): VerbDom 44 (1966) 74–78; *Pesch,* (Anm. 1) 212; *Schnackenburg,* (Anm. 1) 17 (ebd. Anm. 15 weitere Hinweise).

[30] Ehe 91–102.

[31] Ein Überblick über die Deutungen findet sich bei *Sand,* (Anm. 1) 125; *Baltensweiler,* Ehe 88f; *F. Hauck – S. Schulz:* ThWNT VI, 583, 587–590.

[32] *K. Bornhäuser,* Die Bergpredigt Jesu, Gütersloh 1923, 82.

[33] *A. Fridrichsen,* Excepta fornicationis causa: Svensk Exegetisk Arsbok 9 (1944) 54–58.

[34] *Sand,* (Anm. 1) 127, 128.

Der vielfältige Sprachgebrauch von πορνεία läßt aufgrund des philologischen Befundes allein keine Entscheidung zu. Wir müssen daher das zweite Kriterium exegetischer Argumentation einbeziehen: den *Kontext*. Nun läßt sich nicht bestreiten, daß es in Mt 19, 3–9 allgemein um Ehescheidung, nicht aber um die nachträgliche Trennung unerlaubter Ehen geht. Der Einblick in die Redaktion des Matthäus gestattet jedoch noch genauere Folgerungen: Wenn Matthäus die grundsätzliche Fragestellung des Markus zur Frage umwandelt, ob Scheidung *aus jedem Grund* erlaubt sei, deutet dies auf eine bewußte Modifikation des Problems durch Matthäus hin. Der Änderung der Fragestellung entspricht die Änderung der Antwort in V. 9. Matthäus ist zwar in ihr an die vorgegebene Tradition gebunden; indem er aber dem Jesuslogion eine Klausel einfügt, trägt er der speziellen Problematik Rechnung, die für ihn und seine Gemeinde besteht. Er lehnt unter Bezugnahme auf die Jesustradition die Entlassung der Frau „aus jedem Grund" ab, gesteht aber mit seiner Klausel eine Ausnahme zu. Zur Erfassung des geistigen Hintergrunds der Problematik geben sowohl die Fragestellung als auch die Klauseln selbst (besonders in 5, 32) einen [126] Anhaltspunkt; sie beziehen sich auf die Diskussion zwischen der Schule Schammais und Hillels um die Scheidungsgründe (s. oben II)[35]. Von den rabbinischen Parallelen her erhalten die Klauseln einen präzisen Sinn: Im Fall der ehelichen Untreue der Frau[36] ist es dem Mann gestattet, seine Frau zu entlassen und zu heiraten. Durch ihre Untreue nämlich ist, so wäre aus dem Streitgespräch zu folgern, die schöpfungsgemäße Einheit der Ehe zerstört worden.

---

[35] Vgl. neben den Kommentaren vor allem auch die redaktionsgeschichtlichen Untersuchungen zum Matthäusevangelium: *G. Bornkamm: G. Bornkamm – G. Barth – H. J. Held,* Überlieferung und Auslegung im Matthäusevangelium, Neukirchen 1960, 23; *G. Barth,* ebd. 89; *R. Hummel,* (Anm. 24) 51; *Wrege,* Bergpredigt 69; *F. Hauck – S. Schulz:* ThWNT VI, 591f. *G. Strecker,* (Anm. 27) 132, Anm. 3, betont zutreffend, daß „die sachliche Parallele zur Ehebruchsklausel in der Schule Schammais nicht für den Evangelisten, sondern für die historisch begründeten Verhältnisse seiner Gemeinde charakteristisch ist".

[36] Daß πορνεία in diesem Sinn verstanden werden kann, zeigen die von *F. Hauck – S. Schulz:* ThWNT VI, 583f, 587f, und *Wrege,* Bergpredigt 68, gesammelten Parallelen. Vgl. z.B. Sir 23,23c: ἐν πορνείᾳ ἐμοιχεύθη. Vgl. dazu auch *Schaller,* (Anm. 1) 235 (Anm. 29 ältere Literatur); *Nembach,* Ehescheidungsrecht (Anm. 1) 46f.

Zu demselben Ergebnis kommt eine Analyse von Mt 5, 31 f. Der Vergleich mit Lk 16, 18 zeigt, daß Matthäus das Logion aus der Logienquelle übernahm und es selbst in den antithetischen Rahmen stellte, um es den Antithesen der Bergpredigt einordnen zu können. Als alttestamentliche Vorlage nimmt er die klassische Ehescheidungsstelle Dt 24, 1 auf, übergeht allerdings die dort erwähnte Bedingung („weil er an ihr etwas Widerliches entdeckt"). So gewinnt er eine Formulierung, nach der die Entlassung ohne Einschränkung gestattet ist (analog 19, 3). Gegen dieses „Gebot" stellt Matthäus die Gesetzesauslegung Jesu. In Anpassung an Dt 24, 1 und die jüdische Praxis, die mit der Wiederheirat der Entlassenen rechnen, formuliert er V. 32 a (abweichend von Lk 16, 18 a) so, daß die Wiederheirat der Frau in den Blick genommen und dem Mann als Schuld angelastet wird: „(er) macht, daß mit ihr die Ehe gebrochen wird". Im Fall ihres Ehebruchs wird er nicht schuldig, weil sie durch ihre Tat schon die Ehe zerstört hat.

Der Kontext beider Stellen läßt es als höchst unwahrscheinlich erscheinen, daß Matthäus mit den Klauseln auf illegitime Ehen Bezug nehmen wollte; im Gegenteil – seine Redaktion bestätigt die zweite Auffassung, nach der die Klausel eine Ausnahme vom Scheidungsverbot einräumt, und zwar im Fall des Ehebruchs.

127 Steht diese Deutung nicht im Widerspruch zur Gesetzesauslegung des Matthäus, in der es um eine Radikalisierung der Gesetzesforderung zu gehen scheint? Die Forderung der „besseren Gerechtigkeit" (Mt 5, 20), das Leitthema seiner Gesetzesauslegung in den Antithesen der Bergpredigt, stellt in der Tat diese Intention klar heraus. Damit ist aber die matthäische Konzeption noch nicht ganz erfaßt; ihm geht es auch darum, die Forderung Jesu in der Praxis anwendbar zu machen. Matthäus radikalisiert also nicht nur; er ist auch zu Modifikationen bereit. Modifikationen allerdings, die – gemessen an der allgemeinen Praxis – immer noch als Überbietung der „Gerechtigkeit der Pharisäer und Schriftgelehrten" angesehen werden müssen. Die Auslegung des Ehescheidungslogions fügt sich dieser Konzeption durchaus ein.

5. In 1 Kor 7 geht Paulus auf konkrete Fragen der korinthischen Christen bezüglich Ehe und Ehelosigkeit ein. Die Bemerkungen zur Ehescheidung finden sich in 1 Kor 7, 10–16[37]. Zunächst nimmt

---

37 Vgl. zum folgenden vor allem *H. Conzelmann,* Der erste Brief an die Korinther, Göttingen 1969, 143 ff (Literaturhinweise); *Baltensweiler,* Ehe 187–196; *H.*

Paulus allgemein zu diesen Fragen Stellung. Gegenüber den Verheirateten in der Gemeinde beruft er sich auf das Gebot des Kyrios, ohne es allerdings wörtlich zu zitieren: „... der Herr gebietet, daß sich eine Frau vom Mann nicht scheiden soll ... und daß ein Mann seine Frau nicht wegschicken soll." Paulus setzt wie Mk 10, 11 f eine Tradition voraus, in der Jesu Wort hellenistisch-römischen Rechtsverhältnissen angepaßt ist. In der grundsätzlichen Formulierung entspricht das Gebot Mk 10, 9, wo auch die Trennung der Gatten absolut verboten wird. Dennoch versteht Paulus dieses „Gebot" des Kyrios nicht als starre Regel. Er fügt ihm eine Glosse ein: „Wenn sie (die Frau) sich aber doch scheidet (oder geschieden hat)[38], soll sie unverheiratet bleiben oder sich mit dem Mann aussöhnen" (V. 11 a). Mag Paulus hier generell eine Ausnahme zugestehen, mag er – was wahrscheinlicher ist – nur auf einen Einzelfall Bezug nehmen, in dem sich eine Frau bereits von ihrem Mann geschieden hatte, in beiden Fällen modifiziert Paulus in der Auslegung das absolute Gebot, indem er die Situation eines einzelnen einbezieht.

In 7, 12–16 nimmt Paulus in eigener Autorität zu heidnisch-christlichen [128] Ehen Stellung. Die speziellen Probleme der Gemeinde zwingen Paulus, vom „Gebot" des Kyrios her eine Regelung zu treffen, die über das „Gebot" des Kyrios hinausgeht. Wie er es macht, ist „instruktiv für das Verhältnis von Gesetz und Freiheit"[39]. Zunächst geht es um die Frage, ob solche Ehen überhaupt bestehenbleiben dürfen (V. 11–14). Wenn Paulus in V. 14 so nachdrücklich betont, daß der ungläubige Partner durch den Gläubigen „geheiligt" werde, so läßt dies auf bestimmte Vorurteile in Korinth schließen: Man hatte Angst, durch den Verkehr mit dem heidnischen Partner entheiligt zu werden[40]. Die Gegenargumentation des Paulus geht von der durch Christus geschenkten Freiheit aus: Nicht der Christ verfällt in einer solchen Ehe den „bösen Weltmächten", sondern er

---

Campenhausen, Die Begründung kirchlicher Entscheidungen beim Apostel Paulus: *ders.,* Aus der Frühzeit des Christentums, Tübingen 1963, 52f; *W. Schrage,* Die konkreten Einzelgebote in der paulinischen Paränese, Gütersloh 1961, 241–243; *O. Merk,* Handeln aus Glauben. Die Motivierung der paulinischen Ethik, Marburg 1968, 104–115.

[38] Der Konjunktiv Aorist läßt beide Übersetzungen zu.

[39] *Conzelmann,* (Anm. 37) 145.

[40] Vgl. vor allem *J. Blinzler,* Zur Auslegung von 1 Kor 7, 14: Neutestamentliche Aufsätze. Festschrift für J. Schmid, München 1963, 32–41, und *Conzelmann,* (Anm. 37) 146–148.

„heiligt“ seinen heidnischen Partner und stellt ihn in die Dimension der Liebe Gottes. Ein Zusammenleben ohne Furcht ist möglich. Der Christ muß sich, ja darf sich aus religiösen Gründen nicht trennen.

Bestimmend für den Christen ist die Entscheidung des ungläubigen Partners. Will dieser mit ihm zusammenleben, dann soll sich der Christ nicht scheiden. „Wenn sich aber der Ungläubige scheidet, soll er sich scheiden. In solchen Fällen“ – fährt Paulus fort – „ist der Bruder oder die Schwester nicht gebunden“ (V. 15). Paulus akzeptiert die Entscheidung des heidnischen Partners, durch die die Ehesituation des christlichen Gatten verändert wurde, und bezieht sie in die Auslegung des „Gebotes“ ein. Für diesen Fall folgert er, daß auch der Christ von der Bindung an seinen Partner (bzw. das Gebot) frei ist. Die Wiederheirat wird nicht ausdrücklich erwähnt. Das ist angesichts der Einstellung der Korinther zur Ehe, angesichts der Parusieerwartung des Paulus verständlich. Dennoch ist hier die Aufhebung der Bindung so grundsätzlich formuliert, daß es dem christlichen Teil tatsächlich freigestellt sein dürfte, eine zweite Ehe zu schließen, wenn er es will[41].

In 7,15c fügt Paulus dieser Aussage einen Hinweis auf den Frieden an, in den Gott den Christen berufen hat[42]. Frieden – schalom – ist [129] von der jüdischen Vorstellungstradition her ein sehr gefüllter Begriff, so bezeichnet er bei Paulus umfassend das eschatologische Heil, aber auch den Frieden, der sich – von Gott her – im menschlichen Zusammenleben realisiert. Im Zusammenhang mit 7,15b dürfte er sich ähnlich wie in 1 Kor 14,33 – ohne daß deswegen die theologische Dimension aufgegeben wäre – auf das Freisein von Streit und Zwist, auf Wohlergehen und Glück beziehen. In 7,16–24 fügt Paulus einige Erwägungen an, in denen das Prinzip seiner Argumentation erkennbar wird: Jeder soll so „wan-

---

[41] Der Vergleich mit der Ausdrucksweise in 7,39 (vgl. Röm 7,2f), δέδεται für die Bindung der Frau an den Mann, ἐλευθέρα für ihr Freisein, legt ein grundsätzliches Verständnis von οὐ δεδούλωται nahe.

[42] Der Sinn von V. 16 ist umstritten; nach *J. Jeremias,* Die missionarische Aufgabe in der Mischehe: Neutestamentliche Studien für R. Bultmann, Berlin ²1957, 255, 260, bezieht sich V. 16 auf die mögliche Bekehrung des heidnischen Gatten: „Was weißt du, ob du nicht doch ... den Partner rettest?“ In V. 15b würde „Frieden“ dann die Versöhnung der Gatten meinen. Der Gesamtzusammenhang empfiehlt es jedoch, εἰ (V. 16) nicht als εἰ μή (ob nicht), sondern als „ob“ zu deuten: „Weißt du, ob du deinen Partner rettest?“ V. 16 wehrt dann missionarischen Übereifer ab. Vgl. *H. Conzelmann,* (Anm. 37) 149, Anm. 48.

deln", wie es ihm der Kyrios zugeteilt, wie ihn Gott berufen hat. Die Begabung des Menschen, seine Stellung, sein geschichtlicher „Ort" sind individuell bestimmt. Innerhalb dieser Grenzen wird dem Menschen von Gott Heil, Freiheit, Liebe, neue Existenz möglich gemacht. Weil Gott bei seinem Heilshandeln diese Vorgegebenheiten akzeptiert, muß sie auch der Christ akzeptieren. Bezogen auf die Argumentation in der Frage der Ehescheidung bedeutet dies: Auch Paulus akzeptiert bei seiner Auslegung die reale Lage, in der sich der Christ durch die Entscheidung seines Partners befindet und die er nicht ändern kann. In ihr spricht er ihm das Recht auf Freiheit und Frieden zu.

5. *Konsequenzen*

1. Jesus gibt im Wort von der Ehescheidung kein Gesetz; er deckt vielmehr gegen die „legalisierte Willkür des Mannes" in einer patriarchalischen Gesellschaft das Recht der Frau auf und bestimmt damit die Wirklichkeit der Ehe neu. „Da Jesus hinter die Ebene des Gesetzes zurückgreift auf den Ursprung, darf sein Wort selbst nicht wieder unmittelbar und ohne weiteres als Gesetz angesehen werden."[43] Daß mit der Wirklichkeit der Ehe auch ihr Anspruch aufgewiesen wird, ist klar. Jesu Wort will durchaus richtungweisend sein.

2. In Mk 10 wird höchstwahrscheinlich durch die Gemeinde jene von Jesus aufgewiesene unaufhebbare Einheit der Ehe durch Gen 1.2
130 – also durch die Rückführung auf die Schöpfungstat Gottes – begründet. Daraus folgt klar das theologische Postulat: „Was Gott verbunden hat, das soll der Mensch nicht trennen." Schon die „Trennung", nicht erst die Entlassung (Scheidung) und Wiederverheiratung zerstört also die ursprüngliche Ordnung Gottes.

3. Dieser Anspruch der Ehe bedurfte in der christlichen Überlieferung der Konkretisierung, sollte er in der Gemeinde verwirklicht werden. Die entstehenden christlichen Gruppen brauchten klare Gebote. Das Neue Testament zeigt, daß dies in sehr vielfältiger Weise geschah. Welche Faktoren sind für diese Auslegung maßgebend? Einzelne Unterschiede sind auf die verschiedenen soziokulturellen Voraussetzungen zurückzuführen; es kommt zu einer Hellenisierung und einer Rejudaisierung der Botschaft Jesu.

---

[43] *Ratzinger,* (Anm. 1) 83.

4. Entscheidender ist ein zweiter Unterschied. Bei der Auslegung jenes Anspruchs kommt es zu Modifikationen, die gegenüber dem radikalen Postulat anscheinend eine Abschwächung darstellen. Offenbar ist dies jedoch ein notwendiger Vorgang, durch den man menschlicher Schuld und Schwäche in der Ehe Rechnung trug; ein Vorgang übrigens, der als solcher beweist, daß die christliche Gemeinde bei aller festgeschriebenen Bindung an Jesu Wort es eben nicht als Gesetz auffaßte, sondern als „Leit- und Regelwort", das eine je neue Auslegung verlangt.

Diese geschah schon, als die Stellungnahme Jesu buchstäblich gelesen und aus ihr abgeleitet wurde, daß Entlassung und Wiederheirat verboten seien (Mk 10,11f, möglicherweise auch Q und Lk 16,18. Paulus gibt diese Konzession in eigener Glosse 1 Kor 7,11a). Dadurch scheint zwar theoretisch die „Unauflöslichkeit" der Ehe nicht in Frage gestellt zu werden, de facto ist aber auch hier die Ehe schon aufgehoben.

Matthäus stellt die unaufhebbare Einheit der Ehe anhand von Gen 1.2 kritisch gegen die jüdische Scheidung „aus jedem Grund". Er gestattet aber die Scheidung im Falle des Ehebruchs, da durch ihn die Ehe zerstört ist. Mag Matthäus hier auch vom rabbinisch-jüdischen Eheverständnis nicht unbeeinflußt sein, so will er diese Lösung doch als Gebot des Kyrios verstanden wissen. Die unaufhebbare Einheit als theologisches Postulat steht bei ihm also in Spannung zu jener Einheit, die Menschen in ihrer Geschichte zu realisieren haben und oft nicht realisieren können.

Paulus steht vor der für die damalige Christenheit neuen Frage, wie [131] die Scheidung heidnisch-christlicher Ehen zu beurteilen ist. Deutlich zeigt er auf, daß der Christ grundsätzlich an das „Gebot" des Kyrios gebunden ist, wenn der heidnische Teil die Scheidung nicht sucht. Wenn jedoch der andere Gatte die Scheidung will, ist der Christ nicht gebunden. Zwei Aspekte sind dabei für die paulinische Argumentation charakteristisch: Paulus begründet *erstens* die Freiheit des christlichen Ehepartners mit der „Berufung in und zum Frieden". Jene göttliche Heilsgabe ist hier im Sinn des alttestamentlichen Schalom, also eines umfassenden Glücks des Menschen, in die Argumentation eingebracht und ernstgenommen. Menschliches Glücksverlangen und Herrengebot dürfen also gegeneinander ausgespielt werden. Dahinter steht *zweitens* ein spezifisches Verständnis von Berufung, wie gerade auch die folgende Ausführung in 7,17ff verrät: Die Berufung des Menschen zum Heil erfolgt nicht außerhalb seiner Geschichte. Daher können jene Situationen, in denen er berufen wird und in denen er seine Berufung zu realisieren hat, nicht übersprungen werden. Es gibt Fälle, wo der einzelne einer Situation ausgeliefert ist und nicht die Macht hat, sie zu ändern; eine solche Situation muß bei der Auslegung der Forderung der Unauflöslichkeit der Ehe berücksichtigt werden.

5. Die Auslegungsgeschichte der Stellungnahme Jesu im Urchristentum bezeugt also, daß diese in den verschiedenen Gemeindesituationen der Auslegung bedurfte. Sie zeigt zugleich aber auch, daß die aus der Stellungnahme Jesu abgeleitete Forderung der Unauflöslichkeit der Ehe in vielfacher Weise in Spannung stand zur realen Situation des Menschen, einer Spannung, die nach dem Zeugnis des Urchristentums nicht zu ungunsten der betroffenen Menschen aufgehoben werden darf. Vielmehr muß diese Spannung bei der konkreten Auslegung berücksichtigt werden.

6. Der Anspruch der unaufhebbaren Einheit der Ehe zeigt nur *einen* Aspekt der Stellungnahme Jesu auf. Ihm *vorgeordnet* ist Jesu Stellungnahme zugunsten des Rechtes der Frau gegen eine einseitig am Recht des Mannes orientierte Eheauffassung. Als primärer Gehalt der in seiner Stellungnahme aufgewiesenen Perspektive wäre die Überwindung der Unterdrückung der Frau durch den Mann, in letzter Konsequenz also die im Liebesgebot begründete Humanisierung der ehelichen Beziehung zu sehen.

Der Feind als „Nächster“

1. Der „Nächste“ in der Verkündigung Jesu

147 Die Gegenwart der Basileia ist im Sinne Jesu als Vorgabe der Güte Gottes zu beschreiben; seine Gesetzeskritik ist inhaltlich bestimmt von der Forderung vorbehaltloser Nächstenliebe. Im folgenden soll es darum gehen, einige Sprüche Jesu zu untersuchen, die diesen Anspruch der Güte eigens thematisieren und in die Praxis umzusetzen suchen. Dies geschieht vor allem im sogenannten Gebot der Feindesliebe (Mt 5, 44b.45 par. Lk 6, 27f.35), in den Sprüchen vom „Schlag auf die Wange“ usw. (Mt 5, 38–42 par. Lk 6, 29f), im Vergleich mit den Heiden und Zöllnern (Mt 5, 46f par. Lk 6, 32–34) sowie auch in der Antithese von Mord und Zürnen (Mt 5, 21f), die bereits erörtert wurde (vgl. oben S. 76f).

In den sittlichen Forderungen Jesu wird vom „Nächsten“ nicht abstrakt-theoretisch gesprochen (das Wort „Nächster“ taucht verhältnismäßig selten auf), sondern so konkret und unmittelbar, daß der Angesprochene jeden „Nächsten“ als *seinen* Nächsten erkennt[1]. Der Nächste kann der Mensch in Not, der Arme, der Hungernde, der Kranke, der Gefangene, der Bettler vor der Tür sein, der mich zu einer Reaktion herausfordert (Mt 25, 31ff). Es ist einfach jeder, der bittet, der etwas geliehen haben will (Mt 5, 42). Er ist irgendein Kind, das ich aufnehmen, dessen ich mich wenigstens annehmen sollte (Mk 9, 37). Es ist der Verwundete, an dem ich „zufällig“ vorbeikomme (Lk 10, 30–37). Es kann der Bruder sein, dem ich zürne (Mt 5, 22) bzw. der – wie ich mich beim Altare erinnere – etwas gegen mich hat. Die Nächste kann die eigene Frau sein, von der sich der Ehemann scheiden lassen möchte (und umgekehrt), vielleicht weil sie tatsächlich durch Ehebruch schuldig geworden ist, vielleicht auch weil sich beide nicht mehr verstehen, 148 „sie ihm widerwärtig wurde“ (und er ihr auch), oder aber nur deswegen, weil er eine andere fand[2]. Die durch den ständigen Wandel der Situationen

---

[1] Vgl. dazu vor allem die Zusammenstellung von Braun, Jesus 114–132.
[2] Vgl. Lk 16, 18 und dazu den vorangehenden Abschnitt.

bedingte Ausweitung des Begriffs des Nächsten, eine Variabilität, die es gerade nicht gestattet, ihn an das jeweils eigene Vorverständnis zu binden, ist für Jesus bezeichnend.

Ein *zweites* kommt hinzu: Jesu Redeweise zielt auf die Beziehung zwischen den Menschen, auf die (Grund-)Einstellungen, die ihr Verhalten zueinander „regeln". Er nimmt diese in die Argumentation auf und sucht sie für ein neues, dem anderen angemesseneres Verhalten zu öffnen. Sein Wort bietet nicht theoretische Belehrung, sondern will eine Änderung im „Leben", im faktischen Verhalten, erreichen. Mit solcher Redeweise steht er durchaus im breiten Strom alttestamentlich-jüdischer Erfahrungsweisheit.

Die Goldene Regel, die von der Logienquelle (Mt 7,12/Lk 6,31) auch Jesus zugeschrieben wird, bietet dafür das klassische Beispiel:

„Und wie ihr wollt, daß euch die Menschen tun,
so tut auch ihr ihnen."[3]

Sie ist in der außerchristlichen ethischen Tradition sowohl in der negativen als auch in der positiven Formulierung, in allgemeiner Fassung wie in spezifischer Anwendung weit verbreitet[4]. Das Diasporajudentum hat sie höchstwahrscheinlich aus der hellenistischen Popularphilosophie übernommen[5].

Im Aristeasbrief (207) heißt es: „Welches ist die Lehre der Weisheit? Er (der vom König Gefragte) erklärte: Wenn du, wie du nicht willst, daß dir das Üble widerfahre, sondern alles Gute erfahren willst, ebenso tust gegen deine [149] Untertanen und gegen die, welche sich verfehlen." Tob 4,15: „Und was du hassest, das tue keinem an." Das Targum Jeruschalmi I interpretiert Lev 19,18 in ihrem Sinn: „Was dir selbst unlieb ist, tue ihm (deinem Nächsten) nicht an." Die positive Fassung bietet slavHen 61,1: „Wie ein Mensch seiner eigenen Seele von

---

3 Die matthäische Version ist sekundär erweitert, im Hinblick auf Mt 5,17 als Zusammenfassung von Gesetz und Propheten gedeutet und bietet so generalisierend (vgl. das einleitende „alles") eine Zusammenfassung der dargelegten jesuanischen Gesetzesauslegung.

4 Vgl. dazu *W. Caspari*, Die altruistische Gegenseitigkeitsregel und die Bergpredigt: Zeitwende 4 (1928) 161–169; *A. Dihle*, Goldene Regel, Göttingen 1962; *E. H. Erikson*, Einsicht und Verantwortung. Die Rolle des Ethischen in der Psychoanalyse (Fischer-Taschenbuch 6089) 1971, 192ff: Die Goldene Regel im Licht neuer Einsicht; *H. Schürmann*, Lukasevangelium 351f; *K. Berger*, Gesetzesauslegung 133f, sowie *E. Lerle:* Realisierbare Forderungen der Bergpredigt?: KeDo 16 (1970) 32–40, hier 32–37. Vgl. auch *H. Bolkestein*, Wohltätigkeit 156–170, 457f, zum „Gegenseitigkeitsprinzip".

5 Vgl. *Dihle*, (Anm. 4) 81, der diese Anschauung von Sir 34,15 her zu begründen sucht; ihm stimmt *Berger*, Gesetzesauslegung 133, zu. Vgl. ebd. 133f und *Schürmann*, Lukasevangelium 349, Anm. d.

Gott erbittet, so soll er tun jeder lebenden Seele.“ Von Rabbi Akiba wird überliefert: „Du sollst deinen Nächsten lieben wie dich selbst. Dies ist eine sehr wichtige Regel in der Tora. Du sollst nicht sagen: Ich bin verachtet worden, so soll auch mein Nächster mir verachtet werden, und ich bin geschmäht worden, so soll auch mein Nächster von mir geschmäht werden.“ Rabbi Tanchuma sagt dazu: „Wenn du es so tun solltest, so wisse, daß der, den du verachtest, in der Ebenbildschaft Gottes geschaffen wurde.“[6]

Ähnlich wie in dem Gebot der Nächstenliebe durch das „Liebe den anderen *wie dich selbst*“[7], so wird in der Goldenen Regel durch den Hinweis auf das, was der Angesprochene vom anderen wünscht bzw. nicht wünscht, dessen Verhalten (gegenüber jenem anderen) an den Maßstab gebunden, den das „Ich“ gerne für sich in Anspruch nimmt. Man kann angesichts der oft konkret utilitaristischen Argumentation den Eindruck gewinnen, daß in der Regel der „naive Lohnegoismus“ bzw. eine Geschäftsmoral nicht vermieden sei, und in diesem Sinn auch Mt 7,12 beurteilen[8]. Damit wird aber die tatsächliche Einstellungsänderung, welche die Regel intendiert, nicht ausreichend erfaßt. In ihr wird durch die Rückbindung an das „Ich“ die Liebe davor geschützt, nach verschiedenerlei Maß ausgelegt zu werden. Die Formulierung 150 zwingt, „das Eigen-Interesse und das Interesse anderer ‚Selbsts‘ zu identifizieren“[9]. Jene (Grund-) Einstellung soll überwunden werden, aufgrund der das Ich für sich Sonderrechte und für den anderen Nebenrechte reklamieren zu

[6] Genesis Rabba 24 (Ende). Zu den Belegen vgl. *Billerbeck,* Kommentar I, 559f.

[7] Vgl. dazu die bei *Bornkamm,* Jesus 104, zitierte Auslegung Kierkegaards: „Soll man den Nächsten lieben *wie sich selbst,* so dreht das Gebot wie mit einem Dietrich das Schloß der Selbstliebe auf und entreißt sie dem Menschen. Wäre das Gebot der Nächstenliebe anders ausgedrückt als durch das Wörtlein *wie dich selbst,* das so leicht zu handhaben ist und doch die Spannkraft der Ewigkeit hat, so könnte das Gebot die Selbstliebe nicht so bemeistern. Dies *wie dich selbst* läßt sich nicht drehen und deuteln; mit der Schärfe der Ewigkeit richtend, dringt es in den innersten Schlupfwinkel ein, wo ein Mensch sich selbst liebt; es läßt der Selbstliebe nicht die leiseste Entschuldigung übrig, nicht die mindeste Ausflucht offen. Wie wunderbar! Man könnte ja lange und scharfsinning Reden darüber halten, wie ein Mensch seinen Nächsten lieben solle, und immer würde die Selbstliebe noch Entschuldigungen und Ausflüchte vorzubringen wissen, weil die Sache doch nicht ganz erschöpft, ein Fall übergangen, ein Punkt nicht genau oder bindend genug ausgedrückt und beschrieben wäre. Aber dieses *wie dich selbst* – ja, kein Ringer kann seinen Gegner so fest, so unentrinnbar umklammern, wie dieses Gebot die Selbstliebe umklammert“ (Leben und Walten der Liebe, übersetzt von Schrempf, 19f).

[8] So z.B. *Braun,* Radikalismus II, 86, Anm. 2.

[9] *Erikson,* (Anm. 4) 193.

können meint. Es geht also darum, die Regel „mit einem Prinzip lebendiger Wechselseitigkeit auszustatten anstelle eines Vertrages, der auf Schlauheit und Sympathie beruht"[10]. Dabei ist die hier vorausgesetzte Akzeptation des eigenen Ichs, seines Rechts und seiner Wünsche nicht schon von vornherein zu verdächtigen. Sie ist lebensnotwendig und ermöglicht erst jenes sich dem anderen zuwendende Handeln. Auch hier wäre zu bedenken, daß den so Herausgeforderten durch Jesus die Zuwendung Gottes erfahrbar gemacht wurde und er ein solches Verhalten an Jesus selbst erlebte, ehe er in solcher Weise gefordert wurde.

Da die Regel auf eine *Veränderung des Verhaltens* abzielt und nicht nur allgemein sittliche Maximen darbietet, ist es durchaus von Belang, ob sie negativ oder, wie es auch in der Jesustradition geschieht, positiv formuliert wird[11]. Es geht nämlich dann nicht mehr darum, daß der Mensch auf die eigenen negativen Erfahrungen, seine Befürchtungen und Ängste verwiesen wird, um an ihnen zu erkennen, was auch er anderen nicht antun soll. Vielmehr werden seine Erwartungen, seine geheimen Wünsche, Sehnsüchte und Hoffnungen mobilisiert, um die Aktivität für den anderen anzuregen und ihr positive Impulse zu geben[12]. In der Formulierung der Jesustradition ist der für das Verhalten vorausgesetzte Partner nicht festgelegt, etwa „auf den Volksgenossen" oder „den Nächsten" im engeren Sinn. Die Regel spricht vielmehr allgemein „von Menschen" in der Mehrzahl, meint also jedermann[13].

---

[10] *Erikson,* ebd. 204.

[11] Zum Beispiel gegen *J. Schmid,* Das Evangelium nach Matthäus, Regensburg [4]1959, 148, der zu theoretisch – ohne Berücksichtigung des konkreten Bezugs auf die Einstellungsänderung – die verschiedenen Inhalte abwägt und keinen Unterschied findet.

[12] Das oben Gesagte gilt, mag man auch aufgrund von mancherlei Erfahrung versucht sein, Bernhard Shaws Version der Rede recht zu geben: „Tu einem andern nicht an, wovon du wünschst, daß man's dir antäte, denn er könnte einen anderen Geschmack haben als du", zit. nach *Erikson,* (Anm. 4) 193. Doch ließe sich ja auch diese Variante in die Regel – verstünde man sie recht – noch integrieren! Franziskus entfaltet in seiner Formulierung das Moment der Aktivität und des auf Gegenseitigkeit angewiesenen menschlichen Selbstfindungsprozesses besonders deutlich: „Gib mir, daß ich nicht so sehr suche, getröstet zu werden als zu trösten, verstanden zu werden als zu verstehen, geliebt zu werden als zu lieben (und nun folgt aus der Einsicht in die notwendige Wechselseitigkeit menschlicher Beziehungen), denn im Geben nur empfangen wir" (zit. nach *Erikson,* ebd. 205).

[13] Den universalen Bezug nennt mit Recht *H. Schürmann,* Lukasevangelium 350.

2. *Das „Gebot“ der Feindesliebe*

[151] Die Forderung der Feindesliebe[14] ist in einem Spruch der Logienquelle überliefert, der in Mt 5,44b.45 bzw. Lk 6,27f.35 von den Evangelisten verarbeitet wurde (der Wortlaut des einleitenden Imperativs ist nicht mehr vollständig zu ermitteln):

„Liebet eure Feinde und betet für ...,
damit ihr Söhne eures Vaters im Himmel werdet,
denn er läßt seine Sonne aufgehen über Böse und Gute
und läßt regnen über Gerechte und Ungerechte.“

Erst *Matthäus* hat anläßlich der Komposition der Bergpredigt den Spruch in die bei ihm vorliegende antithetische Form gebracht (vgl. aber Lk 6,27a). Er versteht die Sprüche als Kritik an einer den Feind ausschließenden Deutung des Gebots der Nächstenliebe (Lev 19, 18). Midraschartig führt er das alttestamentliche Zitat mit dem Zusatz „und deinen Feind hassen“ weiter und legt so das alttestamentliche Gebot polemisch im Sinne eines engen, den Feind ausschließenden Verständnisses des Nächsten aus. Das Gebot, seinen Feind zu hassen, läßt sich im Alten Testament und auch in jüdischen Zeugnissen nicht belegen. Doch dürfte es im Rückblick auf den römisch-jüdischen Krieg die Einstellung weiter Kreise charakterisieren; eine radikale Ablehnung des Gegners bestimmt auch die Gerichtsdarstellungen der Apokalyptik. In der Erwartung eines endzeitlichen Rachekriegs findet sie eine drastische Veranschaulichung. Für die Qumran-Gemeinde wird die Trennung von allen, die der Sektenobservanz nicht folgen, in der Sektenregel gefordert[15]. Gegen eine den [152] Feind ausschließende Deu-

---

[14] Neben den Spezialuntersuchungen zum Matthäusevangelium und Kommentaren vgl. vor allem *K. Berger,* Gesetzesauslegung; *G. Bornkamm,* Jesus; *P. Fiebig,* Jesu Worte über die Feindesliebe, im Zusammenhang mit den wichtigsten rabbinischen Parallelen erläutert: ThStK 91 (1918) 30–64; *G. Friedrich,* Was heißt das: Liebe? (Calwer Heft 121 (1972)); *V. Hasler,* Das Herzstück der Bergpredigt: ThZ 15 (1959) 90–106; *D. Lührmann,* Liebet eure Feinde (Lk 6, 27–36/Mt 5, 39–48): ZThK 69 (1972) 412–438; *W. Schrage,* Barmen II 154f; *H. Schürmann,* Lukasevangelium 342ff (Literaturhinweise 343, Anm. 10), sowie *A. Nissen,* Gott und der Nächste im antiken Judentum. Untersuchungen zum Doppelgebot der Liebe, Tübingen 1974, bes. 278ff, 304ff; *Hübner,* Gesetz 81–112; *L. Schottroff,* Gewaltverzicht und Feindesliebe in der urchristlichen Jesustradition, in: *G. Strecker* (Hrsg.), Jesus Christus in Historie und Theologie. Festschrift für H. Conzelmann, Tübingen 1975, 197–221.

[15] 1QS 1, 1–4: „... [. Buch der Ord]nung der Gemeinschaft: Gott zu suchen [mit ganzem Herzen und ganzer Seele, zu] tun, was gut und recht vor ihm ist, wie er durch Mose und durch alle seine Knechte, die Propheten, befohlen hat; und alles zu lieben, was er erwählt hat, und alles zu hassen, was er verworfen hat ...“ (zit. nach *E. Lohse,* Die Texte von Qumran). Vgl. auch *H. Braun,* Qumran und das Neue Testament I, zu Mt 5, 43–44. Allgemein zu jüdischer Feindesliebe vgl. *Nissen,* (Anm. 14) 293 sowie 304ff, sowie *K. Berger,* Gesetzesauslegung. Vgl. z.B. Sir 28, 1–7; Joseph und Asenath 29,3: „Einem gottesfürchtigen Manne ziemt es nicht, für Böses Böses zu vergelten, noch einen Hingestürzten vollends zu zertreten, noch seinen Feind zum Tode zu zermalmen“ (zit. nach *Rießler*).

tung des Gebots der Nächstenliebe stellt Matthäus Jesu Gebot der Feindesliebe. Der Zusatz „und betet für die, die euch verfolgen" bezieht auch die Verfolger der christlichen Gemeinde (vgl. Mt 5,10.11; 10,23; 23,34) in das Gebot ein. Eine christliche Variation des „jüdischen" Mißverständnisses des Gebotes der Nächstenliebe soll dadurch ausgeschlossen werden: auch der Feind der christlichen Gemeinde soll für diese der Nächste bleiben. Die Kirchengeschichte dokumentiert, wie diese die Intention Jesu zweifellos richtig aufnehmende Auslegung des ersten Evangeliums vergessen wurde.

Lukas hat den Spruch höchstwahrscheinlich im Rahmen der Q-Komposition erhalten; in ihr wurde die Reihe der Sprüche (vgl. für die Abfolge, jedoch nicht für den Inhalt Lk 6,29f.31.32–34) durch eine zweigliedrige Aufforderung zur Feindesliebe eröffnet (Lk 6,27b.28/Mt 5,44b) und durch den vollen Wortlaut des Spruches von der Feindesliebe (Mt 5,44b.45/Lk 6,35) abgeschlossen[16]. Lukas hat die Sprüche allerdings inhaltlich stark bearbeitet, offenbar, um sie seiner ethischen Konzeption anzupassen. Der einleitende Imperativ erhält eine viergliedrige Gestalt, welche die Forderung, den Gegner zu lieben, durch Wohltun, Segnen und Beten entfaltet. In V. 35a nimmt Lukas auf die von ihm erstellte dreigliedrige Gestalt des ursprünglich zweigliedrigen Vergleichs mit den Zöllnern und Heiden (Mt 5,46f) Bezug, indem er nun das Verhalten der Jünger mit dem der Sünder vergleicht. Diesem Vergleich entsprechend spricht er nicht nur von „lieben" (V. 32), sondern auch von „Gutes tun" (= V. 33, vgl. V. 27c) und „leihen" (= V. 34). In Q wurde das Gebot der Feindesliebe durch den Hinweis auf das Verhalten Gottes motiviert, dem der Mensch in seinem Verhalten ähnlich werden sollte: „damit ihr Söhne des Vaters ... *werdet*" (Mt 5,45). Lukas stellt dieser Motivation die Verheißung zukünftigen Lohnes (V. 35b) voraus und begreift sie also als Explikation jener eschatologischen Lohnverheißung: „Ihr *werdet* Söhne des Höchsten *sein*..." (V. 35c)[17].

In Q war die Komposition streng auf das Gebot der Feindesliebe ausgerichtet. Der Vergleich mit den Zöllnern und Heiden (konkret also mit den das Land beherrschenden Römern) nennt jene Gruppen, welchen nach der Intention der Q-Komposition im Hinblick auf das Gebot der Feindesliebe eine besondere Bedeutung zukam; Q hat also das Gebot deutlich durch einen situationsbezogenen Kontext aktualisiert[18]. Indem Lukas jenen Vergleich generell [153] auf Sünder bezieht und das Motiv des Grüßens durch Gutestun und Ausleihen (in Aufnahme von Mt 5,42 = Q) erweitert, legt er die Forderung grundsätzlicher ethisch aus. Die Liebesforderung Jesu wird, wie van Unnik deutlich machte, in Auseinandersetzung mit hellenistischer Gegenseitigkeitsethik (vgl. bes. V. 32–34) für hellenistische Leser interpretiert und durch den Verweis auf den himmlischen Ausgleich typisch lukanisch motiviert (vgl. Lk 14, 12–14; 16, 19–31)[19].

---

16 Vgl. *D. Lührmann,* (Anm. 14) 412–422.

17 Vgl. *H. Schürmann,* Lukasevangelium 355: „Der Lohn wird bestehen in der eschatologischen Erhebung zu ‚Gottessöhnen'."

18 Vgl. *P. Hoffmann,* Logienquelle 324–326 u.a.

19 Vgl. *W. C. van Unnik,* Die Motivierung der Feindesliebe in Lk 6, 32–35: NovT 8 (1966) 284–300.

Auch Q stellt jedoch bereits eine sekundäre Komposition ursprünglich isolierter Sprüche dar; das Gebot der Feindesliebe muß daher als selbständiges Logion interpretiert werden, dessen Wortlaut im wesentlichen durch Matthäus erhalten geblieben ist. Nur der Hinweis auf die Verfolger sowie die Bezeichnung Gottes als „unser Vater in den Himmeln“ dürften der matthäischen Redaktion entstammen.

Das *Wort Jesu* setzt in der Sache das schon alttestamentliche Gebot der Nächstenliebe Lev 19,18 voraus (vgl. Mk 12, 28–34), das Matthäus im Rahmen zitiert. Das Gebot hat vor allem im hellenistischen Judentum bereits eine universale Auslegung erfahren; kennzeichnend allerdings für die palästinisch-rabbinische Auslegung ist die Einengung des Begriffs des Nächsten auf den Volks- und Glaubensgenossen[20]. Jesus ersetzt den Begriff des Nächsten durch den des Feindes und versteht darunter – das ist gegen die häufig privatisierende Auslegung zu betonen – nicht nur den persönlichen Gegner, sondern generell auch den nationalen und religiösen Feind, sowohl den Heiden als auch den abtrünnigen Juden[21]. Dadurch wird der Begriff des Nächsten, der aufgrund des menschlichen Egoismus, aber auch aus Notwehr von einzelnen oder Gruppen häufig zu eng ausgelegt wird, ins „Unendliche“ ausgeweitet. Vergleichen wir die Forderung mit den oben zitierten Beispielen für die Deutung des Nächsten in der ethischen Weisung Jesu, so wird deutlich, daß die dort unvermerkte Ausweitung auf jeden Menschen hin hier nun bewußt jene Grenze zur Sprache bringt, an der die Nächstenliebe aufgrund menschlichen Regelverhaltens ihr „natürliches“ Ende findet, ja, wie häufig gesagt wird, sogar finden muß, soll man überleben. Solche Forderung bedeutet nicht eine quantitative Steigerung der Nächstenliebe, sondern ihre qualitative Veränderung.

154 Der Spruch motiviert diese Forderung einer „neuen“ Liebe durch den Hinweis auf das Verhalten Gottes. Jene eher resignative und skeptische Feststellung weisheitlicher Tradition[22], daß Gottes Regen und daß Gottes Sonne keine Ausnahme machen und zu des

---

[20] Vgl. *Billerbeck,* Kommentar I; *K. Berger,* Gesetzesauslegung 130–133 (Literaturhinweise 130, Anm. 2), sowie *H. Braun,* Radikalismus II, 97–99.

[21] Vgl. vor allem *P. Fiebig,* (Anm. 14) bes. 35–38.

[22] Vgl. vor allem *Kohelet,* z.B. 11, 3–5: „Wenn die Wolken schwer sind, ergießen sie Regen über das Land. Ob ein Baum fällt nach Süden oder nach Norden, wohin der Baum fällt, da bleibt er liegen. Wer auf den Wind achtet, kommt nicht zum Säen; wer nach Wolken schaut, kommt nicht zum Ernten. So wenig

Schurken wie des Frommen Wohlfahrt dienen[23], wird in der Begründung des Gebots der Feindesliebe überraschend zum Gegenmodell für menschliches Verhalten. Der Rekurs auf die Schöpfungsordnung durchstößt die vom Menschen errichtete Welt der Unterschiede, Ungleichheiten und Gegensätze[24] und zeigt jenen Bereich auf, wo sich alle in gleicher Weise [155] als an Gott ausgeliefert und

---

du weißt, wie der Odem kommt in die Wesen im Mutterschoß, so kennst du auch nicht das Walten Gottes, der alles bewirkt.“ 9,2f: „Es trifft auch alle das gleiche Los, den Gerechten und den Frevler, den Reinen und den Unreinen, den, der opfert, und den, der nicht opfert. Dem Guten geht es wie dem Sünder, dem, der schwört, wie dem, der den Eid scheut. Das ist das Schlimme bei allem, was geschieht unter der Sonne, daß ein gleiches Los alle trifft.“ Vgl. aber auch den auf S. 151 Anm. 32 zitierten rabbinischen Beleg aus Mekhiltha Ex sowie Sir 18,13: „Nur auf den Nächsten zielt das Mitleid einen Menschen, jedoch auf alle Wesen die Barmherzigkeit des Herrn ...“

[23] Vgl. dazu vor allem *D. Lührmann,* (Anm. 14) 432f: „Zu der Verheißung gehört eine Begründung, die in der wohl ursprünglichen Matthäus-Fassung an die jedermann zugängliche Erfahrung appelliert. Freilich ist diese Erfahrung an sich nicht zum Lobe Gottes, sondern *resignierend* formuliert. In ihrer Funktion als Begründung kehrt sie sich aber überraschend gegen den, der ihr zustimmt. Der *Zweifel* an Gottes Gerechtigkeit wird aufgenommen, jedoch nicht wie in der dualistischen Weisheit mit dem Hinweis auf die postmortale ausgleichende Gerechtigkeit niedergeschlagen. Er begründet vielmehr Gebot und Verheißung mit der Souveränität Gottes und fordert, nicht an Gottes, sondern an der eigenen Gerechtigkeit zu zweifeln.“ *Lührmann* weist ebd., Anm. 75, darauf hin, daß die Formulierung Lk 6,35 bereits „einen theologischen Lehrsatz ausspricht“. Er verweist auf Belege bei *Billerbeck,* Kommentar I, 374–375, die zeigen, „wie diese Frage als theologisches Problem diskutiert worden ist, gerade unter der Frage der Gerechtigkeit Gottes wie des Gerechten“.

[24] Vgl. dazu wieder die charakteristischen Mahnungen der Weisheit Sir 13, 15–20: „Alles Fleisch liebt sein Gleiches und jeder Mensch den ihm Gleichgestellten ... Wozu hält sich der Wolf zum Lamme? Also der Gottlose, der sich dem Gerechten beigesellt! Was für einen Frieden hält die Hyäne mit dem Hunde und was für Frieden der Reiche mit dem Armen? Der Fraß des Löwen sind die Wildesel in der Wüste. Also sind die Weide des Reichen die Armen. Greuelhaft ist dem Übermut die Demut, ebenso greuelhaft ist dem Reichen der Arme“; ebd. 13, 2–5: „Was dir zu schwer ist, lade dir nicht auf, und mit dem, der reicher ist als du, gehe nicht um. Wozu geht der Topf mit dem Kessel um, dieser stößt, und jener zerbricht! Der Reiche tut Unrecht, und er prahlt dazu, und dem Armen geschieht Unrecht, und er fleht dazu. Wenn du für ihn brauchbar bist, macht er dich zum Sklaven, und wenn du zusammenbrichst, hält er sich fern von dir. Wenn du etwas hast, so läßt er es sich bei dir wohl sein und macht dich arm und kommt selbst nicht zu Schaden“ (Text und Übersetzung nach Smend). Ich übernahm dieses Zitat aus *M. Hengel,* Judentum 250, auf dessen Ausführungen zu Ben Sira und Kohelet ausdrücklich verwiesen sei.

auf seine Fürsorge angewiesen erfahren. Solche Gleichheit stellt die vom Menschen errichteten und aufrechterhaltenen Positionen in Frage. Macht Gott keinen Unterschied zwischen Guten und Bösen, kann der Mensch auch nicht seine Positionen auf solche Vorurteile bauen. Hier wird mit dem Hinweis auf das Verhalten des Schöpfers menschliches Regelverhalten in Frage gestellt; an anderen Stellen, etwa im Verbot des Richtens (Mt 7,1/Lk 6,37), geschieht dies durch die Konfrontation mit der allen ohne Ausnahme drohenden Gerichtssituation, aufgrund der *es keiner* wagen darf, den anderen zu verurteilen. Das Gleichnis vom Schalksknecht bindet das Verhalten des Menschen zum andern ausdrücklich an das Verhalten Gottes zu ihm und deckt so die eigene Situation auf, die ihn wieder dem andern gleichordnet[25].

Wie in der Aufforderung zur Barmherzigkeit (Lk 6,36; vgl. Mt 5, 48): „Werdet barmherzig, wie euer Vater barmherzig ist“, dient der Hinweis auf das Verhalten Gottes hier zunächst positiv dazu, zu solcher Nachahmung Gottes zu ermuntern. Dazu wird die Vorstellung alttestamentlicher Tradition, der nicht nur der davidische König, sondern alle Israeliten als Söhne Gottes galten, in weisheitlicher Modifikation aufgenommen. Dort wird der Gerechte (Weish 2,18) und der Barmherzige Sohn Gottes (Sir 4,10) genannt, Mt 5,45 wird die in einem solchen Namen zum Ausdruck kommende Zugehörigkeit zu Gott in vollem Umfang beim Wort genommen. Sie ist ausgeweitet zur Teilhabe an Gottes universaler Güte, die keinen Menschen ausläßt. Der Vergleich mit Gott dient also dazu, dem Anspruch einer ständigen Transzendierung des menschlichen Verhaltens Nachdruck zu geben. Die hier geforderte Maßlosigkeit der Vergebungsbereitschaft findet ihren Ausdruck in der bei Matthäus überlieferten Antwort Jesu auf die Frage, ob dem Bruder etwa siebenmal vergeben werden soll: „Nicht siebenmal, sondern siebenundsiebzigmal“ (Mt 18,21.22; vgl. Lk 17,3f) – in Umkehrung des Gesetzes der Rache, das für Kain und Lamech galt (Gen 4,15.24). Der Chance gegenwärtiger Sohnschaft korrespondiert die Ver-

---

[25] Vgl. *W. Schrage,* Barmen II 128f Anm. 4, sowie *Ch. Dietzfelbinger:* Das Gleichnis von der erlassenen Schuld. Eine theologische Untersuchung von Mt 18, 23–35: EvTh 32 (1972) 437–451.

heißung der endzeitlichen Einsetzung zu Gottessöhnen in der Seligpreisung derer, die Frieden machen (Mt 5,9)[26].

3. Die Übersetzung des Gebotes in konkretes Verhalten

156 Jesus ist nicht beim Gebot der Feindesliebe stehengeblieben; er versucht diese Forderung in die Situation seiner Zeitgenossen zu übersetzen.

1. Eine solche Intention scheint mir im Hintergrund der ursprünglich selbständigen Sprüche Mt 5,46f (vgl. Lk 6, 32–34) zu stehen:

„Wenn ihr nur die liebt, die euch lieben, welchen Lohn habt ihr dann?
Tun das nicht auch die Zöllner?
Und wenn ihr nur eure Brüder grüßt, was tut ihr dann besonders[27]?
Tun dasselbe nicht auch die Heiden?“

Vielfach wird aufgrund des allgemeinjüdischen abwertenden Gebrauchs der Ausdrücke Zöllner und Heide die Authentizität dieses Spruches in Frage gestellt. Meines Erachtens zu Unrecht. Jesus nimmt nämlich hier bewußt auf die gängigen Urteile seiner Zeitgenossen über Zöllner und Heiden Bezug und erreicht gerade so die von ihm beabsichtigte Provokation[28]. Durch den Hinweis auf das Verhalten der Zöllner (das sind jüdische Kollaborateure) und der

---

[26] Vgl. *G. Fohrer:* ThWNT VIII, 352, 360, sowie *E. Schweizer:* ebd. 355, 392f; *W. Schrage,* Barmen II 154. – Zu Mt 5,9 vgl. *H. Windisch,* Friedensbringer – Gottessöhne: ZNW 24 (1925) 242f.

[27] Die Formulierung könnte aus Mt 5,20 übernommen sein, so daß in Q ursprünglich vom „Lohn“ auch im zweiten Glied die Rede war.

[28] Vgl. zuletzt *D. Lührmann,* (Anm. 14) 428: „In diesen Fragen zeigt sich eine Gemeinschaft, die sich abhebt gegenüber ‚anderen‘.“ Er schließt daher eine Zugehörigkeit der Fragen zum ursprünglichen Gebot als zweifelhaft aus. Die Verkennung des provokativen Charakters der Formulierung hat Konsequenzen für die Rekonstruktion des ursprünglichen Wortlauts (Lührmann entscheidet sich für Sünder) und für die Traditionsgeschichte insgesamt (vgl. auch 419f sowie 437). *N. Perrin,* Was lehrte Jesus wirklich? Rekonstruktion und Deutung, Göttingen 1972, 102, stellt den zeitgeschichtlichen Hintergrund sehr deutlich heraus: Die Texte „reflektieren sehr wahrscheinlich die sich verhärtende jüdische Haltung nach der allgemeinen Einführung der unmittelbaren römischen Zoll- und Steuerhoheit im Jahre 44 n. Chr. (mit Hinweis auf seinen Schüler J.R. Donahue). Diese unmittelbare römische Steuerhoheit bestand jedoch in der Wirksamkeit Jesu schon in Jerusalem und Judäa, und deshalb könnte dort die härtere Einstellung gegenüber den Zöllnern schon üblich gewesen sein.“ Er begreift sie als Antwort auf den Protest, den Jesu Gemeinschaft mit den Zöllnern und Sündern herausforderte.

Heiden (konkret also die römische Besatzungsmacht) vergleicht er das Verhalten der angesprochenen Juden gerade mit dem Verhalten derer, die ihnen aufgrund der bestehenden Verhältnisse mit Recht besonders verhaßt waren und über die sie sich dank ihrer religiösen Vorrangstellung erhaben dünkten. Indem er zeigt, daß *beide* einander feindlich gegenüberstehende [157] Gruppen in ihrem Verhalten nur Gruppeninteressen verfolgen, daß also die angesprochenen Juden nicht besser als die verhaßten Fremden und deren Mitläufer sind, weist er nach, wie wenig Recht sie haben, die „anderen“ zu verurteilen. Das geforderte Mehr besteht dann gerade darin, die durch Gruppenzugehörigkeit gezogenen Grenzen zu überschreiten. Das gängige Verhaltensmuster, nach dem man immer weiß, wer schlecht (nämlich der andere) und wer gut ist (nämlich wir), wird gestört.

2. Ein *zweites* Beispiel bieten die Sprüche vom „Schlag auf die Wange“ usw. Mt 5, 39–42/Lk 6,29f, sie standen schon in der Logienquelle in Verbindung mit dem Gebot der Feindesliebe und dem Vergleich mit Zöllnern und Heiden.

Mt 5, 39–42:
[(V. 39) „Ich aber sage euch:
leistet dem Bösen keinen Widerstand!
Sondern] wer immer dich auf deine rechte Wange schlägt,
dem halte auch die andere hin.
(V. 40) Und dem, (der) mit dir prozessieren und dir das Hemd nehmen will,
laß auch den Mantel.
(V. 41) Und wer immer dich nötigt, eine Meile mit dir zu gehen,
gehe mit ihm zwei;
(V. 42) dem dich Bittenden gib,
und dem, der von dir borgen will, den weise nicht ab.“

Lk 6, 29f:
(V. 29) „Dem dich auf die Wange Schlagenden
halte auch die andere hin,
und dem (von) dir deinen Mantel Wegnehmenden verweigere das Hemd nicht.
(V. 30) Jedem dich Bittenden gib,
und von dem dir das Deine Wegnehmenden
fordere es nicht zurück.“

Matthäus hat die Sprüche in die antithetische Form gebracht und sie dem im Alten Testament und auch sonst in antiken Zeugnissen belegten Gesetz der Talio (der „geregelten Vergeltung“) gegenübergestellt; das beweist neben der Lukasparallele, in der die antithetische Form fehlt, vor allem V. 39a: „Ich aber sage euch, widersteht nicht dem Bösen!“ Erst Matthäus faßt nämlich mit diesem Leitwort die Spruchreihe 5, 39b–42 zusammen, wie ein genauerer

Vergleich beider zeigt. Die Forderung, dem Bösen nicht zu widerstehen, wird nämlich der Aufforderung zum Tun in den Sprüchen nicht gerecht. Auffallend ist der Widerspruch vor allem in den letzten beiden Sprüchen der [158] Reihe, in denen der Hörer aufgefordert wird, dem Bittenden zu geben. Das hat mit Verzicht auf Widerstand gegenüber dem Bösen nichts zu tun. Um die älteste Aussageintention zu erreichen, müssen wir daher von den Sprüchen ohne ihren matthäischen Rahmen ausgehen. Dabei dürfen wir uns aber nicht vom matthäischen Leitgedanken bestimmen lassen, der die verbreitete Mißdeutung der Sprüche im Sinne der Forderung totaler Passivität veranlaßt hat.

Die *Sprüche* selbst setzen bei Lukas und Matthäus je verschiedene Situationen voraus. Bei Lukas ist es die Situation erfahrener Gewalttat: Wenn dich einer schlägt..., wenn dir einer deinen Mantel rauben will...; bei Matthäus handelt es sich – nach der mit Lukas gemeinsamen Erwähnung des Schlages auf die nun rechte (!) Wange – um einen Schuldprozeß, in dem jemandem sein Hemd gepfändet werden soll, sowie – zusätzlich – etwa um einen Bauern, der von durchreisenden römischen Beamten oder Militärs zu Gespanndiensten gezwungen wird. Mit Q fügen beide diesen Sprüchen den ursprünglich wahrscheinlich isolierten Doppelspruch von dem an, der „bittet“ und „borgen“ will. Er ist in der zweiten Hälfte bei Lukas sekundär auf den Räuber zurückbezogen. Bei beiden ist die Spruchgruppe formal sehr sorgfältig durchkomponiert. (Bei Matthäus entspricht V. 39 dem V. 41, der V. 40 dem V. 42, jeweils im Wechsel von Relativsatz und Partizipialkonstruktion; Lukas hat zwei Doppelsprüche in durchgängiger Partizipialkonstruktion, wechselt aber jeweils zwischen einer Dativ- und Präpositionalkonstruktion: ἀπό mit Genetiv.) Welche Version im ersten Doppelspruch ursprünglicher ist, läßt sich nur schwer entscheiden. Doch könnte Matthäus zusammen mit seinem Leitwort des Widerstandverzichtes auch die Situation des Schuldprozesses und des Gespanndienstes in die Spruchreihe hineingebracht haben. Dem Leitwort entsprechend fordert er also zur Hinnahme des Unrechts, ja sogar zu einer übereifrigen Erfüllung der Schuldforderung und des Frondienstes auf. Stellen diese Änderungen eine Antwort auf die notvolle Situation nach Niederschlagung des jüdischen Aufstandes dar? Sind sie also „Lied der großen Kapitulation“? Entwürdigender Eifer des Gedemütigten ebenso wie Beweis der Lebensklugheit des Besiegten, der es in den Zeiten der Unterdrückung lernt, nicht aufzugeben, sondern sich den Herrschenden anzupassen, um überleben zu können?

Die ursprüngliche Fassung der Sprüche in Q, die auf Jesus selbst zurückgeht[29], läßt sich eher aus der Lukasfassung gewinnen: Es ist die Situation erfahrener Gewalttat. Lukas verschärft sie noch, scheint sie aber vorgefunden

---

[29] Vgl. *Bultmann,* Tradition 110: „Alle diese Worte ... enthalten etwas Charakteristisches, Neues, was über Volksweisheit und Volksfrömmigkeit hinausgeht und doch ebensowenig spezifisch schriftgelehrt-rabbinisch oder jüdisch-apokalyptisch ist. Also wenn irgendwo, so muß hier das Charakteristische der Verkündigung Jesu zu finden sein.“

159 zu haben. Sie ist grundsätzlicher als die des Matthäus, aber auch deutlicher bezogen auf die alltägliche Lebenssituation im palästinischen Dorf- und Landmilieu. Bei Matthäus spiegelt sich dagegen stärker die gesamtgesellschaftliche Notsituation wieder. Wenn die bei Lukas erhaltene Abfolge aus der Logienquelle übernommen ist, würde vom Aufbau her sogar diese Rekonstruktion bestätigt: Lk 6, 29 folgte dann der (allerdings ursprünglich zweigliedrigen) Aufforderung zur Feindesliebe und erläuterte diese durch Beispiele von Gewalterfahrung. Ihnen sind die (friedlicheren) Beispiele des Bettelns und Borgens zugeordnet und abschließend durch die – allgemeiner gehaltene – Goldene Regel motiviert[30].

Auffallend ist, daß die Sprüche eigentlich nicht (wie die Überschrift des Matthäus und eine häufige Interpretation es voraussetzen) vom Verzicht auf Widerstand sprechen. In diesem Fall müßte es in der zweiten Spruchhälfte jeweils heißen: „Nimm den Schlag hin", „überlaß ihm den Mantel", „geh mit ihm die verlangte Meile" u. ä. Die Sprüche fordern jedoch nicht zur Hinnahme auf, sondern – und das macht gerade die Schwierigkeit ihrer Interpretation aus – zu einer *paradoxen Aktivität:* „Halte ihm auch die andere Wange hin", „laß dir auch das Hemd vom Leibe reißen" (viel mehr hatte man in damaliger Zeit kaum an) – und auch in der matthäischen Nachahmung des vorgegebenen Modells: „Gehe zwei Meilen mit ihm." Auch dies könnte als hyperbolischer Ausdruck des Verzichts auf Widerstand verstanden werden. Doch schon M. Dibelius[31] wies darauf hin, daß Jesus nicht nur jede feindliche Reaktion verbiete, sondern positiv Taten der Liebe gegenüber dem Feind verlange. E. Haenchen[32] kommt den Aussagen der Sprüche noch ein Stück näher. Er meint, das von Jesus geforderte positive Handeln werde „jeweils mit den – natürlich begrenzten – Mitteln der betreffenden Situation beschrieben ... daß sich das Positive in all diesen Fällen nicht ohne gewisse Schwierigkeiten sagen läßt, darf auf keinen Fall zu dem Irrtum führen, als sei es bedeutungslos. Nein, worauf es in Wirklichkeit ankommt, ist gerade das eine: Es gilt, dem Motiv, der treibenden Kraft, welche hinter der bösen Tat steht, die stärkere

---

[30] Zur Rekonstruktion vgl. *D. Lührmann,* (Anm. 14) 418. [Ich neige heute dazu, die mt. Fassung für ursprünglicher zu halten. Lukas hat im Hinblick auf seine Gemeinde außerhalb Palästinas verallgemeinert. Vgl. dazu: Tradition und Situation. Zur ‚Verbindlichkeit' des Gebots der Feindesliebe in der synoptischen Überlieferung und in der gegenwärtigen Friedensdiskussion: Ethik im NT, Freiburg 1984, 50–118.

[31] Bergpredigt 113 ff.

[32] Vgl. den unveröffentlichten Aufsatz „Die Bergpredigt" (1946), den mir *E. Haenchen* freundlicherweise zur Verfügung stellte.

Gegenkraft des Guten entgegenzusetzen.“ Daß Haenchens Interpretation den Sprüchen allerdings nicht ganz gerecht wird, zeigt der Spruch vom Schlag auf die Wange. Denn hier ist die geforderte „positive [160] Handlung“ auf das Hinhalten der anderen Wange reduziert, so daß sich hier nicht im Sinne Haenchens von der „Gegenkraft des Guten“ sprechen läßt, die dem Bösen entgegenzusetzen ist. Eher könnte man sozialpsychologisch davon sprechen, daß ein solches Verhalten die Aggression des Gegners ins Leere laufen läßt und so positiv auffängt. Jesu „verfremdende“, den Hörer und seine Reaktion einbeziehende Redeweise[33], wie sie sich an den Gleichnissen oder an einzelnen Sprüchen schon beobachten ließ, legt jedoch einen anderen Deutungsansatz nahe. Die Imperative geben nicht Verhaltensregeln im engeren Sinn des Wortes; sie benutzen nur die Regelform, um ein Regelverhalten ad absurdum zu führen und die Wirklichkeit selbst freizulegen.

Die Sprüche müssen *in* der Situation, auf die hin sie gesprochen sind, auch interpretiert werden: Was geschieht, wenn ein Mensch, der Unrecht durch einen anderen erfährt, mit diesem Imperativ Jesu gerade in diesem Augenblick konfrontiert wird? Welche Wirkung haben die Sprüche auf den Hörer in solcher Situation? Der Betroffene wird aufgefordert, das krasse Gegenteil von dem zu tun, was er normalerweise tun würde oder wenigstens tun möchte: sich wehren, losschlagen, recht haben und Rache nehmen. Durch den Imperativ Jesu wird die „natürliche“ Reaktion verzögert; das Gesetz der Vergeltung, des „Schlag für Schlag“ wird ausgesetzt. Der Imperativ Jesu blockiert also den Imperativ menschlichen Regelverhaltens und schafft dadurch Offenheit. Er zwingt dazu gerade dadurch, daß er in so provozierender Weise auffordert, auf den Angreifer einzugehen, vom andern her die Situation zu sehen und zu beurteilen. Unter Einbeziehung der Intention des Gebots der Feindesliebe, die offenbar durch diese Regel eingeübt werden soll, ließe

[33] Vgl. *Linnemann,* Gleichnisse, bes. 31–41; *F. Hahn,* in: *K. Kertelge (Hrsg.),* Frage 36 verweist mit Recht auf die „für Jesus eigentümlichen Paradoxien“, die der Untersuchung bedürften. Vgl. auch *W. Harnisch,* Die Ironie als Stilmittel in Gleichnissen Jesu: EvTh 32 (1972) 421–436, hier 427; *L. Schottroff,* Die Erzählung vom Pharisäer und Zöllner als Beispiel für die theologische Kunst des Überredens, in: *H. D. Betz–L. Schottroff (Hrsg.),* Neues Testament und christliche Existenz. Festschrift f. H. Braun, Tübingen 1973, 439–461, sowie grundsätzlich zur Redeweise Jesu *K. Schäfer,* Jesu „indirekte“ und „praktische“ Rede von Gott: Conc 8 (1972) 424–429.

sich sagen: Der Spruch schafft dadurch, daß er das Normalverhalten stört, eine Chance dafür, einzuhalten und im Feind den Nächsten zu erkennen und ihm gerecht zu werden. Darum geht es Jesus in diesen paradoxen Aufforderungen. Seine Maxime entwickelt er an den alltäglichen Situationen seiner Zeitgenossen. Er formuliert konkret; so, daß das Wort dem Hörer im Nacken sitzen bleibt.

161 Die Forderung findet ihr Analogon in dem Verbot des Richtens (Mt 7,1/Lk 6,37): „Richtet nicht – damit ihr nicht gerichtet werdet.“ „Ich“ habe nicht das Recht, über den andern zu urteilen, er ist meinem Zugriff entzogen. Die im Finalsatz angeschlossene knappe Warnung deckt die eigene, von Urteil und Verurteilung bedrohte Situation auf. „Ich“ und der „andere“ – wir sitzen im gleichen Boot[34].

Entscheidend für die heutige Auslegung ist nicht das verwendete Anschauungsmaterial, sondern die Perspektive, die in den Imperativen wirksam ist. Sie verfehlte man, würde man die Imperative gesetzlich verstehen und sich darum auf die buchstäbliche Erfüllung der Worte beschränken. (Etwa in dem Sinn: Die zweite Wange, das Hemd, eventuell die zweite Meile sind gefordert, aber nicht mehr!) Welche konkreten Konsequenzen aus der Forderung sich in der heutigen Zeit ergeben, das verlangt sorgfältige psychologische und soziologische Untersuchungen.

Die Aussage Jesu wird sicher verkürzt, wenn man sie auf das Modell „Ich und der Verbrecher in dunkler Nacht“ fixiert und dann die Frage erörtert, ob der Christ in einem solchen Augenblick dem Gewalttäter sein Portemonnaie ohne Gegenwehr überlassen muß. Das könnte ein Gebot der Klugheit und der Selbstliebe sein. Doch eben nicht darum geht es. – Versuchen wir das von Jesus Gemeinte trotzdem an diesem Spezialfall einmal herauszuarbeiten: In der Perspektive Jesu geht es allein um die Frage, *ob der Christ bereit ist, diesen Gewalttäter als Mitmenschen anzuerkennen und ihm umfassend zu helfen*. Das aber verlangt vielerlei: die Analyse der gesellschaftlichen Situation und die Kenntnisnahme der Ergebnisse solcher

---

[34] *Braun,* Jesus 123f: „Aber das schlechthinnige Verbot des Richtens, das Jesus erläßt ... ist nicht nur ohne jüdische Analogie, es widerspricht auch der breiten jüdischen Theorie und Praxis. In diesem Verbot Jesu wird das Eigenrecht des anderen in einer unüberbietbaren Schärfe proklamiert: der Nächste untersteht nicht meinem Urteil; er steht oder fällt nur sich selber“ – oder im Sinne Jesu richtiger: „nur Gott“.

Analysen, die Suche nach wirksamen Hilfen, unter Umständen soziale und politische Aktionen. Die gesellschaftliche Dimension des „Falles" kann angesichts der herrschenden Verhältnisse nicht ausgeklammert werden. Wie steht der Christ zu den gängigen Formen des Strafvollzugs? Wie beurteilt er den Sühnegedanken? Wie steht er zur Todesstrafe? Was tut er für die Resozialisierung der aus der Haft Entlassenen? Setzt er sich für vorbeugende Maßnahmen, für eine angemessenere Jugendfürsorge, für die Überwindung sozialer Härten und Ungerechtigkeiten ein? Dabei wird es [162] wiederum nicht genügen, da und dort einmal eine Bewährungshilfe auszuüben, armen Familien im Winter ein paar Socken zu bringen. In der Regel ist mehr erforderlich: der Abbau allgemeiner Vorurteile, die Änderung gesellschaftlicher Verhältnisse, die die Ursache solcher und anderer Mißstände sind. Die Reihe möglicher und notwendiger Aktionen ließe sich noch fortsetzen. Das Richtige zu finden und zu tun ist eine Sache der politischen Vernunft[34a]. Der Imperativ Jesu macht es dem Christen aber unmöglich, sich diesen Fragen zu entziehen oder die Lösung dieser Fragen vom Freund-Feind-Schema her zu betreiben. Es kann also nicht genügen, die Maxime Jesu nur formal aufzunehmen: Christen müssen sich möglichst intensiv um die Lösung der sozialen usw. Frage bemühen. Die Perspektive enthält auch inhaltliche Implikationen: Lösungen, die die Freiheit und Würde des Menschen nicht ausreichend zur Geltung bringen, die im Gegenteil seine Freiheit und seine Würde mißachten, kann der Christ nicht übernehmen.

Mit diesen Überlegungen haben wir nur einen Aspekt dessen veranschaulicht, was die in diesen Imperativen zum Zuge kommende Perspektive fordert. Sie gilt jedoch nicht nur hier, sondern auch in sonstigen Situationen der Gesellschaft – überall dort, wo Beziehungen zwischen Menschen, gesellschaftlichen Gruppen oder Völkern dem Freund-Feind-Denken unterworfen sind. Insofern lassen die Sprüche einen gemeinsamen Gegenstand erkennen: Sie stellen sich den aufgrund der realen Verhältnisse, der verschiedenen Interessen, oft aufgrund einer langen und verhängnisvollen Geschichte gestörten Beziehungen zwischen einzelnen Menschen, zwischen Gruppen und Völkern. Das Verhalten ist von Vorurteilen, von Haß und Feindschaft bestimmt, es verläuft vielfach aufgrund uralter Ge-

---

[34a] Vgl. zum Beispiel die Analyse und Vorschläge von *A. Plack*, Plädoyer für die Abschaffung des Strafrechts, München 1974.

wöhnung unbewußt in den Bahnen des Freund-Feind-Schemas. Die Sprüche suchen dieses überkommene Verhaltensmuster zugunsten einer menschlicheren Gestaltung zwischenmenschlicher Beziehungen zu verändern. Ihr Ziel ist also faktisch die Humanisierung der menschlichen Verhältnisse. Sie gelten besonders dann, wenn wie heute die Verhältnisse von Gewalt und Schrecken, von den Praktiken des kalten Krieges oder von sublimeren Formen der Unterdrückung bestimmt sind und die „Mächte des Dialogs“ (Camus) und die Bedingungen „zwangloser Kommunikation“ (Habermas) diskreditiert werden.

163 Von diesem Ergebnis ist gegen zwei Fehlinterpretationen entschieden Einspruch zu erheben: Die Sprüche werden *erstens* häufig privatisierend ausgelegt, also in der Situation „Ich und mein Feind“ belassen; dabei werden dann weder die einem solchen Verhältnis zugrunde liegenden sozialen bzw. sozialpsychologischen Bedingungen noch ihre gesellschaftlichen und politischen Konsequenzen ausreichend bedacht und zur Geltung gebracht. Sie werden *zweitens* als Aufforderung zum Verzicht auf Widerstand begriffen, zu passiver Hinnahme ungerechter Verhältnisse bis hin, wie die Auslegungsgeschichte zeigt, zum Rückzug aus der gesellschaftlichen Verantwortung in die Wüste oder Einsiedelei, wofür L. Tolstoi – allerdings verbunden mit einer vehementen Gesellschaftskritik – einer der eindruckvollsten Zeugen jüngerer Geschichte ist. Auch Matthäus ist in diesem Zusammenhang zu kritisieren; denn erst er stellte den Sprüchen das programmatische, aber die ursprüngliche Intention der Sprüche verzeichnende *Leitwort* voran: „Ihr sollt dem Bösen gegenüber keinen Widerstand leisten“ (5,39). Matthäus stand offenbar unter dem Eindruck des katastrophalen Scheiterns des messianischen Aufstands gegen Rom und zeichnet darum in bewußtem Kontrast zum zelotischen Messiasideal in seinem Evangelium durchgängig Jesus als den Messias der Demut und Sanftmut, der Gewaltlosigkeit und Friedfertigkeit, der Selbsterniedrigung und Bravheit, der sich der „geschundenen“ und „verlorenen“ Volksmenge erbarmt und „in aller Stille“ wirkt (vgl. Mt 11, 28–30; 12, 18ff; 21,5 sowie 9,36 u.a.) und nur den religiösen Konflikt herausfordert (vgl. Mt 23). Es ist dies ein Messiasbild, das zwar zu Recht Züge des humanen Ethos Jesu herausstellt, aber doch zugleich auch in Gefahr steht, den historischen Jesus darin zu verzeichnen, daß es ihn im Sinne einer Moral der Unterlegenen interpretiert und damit – wahrscheinlich ungewollt – ganz im Interesse der jeweils Mächtigen

die Passivität und den Verzicht auf Widerstand zu einem christlichen Ideal macht.

Im Hinblick auf die Auswirkungen in der Frömmigkeitsgeschichte bedarf es hier noch eines *zusätzlichen* Hinweises: Eine verhängnisvolle Ergänzung erfuhr jenes „Ethos der Passivität" durch eine bestimmte Opferideologie[35]: Die soteriologische Deutung des Todes Jesu als Hingabe aus Liebe zu den Menschen wurde hier zu schnell und zu [164] allgemein zum Modell für das menschliche Verhalten in zwischenmenschlichen oder gesellschaftlichen Konflikten. Die lukanische Erläuterung des Wortes „vom Kreuztragen" durch die Einfügung eines „täglich" (Lk 9,23) ist gleichfalls dafür kennzeichnend. Daß dem paulinischen Appell „Seid so gesinnt wie Jesus Christus, der sich erniedrigt hat..." in bestimmten (allerdings sehr genau zu bestimmenden) Situationen Berechtigung zukommt, soll nicht bestritten werden; die reale Erfahrung lehrt jedoch, daß dieser Appell nicht immer angebracht und nicht immer heilvoll ist. Die verhängnisvollen Auswirkungen eines christlichen Lebensideals, das sich am Vorbild des „braven Jesusknaben", an Ideal der „Opferseele", des „schweigenden Dienens" oder des „Geduldig-sein-Kreuz-in-der-Nachfolge-Christi-Tragens" orientiert, sind bekannt. Da solche Leitbilder das Aussprechen und Austragen von Konflikten eher verhindern als dazu ermutigen, dienen sie nicht einer Lösung der Konflikte (und damit zur „Erlösung" des Menschen), sondern zu ihrer Verdrängung und Verschleierung; gerade dadurch bewirken sie aber „Unerlöstheit" und schaffen Aggressionen. Aufgrund der Einsichten, die Psychologie und Soziologie in die Struktur zwischenmenschlicher Beziehungen und für deren menschenwürdige Gestaltung geben, bedarf es also einer kritischen Auseinandersetzung mit den in der christlichen Tradition herausgebildeten Verhaltensimperativen und Verhaltensmustern, um auch für die christliche Verkündigung im Sinne der aufgewiesenen Perspektive Jesu zu einer differenzierteren Handlungsanweisung zu kommen.

---

[35] Vgl. *H. Kessler,* Die theologische Bedeutung des Todes Jesu. Eine traditionsgeschichtliche Untersuchung, Düsseldorf ²1971 sowie *ders.,* Erlösung als Befreiung, Düsseldorf 1972. Für eine Neuinterpretation der Soteriologie und ihrer praktischen Konsequenzen haben diese zwei Arbeiten wegweisende Bedeutung.

4. *Die Überwindung von sozialen Gegensätzen in urchristlichen Gemeinden*

Die Überwindung gesellschaftlicher Gegensätze ist in den christlichen Gemeinden keine Theorie geblieben, sie wurde – wie schon das Neue Testament erkennen läßt – praktiziert. Wieweit tatsächlich die Großkirchen diesen Anfängen entsprochen haben und heute entsprechen, bedürfte einer eigenen Untersuchung. Hier soll nur auf einige Beispiele aus urchristlicher Zeit verwiesen werden:

Die *Jüngerlisten* (vgl. vor allem Mt 10) zeigen, daß dem Zwölferkreis Vertreter so gegensätzlicher Gruppen wie der Zöllner und Zeloten angehörten. Er wurde also bereits – zumindest in der späteren [165] Gemeinde – als Modell für die Koexistenz gegensätzlicher Gruppen begriffen.

Die Durchsetzung der *Tischgemeinschaft* von Juden(-Christen) und Heiden(-Christen) in den christlichen Gemeinden, für die Paulus gegen Petrus und die Jerusalemer Abgesandten des Jakobus in Antiochien eintrat (Gal 2), ist nicht nur als ein religiöser Prozeß zu verstehen; vielmehr beweist er die Überwindung völkischer und religiöser Schranken in der Kraft des Glaubens an Jesus Christus. Eph 2, 11–19 stellt die Bedeutung dieses Vorgangs als universales Versöhnungsgeschehen heraus: „Darum erinnert euch: Damals seid ihr der Herkunft nach Heiden gewesen ... Zu der Zeit wart ihr ohne Christus, ganz außerhalb der Gemeinde Israel wohntet ihr, als Fremdlinge fern von den Bundesschlüssen seiner Verheißungsgeschichte, ohne Hoffnung und ohne Gott in der Welt. Jetzt aber, in Christus Jesus, seid ihr, einst die *Fernen,* durch Christi blutigen Tod die *Nahen* geworden. Denn er ist unser *Friede.* Er hat die beiden zu einem *einzigen Volke* gemacht und *die Mauer der Feindschaft,* die sie voneinander getrennt hat, niedergerissen. Durch die Hingabe seines Lebens hat er das Gesetz mit all seinen Geboten und Satzungen außer Kraft gesetzt, um die zwei in ihm zu einem einzigen neuen Menschen zu erschaffen und *Frieden zu stiften;* um durch seinen Kreuzestod die beiden in einem einzigen Leibe mit Gott zu versöhnen und so durch ihn ihrer Feindschaft den Todesstoß zu versetzen. Er kam und verkündigte euch *Frieden, den Fernen wie den Nahen.* Denn durch ihn haben wir beide in einem Geist Zugang zum Vater. Also seid ihr jetzt *nicht mehr Fremde und Staatenlose,* sondern *Mitbürger* zusammen mit den Heiligen, die in Gottes Hause Heimatrecht haben“ (Übers. U. Wilckens). Es handelt sich hier nicht nur um die Beschreibung eines geistlichen oder sakramentalen Vorgangs, die geschenkte Versöhnung mit Gott führt vielmehr zu realer Veränderung bestehender gesellschaftlicher Verhältnisse[36].

166 Nach 1 Kor 11, 17–34 ißt und trinkt sich bei der *Feier des Herrenmahls* derjenige das Gericht („unwürdige Kommunion“), der die soziale Dimension des Herrenmahls mißachtet und nicht auf den später kommenden Bruder wartet. Die „Gemeinschaft des Leibes Christi“ wird hier von der realen Gemeinschaft der feiernden Menschen abhängig gemacht[37].

Paulus scheut sich nicht, „mystisch-sakramentale“ Aussagen von der *Einheit der Gemeinde* gesellschaftlich konkret zu interpretieren. Für den christlichen Leser völlig unerwartet sprengt er solche Aussagen in anscheinend „rein“ religiöse ein: 1 Kor 12, 13: „... alle wurden wir zu einem Leib getauft – *Juden wie Griechen, Sklaven wie Freie* – und uns allen ist ein Trank des Geistes gegeben“; Gal 3, 28: „Da gilt nicht mehr *Jude oder Grieche, nicht mehr Sklave oder Freier, nicht mehr Mann oder Frau,* denn alle seid ihr Einer in Christus Jesus.“ Konsequent weitergeführt wird dieser Ansatz Kol 3, 11: „Hier gibt es *keinen Griechen und keinen Juden, keine Beschneidung und kein Unbeschnittensein, keine Barbaren, Skythen, Sklaven und Freie,* sondern alles und in allen ist Christus.“ Dieses bejahte und gelebte Miteinander verschiedener nationaler und sozialer Gruppen

---

36 Vgl. dazu jetzt *P. Stuhlmacher,* „Er ist unser Friede“ (Eph 2, 14). Zur Exegese und Bedeutung von Eph 2, 14–18, in: *J. Gnilka (Hrsg.),* Neues Testament und Kirche. Festschrift für R. Schnackenburg, Freiburg 1974, 337–358, bes. 356f: „Weit entfernt davon, nur eine lebensferne theologische Lehre vorzutragen, zielt unser Ephesertext vielmehr hinein in die Welt des antiken Antisemitismus und der jüdischen Heidenverachtung und verkündigt hier die Überwindung der Juden und Heiden bislang trennenden Feindschaft durch Christus den Versöhner. Indem in der christlichen Gemeinde die einst scharf getrennten Juden und Heiden als neugewordene, brüderlich geeinte Menschen zusammenlebten und der Epheserbrief sogar die Heidenchristen speziell auffordert, sich der eigenen Angewiesenheit auf die judenchristlichen Ursprünge bewußt zu bleiben, wuchs der Gemeinde nolens volens die Aufgabe und Möglichkeit zu, in ihrer Zeit ein die alten ethischen und religiösen Antagonismen überwindendes Modell von Realversöhnung zu bieten. Die von der Versöhnung konstituierte christliche Gemeinde stellte damit zu ihrer Zeit eine auch sozial für ihre Umwelt interessante Antwort auf die allgemeine spätantike Friedenssehnsucht dar, und ihr war speziell aufgegeben, den Antisemitismus und Antipaganismus ihrer Welt durch das christliche Versöhnungs- und Lebenszeugnis praktisch zu überbieten.“ Ebd. 337, Anm. 1 (Literaturhinweise).

37 Vgl. dazu *G. Bornkamm,* Paulus, Stuttgart 1969, 90.

findet in hellenistisch-religiösen Vereinen eine Parallele, ist aber nichtsdestoweniger auch für die christlichen Gruppen und – in unserer Perspektive – für ihr Verständnis von Glauben und Heilswirklichkeit charakteristisch[38].

Der Glaube an Jesus Christus ist nicht ohne die soziale Dimension, das heißt nicht ohne Agape, zu realisieren; die sakramentale, kultische oder religiöse Dimension der christlichen Gemeinde erweist ihre Glaubwürdigkeit in dem Maße, wie jene Erlösung, jene Vergebung und jener Friede, die die sakramentalen Zeichen verheißen, Wirklichkeit zwischen Menschen werden.

---

[38] Vgl. *G. Heinrici,* Die Christengemeinde Korinths und die religiösen Genossenschaften der Griechen: ZwTh 19 (1876) 465–526, sowie *D. Lührmann,* Wo man nicht mehr Sklave oder Freier ist. Überlegungen zur Struktur frühchristlicher Gemeinden: Wort und Dienst 13 (1975) 53–83. Vgl. jetzt auch *H. Thyen,* „...nicht mehr männlich und weiblich...", in: *F. Crüsemann–H. Thyen,* Als Mann und Frau geschaffen, Gelnhausen–Berlin 1978, 107–201; *G. Dautzenberg u.a.,* Die Frau im Urchristentum, Freiburg 1983; zu Gal 3,28 *ders.,* ebd. 214–221 sowie auch *P. Hoffmann,* Das Erbe Jesu und die Macht in der Kirche, Mainz [2]1992, bes. 65–67, 92–95.

Herrschaftsverzicht: Befreite und befreiende Menschlichkeit

1. Zur Traditionsgeschichte der Sprüche vom Sklave- und Letzter-Sein der Ersten und Größten

186 In siebenfacher Variation und Kombination treten in der synoptischen Überlieferung Sprüche auf, in denen von den Ersten und Größten bzw. von denen, die Erste und Große werden wollen, verlangt wird, Letzter, Diener oder Sklave der anderen zu werden: Mk 9, 35; 10, 41–45; Mt 18, 4; 20, 25–28; 23, 11; Lk 9, 48 d; 22, 24–27. Dieser Befund signalisiert das Interesse, das die überliefernden Gemeinden an den Aussagen der Sprüche hatten, er läßt aber zugleich auch auf eine komplizierte Traditionsgeschichte schließen[1].

1. Im *Markusevangelium* ist der Spruch in 9, 33f etwas umständlich in einer erst durch den Redaktor gebildeten Hausszene untergebracht; in ihr nimmt Jesus Stellung zu einem unter den Jüngern „unterwegs" aufkommenden Streit über die Frage, wer von ihnen der Größte sei. Die Szene dient als Einleitung zu einer größeren Spruchkomposition 187 (9, 33–50), in der Markus im Anschluß an die Leidensansage 9, 31 – ähnlich wie in 8, 34ff oder 10, 35ff – Wesen und Aufgabe der Nachfolge für seine Gemeinde beschreibt[2]. Der Spruch hat hier eine einfache Gestalt: „Wenn einer der Erste sein will, sei er der Letzte aller und aller Diener." Die Doppelung im

---

[1] Allgemeine Literaturhinweise: *K. Berger,* Zu den sogenannten Sätzen Heiligen Rechts: NTS 17 (1970/71) 10–40, bes. 19f; *Bultmann,* Tradition 154, 156, 158, 160; *W. Brandt,* Dienst und Dienen im Neuen Testament, Gütersloh 1931, bes. 65–86; *E. Haenchen,* Der Weg Jesu, Berlin 1966, bes. 324–335, 367–369; *G. Lindeskog,* Logia-Studien: StTh 4 (1950) 171–178; *H. W. Kuhn,* Ältere Sammlungen im Markusevangelium, Göttingen 1971, bes. 32–36, 151–160; *F. Neirynck,* Die Überlieferung der Jesusworte und Mk 9, 33–50, Conc 2 (1966) 774–780; *K. G. Reploh,* Markus – Lehrer der Gemeinde, Stuttgart 1969, bes. 140–148, 156–172; *H. Schürmann,* Jesu Abschiedsrede Lk 22, 21–38, Münster 1957, bes. 63–99. Vgl. außerdem die neueren Kommentare und die einschlägigen Artikel des ThWNT.

[2] Vgl. dazu vor allem *Reploh,* (Anm. 1) 123–172.

Nachsatz fällt auf, sie könnte der Rest einer ursprünglich zweigliedrigen Form des Spruches sein. 9, 36f wird der Spruch durch eine zweite Szene erläutert, die herausstellt, welche Bedeutung der Aufnahme eines Kindes zukommt. Die Szene soll offenbar den vorangehenden Spruch interpretieren und zeigt so, daß der Kompilator gerade an der zweiten Forderung, Diener aller zu werden, interessiert ist. Der Spruch wird hier also bereits in spezifischer Weise ausgelegt: Die in der Gemeinde, die groß werden möchten, werden auf den sozial-karitativen Dienst am jeweils Hilfsbedürftigsten verwiesen.

Als Abschluß der Gemeindeweisungen zitiert Markus den Spruch in 10, 43f ein zweites Mal. Anlaß ist die Bitte des Jakobus und Johannes, ihnen die Ehrenplätze zur Rechten und zur Linken Jesu in der endzeitlichen Herrlichkeit zu garantieren. Der Spruch ist hier einer dreiteiligen Komposition eingefügt. Nach der sekundären Überleitung in V. 41f wird zunächst in einem zweigliedrigen Spruch das Verhalten derer, die „über die Völker zu herrschen scheinen“, und der „Großen“ der Völker mit deutlich kritischem Akzent dargestellt: sie „unterdrücken“ und „vergewaltigen“ ihre Untertanen. In dezidierter Gegenüberstellung zu diesem Verhalten der Mächtigen in der Welt – „Nicht so ist es unter euch“ – wird in zwei parallelen Aussagen beschrieben, worin Größe und Vorrang in der christlichen Gemeinde allein bestehen können: „Wer groß unter euch werden will, sei euer Diener, und wer unter euch Erster sein will, sei aller Sklave.“ Der abschließende Spruch in V. 45 begründet diese Forderung durch das Verhalten des Menschensohnes, der „nicht kam, sich bedienen zu lassen, sondern zu dienen und“ – wie in Aufnahme der soteriologischen Deutung des Todes Jesu ausgeführt wird – „sein Leben hinzugeben als Lösegeld für die Vielen“.

2. *Matthäus* leitet in 18, 1–5 mit der aus Mk 9, 33–35 übernommenen Szene eine der großen Redekompositionen seines Evangeliums ein, in der er Kriterien für eine christliche Gemeindeordnung zusammenstellt. [188] Die Streitfrage der Jünger wird zu einer positiv aufgenommenen eschatologischen Lehrfrage umgebildet: „Wer ist der Größte in der Basileia der Himmel?“ Die gleiche Formulierung nimmt Jesus in der Antwort in V. 4 auf: „Dieser ist der Größte in der Basileia der Himmel“, und bezieht damit Fragestellung und Antwort eng aufeinander. An der Forderung Jesu entscheidet sich also die Stellung der Christen im Gericht. Matthäus verzichtet auf eine wörtliche Aufnahme des Spruches Mk 9, 35; angeregt durch die

Kinderszene Mk 9, 36f, verwendet er zur Antwort ein zweites, Mk 10, 15 überliefertes Logion vom „Werden wie ein Kind“, das er dem neuen Kontext anpaßt: „Wahrlich, ich sage euch, wenn ihr nicht umkehrt und werdet wie die Kinder, werdet ihr nicht in das Reich der Himmel eingehen“ (V. 3), und erläutert dieses Bildwort durch den V. 4: „Wer sich also *erniedrigt* wie dieses Kind, dieser ist der Größte im Reich der Himmel.“ Durch das Stichwort „sich erniedrigen“ wird also in der Intention des Matthäus die markinische Forderung des Letzter- und Diener-Werdens ausgelegt[3].

In 20, 25–28 übernimmt Matthäus den Spruch in der ihm durch Mk 10, 42–45 vorgegebenen Fassung mit geringfügigen, wenn auch bezeichnenden Änderungen. In V. 26b wird „unter euch“ in Angleichung an V. 27 vorangestellt, in V. 27 wird das markinische „Sklave *aller*“ durch „*euer* Sklave“ ersetzt. Der Bezug auf den Kreis der Jünger, in dem es gilt, dieses „Gebot“ Jesu zu realisieren, tritt stärker als bei Markus hervor. Der Hinweis auf das Verhalten des dienenden Menschensohnes, das bei Markus als Begründung der Forderung angefügt ist, wird durch ein vergleichendes *wie* eingeleitet. Die Beispielhaftigkeit des Verhaltens Jesu wird dadurch deutlicher herausgestellt.

In seiner Auseinandersetzung mit dem falschen Führungsanspruch der pharisäischen Gesetzeslehrer in Kap. 23 stellt Matthäus die Grundsätze einer christlichen Gemeindeordnung heraus. Er ergänzt die Ablehnung der Autoritätsstruktur des Rabbinats in V. 11 durch eine kurze Reminiszenz an unseren Spruch: „Der Größte unter euch soll euer Diener sein.“ Indem hier die in Position Befindlichen angesprochen werden, unterscheidet sich diese Version deutlich von Mk 10, 43f/Mk 20, 26f.

3. Indem *Lukas* die zwei Logien Mk 9, 35 und 9, 37 umstellt, bildet
189 er aus den zwei markinischen eine einheitliche Szene (9, 46–48)[4].
Jesus reagiert auf die entstandene Frage, „wer von ihnen wohl der Größte sei“, zunächst damit, daß er ein Kind in ihre Mitte stellt und sie über die Bedeutung der Aufnahme eines solchen Kindes im Sinn von Mk 9, 37 belehrt: Wer ein Kind aufnimmt, nimmt ihn selbst, ja letztlich Gott auf. Diesen Anspruch begründet das nachgestellte und dafür erheblich umgestaltete Logion Mk 9, 35: „Denn wer unter

---

[3] Vgl. *W. Trilling*, Das wahre Israel. Studien zur Theologie des Matthäusevangeliums, München ³1964, 108f.

[4] Vgl. jetzt vor allem *Schürmann*, Lukasevangelium 575–577 (Literaturhinweise).

euch allen der Kleinste ist, der ist groß.“ Das Logion spricht nicht mehr die die Größe anstrebenden Jünger an, es bezieht sich vielmehr auf die bestehenden Verhältnisse in der Gemeinde und weist den jeweils Kleinsten als den wahrhaft Großen aus, im vorliegenden Fall das Kind, mit dem sich Jesus und Gott selbst identifizieren.

Der gleiche Trend bestimmt die lukanische Fassung von Mk 10, 41–45, die Lukas erst im Rahmen der Abendmahlsgespräche in 22, 24–27 nachträgt[5]. V. 24 führt die Szene und Fragestellung analog zu 9,46 ein; es entsteht unter den Jüngern ein Streit darüber, wer von ihnen Größter sei. Die Darstellung der Herrschaftsverhältnisse ist hellenisiert: die Könige der Völker werden aufgeführt, und es wird auf den Brauch, dem Herrscher den Beinamen Euergetes (Wohltäter) zu geben, angespielt[6]. Die Darstellung ihrer Machtausübung ist im Vergleich zu Markus neutralisiert, die disqualifizierende Vorsilbe κατα- ist weggelassen: Aus „gewalttätig herrschen“ wird „herrschen“, aus der „mißbräuchlichen“ Ausübung der Amtsgewalt wird einfach ihre Ausübung. In der Überleitung V. 26a werden die Angeredeten (nicht wie in Markus die in der Gemeinde herrschenden Verhältnisse, vgl. Mk 10,43a) den Königen und Trägern staatlicher Macht gegenübergestellt: „Die Könige der Völker sind Herren über sie, und die, die Macht ausüben über sie, lassen sich Wohltäter nennen. Ihr aber (sollt euch) nicht so (verhalten). Vielmehr der Vornehmste unter euch verhalte sich wie der Jüngste und der Führende wie der Dienende.“ Wie schon in 9,48 ist auch in V. 26 von den bestehenden Gemeindeverhältnissen ausgegangen; es ist, wie in Mt 23,11, vom Größten, das heißt Vornehmsten, und vom ἡγούμενος, dem „Führenden“, gesprochen. Der letztgenannte Ausdruck bezieht sich auf eine leitende Gemeindefunktion[7]. [190] Die Vornehmsten und Gemeindeleiter sollen sich also zeigen und verhalten „wie“ diejenigen, die eine Hilfsfunktion in der Gemeinde ausüben, wie die jungen

[5] Vgl. vor allem die ausführliche, aber zu einseitig wortstatistische Analyse von Schürmann, (Anm. 1) 64–99.

[6] Vgl. vor allem *G. Bertram:* ThWNT II, 651–653; *B. Kötting,* Artikel „Euergetes“: RAC VI, 848–860.

[7] So Hebr 13,7.17.24; 1 Clem 1,3; 21,6; vgl. Hermas Vis. II 2,6; III 9,7 sowie auch Apg 15,22. Dazu *Büchsel:* ThWNT II, 909f. Zu den „Größten“ ist das Interesse des Lukas an den „Vornehmen“, besonders an ihrem „Dienst“ zu vergleichen, z.B. Lk 8,3; 10,38–42; Apg 13,50; 16,14f; 17,4.12; 17,34; 28,7f, vgl. auch die allgemeineren Hinweise Lk 6,39f; 12, 41–48; Apg 8, 27–38; 10, 1ff; 25, 23–26, 32.

Männer, die die niedrigen Dienste zu tun haben, oder wie die Aufwärter[8]. Die einleitend gestellte Frage, wer der Größte sei, wird umgekehrt zur Aufforderung an die Großen, ihre Größe nicht herauszukehren, sondern sich wie die Geringsten zu verhalten. Erst die Begründung (V. 27) nimmt die Frage auf und bringt sie in eine situationsbezogene Alternative: „Wer ist größer: der Zu-Tisch-Liegende oder der Am-Tisch-Dienende", und entscheidet sie am Verhalten Jesu: „Ich bin in eurer Mitte wie der Dienende." Die wahre Größe besitzt der, der diesem Vorbild Jesu entspricht. Lukas spricht hier die christliche Gemeinde an. Das bestätigt der Kontext: in seiner Abschiedsrede im Anschluß an das Passamahl gibt Jesus Anweisungen für die Zeit der Kirche.

Beobachtet man die vielfältigen Beziehungen zur Redaktionsintention des Lukas, so liegt die Annahme nahe, daß Lukas selbst den Text in solcher Weise gestaltet hat. Andererseits stimmen Lk 22, 26 und Mt 23, 11 sowohl sprachlich in ὁ μείζων als auch in der Struktur der Aussage (die Größten werden angesprochen, nicht die es werden wollen, wie in Mk 10, 43 f) so auffallend überein, daß mit der Möglichkeit einer zweiten, von Markus abweichenden Vorlage gerechnet werden muß, die u. U. auf Q zurückgeht[9].

4. Der Überblick über die synoptischen Belegstellen ergibt einen sehr komplexen Befund; die Bedeutung des Spruches für das Selbstverständnis der christlichen Gemeinde wird deutlich, aufgrund der mannigfachen Bearbeitungen aber ist ein sicherer Rückschluß auf die älteste, möglicherweise jesuanische Form des Spruches kaum möglich.

Die aufgewiesenen Übereinstimmungen zwischen Mt 23, 11 und Lk 22, 26 gestatten es nicht, die Möglichkeit einer zweiten, in der Logienquelle überlieferten Fassung des Spruches völlig auszuschließen. Allerdings läßt sich der Umfang dieser Überlieferung nicht mehr sicher bestimmen. Daß er sich – von einigen redaktionellen Elementen [191] abgesehen – mit Lk 22, 24–27 im wesentlichen gedeckt habe, ist jedoch kaum zwingend nachweisbar[10]. Beachtenswert ist, daß die ausdrückliche Bezugnahme auf die Gemeindesituation, die als Indiz für den sekundären Charakter gilt, in der Formulierung der „Größte von euch" (Mt 23, 11) *noch nicht* erreicht ist;

---

[8] Apg 5, 6; vgl. 1 Petr 5, 5; 1 Tim 5, 1 (sowie 5, 2); Tit 2, 6. Vgl. dazu *J. Behm:* ThWNT IV, 901.

[9] Vgl. *Schürmann,* (Anm. 1) 75–79.

[10] Gegen *Schürmann,* (Anm. 1) 79, 99.

im Matthäusevangelium wird der Spruch erst durch den Kontext, im Lukasevangelium zusätzlich durch die Eintragung kirchlicher Amtsbezeichnungen direkt auf die Gemeinde bezogen. In ihrer Grundsubstanz könnte also auch die lukanisch-matthäische Fassung der ältesten Überlieferungsstufe angehören.

Die zwei Fassungen des Markusevangeliums gehen, wie die deutlichen Übereinstimmungen erkennen lassen, auf eine gemeinsame Form des Spruches zurück. Mk 10, 43f ist in seiner Struktur ein parallel aufgebauter Doppelspruch. Einem konditionalen Relativsatz folgt jeweils ein futurischer Hauptsatz mit imperativer Bedeutung. „Groß" und „Diener", „Erster" und „Sklave" sind jeweils gegenübergestellt. Dabei fällt im letzten Glied der Bezug auf „alle" auf. Im Unterschied zu Mt 23, 11 wird nicht der jeweils Größte in der Gruppe angesprochen, sondern dem, der groß werden bzw. sein will, wird dazu ein freilich sehr paradoxer Weg gewiesen:

> „Wer groß werden will unter euch, soll euer Diener sein,
> wer unter euch Erster sein will, soll der Sklave aller sein."

Mk 9, 35 heißt es dagegen:

> „Wenn jemand der Erste sein will, soll er aller Letzter und aller Diener sein."

In der Aussagestruktur stimmt die Fassung von Mk 9, 35 also mit Mk 10, 43f überein. Sie ist jedoch eingliedrig formuliert; die Doppelung der Prädikate im Nachsatz scheint jedoch einen ursprünglich zweigliedrigen Spruch vorauszusetzen. Das fehlende Stichwort „groß" wird in der Rahmenszene erwähnt (V. 34). Die Vorlage könnte als „Erster" und „Letzter", „Groß" und „Diener" gegeneinandergestellt haben – wenn nicht der Zusatz „Diener aller" unter dem Einfluß von Mk 10, 43f sekundär angefügt wurde. Abweichend von Mk 10 hat der Vordersatz die Form eines Bedingungssatzes und folgt damit stärker griechischem Sprachduktus[11]. Auch darin könnte also Mk 9, 35 sekundär [192] sein. Sodann fehlt im Vordersatz von 9, 35 der Hinweis auf die Angeredeten („unter euch"); im Nachsatz ist zweimal von „allen" gesprochen, während Mk 10, 43f zwischen „euch" (V. 43) und „allen" (V. 44) wechselt. Statt von „Ersten" und „Letzten" ist schließlich in 10, 43f von „Ersten" und „Sklaven" die Rede.

---

[11] Vgl. *K. Beyer*, Semitische Syntax im Neuen Testament I, Göttingen 1962, 227.

Die ursprüngliche Form des Spruches kann nicht durch einen unmittelbaren Vergleich von Mk 9, 35 und 10, 34f erschlossen werden[12]. Vor diesem ist vielmehr zu prüfen, ob Mk 9, 35 überhaupt eine eigenständige, von Mk 10, 43f unabhängige Überlieferung voraussetzt oder ob die Fassung des Spruches nur eine redaktionelle Bearbeitung von Mk 10, 43f darstellt. Für letzteres spricht in der Tat manches: Markus hat im zweiten Teil des Evangeliums sehr konsequent die drei Leidensweissagungen jeweils mit Sprüchen verbunden, die auf dem Hintergrund des Jüngermißverständnisses die Forderung der Nachfolge zur Martyriums- und Dienstbereitschaft darstellen (vgl. 8, 31.32ff; 9, 30–32.33–10, 31; 10, 32–34.35ff). Mk 8, 34ff wird der Ruf zur Nachfolge mit der Forderung der Martyriumsbereitschaft verbunden und korrespondiert so dem Schluß des Abschnittes 10, 35–40. Mk 9, 33ff führt das Generalthema der Nachfolge im Hinblick auf die Pflicht zum Dienst aneinander weiter; 9, 35 „Wenn jemand der Erste sein will ...“ korrespondiert insofern 8, 34 „Wenn mir jemand nachfolgen will ...“ auch in seiner sprachlichen Gestalt. Markus nennt in 9, 35 einleitend die Forderung des Dienstes an allen; in 10, 41–45 wird er sie abschließend darlegen und durch das Verhalten des Menschensohnes, der dienend sein Leben für die Vielen hingibt, christologisch begründen. Die von 10, 43f abweichende Gegenüberstellung von „Ersten“ und „Letzten“ in 9, 35 korrespondiert dem Logion Mk 10, 31 von den „Ersten“ und Letzten“, durch das Markus seine Forderung (10, 28 ist redaktionell; vgl. 10, 17ff) radikalen Besitzverzichtes begründet. Der Hinweis auf den Letzten in 9, 35 könnte also bereits – entsprechend der in diesem Abschnitt von Markus angewandten Kompositionstechnik der „Verschachtelung“ – einleitend diese Thematik anklingen lassen[13]. Die Abweichungen von 10, 43f in 9, 35 lassen also eine auffallende Nähe zu kompositionellen Leitmotiven erkennen. Die Fassung des Spruchs in Mk 9, 35 kann daher eine redaktionelle Bildung des Evangelisten sein. Dieses Ergebnis verlangt, die Frage der ältesten Fassung des Spruches vorrangig an der Analyse der Komposition Mk 10, 41–45 und deren Vergleich mit Mt 23, 11 zu entscheiden.

Die Zugehörigkeit von V. 45 zum ältesten Bestand der Komposition ist [193] zweifelhaft; die Bedenken richten sich nicht nur gegen den Spruch in seinem vollen Umfang einschließlich der Deutung des Todes Jesu „als Lösegeld für die Vielen“, sondern auch gegen die erste Hälfte, für dessen ursprüngliche Gestalt gelegentlich eine Lk 22, 27 ähnliche Fassung postuliert wird[14]. Bei beiden Rekonstruktionsvorschlägen wird das geforderte Verhalten durch das Beispiel Jesu

---

[12] So z. B. *Bultmann,* Tradition 154.

[13] Die Möglichkeit eines Einflusses von Mk 10, 31 auf 9, 35 erwägen auch *E. Lohmeyer,* Das Evangelium des Markus, Göttingen 1954, 193; *W. Grundmann,* Das Evangelium nach Markus, Berlin 1959, 196.

[14] Vgl. *Schürmann,* (Anm. 1) 79–92; sowie allgemein *J. Jeremias,* Das Lösegeld für Viele (Mk 10, 45): *ders.,* Abba. Studien zur neutestamentlichen Theologie und Zeitgeschichte, Göttingen 1966, 216–229; *E. Lohse,* Märtyrer und Gottesknecht, Göttingen ^{2}1963, 117–122; *E. Tödt,* Der Menschensohn in der synoptischen Überlieferung, Gütersloh 1959, 187–194; *J. Roloff,* Anfänge der soteriologischen Deutung des Todes Jesu (Mk.X.45 und Lk.XXII.27): NTS 19 (1972/73) 38–64; *K. Wengst,* Christologische Formeln und Lieder des Urchristentums, Gütersloh 1972, 71–75 u. a.

motiviert. Wenn dabei Jesu Wirken als Einheit gesehen und in seiner normierenden Bedeutung anerkannt ist, so weist dies auf das spätere Stadium der Gemeindechristologie hin. Auch der kontrastierende Vergleich mit den weltlichen Machthabern steht im Verdacht, eine sekundäre Erweiterung zu sein. Die Überleitung Mk 10, 43a setzt bereits den geschlossenen Kreis der Anhänger voraus, der sich von denen „draußen" unterscheidet. Ob der Spruch ursprünglich eingliedrig (so Mt 23, 11 = Q?; Mk 9, 35 bringt dafür kein Indiz!) oder zweigliedrig (so Mk 10, 43f, aber auch Lk 22, 26 = Q?) gestaltet war, läßt sich nicht mehr entscheiden. Die Frage hat für die Erschließung des Aussagegehalts der Forderung keine Bedeutung, da beide Glieder des synonymen Parallelismus in der inhaltlichen Aussage übereinstimmen.

Schwierig ist die Entscheidung weiterer Fragen: Gehört im Vordersatz der Hinweis auf die angeredete Gruppe („unter euch") zum ursprünglichen Bestand? Ist im Nachsatz „euer" (V. 43; Mt 23, 11) oder „aller" (V. 44; vgl. 9, 35) ursprünglicher? Sprach der Spruch ursprünglich von „groß sein wollen", „groß werden wollen" oder vom „Größten" (und „Ersten")?

Vielfach wird die Bezugnahme auf die Angeredeten als sekundäre Erweiterung beurteilt. Dies geschieht mit dem Hinweis auf die Tendenz der Überlieferung, den Spruch auf die Gemeindesituation zu beziehen. Diese Tendenz trifft zu; sie zeigt sich in der Überleitung Mk 10, 43a, in dem zweimaligen „unter euch" in Mk 10, 43b.44, in der Wiederholung des Pronomens „euer" in Angleichung an V. 26 in Mt 20, 27, in der Einführung von Amtsbezeichnungen im Lukasevangelium sowie in der redaktionellen Einordnung der Sprüche. Doch schließt diese Tendenz nicht aus, daß sich auch die älteste Fassung auf die Angeredeten direkt bezogen hat, zumal dann, wenn – im Sinn einer Kontraindikation – sich für eine Verallgemeinerung der Aussage gleichfalls sekundäre Motive nachweisen lassen. Das trifft für Mk 9, 35 zu, wo möglicherweise Markus selbst eine generelle Ausdrucksweise angestrebt hat (vgl. 8, 34), und könnte auch für „alle" in Mk 10, 44 gelten, da diese Verallgemeinerung durch das „für die vielen" in 10, 45 veranlaßt sein kann.

194 Die direkte Anrede der „Großen", speziell der leitenden Funktionäre in der Gemeinde bei Lukas weist tatsächlich auf die spätere Gemeindesituation hin. Diese Formulierung ist zudem stärker in der Aussagestruktur dem (wahrscheinlich sekundär vorangestellten) Vergleich mit weltlichen Machthabern angepaßt, auch dies spricht für ihren sekundären Charakter. Doch auch die ursprüngliche Fassung kann sich auf die „Großen" unter den jeweils Angesprochenen bezogen haben. Umgekehrt kann auch die markinische Formulierung „wer Erster, Großer werden, sein will" den Versuch darzustellen, eine an die Großen und Ersten gerichtete Forderung zu verallgemeinern und auch schon das Vorrang- und Machtstreben in sie einzubeziehen, und insofern sekundär sein.

Da also in der Überlieferung mit verschiedenen, zum Teil sogar gegenläufigen Tendenzen gerechnet werden muß, ist eine sichere Entscheidung zwischen den bestehenden Alternativen und damit auch eine klare Rekonstruktion der ältesten Fassung des Spruches nicht möglich. So oder so spiegeln die vorliegenden Varianten also nur eine nicht mehr zugängliche erste Form wider. Ihr Aussagegehalt kann darum nur indirekt erschlossen werden. *Charakteristisch für beide Fassungen ist jedoch, daß jeweils einer besessenen oder erstrebten Position der Größe und des Vorrangs die Aufforderung*[15] *zu einem Verhalten entgegengestellt wird, das die Umkehrung jener bereits besessenen oder erst erstrebten Position darstellt.* Ob eine solche Forderung auf Jesus selbst zurückgeführt werden kann, läßt sich erst aufgrund der inhaltlichen Aussage klären. Die paradoxe Struktur der Aussage spricht dafür, denn sie ist auch sonst für jesuanische Formulierungen kennzeichnend.

2. Die inhaltliche Aussage des Spruches

Der Spruch nennt Erste und Große oder, wenn Mk 10,43f der ursprünglichen Formulierung näher stehen sollte, die, die Größte und Erste werden bzw. sein möchten. Dem allgemeinen Sprachgebrauch nach bezeichnet πρῶτος, „Erster“, den „dem Range und Wert nach Vornehmsten oder Wichtigsten“[16]; μέγας, „groß“, bringt über die [195] wahrnehmbare Körpergröße hinaus Macht, Gewalt, Einfluß und Bedeutung zum Ausdruck, die Personen eigen ist[17]. Die Aussage bezieht sich also auf bestehende gesellschaftliche Verhältnisse, in denen es Erste und Große und damit Kleine und Letzte gibt. Sie umfaßt so auch die zwischenmenschlichen Beziehungen, die sich aus solchem Gegenüber ergeben, jene Situationen also, in denen es darum geht, sich höhere oder bessere Positionen zu verschaffen oder gewonnene Positionen zu halten und auszuleben. Auch wenn die hierin implizierten soziologischen Fragestellungen als solche nicht

---

[15] Vgl. zum imperativischen Gebrauch des Futurums unter semitischem Einfluß *Blass – Debrunner,* Grammatik des neutestamentlichen Griechisch, § 362. Zur Nähe des Futurums zum Imperativ und Konjunktiv im klassischen Griechisch vgl. *R. Kühner – B. Gerth,* Ausführliche Grammatik der griechischen Sprache, 2. Teil: Satzlehre, Bd. I, Darmstadt 1963, 173 (Nr. 5), 176 (Nr. 6).

[16] Vgl. *W. Michaelis:* ThWNT VI, 866.

[17] Vgl. *W. Grundmann:* ThWNT IV, 435 (zum LXX-Sprachgebrauch 536).

[18] Es ist bei der Interpretation zu beachten, daß hier – wie allgemein in der Weisheitsüberlieferung – in vorwissenschaftlicher Weise auf zwischenmenschliche Beziehungen und gesellschaftliche Prozesse eingegangen wird, ohne über diese Beziehungen und Prozesse ausdrücklich zu reflektieren. Die Interpretation muß deswegen jedoch nicht darauf verzichten, die in der Sprache weisheitlich-apokalyptischer Tradition formulierten Belehrungen auf ihre soziologische Relevanz hin zu befragen. Im Gegenteil, gerade dies ist bei einer historischen Interpretation verlangt.

– oder richtiger noch nicht – artikuliert werden[18], setzt der Spruch de facto bestimmte gesellschaftliche Macht- und Herrschaftsstrukturen und, damit verbunden, Autoritäts- und Abhängigkeitsverhältnisse im zwischenmenschlichen Bereich, in Familie und Sippe, im dörflichen oder städtischen Milieu, in beruflichen und religösen Gruppierungen ebenso wie auch im gesamtgesellschaftlichen Bereich, in Politik, Religion und Wirtschaft, voraus[19], die es in der patriarchalisch-feudalistischen Gesellschaft des antiken Judentums ebenso gab, wie sie mutatis mutandis die heutige Gesellschaft bestimmen. Dabei ist zu berücksichtigen, daß im Einflußbereich einer am Gesetzesgehorsam und damit an der Leistung orientierten Religiosität, wie sie vor allem den Pharisäismus prägte, der Frage des religiösen Prestiges und Vorrangs eine besondere Bedeutung zukam, die alle Lebensbereiche mitbestimmte[20].

196 Die Termini „Erster" bzw. „Größter" sind im Spruch nicht absolut, auf eine bestimmte Gruppe eingeschränkt, sondern relativ gebraucht. Sie beziehen sich auf den Kreis der jeweils Angesprochenen: „von euch", „unter euch". Die Aussage des Spruches ist also auf verschiedenste Situationen adaptierbar, wie schon die neutestamentliche Auslegungsgeschichte zeigt; solche Adaptierbarkeit dürfte seiner genuinen paränetischen Intention entsprechen. Daß die Aussage nicht auf private Beziehungen beschränkt ist, sondern auch der gesamtgesellschaftliche Bereich mit umfaßt wird, bestätigt die frühe Erweiterung des Spruches durch den Vergleich mit weltlichen Machthabern.

Der Spruch verlangt in paradoxer Weise von denen, die Machtpositionen anstreben oder besitzen, ein anscheinend diametral entgegengesetztes Verhalten: sie sollen die unterste Position in ihrem Kreis einnehmen. Diese Forderung darf weder im Sinn eines berech-

---

19 Vgl. allgemein *M. Hengel,* Judentum, bes. 8–107 (Lit.); *ders.,* Zeloten, passim; *P. Hadot,* Artikel „Fürstenspiegel": RAC VIII, 555–632 (Lit.); *H. W. Hoehner,* Herod Antipas, Cambridge 1972, 65ff; *S. Krauss,* Talmudische Archäologie II, 3ff, 83ff; *J. Maier,* Judentum, München 1973, 160ff; *A. Schalit,* König Herodes. Der Mann und sein Werk, Berlin 1969, bes. 146ff, 483ff; *J. Herz,* Großgrundbesitz in Palästina im Zeitalter Jesu: Palästinajahrbuch 24 (1928) 98–113; *H. Kreissig,* Die sozialen Zusammenhänge des jüdischen Krieges. Klassen und Klassenkampf im Palästina des 1. Jahrhunderts v. u. Z., Berlin 1970.

20 Vgl. die breite Diskussion über die Rangordnung in der kommenden Welt: *Billerbeck,* Kommentar IV, 1131f, 1138–1143.

nenden Verhaltens[21] noch als Trick mißdeutet werden; als ginge es darum, jenen erstrebten Vorrang nun unter der Maske des Dienstes zu praktizieren oder zu erringen. Durch die Forderung wird vielmehr – das ist als erstes festzustellen – die allgemeinmenschliche Einstellung zu Vorrang, Macht und Prestige in Frage gestellt: Das Oberste wird zuunterst gekehrt; der Weg nach „oben" ist zum Weg nach „unten" geworden. Vom „Ersten" und „Größten" wird jedoch nicht nur verlangt, auf seine Position zu verzichten und sich in diesem Sinn zum Letzten zu machen; sein neuer Status wird vielmehr, wenn auch in sehr paradoxer Weise, positiv umschrieben: er soll nun der Diener, Knecht, Sklave jener sein, die ihm bislang untergeordnet waren, unter denen er Erster und Größter war. Was ist mit einer solchen Forderung ausgesagt?

Die Wahl der Begriffe διάκονος, „Diener", δοῦλος, „Sklave", denen im Hebräisch-Aramäischen עבד und שׁמשׁ entsprechen, wobei die Bedeutung „als Sklave dienen" und „als Knecht dienen" ineinander übergehen, bedeutet eine zusätzliche Provokation. Ihre Schärfe ist uns aufgrund der oft mißbräuchlichen und entstellenden Verwendung der Wortgruppe „dienen" zur Beschreibung kirchlicher, staatlicher oder sonstiger Herrschaftsausübung, aber auch aufgrund der religiösen und philosophischen Idealisierung der „Tugend" des Dienens in der christlich-abendländischen Tradition, wo sie etwa im Ideal des „Staatsdieners", des sozialen „Dienstes" oder „dienender Ganzhingabe" [197] ihren Ausdruck findet, kaum mehr nachvollziehbar. Ebensowenig ist uns die gesellschaftliche wie personelle Diskriminierung der Position des Sklaven ausreichend bewußt.

Wie allgemein in der Antike war auch in der jüdischen Gesellschaft der Sklave ein Mensch „zweiter Klasse"[22]. Während ein gebürtiger Jude als Sklave nur verpflichtet war, seinem (jüdischen) Herrn wie ein „Lohnarbeiter zu dienen", ohne daß dieser auch das Verfügungsrecht über den Leib des Sklaven beim Kauf erworben hatte[23], stand der kanaanäische Sklave „auf der gleichen Stufe wie die Immobilien". Er war nicht rechtsfähig und konnte keinen eigenen Besitz erwerben[24]. Sklave ist einer, „über den die Gewalt seinem Herrn zusteht" (Gittin 38[a]),

[21] So z. B. *Braun,* Radikalismus II, 26, Anm. 1: „Formal juridisch-spätjüdisch ist darin das Prinzip des do ut des, daß man also etwas tut als Mittel zum Zweck." Vgl. auch *ders.,* Jesus 118 f.

[22] *K. H. Rengstorf:* ThWNT II, 274.

[23] Vgl. zur Rechtsstellung und den Schutzbestimmungen des hebräischen Sklaven *Billerbeck,* Kommentar IV, 709 ff, zur Stellung des sogenannten kanaanäischen Sklaven ebd. 716 ff. Allgemein auch *S. Krauss,* Talmudische Archäologie II, 91 ff.

[24] *K. H. Rengstorf:* ThWNT II, 274.

dem „seine Seele (Leben) nicht eigen ist“ (Nazir 61[a]). Sklaven sind „wie Vieh“ einzuschätzen[25]. In seinen kultisch-religiösen Verpflichtungen – in der Regel sollte der Sklave eines jüdischen Herrn beschnitten werden (vgl. Gen 17,27) – war er den Frauen gleichgestellt, eine Regelung, die auch ein bezeichnendes Licht auf die Stellung der Frau wirft[26]. Das Sprichwort „Der Hund ist geehrter (das heißt: gilt vor Gott mehr) als der Sklave“ kennzeichnet[27] – trotz der auch nachweisbaren Beispiele einer positiven Einstellung zum Sklaven[28] – die Disqualifikation, die ihn in jeder Hinsicht traf.

Kennzeichnend für den Status der Sklaven generell in der antiken Gesellschaft ist zweierlei: einmal, daß von ihm ein *umfassender Dienst* verlangt ist, den er mit dem vollen Einsatz seiner Kräfte zu leisten hat, und zweitens, daß er *total von seinem Herrn abhängig* ist. Der Sklave hat „nicht nur keine Möglichkeit ... sich einer ihm aufgetragenen Arbeit zu entziehen, sondern (hat) [198] auch nicht einmal das Recht ... sich für irgend etwas zu entscheiden“. Er hat vielmehr „nur das zu tun ... was ein anderer getan haben will, und das zu unterlassen, was ein anderer unterlassen sehen will“[29].

Der Gedanke des Einsatzes der eigenen Kräfte für einen anderen – wenn auch im Griechischen ohne die spezifische Nuance sklavischer Unfreiheit – bestimmt auch den Begriffsinhalt der Wortgruppe διακονεῖν. Im Vergleich mit den anderen bedeutungsverwandten Wörtern bezeichnet es im Griechischen am ehesten „die

---

25 Belege nach *Billerbeck,* Kommentar IV, 720, 721f.

26 Vgl. *Billerbeck,* ebd. 722ff, speziell den Grundsatz Chagiga 4a: „Zu jedem Gebot, zu welchem die Frau verpflichtet ist, ist der Sklave verpflichtet; zu jedem Gebot, zu welchem die Frau nicht verpflichtet ist, ist der Sklave nicht verpflichtet“, und die aufschlußreiche Aufzählung Mischna Chagiga 1,1: „Alle sind zum Erscheinen im Tempel an den Feiertagen verpflichtet, ausgenommen Taube, Blödsinnige, Kinder, Geschlechtslose, Zwitter, Frauen, Sklaven, die nicht freigelassen sind, Lahme, Blinde, Kranke, Greise und die, welche nicht zu Fuß hinaufpilgern können.“ Die völlige Abhängigkeit von seinem Herrn dokumentiert eine Stellungnahme zur Frage, ob der Sklave das Nasiräatsgelübde ablegen kann, in Siphre Zuta (Jalqut zu Nu 6 § 710): „Die Kinder Israels können das Nasiräatsgelübde ablegen, aber nicht Sklaven; denn wenn sein Herr zu ihm sagt, er solle Wein trinken, so trinkt er, er solle sich scheren, so schert er sich, er solle sich an Leichen verunreinigen, so verunreinigt er sich“ (Belege *Billerbeck,* ebd. 727).

27 Vgl. *K. H. Rengstorf:* ThWNT II, 274, Anm. 84, sowie allgemein zur Behandlung des Sklaven *Billerbeck,* Kommentar IV, 730ff.

28 Vgl. *Billerbeck,* ebd. 728–730.

29 *K. H. Rengstorf:* ThWNT II, 265. Vgl. dazu auch den Gebrauch der Wortgruppe „zur Bestimmung des Verhältnisses der Untertanen zum König in der despotischen Monarchie des Vorderen Orients“, wie er sich auch im AT und in der LXX findet. „So kann sie auf der einen Seite das größte Maß der geforderten ebenso wie der ausgeübten Gewalt, auf der anderen Seite das größte vorstellbare Maß der objektiv vorhandenen Unterworfenheit wie der subjektiv erwiesenen Unterwürfigkeit in einzigartiger Weise zum Ausdruck bringen“ (Rengstorf: ebd. 269).

ganz persönlich einem anderen erwiesene Dienstleistung"[30]. Seine Grundbedeutung des Bei-Tisch-Dienens schwingt im Wort mit und bringt das im Dienen enthaltene Moment der Unterordnung des Dienenden unter den, der sich bedienen läßt, zum Ausdruck. Dienst – auch wenn er in übertragener Bedeutung auf den Staat oder Gott bezogen wird – wird in der Regel einem Höhergestellten geleistet. Während der Grieche Dienen grundsätzlich als „etwas Minderwertiges" ansah, fand der Orientale im Dienen „mehr als etwas an sich Unwürdiges"; er bejahte es, vor allem dann, wenn es galt, „einem großen Herrn zu dienen"[31]. Doch war auch im Judentum der Zeit Jesu die Auffassung herrschend, daß „Dienen, insbesondere in der ganz bestimmten Form des Bedienens bei Tisch, dem Würdigen nicht zukomme"[32].

---

[30] *Beyer:* ThWNT II, 81. Zum griechischen Verständnis des Dienstes am Staat vgl. ebd. 81f; zu dem des Weisen als „Diener Gottes" bei Epiktet ebd. 82.

[31] *Beyer* betont, daß in beiden Vorstellungsbereichen der Gedanke eines konkreten Dienstes an den Mitmenschen nicht mit der Vorstellung verbunden ist. Vgl. allgemein *Brandt,* (Anm. 1) 19–40.

[32] *Beyer:* ThWNT II, 83. Vgl. dazu die rabbinische Anekdote Mekhiltha Ex 18, 12 (67a): Als Rabban Gamliël (um 90) den Gelehrten ein Gastmahl bereitete, lagen alle Gelehrten Israels bei ihm zu Tische ... Rabban Gamliël stand und bediente sie ... Da sagten sie: Wir sind nicht wert, daß er uns bedient! Rabbi Jehoschua sprach zu ihnen: Lasset ihn, daß er dient; denn wir finden, daß ein Größerer als Rabban Gamliël die Leute (bei Tisch) bedient hat. Sie sprachen: Wer ist das? Er antwortete: Abraham, unser Vater, der Große der Welt; denn er hat die Dienstengel bedient, die er für arabische Leute, die den Götzen dienten, hielt. Warum sollte nicht viel mehr Rabban Gamliël die Gelehrten bedienen, die die Tora studieren! Da sprach Rabbi Cadoq (um 70) zu ihnen: Wir finden, daß ein Größerer als Rabban Gamliël und als Abraham die Leute bedient hat. Man sprach zu ihm: Wer ist das? Er antwortete: Die Schekhina (Gottheit), die stündlich Speise darreicht allen, die in die Welt kommen, nach ihrem Bedürfen und alle Lebenden sättigt mit Wohlgefallen, und nicht bloß fromme und gerechte Menschen, sondern auch Gottlose, die den Götzen dienen. Warum sollte nicht viel mehr Rabban Gamliël die Gelehrten und die Söhne der Tora bedienen! (zit. nach *Billerbeck,* Kommentar II, 275f). Beachte aber auch hier die Bindung des Dienstgedankens an die Tora. Zum Verständnis der „Herrschaft" als Dienst vgl. bHorajoth 10a Bar.: Der aussätzige und deswegen des Amtes enthobene König wohnt nach 2 Kg 15, 5 im „Haus der Freiheit" – nach rabbinischer Interpretation –, „weil er bis dahin (als Träger der Königswürde) ein Knecht war". Rabban Gamliël sagte zu zwei Schülern, die er an die Spitze einer Gemeinde stellen wollte: „Ihr meint wohl, daß ich euch Herrschaft verleihen will? Dienstbarkeit will ich euch verleihen, siehe 1 Kg 12, 7: Sie redeten zu ihm und sprachen: Wenn du heute zum Diener dieses Volkes wirst und ihnen dienst und ihnen dich fügst und freundliche Worte zu ihnen redest, so werden sie dir alle Tage Diener sein" (ebd. I, 838f). Die Umkehrung am Ende kennzeichnet den Unterschied zur Forderung Jesu. Allgemein zu „Dienst" und „dienen" im Judentum *Brandt,* (Anm. 1) 40–61.

[199] Die provokante Forderung verlangt also – in Umkehrung bisheriger Verhaltensweisen – von dem jeweils Ersten und Mächtigsten, sich von den anderen abhängig zu machen, auf sie einzugehen, ihnen mit dem Einsatz aller Kräfte umfassend zu dienen wie ein Sklave, ein Knecht seinem Herrn. Das, was solcher Dienst meint, ist konkret umschrieben; es ist nicht Dienst „an sich" oder Dienst für ein Ideal, nicht Dienst für *den* Staat oder für „Gott" (wenn auch Jesus in der vom Spruch geforderten Weise des Dienstes den wahren Gottesdienst sehen mag): nicht ein Dienst also, der unter der Hand schnell wieder zu einer Form des Herrschens werden kann. Die nähere Bestimmung des Diener- und Sklave-Seins durch die Genitive „euer" oder, genereller, „aller" bindet den Dienst an die Ansprüche und Bedürfnisse derer, unter denen er zu vollziehen ist. Inhalt und Ausmaß des geforderten Dienstes lassen sich also sehr konkret aufgrund der jeweiligen Situation bestimmen.

Jesus hat sowohl in seiner Basileia-Verkündigung als auch in seiner Gesetzesauslegung den Bereich zwischenmenschlicher Beziehungen unter die Verheißung der Nähe Gottes, aber auch unter ihren Anspruch gestellt; in der Anerkennung des anderen und in der wohlwollenden Zuwendung zu ihm soll dieser Nähe Gottes entsprochen werden. Diese Grundtendenz seiner Verkündung kommt auch hier zum Zuge. – Das scheint mir ein starkes Argument für die Authentizität des Spruches zu sein[33].

Der Spruch läßt sich als konsequente Anwendung des Gebotes der Nächstenliebe auf jenen Bereich zwischenmenschlicher Beziehungen und Verhaltensweisen begreifen, in denen die bestehende gesellschaftliche Ordnung ihren Ausdruck findet und durch die ihr Bestand [200] gesichert wird. Die Strukturierung der Gesellschaft in König und Volk, Herren und Knechte, Machtträger und Befehlsempfänger, Leitende und Geleitete, Erste und Letzte usw. ist – mag dies angesichts der Unterdrückung, des Elends, des Machtmißbrauchs und der Menschenverachtung, die diesen Versuch begleiteten, auch als zynisch erscheinen – immer wieder zumindest als der Versuch ausgegeben worden, *alle* auf diese Weise vor Anarchie und Chaos zu bewahren, Überleben also zu ermöglichen. Der Spruch

[33] Gegen *Bultmann,* Tradition 158 und 160, sowie gegen *Braun,* Radikalismus II, 87, Anm. 3. Ebd. 26 Anm. 1 betont er immerhin: „Die pointierte Zuspitzung des Jesus zugeschriebenen Wortes dagegen ist weder bei den Rabbinen ... noch in der Sekte ... belegt."

Jesu entwirft mit seiner Definition von Vorrang und Macht ein neues Modell dieses für die Menschheit lebensnotwendigen Versuches. Insofern trägt er die Züge der Utopie. Seine Konsequenz ist nicht nur die Änderung des Regierungsstils einzelner oder ein Machtwechsel in dem Sinn, daß jeweils Große und Mächtige auf ihre Position verzichten und damit – innerhalb der bestehenden Gruppen- oder Gesellschaftsverhältnisse – anderen, neuen Großen und Mächtigen, Platz machen. Damit wäre nicht mehr gewonnen als das gute Gewissen einiger Potentaten und der Weiterbestand alter Abhängigkeitsverhältnisse. Die bloße Umkehrung der bestehenden Verhältnisse genügt ihm nicht. Der Spruch ist erst ans Ziel gelangt, wenn die gesellschaftlichen Strukturen, die die Position von Mächtigen und Großen möglich oder notwendig machen, verändert sind; dann, wenn jene alte – oft als „hierarchisch" numinisierte – Ordnung des Unter- und Gegeneinanders abgelöst ist durch eine Ordnung des Neben- und Füreinanders, wenn dem Machtverlust des einen nicht mehr die Machtergreifung des anderen folgt, sondern in Anerkennung der Gleichwertigkeit und Gleichberechtigung aller Menschen alle sich auch als Mensch und Bruder/Schwester verstehen und das alte Gesetz des „Tretens und Getretenwerdens" abgelöst ist durch einen ehrlichen und vorbehaltlosen Dienst füreinander[34].

3. *Jesu Forderung des Herrschaftsverzichtes und die endzeitliche Umkehrung der irdischen Ordnungen*

1. [201] K. Berger hat in seiner grundlegenden Untersuchung „Zu den sogenannten Sätzen Heiligen Rechts" die ursprüngliche Form des Spruches von dem Gegensatz „Erster" – „Letzter" in Mk 9, 35 her bestimmt und den Spruch als ein Drohwort verstanden, das analog dem Mk 10, 31 überlieferten Spruch „Die Ersten werden die Letzten sein" denen, die Erste sein wollen, die Verurteilung zum Letzte-Sein im Endgericht androht. In diesem Sinn meint er auch,

---

[34] Vgl. *E. Lohmeyer,* Soziale Fragen im Urchristentum, Leipzig 1921, 75: „Dort, wo die Liebe waltet, gibt es keine Herren und Knechte ... Die Hingabe im Dienst wird so der ewige Sinn des geschichtlichen Daseins Jesu und der bleibende Sinn des Lebens seiner Jünger und Nachfolger ... Es heischt von jedem, grundsätzlich für andere dazusein, nicht in und für sich zu bleiben; sie gebietet, sich für andere zu entleeren, aber nicht im andern sich zu erfüllen; es ist ein Dienen, das nirgends und niemals haftet und in grenzenloser Güte nach keiner Grenze fragt."

Mt 23, 11 verstehen zu können. Erst innerhalb der synoptischen Überlieferung wurde seiner Meinung nach der Spruch paränetisch verstanden und entsprechend umgebildet: „Aus einer Drohung mit dem Motiv der eschatologischen Umkehr aller Größenordnungen wurde so die positive Gemeindeparänese.“[35]

Bergers anregender Rekonstruktionsvorschlag läßt sich meines Erachtens so nicht aufrechterhalten. Denn die sprachliche Gestalt von Mk 9, 35 ist höchstwahrscheinlich erst sekundär – beeinflußt von Mk 10, 31 – gebildet worden; sie kann daher nicht den Ausgangspunkt für die Überlieferungsgeschichte der Spruchvarianten bilden. Das Futurum ἔσται („er wird sein“) im Nachsatz kann zwar als Androhung einer innerweltlichen oder endzeitlichen Umkehrung streng futurisch verstanden werden (vgl. z. B. Mt 23, 12 par.; Mk 8, 35 par. usw.). Doch läßt sich die Form des Spruches – selbst in der von Berger postulierten Urfassung – auch mit dem Gesetzesstil der Septuaginta vergleichen. Der Vordersatz beschriebe dann kasuistisch die Situation, für die die Forderung erhoben wird, der Nachsatz mit einem Imperativ oder imperativen Futur das geforderte Verhalten[36]. Der Spruch kann also auch in seiner „Urgestalt“ eine paränetische Aussage intendiert haben, ohne daß er deswegen schon der Gemeindeparänese eingeordnet werden müßte. Vor allem daß die Größten zu Dienern degradiert werden (so auch Mt 23, 11), fügt sich dem Rahmen endzeitlicher Gerichtsdrohung kaum ein[37]. Gegen die vorgeschlagene paränetische Deutung spricht [202] nicht, daß die von Berger richtig beobachtete paränetische Tendenz in der weiteren Geschichte des Spruches sich verstärkt durchsetzt und ihn zu einer Gemeinderegel im engeren Sinn werden läßt.

Wenn ich daher Bergers formgeschichtlicher Bestimmung der ältesten Fassung des Spruches nicht folge und nach wie vor den paränetischen Charakter des Spruches für ursprünglich halte, so gibt doch Bergers Hinweis auf das Motiv der endzeitlichen Umkehrung der irdischen Größenordnungen richtig den Vorstellungshorizont an, in dem diese Paränese ihren Ursprung hat. Der Spruch stellt meines Erachtens von Anfang an den Versuch dar, die erwartete

---

35 *Berger,* (Anm. 1) 20.

36 Vgl. dazu *Bergers* Ausführung: ebd. 17f, bes. 18, Anm. 1.

37 Vgl. *Berger,* ebd. 19. Der Hinweis auf Mt 23, 12 trägt nicht viel aus, da seine Verbindung mit 23, 11 sekundär ist und durch das Stichwort „sich erniedrigen“ gerade auch die paränetische Forderung des „Diener-Seins“ aufgenommen werden kann.

endzeitliche Umkehrung der innerweltlichen Ordnungen und Verhältnisse in gegenwärtiges Verhalten zu übersetzen[38]. Ich verstehe also *das vom Spruch geforderte Verhalten* unter der Voraussetzung des jesuanischen Verständnisses der Basileia als einer gegenwärtigen Größe und in Entsprechung zu Jesu Deutung der Dämonenaustreibungen (Lk 11,20/Mt 12,28) oder zu seinem Verständnis der Seligpreisung der Armen *als Realisation der in der Zeit der Gegenwart der Basileia ermöglichten neuen Existenz.*

Der volle Bedeutungsgehalt des Spruches wird darum erst auf dem Hintergrund dieser endzeitlichen Erwartung, aus der er praktische Konsequenzen ziehen möchte, zugänglich. Er setzt das Wissen von einer neuen Weise menschlicher Existenz voraus, wie sie die Visionen und Trostworte der apokalyptischen Tradition für die kommende Welt Gottes verheißen. Dieser uns fremde religionsgeschichtliche Hintergrund soll durch einige Beispiele veranschaulicht werden.

2. Die nicht nur im Alten Testament und Judentum nachweisbare Erwartung einer *Umkehrung der bestehenden Verhältnisse*[39] läßt sich als Ausdruck der demütigenden Grunderfahrung menschlicher Geschichte überhaupt verstehen, daß es „zweierlei Menschen" gibt. Die Macht der Wenigen führt immer wieder zur Unterdrückung der Vielen; Reichtum lebt immer wieder auf Kosten der Armen, und denen, die nicht mächtig und reich sind, bleiben Ohnmacht und Hunger. Zugleich bekundet diese Erwartung aber auch das Wissen, [203] daß Mächtige stürzen und Reiche verarmen; die Geschichte ist hier die Lehrmeisterin einer immer wieder enttäuschten Hoffnung[40].

---

[38] Vgl. *Reploh,* (Anm. 1) 142 sowie die Anm. 13 genannten Autoren.

[39] *Grundmann,* Das Evangelium nach Lukas, Berlin ^{2}1961, 66, verweist auf *Xenophon,* Hellenika VI 4,23; *Euripides,* Troerinnen 612f: „Ich seh' der Götter Macht: turmhoch erhebt sie das Nichts und macht zu nichts, was groß erschien" (Übersetzung H. v. Arnim). Vgl. aber auch *Sophokles,* Oedipus Tyrannos 1524–1530, und die Belege bei *Wettstein,* Novum Testamentum I. Nachdruck der Ausgabe von 1751, Graz 1962, 654, 606f.

[40] *B. Brecht* hat solchem Hoffnung ermöglichenden Wissen in der Tradition biblischer Sprache immer wieder Ausdruck gegeben: z.B. im Lied von der Moldau (Schweyk im Zweiten Weltkrieg): „Am Grunde der Moldau wandern die Steine. / Es liegen drei Kaiser begraben in Prag. / Das Große bleibt groß nicht und klein nicht das Kleine. / Die Nacht hat zwölf Stunden, dann kommt schon der Tag. / Es wechseln die Zeiten. Die riesigen Pläne / Der Mächtigen kommen am Ende zum Halt. / Und gehn sie einher auch wie blutige Hähne / Es wechseln die Zeiten, da hilft keine Gewalt." Eine Vision der erlösten Welt bietet in dem gleichen Theaterstück „Das Lied vom Kelch": „Einmal schaun wir früh hinaus / Obs gut Wetter werde / Und da wurd ein gastlich Haus / Aus der Menschenerde. / Jeder wird als Mensch gesehn / Keinen wird man übergehn / Ham ein Dach gegn Schnee und Wind / Weil wir arg verfroren sind / Auch mit 80 Heller!"

Im Alten Testament ist die Hoffnung auf eine Umkehrung bestehender Unrechtsverhältnisse begründet in dem Glauben an Jahwe, der in seinem Geschichtshandeln Armen und Unterdrückten ihr Recht schafft[41]. Das Magnificat nimmt in seinen zahlreichen alttestamentlichen Anspielungen diese Hoffnung auf (vgl. Lk 1, 51–53): „Machttaten wirkt er mit seinem Arm. Er zerstreut (erniedrigt?[42]), die in den Gedanken ihres Herzens hoch hinaus wollen. Machthaber stürzt er von ihrem Thron, und Niedrige hebt er hoch hinaus. Hungrige sättigt er mit Gütern, und Reiche läßt er leer ausgehen" (Übersetzung nach Wilckens)[43].

In den apokalyptischen Texten ist die Erwartung der Umkehrung gegenwärtiger Verhältnisse mit dem Anbruch des kommenden Äons verbunden, der durch das allgemeine Weltgericht eingeleitet wird. Offenbar ist diese Erwartung vor allem in den Kreisen der sogenannten jüdischen Armenfrömmigkeit zu Hause; denn die deutlichsten Zeugnisse finden sich in den im äthiopischen Henochbuch gesammelten Traditionen (vgl. 108, 7ff), vor allem in den sogenannten Bilderreden und den die Sammlung abschließenden Mahnreden.

In äthHen 46, 4–7 wird der im Weltgericht bevorstehende Positionswechsel dargestellt:

„Und dieser Menschensohn, den du gesehen hast, wird die Könige und die Mächtigen aufscheuchen von ihren Lagern und die Gewaltigen von ihren Sitzen, und er wird die Zäume der Gewaltigen lösen und die Zähne der Sünder [204] zermalmen. (5) Und er wird die Könige von ihren Thronen und aus ihren Reichen stoßen, weil sie ... nicht ... anerkennen, woher ihnen das Reich verliehen worden ist. (6) Das Angesicht der Gewaltigen wird er verstoßen, und Scham wird sie erfüllen, Finsternis wird ihre Wohnung sein, und Würmer werden ihnen zum Lager dienen, und sie werden nicht hoffen dürfen, von ihrem Lager aufzustehen, weil sie den Namen des Herrn der Geister nicht erheben. (7) Und das sind die, welche die Sterne des Himmels (die Frommen und Gerechten in Israel) richten und ihre Hand gegen den Höchsten erheben und die Erde niedertreten und darauf wohnen, und all ihre Handlungen tragen Ungerechtigkeit zur Schau ... und ihre Macht beruht auf ihrem Reichtum, und ihr Glaube gehört den Göttern, die sie mit Händen gemacht haben; und sie verleugnen den Namen des Herrn der Geister (8) und verfolgen seine Versammlungshäuser und die Gläubigen, die dem Namen des Herrn der Geister anhängen" (Übersetzung nach J. Flemming – L. Rademacher; Das Buch Henoch [Leipzig 1901]). Vgl. auch aethHen 63, 1–12.

---

[41] Vgl. die Zusammenstellung von Parallelstellen bei *Schürmann,* Lukasevangelium 76 Anm. 244. Besonders zu nennen ist 1 Sam 2, 1–10; Ez 21, 31; Job 5, 8–27; 12, 13–25; 36, 6ff; Ps 107 (106), 33–41; 113 (112), 7–9; 147 (146), 6; Sir 10, 14.

[42] So *Grundmann,* Das Evangelium nach Lukas 65, für eine semitische Vorlage.

[43] Vgl. *Schürmann,* Lukasevangelium 76: „Das politisch-soziale Zustandsbild der Welt ist genau das Gegenteil von dem, was Gott sich gedacht hat. Nur eine Revolution, die von Gott kommt, besser: die Realität, die mit dem Kommen Gottes kommt, kann da Abhilfe schaffen. Diese Revolution wird auch eine politische sein, die die Machtverhältnisse, dann auch eine soziale, die die Besitzverhältnisse umkehrt ...".

ÄthHen 10,16–11,1 wird in einer Noah-Tradition das bevorstehende Sintflutgericht und im Zusammenhang damit der Anbruch einer Heilszeit beschrieben, die deutlich von eschatologischen Zügen geprägt ist. Ihre großartigen Bilder können veranschaulichen, was für apokalyptische Hoffnung „befreite Existenz" bedeutet hat:

„(15) [Michael wird aufgefordert:] Vernichte alle Geister der Verworfenen und die Söhne der Wächter, weil sie die Menschen mißhandelt haben. (16) Tilge alle Gewalttat von der Erde hinweg; jedes schlechte Werk soll ein Ende nehmen, und erscheinen soll die Pflanze der Gerechtigkeit und der Wahrheit, und die Arbeit wird zum Segen gereichen. Gerechtigkeit und Wahrheit werden in Freuden für immer gepflanzt werden. Und nun werden alle Gerechten entfliehen, und sie werden leben, bis sie tausend Kinder zeugen, und alle Tage ihrer Jugend und ihres Alters werden sie in Frieden vollenden. (18) In jenen Tagen wird die ganze Erde in Gerechtigkeit bestellt, ganz mit Bäumen bepflanzt werden und voll von Segen[sgaben] sein. (19) Allerlei liebliche Bäume werden auf ihr gepflanzt werden; Weinstöcke wird man auf ihr pflanzen, und die auf ihr gepflanzten Weinstöcke werden Wein in Überfluß tragen, und von allem Samen, der auf ihr gesät wird, wird ein Maß tausend tragen, und ein Maß Oliven wird zehn Kufen Öl geben. (20) Und du, reinige die Erde von aller Gewalttat, von aller Ungerechtigkeit, von aller Sünde, von aller Gottlosigkeit und von aller Unreinigkeit, die auf der Erde verübt wird; vertilge sie von der Erde. Alle Menschenkinder sollen gerecht sein, alle Völker sollen mich verehren und mich preisen, und alle werden mich anbeten. (22) Die Erde wird rein sein von aller Verderbnis, von aller Sünde, von aller Plage und von aller Qual, und ich werde nicht abermals eine Flut über sie senden von Geschlecht zu Geschlecht und bis in Ewigkeit. (11,1) In jenen Tagen werde ich die himmlischen Vorratskammern des Segens öffnen, um sie auf die Erde, auf das Werk und die Arbeit der Menschenkinder herabkommen zu lassen. (2) 205 Und dann werden Heil und Recht alle Tage der Welt und alle Geschlechter der Menschen hindurch sich paaren" (Übersetzung hier und im folgenden nach G. Beer: E. Kautzsch, Die Apokryphen und Pseudepigraphen des Alten Testaments, Tübingen 1900).

ÄthHen 62,24–15 beschreibt die endzeitliche Gemeinschaft mit dem Menschensohn:

„Der Herr der Geister wird über ihnen wohnen, und sie werden mit jenem Menschensohn essen, sich niederlegen und erheben bis in alle Ewigkeit. (15) Die Gerechten und Auserwählten werden sich von der Erde erheben und aufhören, ihren Blick zu senken, und werden mit dem Kleide der Herrlichkeit angetan sein. (16) Und dies soll euer Kleid sein, ein Kleid des Lebens bei dem Herrn der Geister: Eure Kleider werden nicht veralten, und eure Herrlichkeit wird nicht vergehen vor dem Herrn der Geister."

Nach einer verbreiteten Tradition werden bei dem endzeitlichen Freudenmahl die zwei urzeitlichen Ungeheuer zur Speise dienen; so heißt es z. B. syrBar 29,4: „Offenbaren wird sich (in den Tagen des Messias) der Behemoth aus seinem Land, und der Livjathan wird emporsteigen aus dem Meere; und die beiden gewaltigen Seeungeheuer, die ich am fünften Tage des Schöpfungswerks geschaffen und bis auf jene Zeit aufbehalten habe, werden alsdann zur Speise für alle die da sein, welche übrig sind" (vgl. Billerbeck, Kommentar IV, 1156).

In den sogenannten Mahnreden (äthHen 92.94–105) wird in zahlreichen Weherufen die endzeitliche Umkehrung der herrschenden Verhältnisse zum Ausdruck gebracht. In ihren konkreten Drohungen lassen sie die herrschenden Verhältnisse deutlich erkennen, von denen die endgültige Befreiung in der Endzeit erhofft wird, und sind insofern „Ausdruck des wirklichen Elends" und „Protestation gegen das wirkliche Elend" (K. Marx, s. oben S. 54 Anm. 27).

ÄthHen 92, 2–5: „(2) Euer Geist betrübe sich nicht wegen [der bösen] Zeiten, denn der große Heilige hat für alle Dinge Tage bestimmt. (3) Der Gerechte wird aus dem [Todes]schlaf auferstehen, auferstehen und auf dem Pfade der Gerechtigkeit wandern, und sein ganzer Weg und Wandel [wird] in ewiger Güte und Gnade [sein]. (4) Er wird dem Gerechten gnädig sein, ihm ewige Rechtschaffenheit geben und Herrschaft verleihen; er wird in Güte und Rechtschaffenheit leben und in ewigem Lichte wandeln. (5) Die Sünde wird in Finsternis für ewig vernichtet werden und nun nicht [mehr] von jenem Tag an bis in Ewigkeit erscheinen."

ÄthHen 94, 1–11: „(1) ... Liebt die Gerechtigkeit, und wandelt in ihr! Denn die Pfade der Gerechtigkeit verdienen, angenommen zu werden, aber die Wege der Ungerechtigkeit vergehen und schwinden plötzlich ... (6) Wehe denen, die die Ungerechtigkeit und Gewalttat aufrichten und den Betrug zum Grundstein machen; plötzlich werden sie ausgerottet werden und keinen Frieden haben! (7) Wehe denen, die ihre Häuser durch Sünde aufbauen, denn sie [206] werden von ihrer ganzen Gründung losgerissen werden und durchs Schwert fallen; die aber, die Gold und Silber erwerben, werden plötzlich im Gericht umkommen. (8) Wehe euch Reichen, denn ihr habt euch auf euren Reichtum verlassen, und ihr werdet aus euren Schätzen herausmüssen; ... (11) Eure Gerechten werden in jenen Tagen den Sündern und Gottlosen zur Beschämung dienen."

ÄthHen 95, 5–7: „Wehe euch, die ihr eurem Nächsten Böses zufügt, denn nach eurem Tun soll euch vergolten werden. (6) Wehe euch lügnerischen Zungen und denen, die Unrecht darwägen (als Richter), denn plötzlich sollt ihr umkommen. (7) Wehe euch Sündern, weil ihr die Gerechten verfolgt, denn ihr werdet dahingetrieben und verfolgt werden ... und ihr [der Gerechten] Joch wird schwer auf euch lasten!"

ÄthHen 96, 5–8: „Wehe euch, die ihr das Mark des Weizens verzehrt, die Kraft der Wurzel der Quelle trinkt und die Niedrigen durch eure Kraft niedertretet. (6) Wehe euch, die ihr zu jeder Zeit Wasser zu trinken habt, denn plötzlich wird euch vergolten werden; ihr werdet verwelken und vertrocknen, weil ihr die Quelle des Lebens verlassen habt. (7) Wehe euch, die ihr Ungerechtigkeit, Betrug und Lästerung begeht; es wird ein Gedächtnis zum Bösen gegen euch sein! (8) Wehe euch Mächtigen, die ihr gewaltsam den Gerechten niederschlagt, denn der Tag eures Verderbens wird kommen; in jener Zeit werden für die Gerechten viele glückliche Tage kommen, wann ihr gerichtet werdet."

ÄthHen 98, 2f: „Wenn ihr Männer euch auch mehr Schmuck als ein Weib und mehr Buntes als eine Jungfrau anlegt: trotz Königswürde, Hoheit, Herrschergröße, Silber, Gold, Purpur, Ehre und Speisen werden sie wie Wasser ausgegossen werden. (3) Weil ihnen Wissen und Weisheit fehlt, so werden sie zusammen mit ihren Schätzen, mit all ihrer Herrlichkeit und Ehre untergehen und in Schmach, durch Mord und in großer Armut in den Feuerofen geworfen werden."

ÄthHen 99, 11–15: „Wehe euch, die ihr auf Unglück für euren Nächsten hofft, denn in der Hölle sollt ihr getötet werden. (12) Wehe euch, die ihr betrügerische und falsche Maße macht ... (13) Wehe euch, die ihr Häuser durch die Mühe anderer baut und deren Baumaterial nichts als Ziegel und Steine der Sünde sind; ich sage euch, ihr habt keinen Frieden! (14) Wehe denen, die das Maß und ewige

Erbteil ihrer Väter verachten und deren Seelen Götzen anhängen; sie werden keine Ruhe haben. (15) Wehe denen, die Unrecht tun, die Gewalttätigkeit unterstützen und ihren Nächsten töten bis zum Tage des großen Gerichts. (16) Denn er wird eure Herrlichkeit zu Boden werfen, Unglück über euer Herz bringen und den Geist seines Zornes erregen, um euch alle mit dem Schwert umzubringen ..."

Auch der rabbinischen Überlieferung ist diese Erwartung vertraut; sie findet in der Vision des krank in Fieberträumen liegenden Sohnes des Rabbi Jehoschua ben Levi ihren prägnantesten Ausdruck.

bPesachim 50a: „Als er wieder zu sich kam, sprach sein Vater: Was hast
207 du gesehen? Er antwortete: Eine umgekehrte Welt habe ich gesehen, die Oberen zuunterst und die Unteren zuoberst. Er sprach zu ihm: Mein Sohn, eine wahre Welt hast du gesehen." Die Fortsetzung zeigt die spezifisch rabbinischen Modifikationen der Überlieferung: den Bezug auf den Tora-Gehorsam[44] und die Frage nach den Größenanordnungen im Jenseits.

Er sprach zu ihm: „Und wie werden wir dort sein? (Er antwortete:) Wie wir hier sind, so werden wir auch dort sein. Ferner habe ich gehört, wie man sagte: Wohl dem, der hierherkommt und sein Erlerntes in der Hand ... hat. Ferner habe ich gehört, wie man sagte: In dem Abteil der Märtyrer ... kann kein Mensch stehen (das heißt, die Märtyrer nehmen die höchste Rangstufe im Jenseits ein, in den Kreis darf kein anderer eintreten)" (zit. nach Billerbeck, Kommentar I, 250).

Daß rabbinische Überlieferung menschlich geglücktes Verhalten für das Eschaton verbindlich zu erklären und von ihm her auch die Gottesbeziehung zu gestalten vermag, zeigen die zwei abschließenden Belege.

Siphra Leviticus 26, 12 (451 a,4) wird Lev 26, 12: „Ich wandle in eurer Mitte", ausgelegt: „Man hat ein Gleichnis gesagt, womit sich das vergleichen läßt. Mit einem König, der ausging, um sich mit seinem Pächter im Baumpark ... zu ergehen; aber jener Pächter hatte sich vor ihm versteckt. Der König sprach zu jenem Pächter: Was hast du, daß du dich vor mir versteckst? Siehe, ich bin wie du! Ebenso wird sich Gott dereinst mit den Gerechten im Gan Eden (in dem in der Endzeit wieder erschlossenen Paradies) in der Zukunft ergehen, und die Gerechten werden ihn sehen und vor ihm erbeben. Und er wird zu ihnen sagen: Siehe, ich bin wie ihr! Soll etwa die Ehrfurcht vor mir nicht mehr auf euch sein? Die Schrift sagt lehrend Lev 26, 12: Und ich bin euer Gott, und ihr werdet mein Volk sein!" (Das Ehrfurcht Fordernde liegt nach rabbinischem Schriftverständnis allein in dem Wort „Gott".)

Taanith 31a, 21: „Ulla aus Biri (Berai, um 280) hat gesagt: Rabbi Elazar (um 270) habe gesagt: Dereinst wird Gott den Gerechten einen Reigentanz veranstalten, und er selbst wird unter ihnen sitzen im Gan Eden, und jeder wird mit seinem Finger hinweisen, wie es heißt Jes 25, 9: Sagen wird man an jenem Tage: Siehe, unser Gott ist dies, auf den wir harrten, daß er uns befreie, Jahwe ist dies, auf den wir harrten, lasset uns frohlocken und uns freuen über sein Heil!" Im Midrasch zum Psalm 48 § 5 (139a) wird hinzugefügt: „Und Gott tanzt mit ihnen"; in anderen Traditionen wird er als „Reigenführer" bezeichnet[45].

---

[44] Vgl. dazu *Braun,* Radikalismus II, 36 Anm. 1, zur Parallelstelle BB 10b.

[45] *Billerbeck,* Kommentar IV, 1154; weitere Belege 1144–1165.

Der in Mk 10, 31; Mt 19, 30; 20, 16; Lk 13, 30 überlieferte Spruch „Die Ersten werden die Letzten, die Letzten die Ersten sein“ gibt der
208 dargestellten alttestamentlich-apokalyptischen Erwartung prägnanten Ausdruck[46] und ergänzt die gegenwartsbezogene Aussage des Spruches Mk 10, 43 f im Sinn der zukunftsbezogenen Basileia-Aussagen. Im Horizont des bevorstehenden Herrschaftsantritts Gottes, der die endgültige Umwertung jetzt gültiger Werte und die unumkehrbare Umkehrung der gegenwärtigen verkehrten Verhältnisse bringt, wird das Unrecht und die Widergöttlichkeit herrschender Verhältnisse aufgedeckt; im Zeichen des kommenden Weltgerichts gewinnt Jesu Forderung ihren Ernst und ihre Dringlichkeit. Zugleich beschwören die hinter dem Wort stehenden apokalyptischen Bilder einer von Elend und Unterdrückung befreiten, in Frieden und Glück lebenden Menschheit – Bilder einer Welt, die ganz Welt Gottes ist – die Chance, die in der Zeit der gegenwärtigen Basileia schon jetzt gegeben ist. Die Forderung Jesu, auf Herrschaft, Macht und Großsein zu verzichten und sich auf bedingungslosen Dienst aneinander einzulassen, sucht diese Chance zu realisieren.

3. Die direkte Verbindung des präsentisch-paränetischen Aspekts mit dem zukünftigen kennzeichnet drei verwandte Logien, die die Aussage der Sprüche auch thematisch ergänzen und weiterführen können. Es handelt sich um die Sprüche von der Selbsterniedrigung und Erhöhung, vom „Leben verlieren“ und „Leben gewinnen“ und von der Annahme der Basileia in der Weise des Kindes. Vor allem die zwei ersten Sprüche sind deutlich der Weisheitstradition verhaftet und werden deswegen in ihrer Authentizität häufig in Frage gestellt. Im Rahmen der Jesusverkündigung gewinnt jedoch ihre Aussage einen eigenen Akzent, den es bei der Entscheidung der Echtheitsfrage zu bedenken gilt und der bei ihrer Interpretation zu beachten ist. Andererseits ist anzuerkennen, daß auch für Jesus der Rückgriff auf alte jüdische Erfahrungsweisheit nicht ausgeschlossen werden kann, sondern im Gegenteil durchaus naheliegt.

Der Spruch „Wer sich erhöht, wird erniedrigt werden; wer sich erniedrigt, wird erhöht werden“ tritt in der synoptischen Überlieferung in Lk 14, 11; 18, 14; Mt 23, 12 (vgl. 18, 4) als ein „Wander-

---

[46] Vgl. *Bultmann,* Tradition 110: möglicherweise jesuanisch, „wenn dies nicht traditionelle Sätze jüdischer Apokalyptik sind“; *Haenchen,* (Anm. 1) 360.

logion" auf und wird in der Überlieferung mit verschiedenen Kontexten sekundär verbunden[47]. Für sein ursprüngliches Verständnis ergeben sich daraus [209] kaum Rückschlüsse. Wir müssen von seiner isolierten Gestalt ausgehen und diese einerseits aus ihrer Vorgeschichte in der Weisheitstradition, andererseits aber aus der Gesamtverkündigung Jesu zu verstehen versuchen.

Im Vergleich mit den zahlreichen ähnlichen Aussagen der Weisheitsüberlieferung läßt sich die allgemeine Aussage des Spruches als eine Warnung vor Hochmut und Überheblichkeit und als Aufforderung zu Bescheidenheit und Demut begreifen – im Sinn des auch uns vertrauten Sprichwortes: „Hochmut kommt vor dem Fall"[48]. Bezeichnend für seine jüdisch-rabbinische Interpretation ist es wie-

---

[47] In Lk 18, 14b ist das Wanderlogion der Gleichniserzählung vom Pharisäer und Zöllner angefügt und wird dort – in seiner Aussage stark theologisiert – auf die dem Zöllner geschenkte und dem Pharisäer verweigerte Rechtfertigung bezogen. Lk 14, 11 dagegen diente es dazu, die Moral der Geschichte von der unterschiedlichen Wahl der Plätze bei einem Gastmahl (14, 7–10) zu umschreiben, gibt also eher einer allgemeinen Lebensregel Ausdruck. Im Matthäusevangelium dagegen begründet der Spruch in 23, 12 die in 23, 11 erhobene Forderung des Diener-Seins; 18, 4 wird die Forderung der Selbsterniedrigung durch das „Werden wie ein Kind" erläutert. In beiden Fällen dient der Spruch also dazu, in einer engen Verbindung von Christologie und Ethos der am Beispiel des Messias der Niedrigkeit orientierten Haltung der Demut Ausdruck zu geben und diese durch den Hinweis auf das endzeitliche Gericht (eschatologisches Futur) zu motivieren. An allen vier Stellen ist die Verbindung deutlich sekundär.

[48] Vgl. z. B. Spr 18, 12; 29, 23; Job 22, 29; Sir 3, 18; 10, 20 (28); 11, 12f sowie Ez 21, 31b; Dan 4, 34 und auch die oben Anm. 41 genannten Belege. In der Demutsforderung besteht ein entscheidender Unterschied zwischen griechischem und jüdischem Denken, der sich auch in der Sprache zeigt: ταπεινός wird, auf die Gesinnung bezogen, im profangriechischen Sprachgebrauch nur negativ verstanden: „niedrig", „unwürdig", „servil"; erst im Zusammenhang mit dem biblischen Menschenbild, nach dem der Mensch in der Haltung des Hörenden und Gehorchenden Gott gegenübersteht, gewinnt die Wortgruppe einen positiven Sinn. Vgl. *W. Grundmann:* ThWNT VII, 1–27; *A. Dihle,* Artikel „Demut": RAC III, 735–778. Zu ὑψοῦν: *G. Bertram:* ThWNT VIII, 604ff, sowie *ders.,* Hochmut und verwandte Begriffe im griechischen und hebräischen AT: Welt des Orients 3 (1964) 29–38.
Berger, (Anm. 1) 22, Anm. 2, zitiert aus den Sprüchen Achikars: (149) Wenn du hoch sein willst, mein Sohn, mach dich niedrig vor Gott, (150) der den hohen Menschen niedrig macht und den niedrigen Menschen hoch macht"; sowie syrBar 54, 10: „Denn der, der jetzt läuft, läuft vergeblich, und der im Glücke lebt, fällt sogleich und wird gedemütigt" (ebd. 23).

derum, daß die Selbsterniedrigung auf die Tora bezogen und ihr gerade darum die zukünftige Erhöhung verheißen wird[49]. Die ursprüngliche Aufgabe [210] solcher Sätze dürfte die „weisheitliche Belehrung, Aufklärung über die verborgene Bedeutung des Handelns und darüber (gewesen sein), daß die Tat notwendig auf den Täter zurückkommen wird, da Gott betroffen ist ...“[50]. „Nicht die Autorität des Redenden verpflichtet, sondern die aufgezeigte Folge soll den Angeredeten zur richtigen Erwägung von Schaden und Nutzen und zur Einsicht bringen.“ (20) Die Zukunftsaussage dieser Sprüche ist nicht notwendig eschatologisch, sie kann auch innerweltlich gemeint sein entsprechend „weisheitlicher Wirklichkeitserfahrung“. „Erst in der Literatur der Apokalyptik wird das in diesen Sätzen sich zeigende Vorstellungsschema verbunden mit der eschatologischen Umkehr aller Dinge und besonders des Schicksals der Gerechten ... Die entsprechende Vergeltung erfolgt nun nicht mehr automatisch, sondern durch Vermittlung des göttlichen Gerichtes. An die Stelle des immanenten Ersatzes tritt der himmlische Lohn der Gerechten und die ewige Verdammnis der Bösen.“ (21)

Wie ist der Spruch innerhalb der jesuanischen Verkündigung zu verstehen? Das Futurum des Nachsatzes ist aufgrund der eschatologischen Naherwartung Jesu zukünftig-endzeitlich zu interpretieren. Die Rede von der Selbsterniedrigung und Erhöhung ließe sich – ohne Beachtung des jesuanischen Kontextes – auch als Warnung vor

---

49 Vgl. Genesis Rabba 81 (51 d): Ben Azzai (110) sagte: „Wenn du dich wegen der Worte der Tora selbst zum Toren machst, wirst du schließlich durch sie erhöht werden“ (*Billerbeck,* Kommentar I, 249); Aboth de Rabbi Nathan ed. Schechter 11: Rabbi Jose (um 150) sagte: „Steige hinab empor und steige empor hinab. Wer sich selbst erhöht wegen der Worte der Tora, den wird man ... schließlich erniedrigen, und wer sich selbst wegen der Worte der Tora erniedrigt, den wird man schließlich erhöhen“ (*Billerbeck,* ebd. 921); vgl. aber auch den Ausspruch Hillels in Leviticus Rabba 1 (105c): „Meine (Selbst-)Erniedrigung ist meine Erhöhung, meine (Selbst-)Erhöhung ist meine Erniedrigung“, mit Hinweis auf Ps 113, 5f (*Billerbeck,* ebs. I, 774); Erubin 13b, 35: „Wer sich selbst erniedrigt, den wird Gott erhöhen, und wer sich selbst erhöht, den wird Gott erniedrigen. Wer der Größe nachläuft ... vor dem flieht die Größe; und wer vor der Größe flieht, dem läuft sie nach. Wer die Stunde ... drängt, den drängt die Stunde; und wer von der Stunde sich drängen läßt, dem steht die Stunde bei“, und dessen Variante Tanchuma ויקרא 133a: „Wer der Herrschaft ... nachläuft, vor dem flieht die Herrschaft; wer aber vor der Herrschaft flieht, dem läuft die Herrschaft nach“ (*Billerbeck,* ebd. 921). Bei Billerbeck finden sich weitere Belege.

50 *Berger,* (Anm. 1) 22. Zum folgenden ebd. 20–22.

Überheblichkeit und Aufforderung zu Bescheidenheit, also im Sinn einer Demutsregel, verstehen[51]. Auf dem Hintergrund der endzeitlichen [211] Erwartung der Umkehrung der Verhältnisse (Mk 10, 31) und ihrer Modifikation durch Jesus (Mk 10, 43f) ist der Spruch jedoch entschiedener auf die Thematik des Vorrangs- und Machtstrebens zu beziehen. Was könnte dann durch solche Forderung erreicht werden? Das die Gesellschaft bestimmende Spiel um Prestige, Ansehen, Renommee würde nicht mehr mitgemacht. Die Einnahme der unteren Position auf der Stufenleiter der Gesellschaftshierarchie lähmte die permanente Eskalation der Konkurrenz; die Weigerung, sich auf den allgemeinen Wettlauf um Macht und Ansehen einzulassen, könnte frei machen und auf andere befreiend wirken. Solcher Verzicht ließe andere Maßstäbe für ein sinnvolles menschliches Handeln, für die berufliche Tätigkeit und die Gestaltung des persönlichen Lebens zum Zuge kommen, als sie der Wettbewerb diktiert. Eine solche zweifellos schon aktualisierende, aber meines Erachtens *auch* ein entscheidendes Moment der jesuanischen Kritik am menschlichen Vorrangstreben aufnehmende Auslegung mag noch zu sehr im Spielerischen bleiben; in der Praxis ginge jedoch ein solches Verhalten an den Nerv, könnte es die „Existenz kosten". Das Wort Jesu bleibt jedoch zweifellos nicht beim Verzicht auf Renommee stehen. Es gälte zudem von der Sache her zu bedenken, daß eine solche Emanzipation von den Gesetzen des Wettbewerbs auch zu einer Idylle führen kann – auf Kosten der anderen. Gerade der Bezug auf den anderen ist jedoch für Jesu Verkündigung generell konstitutiv und daher auch hier in Anschlag zu bringen. Dann verlangt der Spruch aber nicht nur den Verzicht auf den Kampf um Vorrang in der Gesellschaft, sondern mehr: die konkret praktizierte Solidarität mit den jeweils Untersten. Sich erniedrigen meint dann etwas für uns Paradoxes, nämlich in einer

---

[51] Vgl. *Bultmann,* Tradition 109. Er versteht den Spruch (ohne seine endzeitliche Komponente zu beachten) als Ausdruck eines „volkstümlichen Gottesglaubens ... der – neben der Anerkennung von Gottes souveränem Walten – eine ausgleichende Gerechtigkeit im Weltgeschehen wahrnimmt". *Braun,* Radikalismus II, 36, Anm. 1 Abs., kennzeichnet ihn gleichfalls als spätjüdisch; ähnlich auch *Dihle:* RAC VIII, 748. Auf seinen eschatologisch-apokalyptischen Sinngehalt verweisen vor allem *Jeremias,* Die Gleichnisse Jesu, Göttingen ^{7}1965, 191, Anm. 7; *E. Käsemann,* Die Anfänge christlicher Theologie: *ders.,* Exegetische Versuche und Besinnungen II, Göttingen 1964, 97; *Schulz,* Q 451f (Literatur).

unserem natürlichen Empfinden gegenläufigen Weise sich auf die jeweils unterste Stufe der Gesellschaft zu begeben. Warum könnte das gerade gefordert sein? Vielleicht im Wissen darum, daß nur durch eine Solidarität von unten her jene durch die Basileia gegebene Neuordnung möglich werden kann.

4. Der Spruch Mk 10, 15, den schon Matthäus in 18, 4 mit der Selbsterniedrigungsformel verbunden hat, scheint ein solches Verständnis in der Tat nahezulegen:

> „Wahrlich, ich sage euch, wenn ihr die Basileia Gottes nicht aufnehmt wie ein Kind, werdet ihr in sie nicht eingehen."

An diesem „wie ein Kind" rätselte die Auslegung seit je herum; beseelt von neuzeitlicher Kinderromantik, fühlte man sich in neuerer
212 Exegese durch diesen Vergleich vielfach auf die „Unschuld", die „Demut", die Spontaneität des Kindes verwiesen, auf seine Bereitschaft, sich fraglos etwas schenken zu lassen, und entdeckte so in dem Bild auch das Sola-gratia-Prinzip[52]. Bei alldem übersah man allerdings, sich die gesellschaftliche Stellung und soziale Lage eines Kindes konkret-zeitgeschichtlich zu veranschaulichen. Von ihr aus aber ist die Bildaussage von dem Klein- und Geringsein des Kindes vor allem zu verstehen. Berger hat mit Recht von dieser Situation des Kindes her den Spruch interpretiert[53]: „Die Aufforderung, wie Kinder zu werden, ist die kürzeste Formulierung für die Forderung, auf Ansehen, Macht, Reichtum und Sicherheiten zu verzichten ..."; „unter der Voraussetzung der kommenden Umkehrung aller Maßstäbe im Gericht und aller jetzigen Verhältnisse im kommenden Äon werden demnächst die groß und mächtig sein, die jetzt klein, gering und hilflos wie Kinder sind." Durch diese meines Erachtens bislang treffendste Interpretation der Aussage würde die oben gegebene Auslegung der Forderung der Selbsterniedrigung voll bestätigt.

5. Daß es bei diesen Sprüchen der Jesusüberlieferung um ein Verhalten geht, das die gesamte Existenz des Menschen radikal in

---

[52] Vgl. z. B. *Lohmeyer,* Das Evangelium des Markus 203—205; *Bultmann,* Jesus 173. Kritisch dagegen: *E. Haenchen,* (Anm. 1) 345.

[53] *K. Berger,* Die Amen-Worte Jesu, Berlin 1970, 41 f, Zitate: 41 Anm. 38, 42. *Haenchen,* (Anm. 1) 346, nahm auch bereits das Klein- und Geringsein zum Ausgangspunkt seiner Erklärung. Vgl. auch *J. Leipoldt,* Vom Kinde in der alten Welt: Reich Gottes und Wirklichkeit. Festgabe für H. D. Müller, Berlin 1962, 343—351.

Frage stellt, zeigt schließlich der Spruch vom „Leben suchen" und „Leben verlieren", der in sechs verschiedenen Variationen in der neutestamentlichen Überlieferung auftritt: Mk 8,35; Lk 9,24; 17,33; Mt 10,39; 16,25; Joh 12,25[54]. Wahrscheinlich geht er auf eine streng antithetisch formulierte Fassung ohne die in der urchristlichen Überlieferung eingefügten Erläuterungen zurück:

> „Wer sein Leben retten will, wird es verlieren;
> wer sein Leben verliert, wird es retten."

Auch für diesen Spruch bieten die rabbinische Überlieferung – in Verbindung mit dem Tora-Gehorsam[55] und dem Martyriumsgedanken –, [213] aber auch die kynisch-stoische Predigt, in der dieses Verhalten am Tod des Sokrates veranschaulicht wird[56], oder auch der „freiwillige Tod" des Mysten und die ihm verheißene Wiedergeburt in der Mysterienweihe[57] bis hin zu Goethes „Stirb und werde" zahlreiche Parallelen. Ein Grundgesetz menschlichen Lebensvollzuges scheint hier zur Sprache zu kommen. H. Braun hat in seinem Aufsatz „Das ‚Stirb und werde' in der Antike und im Neuen Testament" die spezifisch jesuanische Nuance der Aussage zu erheben versucht. Er verweist zunächst auf Jesu Tora-Radikalisierung: Wer sein Leben – im Gehorsam gegen Jesu Verkündigung – riskiert, tut das, indem er, nun ganz konkret gesprochen, dem Zorn den Ab-

---

54 Vgl. zum folgenden *H. Braun,* Das „Stirb und werde" in der Antike und im Neuen Testament: *ders.,* Gesammelte Studien zum Neuen Testament und zu seiner Umwelt, Tübingen 1962, 136–158.

55 Vgl. z.B. Tamid 66a: „Was soll der Mensch tun, damit er lebe? Sie antworteten: Er töte sich selbst! Und was soll der Mensch, damit er sterbe; Sie antworteten: Er lebe sich selbst"; Berakhoth 63b: Resch Laquisch (um 250) hat gesagt: „Woher, daß die Worte der Tora nur bei demjenigen Bestand behalten, der sich selbst um ihretwillen tötet? Es heißt Nu 19,14: Das ist (rechtes) Torastudium, wenn der Mensch im Zelt (in den Hütten der Tora) stirbt" (so der Midrasch); Aboth de Rabbi Nathan ed. Schechter 39a: „Wer ein Wort des Gesetzes bewahrt, bewahrt seine Seele ... und wer ein Wort des Gesetzes zugrunde richtet, richtet seine Seele zugrunde ...". (= *Billerbeck,* Kommentar I, 587f). Vgl. dazu *Braun* (Anm. 54) 136f.

56 Vgl. *Braun,* ebd. 137.

57 *Braun,* ebd. 145–158, mit besonderem Hinweis auf die Darstellung der Isisweihe bei Apuleius, Metamorphosen XI, 1–26, sowie auf den Pariser Zauberpapyrus. Die Isisweihe „bringt für den Initianden eine Art freiwilligen Tod und ein bittweise geschenktes Heil (ad instar voluntariae mortis et precariae salutis) mit sich" (*Braun,* ebd. 146).

schied gibt, seine Ehe nicht auflöst, auf Schwur und Wiedervergeltung verzichtet und dem Feinde Gutes erweist."[58] Damit läge jedoch seiner Meinung nach das Wort noch auf der Linie des auch den Lebenseinsatz einschließenden Tora-Gehorsams oder stoischer Sterbensparänese. Er versucht darum, in seine Ausdeutung „Prägnanteres" hineinzunehmen: „Nämlich das konkrete Bleiben auf der Linie dessen, der in dem Schimpfwort ältester Schicht ein Fresser und Weinsäufer, ein Freund von Zöllnern und Sündern (Mt 11, 19 par.) heißt. Der Lebenseinsatz, der das Leben gewinnt, würde dann die Gemeinschaft mit dem seitens der Pharisäer religiös Deklassierten, die Überordnung des hilfsbedürftigen Bruders über die Sabbatoberservanz (Mk 2, 23–3, 6 par.), die Durchstreichung der menschlichen Ansprüche vor Gott (Mt 20, 1–15), kurz den Platzwechsel zwischen Ersten und Letzten (Mk 10, 31) mit verantworten wollen." Das Wort stünde dann in seiner Bedeutung dem benachbarten Wort vom „Kreuz tragen" (Mk 8, 34 par.) in der Auslegung E. Dinklers nahe[59]. Braun hat meines Erachtens mit dieser Auslegung das äußere [214] Phänomen des mit dem Spruch intendierten Verhaltens im Sinne der Verkündigung Jesu richtig umschrieben, allerdings seine spezifische Aussage noch nicht voll erfaßt. Sie wäre darin zu sehen, daß in der Sicht dieses Spruches in den von Braun aufgezählten und auch noch in manchen anderen Situationen unser Leben selbst auf dem Spiele steht. Die Forderungen Jesu bleiben also nicht im „Außenbezug", sondern gehen davon aus, daß es im Verhalten des Menschen zum anderen gerade auch um ihn selbst geht. Er kann sein Leben, also sich selbst und sein Glück, nur gewinnen, wenn er bereit ist, die Fixierung auf sich selbst aufzubrechen.

6. Kehren wir zum Logion Mk 10, 43 f zurück. Daß Jesus in diesem Spruch nicht zum gewaltsamen Sturz der Machthaber aufruft, sondern bei einem – allerdings das gesamte gesellschaftliche Gefüge einbeziehenden – Appell an die je Ersten und Großen und die, die es werden wollen, bleibt, einem Appell, der eine bessere Wirklichkeit aufdeckt und auf dem Weg über eine alle einbeziehende „Bewußtseinsänderung" die Änderung herrschender Verhältnisse zu erreichen sucht, fügt sich seiner radikal vom Liebesgott bestimmten

58 *Braun,* ebd. 139; das zweite Zitat ebd. 140.

59 Auf sie verweist *Braun,* ebd. 140, Anm. 12. Vgl. *E. Dinkler,* Jesu Wort vom Kreuz-Tragen: Neutestamentliche Studien für R. Bultmann, Berlin ²1957, 110–129, bes. 128.

Konzeption ein, entspricht seiner am Menschen orienterten Paränese. Wir haben diese seine Sicht der Dinge zunächst zur Kenntnis zu nehmen. Ob und wie diese jesuanische Forderung des Herrschaftsverzichtes, seine Infragestellung von Vorrang- und Machtstrukturen in der Geschichte wirksam geworden sind und unter heutigen Bedingungen in Kirche und Gesellschaft wirksam werden können, ist eine unerläßliche Frage. Sie kann allerdings durch den Historiker oder Exegeten allein nicht beantwortet werden.

4. Konsequenzen

1. 229 Die Vielzahl der in der Urkirche aufgenommenen, praktizierten und durch die neutestamentliche Überlieferung „legitimierten" Modelle gestattet es nicht, die Diskussion um die angemessene Verfassung der Kirche oder die heute anzustrebende Gemeindeorganisation auf ein Modell festzulegen. Diese Einsicht spricht nicht gegen das (aus dem Neuen Testament nicht direkt ableitbare) hierarchische Kirchenmodell. Die Pluralität neutestamentlicher Gemeindemodelle gibt grundsätzlich verschiedene Verfassungsformen frei, zwingt aber dazu, die Eignung der herrschend gewordenen Strukturen in neuen historischen Situationen einer sachlichen Überprüfung zu unterziehen.

2. Die Art und Weise, wie christliche Gemeinde und Kirche organisiert werden, kann sich nicht nur vom Gesichtspunkt der besseren Organisation oder von soziologischen Gesetzmäßigkeiten leiten lassen, wenngleich die Bedeutung dieser Faktoren nicht unterschätzt werden darf. Primär ist jedoch die christliche Kirche, soll sie die Kirche Jesu Christi sein, an Jesus von Nazareth und die in seinem Wirken gegebenen Perspektiven gebunden.

3. Das läßt sich zunächst sehr formal umschreiben: Die Organisation hat der „Sache Jesu" zu dienen. Jesus war, wie vor allem die Analyse seines Basileia-Verständnisses zeigte, von einer einmaligen Gotteserfahrung bestimmt: eines Gottes, der *ganz* für den Menschen da ist und dem sich der Mensch ebenso *vorbehaltlos* überlassen darf und soll, eines Gottes, der für *jeden Menschen* da ist und darum auch von seinen Bekennern die Offenheit für *jeden Menschen* erwartet. Der universale und humane Zug der Botschaft Jesu scheint mir – vor allen Organisationsfragen – konstitutiv für christliche Gruppen zu sein. Von diesem Gott Jesu her, dem „Gott für alle Menschen", kann die christliche Gemeinde nicht eine introvertierte, auf sich bezogene,

nur an sich interessierte Gruppe sein. Vielmehr ist sie eine im Prinzip offene Gemeinschaft, die für jeden da ist, auch für den, der sich ihr nicht anschließen will. Wie die Basileia Gottes *allen* Menschen gilt, so muß auch die Gemeinde Jesu sich *allen* verpflichtet wissen.

4. Jesus und die ersten Christen wirkten auf ihre Gesellschaft als Außenseiter; sie stellten das Geltende, Bestehende in Frage – zugunsten ihres allen Menschen zugewandten Gottes. Es ist die Frage, ob
230 nicht auch die Christenheit in viel stärkerem Maße sich dessen bewußt werden muß, wie sehr zur Nachfolge Jesu auch solches Außenseitertum gehört; daß ihm also auch ein legitimer Platz innerhalb der Kirche zukommt.

5. Bezeichnend ist jene Verunsicherung, in die Jesus die vielfältigen menschlichen Herrschafts- und Abhängigkeitsverhältnisse bringt, wenn er gegen Vorrang und Größe die Forderung des Herrschaftsverzichts, des Diener- und Sklave-Seins aller stellt. Was hier realisiert werden soll, scheint einer Utopie zu gleichen. Gegen das Verhalten der jeweils Mächtigen, gegen das Streben nach Macht und Einfluß, Vorrang und Position auf allen Ebenen der Gesellschaft müßte die Kirche also, wenn sie sich als Kirche Christi ausweisen möchte, ein von solchen Herrschaftsmechanismen und Abhängigkeitsverhältnissen freier Bereich sein, zugleich damit die Stätte eines im vollen Sinn menschlichen Miteinanderlebens und Zusammenarbeitens. Matthäus hat in diesem Sinn die Kirche als *Bruderschaft* umschrieben, Paulus hat in Aufnahme des Bildes vom Leib die für sie konstitutive *Pluralität* und *Solidarität* herausgestellt, das Prinzip der *Sympathie*.

An diese Utopie bleiben alle Versuche gebunden, eine neue Kirchenordnung zu entwerfen. Dabei kann zweifellos der geschichtliche Weg der Christenheit, in unserem Fall der römischen Christenheit, nicht übersprungen werden. Doch sowohl das Gewordene als auch das Geplante sind daran zu messen, in welchem Maße sie dieser Utopie Jesu entsprechen. Mit der Einsicht, daß die Kirche als Großgruppe Gesetzen der Institution unterworfen bleibt, daß sie darum auch einer Ordnung und folglich des Rechtes bedarf, sollte sich der Mut zu jenen Schritten verbinden, die jede Chance nutzen, ein Mehr an Menschlichkeit, ein Mehr an Freiheit, ein Mehr an Güte, ein Mehr an Herrschaftsverzicht, auch in der Kirche zu realisieren. Dies kann nicht nur in Worten oder in Appellen an einzelne geschehen, sondern bedarf einer Reform der Organisationsformen, des Kirchenrechts und der Kirchenverfassung, die auch insofern als durchaus reformbedürftig erscheinen.

Literaturverzeichnis zu Teil I

Baltensweiler, H. Die Ehe im Neuen Testament. Exegetische Untersuchungen über Ehe, Ehelosigkeit und Ehescheidung. Zürich–Stuttgart 1967.

Becker, J. Johannes der Täufer und Jesus von Nazareth. Neukirchen 1972.

Berger, K. Die Gesetzesauslegung Jesu. Ihr historischer Hintergrund im Judentum und im Alten Testament. Neukirchen 1972.

Billerbeck, P. Kommentar zum Neuen Testament aus Talmud und Midrasch. Bd. 1–4. Vierte unv. Aufl. München 1965, Bd. 5.6 2. Aufl. 1963.

Blank, J. Zum Problem ethischer Normen im Neuen Testament. In: *G. Teichtweier und W. Dreier (Hrsg.):* Herausforderung und Kritik der Moraltheologie. Würzburg 1971. 172–183.

Blank, J. Was Jesus heute will. Überlegungen zur Ethik Jesu: TübThQ 151 (1971) 300–320. (Vgl. dazu H. Leroy: Was Jesus heute will. Kritische Fragen an J. Blank. Ebd. 320–322).

Bolkestein, H. Wohltätigkeit und Armenpflege im vorchristlichen Altertum. Ein Beitrag zum Problem „Moral und Gesellschaft". Utrecht 1939.

Bornkamm, G. Jesus von Nazareth. Stuttgart 1956.

Bornkamm, G. Das Doppelgebot der Liebe. In: *ders.:* Geschichte und Glaube. Aufsätze Bd. III. München 1968. 37–45.

Braun, H. Spätjüdisch-häretischer und frühchristlicher Radikalismus. Jesus von Nazareth und die essenische Qumransekte. 2 Bde. Tübingen 1957.

Braun, H. Qumran und das Neue Testament. 2 Bde. Tübingen 1966.

Braun, H. Jesus. Der Mann aus Nazareth und seine Zeit. Stuttgart–Berlin 1969.

Bultmann, R. Die Geschichte der synoptischen Tradition. 8. Aufl. 1970. Ergänzungsheft. 3. Aufl. 1966.

Bultmann, R. Jesus. Nachdruck der Aufl. von 1926. Tübingen 1958.

Dibelius, M. Die Bergpredigt. In: Botschaft und Geschichte I. Hrsg. v. G. Bornkamm. Tübingen 1953. 79–174.

Dupont, J. Les Béatitudes. Tome I. Bruges–Louvain 1958 (Nachdruck Paris 1969). Tome II. Paris 1969. Tome III. Paris 1973.

Eichholz, G. Auslegung der Bergpredigt. Neukirchen 1965.

Fohrer, G. Geschichte der israelitischen Religion. Berlin 1969.

Gräßer, E. Motive und Methoden der neuen Jesus-Literatur. An Beispielen dargestellt. VerkForsch 18 (1973) 3–45.

Hengel, M. Die Zeloten. Untersuchungen zur jüdischen Freiheitsbewegung in der Zeit von Herodes I. bis 70 n. Chr. Leiden 1961.

Hengel, M. Nachfolge und Charisma. Eine exegetisch-religionsgeschichtliche Studie zu Mt 8, 21 f und Jesu Ruf in die Nachfolge. Berlin 1968.

Hengel, M. Judentum und Hellenismus. Tübingen 1969.

Hoffmann, P. Auslegung der Bergpredigt. BiLe 10 (1969) 57–65.111–122.175–189.264–275; 11 (1970) 89–104.

Hoffmann, P. Studien zur Theologie der Logienquelle. 3. Aufl. Münster 1982.
Hübner, H. Das Gesetz in der synoptischen Tradition. 2. Aufl. Göttingen 1986.
Jeremias, J. Neutestamentliche Theologie I. Gütersloh 1971.
Kautzsch, E. (Hrsg.) Die Apokryphen und Pseudepigraphen des Alten Testaments. 2 Bde. Tübingen 1900.
Kertelge, K. (Hrsg.) Die Frage nach dem geschichtlichen Jesus. Mit Beiträgen von F. Hahn, K. Kertelge, F. Lentzen-Deis, F. Mußner, R. Pesch und R. Schnakkenburg. Freiburg i. Br. 1974.
Krauss, S. Talmudische Archäologie. 3 Bde. Nachdruck der Ausgabe 1910, 1911, 1912. Hildesheim 1966.
Linnemann, E. Gleichnisse Jesu. Einführung und Auslegung. 4. Aufl. Göttingen 1966.
Lohse, E. Die Texte aus Qumran. Darmstadt 1964.
Maier, J. Die Texte vom Toten Meer. Bd. I Übersetzung. Bd. II Anmerkungen. München 1960.
Maier, J. Geschichte der jüdischen Religion, Berlin 1972.
Maier, J. Das Judentum. Von der biblischen Zeit bis zur Moderne. München 1973.
Maier, J. – Schreiner, J. (Hrsg.) Literatur und Religion des Frühjudentums. Eine Einführung. Würzburg 1973.
Rießler, P. Altjüdisches Schrifttum außerhalb der Bibel. Augsburg 1928.
Scholem, G. Über einige Grundbegriffe des Judentums. Frankfurt a. M. 1970.
Schrage, W. Barmen II und das Neue Testament. In: Zum politischen Auftrag der christlichen Gemeinde/Barmen II. Gütersloh 1974. 127–171.
Schulz, S. Q. Die Spruchquelle der Evangelisten. Zürich 1972.
Schürmann, H. Das Lukasevangelium. Erster Teil. Freiburg–Basel–Wien 1969.
Wrege, Th. Die Überlieferungsgeschichte der Bergpredigt. Tübingen 1968.

II. Ostern und die Anfänge der Christologie

Gekreuzigt unter Pontius Pilatus

Jesu Hinrichtung in der Deutung der Evangelisten

1. Die historische Rückfrage

Der galiläische Erweckungsprediger Jesus von Nazareth, der Sohn der Maria und des Joseph, wurde nach nur kurzer Wirksamkeit vom Repräsentanten der römischen Besatzungsmacht in Judäa, dem Präfekten Pontius Pilatus (26—36 n. Chr.), zum Tode am Kreuz verurteilt und wahrscheinlich am 14. Nisan, dem 7. April, des Jahres 30 hingerichtet. Diese Auskunft gehört zu den gesichertsten Daten der historischen Jesusforschung. Denn es ist höchst unwahrscheinlich, daß die frühe Gemeinde eine Todesart »erfunden« hätte, die ihren »Meister« bei jüdischen wie heidnischen Zeitgenossen so massiv diskreditierte. Den Juden galt ein Gekreuzigter als von Gott Verfluchter (Dt 21,22f, vgl. Tempelrolle 64,6—13). In der römisch-hellenistischen Umwelt wurde dieser qualvolle, sich oft viele Stunden hinziehende Erstickungstod als die »grausamste und schändlichste« aller Hinrichtungsarten beurteilt. An römischen Bürgern wurde die Kreuzigung in der Regel nicht vollzogen — sie war der »Sklaventod« und die gängige Hinrichtungsart für Gewaltverbrecher, Hochverräter und vor allem für Aufständische der unterworfenen Völker. Nach der Niederschlagung des Sklavenaufstandes des Spartakus säumten an die 6000 Kreuze die Via Appia zwischen Capua und Rom. Titus ließ, wie der jüdische Historiker Flavius Josephus berichtet, bei der Belagerung Jerusalems täglich bis zu 500 auf der Flucht ergriffene Juden vor den Mauern der Stadt kreuzigen.

Die Angabe der Passionsgeschichte, Jesus sei als »König der Juden«, also als messianischer Aufrührer hingerichtet worden, erscheint insofern historisch zuverlässig. Bei den »Räubern«, die mit ihm gekreuzigt wurden, dürfte es sich um jüdische Freiheitskämpfer gehandelt haben. Hermann Samuel Reimarus, der bekannte »Ungenannte« der von Lessing 1774—78 herausgegebenen Wolfenbüttelschen Fragmente, hat in seiner vom Impuls der Aufklärung getragenen Christentumskritik daraus den Schluß gezogen, daß Jesus die politisch-messianische Königswürde angestrebt habe. Eine Auffassung, die in der Leben-Jesu-Forschung vielfach nachgesprochen wurde. Anläßlich des Aufstandsversuches im Tempel sei er verhaftet und als Aufrührer »um seiner eigenen Verbrechen willen«, aber nicht »für der ganzen Welt Sünde« — mit Fug und Recht von der Obrigkeit hingerichtet worden. Diese Sicht der Geschichte läßt sich mit den Intentionen Jesu, wie sie in der Überlieferung, z.B. im Gebot der Feindesliebe, erkennbar werden, kaum vereinbaren. Jesus verstand sich nicht als politischer Messiaskönig, sondern als prophetischer Bote der Gottesherrschaft. Insofern trifft die ihm Joh 18,36 in den Mund gelegte Antwort an Pilatus: *»Mein Reich ist nicht von dieser Welt«,* durchaus den wahren Sachverhalt. Sein Ziel war nicht die Befreiung des jüdischen Volkes vom Römerjoch und die Errichtung einer messianischen Theokratie, wie es die Führer der jüdisch-zelotischen Befreiungsbewegung von Judas, dem Galiläer (um 6 n. Chr.), bis Bar Kochba angestrebt haben, der um 132—135 n. Chr. für kurze Zeit eine von den Römern unabhängige Herrschaft errichten konnte. Jesus wollte mit seiner Ankündigung der nahen Gottesherrschaft seine jüdischen Zeitgenossen dazu bewegen, sich auf den kommenden, in der Geschichte schon gegenwärtigen Gott einzulassen. Einen Gott, der sich in unbedingter Güte einem jeden von ihnen, ja jedem Menschen, unabhängig von Gesetz, Kult oder Ritualen, wohlwollend zuwendet. Es gilt ein Leben zu riskieren, das sich ganz und radikal von dieser Güte Gottes bestimmen läßt. Dies mag nicht weniger subversiv sein als die politische Konspiration. Die alte Frage: »Wie ist zu verstehen, daß Jesus in Gleichnissen redete und am Kreuz endete?« ist von daher zu beantworten. Güte als absolute Handlungsmaxime ist staatsgefährdend. Sie stellt das Selbstverständnis der Machtträger in Staat und Religion in Frage und desavouiert das Bündnis von Thron und Altar. Sie stört staatliches Reglement ebenso wie religiöse Normen. Jesu Praxis ließ dies erkennen. Auch die prophetische Zeichenhandlung der sogenannten »Tempelreinigung« steht auf dieser Linie. Wenn Jesus den Tempelbetrieb mit seinen Opfern und Steuereinnahmen attackierte und damit den Tempelkult selbst in seiner heilsmittlerischen Funktion in Frage stellte, griff er die theokratische, durch den Hohenpriester repräsentierte und von den Römern sanktionierte jüdische Staatsordnung an. Die Führer der sadduzäischen Oberschichtspartei, die Hohepriesterschaft und der Adel, wie auch die Vertreter der herrschenden Theologie haben diese Sprache verstanden. Die Beseitigung des Störenfrieds durch die Auslieferung an Pilatus mit der

Anklage des messianischen Aufruhrs war im Sinn ihrer Herrschaftslogik ein Akt der Staatsräson. Er diente dem Erhalt des status quo und dem »recht« verstandenen Wohl des Volkes. Das Wort des Kajaphas Joh 11,49f, *»daß es besser ist, wenn ein Mensch an Stelle des Volkes stirbt, damit nicht das ganze Volk zugrundegehe«*, gibt solchem Denken adäquat Ausdruck.

Wie haben die Jünger diese Ereignisse erlebt? Darüber lassen sich aufgrund der Quellenlage nur Vermutungen anstellen. Waren sie von den Ereignissen völlig überrascht? Die Überlieferung erwähnt einen Versuch von Widerstand (Mk 14,47). Alle ergreifen jedoch die Flucht, tauchen unter in der anläßlich des Passafestes überfüllten Stadt. Petrus versuchte vielleicht, Kontakt mit dem verhafteten Jesus zu halten. Nur durch die Verleugnung entzieht er sich der Entdeckung und der Festnahme. Jesus ist, wie es meistens zu sein pflegt, *allein* den zuständigen Behörden und ihren Organen ausgeliefert. *Allein* stirbt er am Kreuz. Die synoptischen Evangelien erwähnen aus dem Kreis seiner Nachfolgegemeinschaft nur die Frauen, die »von ferne« am Geschehen teilnehmen (Mk 15,49). Die dem widersprechende Angabe im Johannesevangelium, daß Jesu Mutter und der Lieblingsjünger unter dem Kreuz standen, ist historisch kaum zuverlässig. Sie gehört bereits in den Bereich der Legende und theologischer Interpretation, die auch sonst die Überlieferung prägt.

Wir stoßen hier an die Grenze der historischen Rückfrage. Denn alle erhaltenen Überlieferungen setzen den Osterglauben voraus. Sie wurzeln in der den Jüngern durch die Ostervisionen vermittelten Überzeugung: *»Gott hat Jesus aus den Toten erweckt.«* Diesem Urbekenntnis der christlichen Gemeinde geht es nicht primär um die Aussage, daß ein Toter aus dem Totenreich zu ewigem Leben erweckt wird oder jetzt schon im Himmel bei Gott weilt (solche Vorstellungen waren im Judentum der Zeit vorgegeben), sondern vor allem darum, daß diese Gottestat beweist: *Gott steht auf der Seite dieses von den führenden Männern Israels abgelehnten und von den Römern schmählich hingerichteten Jesus.* Jesus war — gegen allen Augenschein — mit seiner Botschaft im Recht und hat zu Recht für sein Wirken den Gott Israels in Anspruch genommen. Seine Sicht Gottes und seine konkrete Auslegung von dessen heilvoller Nähe ist auch im Tode nicht am Ende. Gott hält ihm die Treue. Er, der sich mit den religiös und sozial Ausgestoßenen und an den Rand Gedrängten im Namen seines Gottes solidarisierte und sie so Gottes Güte konkret erfahren ließ, erfuhr nun selbst als der von den

Menschen Ausgestoßene die Solidarität Gottes. Damit erweist sich Gott selbst endgültig mit allen Ausgestoßenen solidarisch. Gegen das schreiende Unrecht und die tödliche Gewalt der in dieser Welt Mächtigen steht der Gott des gewaltlosen und gütigen Jesus; ein Gott, der Leben für alle will und allen Leben schafft.

Mit solchen Überlegungen betreiben wir das, was bereits die frühe Gemeinde auf ihre Weise bei der Überlieferung der Geschichte des Sterbens Jesu praktizierte. Sie hat nicht deren Daten in einem mehr oder weniger belanglosen Protokoll aufgelistet, sondern diese Daten aufgrund ihrer Erfahrung mit diesem Jesus und seinem Gott zu begreifen gesucht. So verbindet ihre Berichterstattung »Botschaft und Geschichte«, Realität und Dichtung. Solche »Subjektivität« ist nicht ungefährlich. Die Gefahr der Mißdeutung und Vereinnahmung ist damit verbunden. Doch nur solche Betroffenheit schützt uns andererseits vor jener vermeintlich interesselosen »Objektivität« der sogenannten neutralen Geschichtsschreibung, die die »Leichenfelder der Geschichte« zwar akribisch zu diagnostizieren, aber deren Ursachen nicht zu überwinden vermag. Erst die entschiedene Parteinahme für die Opfer eröffnet die Chance, daß nicht mehr Menschen den Interessen der Macht geopfert werden. Das gilt auch für die Jesusgeschichte.

2. Die Markus-Überlieferung und die sie bestimmenden Motive

Eine Darstellung der frühchristlichen Deutungsgeschichte der Passion Jesu muß von Markus ausgehen. Seine Fassung bildet einerseits die Vorlage für Matthäus und Lukas, andererseits greift auch er auf eine ihm bereits schriftlich vorliegende Fassung der Passionsüberlieferung zurück, die er seiner Evangelienschrift und dem theologischen Konzept, das ihn bei deren Abfassung leitet, integriert. Auch seine Darstellung ist also eine Mischung von Tradition und Redaktion. Vielfach wird angenommen, daß diese Überlieferung auf einen aus der Jerusalemer Gemeinde stammenden »Urbericht« zurückgeht, der Markus allerdings bereits in einer erweiterten Fassung vorlag. Die Passionsgeschichte des Johannesevangeliums zeigt mit diesem Überlieferungsstrang einerseits deutliche Berührungen, andererseits aber weicht sie auch von ihm ab, so daß das literarische Verhältnis beider Traditionen unklar bleibt. Die Entscheidung ist dadurch erschwert, daß auch in der Markusfassung die Scheidung von Tradition und Redaktion unsicher bleibt und zudem auf allen

Stufen der Überlieferung mit der Rezeption isolierter mündlicher Einzeltraditionen zu rechnen ist. Zumindest wird man jedoch eine Verwandtschaft der johanneischen Version mit der vormarkinischen Überlieferung annehmen können. Wir haben also mit einem sehr komplexen mehrstufigen Überlieferungsprozeß zu rechnen: (1) »Urbericht« — (2) Bearbeitungen in der Überlieferung vor den Evangelien — (3) Rezeption dieser Überlieferungen durch Markus (etwa um 70), möglicherweise auch durch Johannes (etwa um 100) — (4) die Überarbeitung der Markus-Fassung durch Matthäus und durch Lukas (zwischen 80 u. 100) — und (5) Rezeption mündlicher Einzeltraditionen auf allen Stufen der Überlieferung.

Ich will in diesem Zusammenhang nicht auf literargeschichtliche Einzelfragen und die Versuche einer wörtlichen Rekonstruktion der einzelnen Traditionsstufen eingehen. Wichtiger erscheint es mir und auch interessanter, die theologischen Motive und Leitvorstellungen aufzuspüren, die im Überlieferungsprozeß wirksam wurden — unter Verzicht auf eine genaue literargeschichtliche Verortung. Eine solche ist auch deswegen schwierig, weil die Motive sich nicht auf eine Schicht fixieren lassen. Sie werden vielmehr, wenn sie einmal rezipiert sind, von den folgenden Bearbeitern nicht nur übernommen, sondern auch weiterentwickelt und mit anderen Konzepten verbunden. Das gilt nicht nur für die vormarkinische Überlieferungsgeschichte, sondern auch für die Bearbeitung durch die Evangelisten. Auch diese legen vorgegebene ältere Motive ihrer Neuinterpretation zugrunde und gestalten sie weiter aus.

Trotz dieses unsicheren Befundes lassen sich im vorliegenden Material jene „bruta facta" ausmachen, die höchstwahrscheinlich den historischen Ablauf der Ereignisse bestimmt haben. Für ihre Historizität spricht nicht zuletzt, daß sie im Großen und Ganzen dem damals üblichen, durch die historisch-politische Situation nahegelegten Verfahren entsprechen. So läßt sich etwa folgender Ablauf der Ereignisse erschließen: Jesu Gang zum Ölberg, dort seine Verhaftung durch ein Kommando des Hohenpriesters (mit Hilfe eines Verräters aus dem Kreis der Jünger?), die Vernehmung durch die jüdischen Autoritäten, die Übergabe an Pilatus mit der Anklage des messianischen Aufruhrs, Jesu Verurteilung zum Kreuzestod, seine Auspeitschung (die meist mit der Kreuzigung verbunden war), der Gang zur Richtstätte, vielleicht wird von Simon von Kyrene der Kreuzesquerbalken für ihn getragen, die Kreuzigung zusammen mit anderen Aufrührern, (naheliegend) seine Verspottung durch Vorübergehende, der relativ schnell eintretende Tod. Diese Daten werden in der Überlieferung erzählerisch ausgestaltet und durch verschiedene Motive gedeutet.

Ich beginne mit einer Erfassung der Motivstränge, die in der bei Markus vorliegenden Fassung der Passionsüberlieferung miteinander verwoben sind. Wir stoßen hier auf die ersten Deutungsversuche der frühchristlichen Gemeinden.

2.1 Das Motiv vom leidenden Gerechten

In der Überlieferung finden sich wiederholt Zitate oder Anspielungen an die sogenannten Klagelieder des alttestamentlichen Psalters. Am deutlichsten ist dies in dem Ruf des Gekreuzigten: *»Mein Gott, mein Gott, warum hast Du mich verlassen«* (Mk 15,34), der Ps 22,1 zitiert. Dieser Psalm erscheint als eine Art Textbuch der Passion und ihrer Auslegung. Mit seinen Worten wird auch die Verlosung der Kleider gedeutet: *»Ja, mich umgeben Hunde, die Rotte der Bösen umkreist mich... (Sie) teilen sich meine Kleider, werfen das Los um mein Gewand«* (V. 17—19). An ihn erinnert auch die Verspottung des Gekreuzigten 15,29: *»Ich aber bin nur ein Wurm, kein Mensch mehr, Spott der Leute, verachtet von den Meinen. Alle, die mich sehen, schmähen mich, pfeifen und schütteln ihr Haupt.«* Auch das Motiv des Durstes, das die Schlußszene unter dem Kreuz bestimmt, ist hier vorgegeben: *»Trocken wie eine Scherbe ist mein Gaumen, meine Zunge klebt an meinem Kiefer. In das Feuer des Todesstaubes setzt Du mich«* (Ps 22,16). Daß dem im Todeskampf Dürstenden Essig gereicht wird, entspricht Ps 69,21 f: *»Die Schmach bricht mir das Herz; meine Schande und mein Schimpf sind unheilbar. Ich hoffe auf Mitleid, doch vergebens, auf Tröster, aber keinen fand ich. Sie geben als Nahrung Gift und Essig für den Durst als Trank.«* Auch die Ölbergsszene ist durch ein Psalmenmotiv charakterisiert: *»Niedergedrückt ist meine Seele«* (Ps 42,6f.12; 43,5: Mk 14,34). Daß Jesus schließlich zusammen mit anderen Übeltätern hingerichtet wird, erinnert an das Lied vom leidenden Gottesknecht Jes 53,12.

Nicht entscheidend ist, ob hier mit Worten der religiösen Überlieferung historische Fakten nur gedeutet oder aber mit den Bildern dieser Leidenstradition solche auch »erfunden« werden. Daß das Exekutionskommando die Kleider der Delinquenten unter sich verteilen konnte, ist auch sonst in der Antike bezeugt. Wenn dieser Vorgang hier mit dem Psalmenzitat umschrieben wird, spricht dies also noch nicht gegen die Historizität. Entscheidend für das Verständnis ist jedoch, daß Jesus so in die lange Reihe leidender verfolgter Menschen gestellt wird. Ihr Elend und ihre Gottverlassenheit, aber auch ihr Vertrauen und ihre Hoffnung kommen in der Klage dieser Texte zur Sprache. Indem Jesu Leiden mit dieser Sprache beschrieben wird, stellt die Gemeinde seine Leidensgeschichte in die Elendsgeschichte der Menschheit hinein. Er wird zum unschuldig Leidenden schlechthin. Zugleich wird aber unterschwellig auch die Hoffnung auf den rettenden Gott, die gegen allen Augenschein die Klage jener Leidenden bestimmte, auch für Jesus in Anspruch genommen. Jesu Leiden und Sterben wird so in den Horizont jener Wende gestellt, welche die Gemeinde mit ihrem Osterbekenntnis beschreibt.

2.2 Das Tempelmotiv

Von ganz anderer Art sind die auf den Tempel bezogenen Elemente der Darstellung. Der Bericht vom Verhör im Synhedrion läßt auch noch in der markinischen Fassung erkennen, daß offensichtlich Jesu Tempelkritik und seine Ankündigung der Zerstörung des Tempels (Mk 13,2) bei dem Verfahren gegen ihn eine Rolle spielen, mag Mk auch den Hinweis darauf als eine falsche Beschuldigung herunterspielen. *»Ich werde diesen von Menschen gemachten Tempel niederreißen und nach drei Tagen einen anderen nicht von Händen gemachten erbauen«*, heißt es Mk 14,58. Nach 15,29 erinnern die vorübergehenden Jerusalemer den Gekreuzigten an dieses Wort und fordern ihn hämisch auf, nun dadurch seine Macht zu demonstrieren, daß er sich vom Kreuze rettet. Jesus reagiert nicht darauf. In der Sicht dieser Spötter erweist er gerade so seine Ohnmacht. Da bricht um die sechste Stunde, als die Sonne ihren höchsten Stand erreicht hat, eine die ganze Erde erfassende Finsternis aus, die bis zur Stunde des Todes Jesu andauert. Dies läßt sich nicht rationalistisch als zufällige Sonnenfinsternis erklären. Die Darstellung hat symbolische Bedeutung. Sie greift auf Amos 8,9 zurück: *»An jenem Tag wird es geschehen ... da lasse ich die Sonne am Mittag untergehen und die Erde finster werden am hellen Tag.«* Die Stunde des Gerichts ist über Jerusalem und den Tempel hereingebrochen. Nicht Jesus, Gott hat die entscheidende Antwort gegeben. Jesus stirbt mit einem *»lauten Schrei«* (15,37). Auch dies will zeichenhaft verstanden werden. Denn vom klinischen Befund her führt die Kreuzigung zu einem

Erstickungstod, der den Sterbenden nur noch röcheln läßt. So wird dieser die Finsternis durchdringende Schrei zu einem Zeichen dafür, daß hier Ungewöhnliches, Außerordentliches geschieht. *»Und der Vorhang des Tempels zerriß in zwei Teile von oben bis unten«* (15,38). Damit ist das Allerheiligste des Tempels, das nur der Hohepriester einmal im Jahr betreten durfte, profaniert. Es hat seine Bedeutung als Ort der Präsenz Gottes in Israel verloren. Gott verläßt den Tempel (vgl. auch das Jerusalemwort Lk 13,34f). Dieser wird gemäß der Ankündigung Jesu (Mk 13,2, vgl. auch 14,58; 15,29) zerstört werden. Der »nicht von Händen erbaute Tempel«, für Mk die christliche Gemeinde als die neue Stätte der Anwesenheit Gottes, wird ihn ablösen. In ihr wird oder soll Realität werden, was Jesus anläßlich der »Tempelreinigung« eingeklagt hat: Aus der »Räuberhöhle« — ein »Haus des Gebets für alle Völker« (Mk 11,17).

Die massiv polemischen Aussagen dürfen nicht antisemitisch ausgeschlachtet werden. Dies zu betonen, haben wir als Christen allen Grund. Sie sind zunächst »historisch« zu verstehen als Ausdruck der Herauslösung der frühchristlichen noch Heiden und Juden umfassenden Gemeinde aus dem jüdischen Mutterboden. Insofern spiegelt sich hierin ein Konflikt zwischen »Brüdern«. Doch geht es zugleich auch um einen religionsgeschichtlich höchst bedeutsamen Vorgang: Der Tod Jesu bedeutet den Bruch mit jeglicher Form kultischer Religiosität. Der Opferdienst von Kultpriestern gehört endgültig der Vergangenheit an. Das Kreuz Jesu ist der Ort, an dem ein für allemal Sühne geschehen ist. Dieser Gedanke taucht auch in der von Paulus in Röm 3,25 zitierten Tradition auf; er wird im Hebräerbrief entfaltet werden. Auch nach Mk gibt Jesus sein Leben als »Lösegeld für die Vielen« hin (Mk 10,45; 14,24). Ort der Gegenwart Gottes ist die brüderliche Gemeinschaft der Glaubenden, die in der Nachfolge Jesu in einer von Liebe bestimmten Existenz den wahren Gottesdienst vollzieht (vgl. dazu auch Röm 12,2).

2.3 Das Messiasmotiv

Bei obiger Auslegung habe ich bereits auf Aussagen des ganzen Evangeliums Bezug genommen, also theologische Aspekte genannt, die den Verfasser des Markusevangeliums bei seiner Integration der Passionsüberlieferung in seine Evangelienschrift geleitet haben dürften. Auf diese ist nun noch genauer einzugehen. Für Mk ist das Messiasproblem entscheidend. Wie ein Leitmotiv durchzieht die

Messias-Frage seine Darstellung. So steht im Verhör durch den Hohenpriester die Messiasfrage im Zentrum. Gerade wegen dieses Anspruchs wird Jesus nach Meinung des Synhedriums des Todes schuldig (Mk 14,61—64). Das Verhör durch Pilatus beginnt mit der entscheidenden Frage: *»Bist du der König der Juden?«* (15,2). Aufgehetzt durch die Hohenpriester erbitten die Jerusalemer die Freigabe des Aufrührers Barabbas und fordern von Pilatus die Kreuzigung dieses »Königs der Juden« (15,12). Ausgepeitscht wird Jesus von den Soldaten als »König der Juden« verhöhnt (15,18). Der Kreuzestitulus nennt als Grund der Verurteilung: »König der Juden« (15,26). Im Sinn der traditionellen Erwartung des Messias als Kriegshelden und glorreichen Herrschers von Jahwes Gnaden ist dieser Jesus alles andere als der erwartete König. So verspotten den Gekreuzigten gerade die Hohenpriester und Schriftgelehrten als den Wundertäter, der zwar anderen half, sich selbst aber nicht helfen kann — und verlangen als Beweis dafür, daß er der »Christus, der König Israels« sei, er solle vom Kreuz herabsteigen (15,31f). Jesus aber stirbt, von Gott und dem traditionellen jüdischen Nothelfer Elias im Stich gelassen (15,33—37). Gerade dieser Tiefpunkt totaler Verlorenheit am Kreuz ist für Markus aber der Ort, wo Jesu wahre Würde als »Sohn Gottes« vor aller Welt offenbar wird. Der heidnische Centurio spricht angesichts des Kreuzesgeschehens das Bekenntnis zu ihm aus: *»In der Tat, dieser Mensch war Gottes Sohn«* (15,39). Hier also im leidenden Menschensohn, der den Verbrecher- und Sklaventod am Kreuz stirbt, erschließt sich erst das Wesen von Jesu Messias- und Gottessohn-Würde. Nicht in großartigen Wundertaten oder weltweitem Herrschertum zeigt sich Jesu Gottessohnschaft. *»Der Menschensohn kam nicht, um sich bedienen zu lassen, sondern um zu dienen und sein Leben als Lösegeld für die Vielen hinzugeben«* (Mk 10,45). Nur als dieser leidende Menschensohn wird er dereinst »auf den Wolken des Himmels« wiederkommen und die Auserwählten von den Grenzen der Erde durch seine Engel einsammeln lassen (14,62; 13,26f). Damit ist jeglichem Triumphalismus der Abschied gegeben. Das gilt nicht nur für die Bilder, die wir uns von Jesus machen, sondern auch für die Praxis derer, die Jesus nachfolgen. Auch ihr »Weg« verlangt den Verzicht auf jegliche Form der Selbstbehauptung und Selbstdarstellung (Mk 8,34f). So verweist Jesus die Zebedäussöhne Johannes und Jakobus, die ihn um eine Sonderstellung in seiner endzeitlichen Herrlichkeit bitten, auf das auch ihnen bevorstehende Todesleiden. Die Jünger werden ermahnt:

»Ihr wißt: die über die Völker zu herrschen scheinen, unterjochen sie, und ihre Großen vergewaltigen sie. Nicht so ist es unter Euch. Wer groß werden will unter Euch, sei Euer Diener. Und wer unter Euch Erster sein will, sei der Sklave aller« (Mk 10,42—44).

3. Matthäus: Der von Israel abgelehnte Messias

Durch den Vergleich mit der Markusvorlage läßt sich bei Matthäus und Lukas ein unmittelbarer Einblick in deren redaktionelle Arbeit und damit auch in den gemeindlichen Auslegungsprozeß gewinnen. Ich gehe dabei von der Kreuzigungsszene aus.

Bei Matthäus fällt zunächst auf, daß er den Bezug auf die Verhörszene mit dem Messiasanspruch Jesu verstärkt. In die Verspottungsrede der Vorübergehenden fügt er daher ein: *»(rette Dich,) wenn Du der Sohn Gottes bist«* (27,40), in die der Hohenpriester: *»denn er hat ja gesagt: Gottes Sohn bin ich«* (V. 43). Zudem erweitert er die Spottrede im Rückgriff auf den Klagepsalm 22,9: *»Er hat auf Gott vertraut, der soll ihn jetzt retten, wenn er Wohlgefallen an ihm hat.«* Diese Einforderung eines Eingreifens Gottes erinnert an die zweite Versuchung des Teufels (Mt 4,5—7), der Jesus als Gottessohn zum Sprung von der Zinne des Tempels — gleichfalls im »Vertrauen auf Gott« — bewegen will. Jesus verweigert sich dem Ansinnen hier wie dort und erweist sich so als der gehorsame Gottessohn, der seine Hoheit und Macht nicht zur Selbstdemonstration mißbraucht. Entsprechend hat Jesus nach Matthäus auch schon bei der Verhaftung betont, daß er Gott um den Einsatz von mehr als 12 Legionen Engel bewegen könnte, dies aber nicht tue, um die Schrift, das meint aber Gottes Willen, zu erfüllen (26,52f). Matthäus macht aus der Verspottungs- eine Messias-Szene. Der am Kreuz hängende Messias Jesus provoziert die Frage nach dem gottgewollten Messiasverständnis. Die Repräsentanten des jüdischen Volkes erweisen sich als unfähig oder auch nicht bereit, einen auf jegliche Machtdemonstration verzichtenden Messias zu akzeptieren. Die Rechtfertigung Jesu erfolgt durch eine kosmische Demonstration Gottes. Bei Jesu Tod bedeckt nicht nur Finsternis die »ganze« Erde, zerreißt nicht nur der Vorhang des Tempels, es kommt vielmehr zu einem gewaltigen Erdbeben. Die Gräber in der Umgebung Jerusalems öffnen sich, die dort bestatteten Heiligen erstehen leibhaftig und erscheinen vielen in der Stadt. Diese Ereignisse sind es, die den Centurio und seine Soldaten zum Gottessohn-Bekenntnis bewegen (27,51—54). Der

Hinweis, daß diese Heiligen erst nach Jesu Auferstehung vielen in Jerusalem erscheinen, verbindet die Kreuzigungs-Szene mit dem matthäischen Bericht von den Ereignissen am Ostermorgen. Während den Jerusalemern die auferstandenen Heiligen erscheinen, werden zur gleichen Zeit die Hohenpriester durch das römische Wachkommando selbst über die Auferweckung Jesu informiert. Sie bestechen jedoch die Soldaten zu der Falschaussage, daß die Jünger den Leichnam gestohlen haben (28,11—15).

Matthäus stellt die Überlieferung ganz unter den Gesichtspunkt der Glaubensfrage an Israel. Auch schon in die Pilatusszene hat er daher die Selbstverfluchung des Volkes eingeschoben: *»Sein Blut komme über uns und unsere Kinder«* (27,25). Er will so deutlich machen, daß Israel wissentlich an Jesus schuldig wurde und sich so selbst das Gericht zuzog. Die Zerstörung des Tempels und Jerusalems im jüdischen Krieg, auf die er zurückblickt, sind für ihn die Folge der Ablehnung des auf Gewalt verzichtenden Messias der Güte und des Erbarmens. Das ganze Evangelium dient der Darstellung dieses für Israel in der Sicht des Matthäus verhängnisvollen Konflikts und zugleich damit der Rechtfertigung der Entstehung der christlichen Kirche aus allen Völkern (vgl. 21,43; 22,7—9; 28,18—20). Die verheerenden Folgen, die diese geschichtstheologische Deutung der Geschichte Jesu mit seinem Volk für die christliche Rechtfertigung der Verfolgung des jüdischen Volkes in den folgenden Jahrhunderten haben wird, konnte Mt nicht im Blick haben. Für ihn ist im Gegenteil das Scheitern Israels an seinem Messias eine Anfrage an die christliche Kirche, die auch er dadurch ständig gefährdet sieht, daß sie diesem gewalt- und machtlosen Messias der Güte nicht die Treue halten wird (24,10—12).

4. Lukas: Der Tod des unschuldigen Gerechten

Ganz anders sieht die Bearbeitung durch Lukas aus. Statt mit dem Klageruf: *»Mein Gott, warum hast Du mich verlassen«*, stirbt Jesus mit den Worten des Psalms 31,6: *»Vater, in Deine Hände übergebe ich meinen Geist.«* Der Centurio bekennt daraufhin: *»Wahrhaftig, dieser Mensch war ein Gerechter.«* Die markinische und lukanische Version lassen sich nicht harmonisieren. Spätestens hier müssen wir einsehen, daß die Evangelisten sich die Freiheit nahmen, auch massive Änderungen in den Text einzubringen. Wenn Lukas Jesus zum Gerechten stilisiert, baut er das in der Tradition vorgegebene

Motiv »des unschuldig leidenden Gerechten« aus, hier auf Kosten der Messias-Thematik, die Markus und Matthäus geleitet hat. Warum tut er das? Ein Blick in die Apostelgeschichte hilft weiter. Der erste Märtyrer der frühen Kirche, Stephanus, richtet die gleichen Worte an den Kyrios Jesus: *»Herr Jesus, nimm meinen Geist auf«* (7,59) und ruft dann mit *»lauter Stimme«: »Herr, rechne ihnen diese Sünde nicht an«* (7,60). Auch dazu findet sich in der lukanischen Darstellung der Passion Jesu eine Vorgabe. Gekreuzigt betet Jesus: *»Vater, vergib ihnen. Denn sie wissen nicht, was sie tun«* (Lk 23,34). Lukas will also mit dieser Darstellung des Todes Jesu christlichen Blutzeugen ein Beispiel geben, wie sie den Märtyrertod bestehen können.

Wie der Auferstandene den Emmausjüngern, die durch den Tod Jesu in ihren messianischen Hoffnungen enttäuscht sind und daher von Jerusalem wegziehen, klarmacht, daß der »Messias leiden und so in seine Herrlichkeit eingehen muß«, müssen auch die Christen begreifen, daß Jesu Erhöhung und die Sendung des Geistes noch nicht den Anbruch des messianischen Heilsreiches bedeutet, sondern eine eigene Etappe der Heilsgeschichte, die Zeit der Kirche und der Weltmission, initiieren. So sollen sie Jesu Zeugen sein »bis an die Grenzen der Erde« (Apg 1,6—8). Ihr Weg in die Gottesherrschaft führt notwendig »durch viele Drangsale« (Apg 14,22). Die lukanische Darstellung der Frühgeschichte der christlichen Kirche macht dies exemplarisch deutlich. Lukas schreibt sein Evangelium für Christen irgendwo im römischen Weltreich bereits im Wissen, daß das Ende der Zeiten nicht so unmittelbar bevorsteht, wie Jesus und die ersten Christen annahmen. Er weiß, daß auch seinen Gemeinden Krisen und Konflikte nicht erspart sein werden (vgl. Apg 20,18—38). In dieser Situation ständiger Anfechtung soll ihnen der leidende und sterbende Jesus zum Vorbild werden.

Diese Absicht erklärt auch die typisierende Darstellungsweise des Lk und die sentimentale »Ausmalung« einzelner Szenen. So läßt Lk z. B. Jesus den klagenden Frauen Jerusalems auf seinem Leidensweg begegnen und ihnen das Jerusalem drohende Unheil voraussagen (23,27—31). In der Gethsemani-Sezene stärkt ein Engel Jesus in seiner Todesangst; sein Angstschweiß fließt wie Blutstropfen auf die Erde (22,43f). Nach Lukas verspotten nur die Führer Israels den Gekreuzigten; das „Volk" hingegen wohnt der Passion in der Zuschauerrolle bei (23,35). Am Ende dieses »Schauspiels« klopft es sich betroffen an die Brust (23,45). Es erlebt das Geschehen bereits als eine Art »Passionsspiel«. Auch die mitgekreuzigten »Bösewichte« werden zu exemplarischen Typen stilisiert. Der eine bleibt in seiner Bosheit verstockt, der andere bereut und bekennt seine Schuld und bittet Jesus, seiner zu gedenken, wenn er in sein Reich eingeht. Jesus verheißt ihm, daß er noch am selben Tag mit ihm im (himmlischen) Paradies sein werde (23,39—43). Hier wird zudem bereits der Einfluß des hellenistischen Menschenbildes greifbar. Die Toten steigen nicht mehr in das Totenreich, um am Ende der Zeiten leibhaftig auferweckt zu werden, vielmehr gelangen ihre »Seelen« schon im Augenblick des Todes in die ewige Qual oder aber an den Ort himmlischer Freuden (vgl. Lk 16,19—31). Wenn Jesus sterbend seinen Geist (sein *Pneuma*) Gott übergibt, setzt Lukas offenbar auch für ihn voraus, daß er nicht in das Totenreich herabsteigt, sondern seine Seele sofort von Gott aufgenommen wird. Jesu Sklaven- und Rebellentod am Schandmal des Kreuzes wird zu einem »Andachtsbild« stilisiert, das Ergriffenheit erzeugen und die Christen so motivieren soll, »täglich« ihr Kreuz auf sich zu nehmen und Jesus nachzufolgen (9,23). Das mag gut gemeint sein. Die Frage läßt sich aber nicht umgehen, ob Lukas nicht doch des Guten zuviel getan hat. Zum religiösen Kitsch ist nur noch ein kleiner Schritt.

5. Johannes: die »Erhöhung« des Gottessohnes

Wieder in eine andere Welt treten wir im Johannesevangelium. Das Evangelium spricht vom Tod Jesu als »Erhöhung« (3,14; 8,28; 12,32.34) — im Doppelsinn des Wortes: als Aufhängen am Kreuzespfahl, zugleich aber auch als Verherrlichung und umfassende Heilsvermittlung. Zu dieser Sicht nicht passende Details der Überlieferung, wie die Gethsemani- oder auch die Verspottungs-Szene, werden gestrichen. In der Passion wird, wie im Vorausblick in 12,28 formuliert ist, der »Name des Vaters verherrlicht«. Sie bedeutet das Gericht über die Welt (12,31). Jesus wird, wenn er von der Erde »erhöht sein wird«, alle an sich ziehen (12,32). In den Abschiedsreden Jesu (Kap. 13—17) wird diese Sicht des Geschehens breit entfaltet. Sie bilden gleichsam den johanneischen Kommentar zur Passions- und Osterüberlieferung.

Jesus ist bis zum Ende Herr der Lage, und er bestimmt den Ablauf des Geschehens. So verweigert er dem Hohenpriester jegliche Auskunft (18,20f). Vor Pilatus bekennt er sich zu seinem Königtum, das allerdings nicht von dieser Welt ist (18,36f). Pilatus kann ihn nur verurteilen, weil ihm die Macht »von oben« gegeben ist (19,11). Am Kreuz ist, wie der Verfasser eigens vermerkt, eine Aufschrift befestigt, die in hebräischer, lateinischer und griechischer Sprache Jesus als König der Juden bezeichnet. Aus der Schuldangabe ist die Proklamation seiner Königswürde geworden (19,19—22). Wenn Jesus vor seinem Tod den Lieblingsjünger zum »Sohn« Mariens und Maria zu dessen »Mutter« bestimmt, dann handelt es sich gleichfalls um eine »ideale Szene«, kaum um historische Erinnerung. Dem Leser soll so deutlich gemacht werden, daß Jesus selbst den Lieblingsjünger zu seinem »Stellvertreter« bestellte und die von diesem bezeugte und im Evangelium zusammengefaßte Überlieferung legitimierte (vgl. 19,35; 21,24). In der Stunde des Todes ergreift wieder Jesus mit dem Ruf *»Mich dürstet«* die Initiative. Er tut dies *»im Wissen, daß schon alles vollendet ist, damit die Schrift vollends erfüllt werde«* (19,28). Der schreckliche Durst des Sterbenden ist bei dieser Darstellung gar nicht mehr im Blick. Dann *»übergibt er den Geist«* mit den Worten: *»Es ist vollendet.«* Die nur bei Johannes berichtete Durchbohrung der Seite durch den Lanzenstoß ist ein symbolischer Akt (19,33f). Das herausfließende Blut verweist auf das ewiges Leben vermittelnde sakramentale Genießen des Blutes Christi im Herrenmahl (6,52—58), das Wasser auf den durch ihn vermittelten Geist (7,38f). Jesus stirbt (abweichend von den Synoptikern) zur gleichen Stunde, in der im Tempel die Passalämmer geschlachtet werden (vgl. 18,28), als das »wahre Passalamm« (19,36), das allein ewiges Leben vermittelt.

Solche Aussagen lassen sich nur im Rahmen der johanneischen Christologie verstehen. Jesus ist der Sohn Gottes, der göttliche Logos, den der Vater in die Welt gesandt hat und der in Tod und Auferstehung die Welt wieder verläßt, nachdem er »die Seinen bis zum Ende geliebt hat« (13,1; 20,17!). Dieser Weggang bedeutet aber nicht den Abschied für immer: »Jesus kommt wieder«, wie der johanneische Jesus selbst den Jüngern in den Abschiedsreden verheißt. Der alte Wiederkunftsgedanke wird aber auf eine neue Weise der Präsenz Jesu unter den Seinen bezogen. Die Parusie erfolgt kraft des österlichen Geschehens jetzt und immer. *»Ich lasse euch nicht als Waisen zurück, ich komme zu euch. Nur noch kurze Zeit und die Welt sieht mich nicht mehr; ihr aber seht mich, weil ich lebe und weil auch ihr leben werdet. An jenem Tage werdet ihr erkennen: Ich bin in meinem Vater, ihr seid in mir, und ich bin in euch. Wer meine Gebote hat und sie hält, der ist es, der mich liebt; wer mich aber liebt, wird von* *meinem Vater geliebt werden, und auch ich werde ihn lieben und mich ihm sichtbar machen«* (Joh 14,18—21). Die den Menschen in der Geschichte des Jesus von Nazareth offenbar gewordene Liebe Gottes vermittelt jetzt schon jene erfüllte Existenz, die mit der traditionellen Chiffre vom »ewigen Leben« gemeint ist. *»Wer meine Stimme hört und dem glaubt, der mich gesandt hat, hat ewiges Leben und ist aus dem Tod hinübergeschritten ins Leben«* (5,24). In einer solchen von der Liebe Jesu bestimmten Existenz wird jener Gott, der die Liebe ist, in der dem Tod verfallenen Welt präsent, wird für den Glaubenden das »wahre Leben« möglich.

6. Hermeneutische Überlegungen

Die vorgelegten Beispiele präsentieren nur einen schmalen Ausschnitt neutestamentlicher Deutungen des Todes Jesu. Zum Beispiel kommt der für die dogmatische Soteriologie zentralen Vorstellung des »Sühnetodes« in den Evangelien keine besondere Bedeutung zu. Die auffallende Pluralität der Deutungen, die hier wie auch in anderen »zentralen« Aussagen die Überlieferung bestimmt, macht deutlich, daß sich die christliche Glaubensgeschichte nicht in die starren Schemata dogmatischer Fixierungen pressen läßt. Die *eine* Wahrheit haben wir nur in den vielen Wahrheiten *unserer* Glaubensgeschichten, die *Kontinuität* des Evangeliums nur in der *Diskontinuität* der Zeiten und Kulturen, die die je neue Aneignung der Tradition unter den sich ständig ändernden Bedingungen unserer Existenz verlangen. Nur so bleibt Überlieferung ein lebendiger Prozeß, verdirbt sie nicht zu jenen »toten Buchstaben«, die die vergilbten Folianten der Dogmatik füllen. Zu solcher Lebendigkeit verpflichtet und ermutigt die Pluralität des »kanonischen« Zeugnisses des Neuen Testaments, nicht aber zu einer letalen Uniformität, wie sie die herrschende Theologie oder — richtiger — die Theologie der Herrschenden immer wieder einfordert. Dies verlangt von uns nicht nur die Respektierung der Vielzahl alter und neuer Auslegungen, sondern auch die Akzeptanz ihrer existentiellen Dimension. Jeder Generation in der langen Geschichte der Christenheit bleibt die Aufgabe, sich mit *ihrer* Existenz auf die *Geschichte des Jesus von Nazareth* einzulassen und sich *ihren* Reim auf sie zu machen. Nur dann kann es ihr vieleicht gelingen, erneut jenen Funken aus dem Gestein des Überkommenen zu schlagen, der das erloschene Feuer erneut zündet.

Literaturhinweise

Grundlegend bleiben *R. Bultmann,* Geschichte der synoptischen Tradition, Göttingen [2]1931, 282—308, und *M. Dibelius,* Die Formgeschichte des Evangeliums, Tübingen [6]1971, 178—218.

Eine Auswahl wichtiger Beiträge bietet *M. Limbeck,* Redaktion und Theologie des Passionsberichts nach den Synoptikern (WdF 481), Darmstadt 1981 (mit Literaturhinweisen). Einen guten Einblick in die methodischen Probleme gibt *J. Ernst,* Die Passionserzählung des Markus und die Aporien der Forschung, in: Theologie und Glaube 70 (1980) 160—180.

Von den zahlreichen Einzeluntersuchungen nenne ich *L. Schenke,* Der gekreuzigte Christus. Versuche einer literarkritischen und traditionsgeschichtlichen Bestimmung der vormarkinischen Passionsgeschichte (SBS 69), Stuttgart 1974, sowie *E. Linnemann,* Studien zur Passionsgeschichte, Göttingen 1970. Zu Johannes vgl. *J. Becker,* Das Evangelium nach Johannes (ÖTK 4/2), Gütersloh/Würzburg 1981, 531—539. Allgemein sei auf die Kommentare zu den Evangelien verwiesen.

Zur Gesamtproblematik der urchristlichen Deutung des Todes Jesu vgl. *M.-L. Gubler,* Die frühesten Deutungen des Todes Jesu, Fribourg/Göttingen 1977. Zur Wertung der Todesstrafe in der Antike vgl. *M. Hengel,* Mors turpissima crucis. Die Kreuzigung in der antiken Welt und die »Torheit« des »Wortes vom Kreuz«, in: Rechtfertigung. FS E. Käsemann, hrsg. von J. Friedrich u. a., Tübingen 1976, 125—184.

Der Glaube an die Auferweckung Jesu in der neutestamentlichen Überlieferung

Die Rede von der Auferweckung Jesu tritt uns in der neutestamentlichen Überlieferung von Anfang an als *Glaubensaussage* entgegen, die Gottes Handeln an dem von Israel abgelehnten und von den Römern gekreuzigten Jesus bezeugt. Dies geschieht in der Frühzeit durch formelhafte Wendungen, die v.a. in den neutestamentlichen Briefen und in der Apg erhalten sind; erst in späterer Zeit wird dieser Glaube in der Geschichte von der Auffindung des leeren Grabes erzählerisch ausgestaltet. Grund und Berechtigung für dieses Bekenntnis findet die christliche Gemeinde im Zeugnis von den Erscheinungen Jesu, das die persönliche Überzeugung einiger Jünger voraussetzt, Jesus nach seinem Tode »gesehen« zu haben. Auch davon spricht die älteste Überlieferung nur formelhaft in knappen Wendungen; die ausgeführten Erscheinungserzählungen der Evangelien erweisen sich ihnen gegenüber als späte Gemeindebildungen.

Das NT kennt keinen »Augenzeugen« der Auferweckung Jesu. Der Quellenbefund verwehrt es also, die Rede von ihr gleichsam empirisch zu beweisen. Es ist das Glaubenszeugnis der frühen Gemeinde, das unseren Glauben an den von Jesus verkündigten Gott herausfordert. Da dieses Zeugnis sich jedoch nie anders als in geschichtlich bedingter Gestalt artikuliert, muß der Prozeß seiner Sprachwerdung durchschaut werden, wenn das von der frühen Gemeinde Bezeugte nicht nur verstanden, sondern auch in der Verkündigung dem modernen Menschen kompetent und glaubwürdig vermittelt werden soll.

1. Die Anfänge des Osterglaubens

1.1 Das Bekenntnis zur Auferweckung Jesu

Vor allem die paulinischen und deuteropaulinischen Briefe sowie die Reden der Apg enthalten Aussagen über die Auferweckung Jesu, die aufgrund der konstanten Terminologie und Form als *geprägte*

Wendungen anzusehen sind. Syntaktische Spannungen zum Kontext, Abweichungen vom Sprachgebrauch des Autors, vereinzelt auch ausdrückliche Hinweise im Text (z. B. 1 Kor 15,3) lassen erkennen, daß vorgegebene Traditionen aufgenommen wurden. Ob es sich jeweils um selbständige Formeln handelt, ist nicht immer auszumachen, da im Neuen Testament ein relativ geringes Vergleichsmaterial zur Verfügung steht.

Dem *status nascendi* der urchristlichen Überlieferung entsprechend sind diese Wendungen als erste Kristallisationspunkte eines im ganzen noch flexiblen und variablen Überlieferungsprozesses zu begreifen, innerhalb dessen es zu gegenseitigen Beeinflussungen und Vermischungen, zu unterschiedlichen Interpretationen und Ergänzungen kommt. Zweifellos werden in ihnen, wie z. B. Paulus zeigt, vorgegebene Daten der Überlieferung festgehalten; es wäre jedoch verfehlt, sie alle auf ein apostolisches Urkerygma zurückzuführen oder einer übergreifenden Credo-Formel einzuordnen[1]. Mit Recht lehnt v. Campenhausen[2] es daher ab, schon im Neuen Testament von Glaubensbekenntnissen oder Taufsymbolen im Sinn der altkirchlichen Entwicklung zu sprechen.

Seit den Untersuchungen Seebergs zum „Katechismus der Urchristenheit" findet die Tradition 1 Kor 15, 3–5 als die „älteste kerygmatische Formulierung" oder als das „älteste Zeugnis von der Auferstehung Christi"[3] zunehmendes Interesse. Während sie die ältere kritische Forschung eher der antiochenischen Gemeinde zuordnete[4], führte vor allem die Entdeckung des „altertümlichen Typus" der kerygmatischen Wendungen in den Acta-Reden durch Dibelius (16), der selbst allerdings „mehrere kerygmatische Typen" unterscheidet (19), dazu, aufgrund der Berührungen mit 1 Kor 15 beide auf *ein* apostolisches Urkerygma zurückzuführen[5]. Jeremias[6] und Klappert suchten die Herkunft von 1 Kor 15, 3—5 aus der aramäischsprechenden Urgemeinde durch den Nachweis eines aramäischen Urtextes auch sprachlich abzusichern. Neuere Untersuchungen zwingen zu einer differenzierteren Beurteilung. Die Acta-

[1] Zur Diskussion vgl. Rese 93f. Literaturangaben finden sich im Anhang.
[2] Bekenntnis 210f. 231f.
[3] So noch Graß 6 bzw. Kremer.
[4] Vgl. Wegenast 53 Anm. 3.
[5] Vgl. Dodd, Preaching; Gewieß; Schlier u. a.
[6] Abendmahlsworte [3]1960, 96f (vorsichtiger [4]1967, 97)

Reden gestatten nur den Rückschluß auf einzelne Traditionselemente, die Lukas sekundär in ihnen verarbeitete[7]. Die Semitismen in 1 Kor 15, 3–5 lassen sich auch durch ein hellenistisch-judenchristliches Sprachmilieu erklären[8]. Die Formel selbst ist durch die sekundäre Kombination ursprünglich selbständiger Traditionen entstanden; sie stellt eine relativ späte – allerdings vorpaulinische – Traditionsstufe dar[9]. 1 Kor 15, 11 erweist zwar ihre allgemeine Anerkennung zur Zeit und in der Sicht des Paulus, gestattet aber nicht den traditionsgeschichtlichen Rückschluß bis in die Jerusalemer Urgemeinde.

Die eingliedrige Aussage, daß Gott Jesus von Toten auferweckte, wird zunehmend als der älteste Kern der Auferstehungsüberlieferung erkannt[10]. Die neuere Diskussion ist vor allem durch Conzelmann angeregt[11]. Ausgehend von Röm 10,9 unterscheidet er die Homologie als Anruf des Erhöhten im Gottesdienst von den auf das vergangene Heilswerk von Tod und Auferstehung Jesu bezogenen Credo-Formeln. Kramer bestimmt letztere als Pistis-Formel und findet ihren „Sitz im Leben" in der Verkündigung und Tauffeier der hellenistischen Gemeinde, deren „Grundtext" sie darstelle (vgl. 41–60). Diese Formel verbinde die auf die aramäisch-sprechende Urgemeinde zurückgehende Auferweckungsaussage mit der soteriologisch gedeuteten Sterbensaussage der griechischsprechenden judenchristlichen Gemeinde (29–34). Die älteste Gestalt der vollen Pistis-Formel findet er in 2 Kor 5,15: „er starb für uns und wurde auferweckt" („aus den Toten" muß er ergänzen: 28). Von ihr unterscheidet er als traditionsgeschichtliche Varianten die „Kurzformel" 1 Thess 4,14a und die „ausgebaute Formel" 1 Kor 15, 3b–5 (24–29). Deichgräber kennzeichnet diese Wendungen unter Betonung ihres lehrhaften Charakters als „Verkündigungsformeln" und findet deren „Urformel" (das „Urkerygma der ersten Zeugen") in der Auferweckungsaussage; 1 Kor 15,3–5 ordnet er dagegen einer „späten Stufe" zu (111 f). Auch Wengst (27–48. 92–104) findet in der „Auferweckungsformel" (in ihrer partizipialen und finiten Form) die älteste Gestalt der Überlieferung und bestimmt aufgrund ihrer

[7] Wilckens, Missionsreden.
[8] Vgl. Conzelmann, Analyse 4–8.
[9] Zuletzt Becker, Gottesbild 117f.
[10] Vgl. schon Bousset 102; Fascher 196.
[11] Schriftauslegung 106–112.

Formparallelität zur jüdischen Gottesprädikation ihren Sitz im Leben in der Urgemeinde. Unter dem Einfluß der Mysterienreligionen sei dann im Zusammenhang mit der Tauffeier der heidenchristlichen Gemeinde aus ihr die „Auferstehungsformel“ 1 Thess 4,14 (= Kramers Kurzformel) entstanden. Die soteriologisch ergänzten Wendungen (1 Kor 15, 3–5 u. a.) versteht er als hellenistisch-judenchristliche Kombination der „Auferweckungsformel“ mit der im gleichen Traditionsbereich entstandenen „Sterbensformel“. Zuletzt hat Becker die partizipiale Gottesprädikation als älteste Gestalt der Formel beurteilt; er leitet sie aus den Eulogien der frühen nachösterlichen Gemeinde ab. Schon die Form des Aussagesatzes signalisiere den Übergang von der Gottesanrede zur lehrhaften Aussage über Gott; „selten und zugleich deutlich späteren Datums“ sei die Veränderung zu einer „direkten christologischen Aussage“[12].

Im Unterschied zu den obigen Rekonstruktionen eruiert Kegel unter Ausscheidung textbedingter Änderungen vier Grundformeln: ein Gottes- und Jesusbekenntnis mit Verbum finitum ϑεὸς ἤγειρεν (τὸν) Ἰησοῦν ἐκ νεκρῶν / Ἰησοῦς ἀπέϑανεν καὶ ἠγέρϑη (ἀνέστη, ἔζησεν), sowie die partizipiale Gottes- und Jesusprädikation: ὁ ἐγείρας (τὸν) Ἰησοῦν ἐκ νεκρῶν / ὁ ἀποϑανὼν καὶ ἐγερϑείς. Das Jesusbekenntnis als älteste Form der Überlieferung (und in Parallele zu ihm das Gottesbekenntnis) habe sich aus einem ersten Interpretament der Erscheinungserfahrung „er ist auferstanden“[13] unter dem Einfluß der Verkündigungssituation entwickelt. Die partizipialen Formen dagegen seien sekundäre Weiterbildungen dieser Bekenntnissätze in Analogie zu jüdischen Gottesprädikationen (14f. 22–25).

Die eingliedrige Auferweckungsformel

Von den zwei- und mehrgliedrigen Wendungen, die die Auferweckung Jesu nennen, hebt sich deutlich eine eingliedrige Aussage ab, die nur von einem Auferweckungshandeln Gottes an Jesus spricht. Sie begegnet in der Form einer partizipialen Gottesprädikation: (ϑεὸς) ὁ ἐγείρας αὐτὸν / Ἰησοῦν ἐκ νεκρῶν: Gott, der ihn/Jesus aus Toten erweckt habende (Röm 4,24; 8,11a.b.; 2 Kor 4,14; Gal 1,1; Kol 2,12b; vgl. Apg 13,33; 17,31; Hebr 13,20) oder eines Aus-

---

[12] Gottesbild 118–122.

[13] In Aufnahme der Unterscheidung Marxsens, Auferstehung 15–20.

sagesatzes: (ὅτι) ὁ θεὸς αὐτὸν ἤγειρεν ἐκ νεκρῶν: Gott erweckte ihn aus Toten (Röm 10,9; 1 Kor 6,14; 15,15; vgl. Apg 2,32; 13,34; Kol 2,13; Eph 2,5). Die Konstanz der Wendung sowie ihre weite Verbreitung gestatten es, sie als selbständige Formel zu beurteilen. Eine sekundäre Variante hat die Form des auf Jesus bezogenen Relativsatzes: ὃν ἤγειρεν ἐκ (τῶν) νεκρῶν (1 Thess 1,10; Apg 3,15; 4,10; 13,37).

Gott wird durchweg als Subjekt der Aussage vorausgesetzt, das Verbum – in der Regel ἐγείρω – steht im Aorist und wird durch die Präpositionalbestimmung ἐκ νεκρῶν im Sinn der Totenerweckung präzisiert; sie kann wegfallen, wenn diese Bedeutung durch den Kontext gesichert ist. Primär ist auch die Verwendung des einfachen Namens Jesu; die christologischen Würdebezeichnungen dürften dagegen aufgrund sprachlicher Angleichung an den Kontext oder durch den Einfluß der mehrgliedrigen Aussagen in die Formel eingedrungen sein[14].

Die Verwendung von ἐγείρω entspricht generell profangriechischem und alttestamentlich-jüdischem Sprachgebrauch, wenngleich die Belege für die Bedeutung „Totenerweckung“ selten sind[15]. Insgesamt wird im Profangriechischen jedoch ἀνίστημι bevorzugt[16]. Die LXX gebraucht das Verb in unserer Bedeutung Hi 14,12 und Jes 26,19 (für *qum,* vgl. Ps 88,11), Dan 12,2 (für *qiṣ*) sowie 2 Makk 7,14; 12,44. Das Substantiv ἀνάστασις ist in 2 Makk 7,14; 12,44 belegt. Im Neuen Testament dagegen hat sich die Verbalform ἐγείρω (samt Komposita) zur Bezeichnung der Auferweckung Jesu und der allgemeinen Totenweckung durchgesetzt. Fascher (168ff) zählt 75 Belege, für ἀνίστημι 33, für ζωοποιέω 10. Dagegen wird als Substantiv durchgehend ἀνάστασις verwendet (40 Belege, ἐξανάστασις 1 Beleg). Im rabbinischen Sprachgebrauch wird die Wendung „Wiederbelebung der Toten“ *(techijat hammetim)* bevorzugt, die möglicherweise von Jes 26,19a *(ḥajah)* beeinflußt ist[17]. Wenn im Neuen Testament gegen den gängigen Sprachgebrauch das Verb ἐγείρω dominiert, dürfte dies durch seine Verwendung in der Formel bedingt sein.

---

[14] Vgl. Kramer 34–40; Wengst 32f.

[15] Oepke, ThWNT 2,333, und Bauer, Wörterbuch (Berlin ^{5}1958) 425, erwähnen insgesamt vier Belege. Einen weiteren Beleg zitiert Reitzenstein (314) aus einer frühen alchemistischen Schrift (M. Berthelot/C. E. Ruelle, Collection des alchimistes grecs, Paris 1888, 296, 14): Ἔγειραι ἐξ Ἅιδου καὶ ἀνάστηθι ἐκ τοῦ τάφου καὶ ἐξεγέρθητι ἐκ τοῦ σκότους. Vgl. auch die Belege für ἔγερσις: Bauer 426, sowie für ἐξεγείρω: ebd. 542. Die LXX verwendet das Verbum Jes 26,19 und 2 Kön 4,31 (zur Wiedergabe von *qiṣ*, so auch Dan 12,2A); Sir 38,4. ἐξεγείρω verwenden Dan 12,2 Theod. *(qum)* sowie Hi 14,12A *(qis)*. ÄthHen 22,13 ist μεθεγείρω belegt, vgl. auch 91,10; 92,3.

[16] Fascher 182–187.

[17] Fascher 193, vgl. Jüdisches Lexikon 1, 566–568.

Das gleiche gilt für die Wendung ἐκ νεκρῶν, die sich durch die Verbindung mit der Formel im christlichen Sprachgebrauch durchsetzte. Den zahlreichen neutestamentlichen Belegen stehen nur wenige Entsprechungen im Profangriechischen und in der LXX gegenüber[18]. Der substantivierte Plural νεκροί meint die „Gesamtheit der Verstorbenen, alle in der Unterwelt Befindlichen"[19], entpersönlicht den Bereich der Totenwelt, die *Sch^{e}ol*, den Hades[20]. In der Formel bezeichnet die Wendung also die Erweckung aus der Reihe, aus dem Bereich der Toten[21]. Die spätere Explikation der Todesaussage zur Lehre vom *descensus ad inferos* findet in der Vorstellung der Formel vom Aufenthalt in der *Sch^{e}ol* einen Ansatz (vgl. Bieder).

Die Eigenständigkeit der Aufweckungsformel zeigt sich u.a. darin, daß sie sich gegen andere Formeln durchsetzt (1 Kor 15,12.20 gegen V. 4) und sich in mehrgliedrigen Aussagen behauptet (Eph 1,20; vgl. 2,6; Kol 2,12; 1 Petr 1,21; Apg 13,30). Von ihr beeinflußt sind auch Aussagen über die allgemeine Totenauferstehung (vgl. Hebr 11,19; Mk 12,25) sowie über Totenerweckungen Jesu (Joh 12,1.9.17). Die Wendung ἐκ νεκρῶν wird schließlich auch mit dem Substantiv ἀνάστασις verbunden (Lk 20,35; Apg 4,2; 1 Petr 1,3; vgl. Phil 3,11).

Die Acta-Reden lassen gleichfalls – im Rahmen der lukanischen Redaktion – ihren Einfluß erkennen. Bezugnahme auf sie liegt in den mehrgliedrigen Formulierungen Apg 3,15; 4,10; 5,30 (verkürzt) vor. Apg 13,30 dringt sie in eine 1 Kor 15,4f nahestehende Formulierung ein; 13,37 wird auf sie angespielt. Durch den Ersatz von ἐγείρω durch ein transitives ἀνίστημι in Apg 2,24.32; 3,26(?); 13,33f; 17,31 gleicht sie Lukas profan-griechischem Sprachgebrauch an und ver-

---

18 Vgl. Homer, 21,56: ... αὖτις ἀναστήσονται ὑπὸ ζόφου ἠερόεντος: Sophokles, Elektra: ἐξ Ἅιδα .... ἀναστάσεις; Platon, Symp 179c: ἐξ Ἅιδου ἀνεῖναι πάλιν τὴν ψυχήν; Herondas I, 43: ἐκ νερτέρων ἀνίστημί τινα: Phlegon (Jacoby, Frgmt. griech. Historiker 257): ἀνέστη ὁ B. ἐκ νεκρῶν, s.o. zu ἐγείρω. In der LXX vgl. Sir 48,5: ὁ ἐγείρας νεκρὸν ἐκ θανάτου καὶ ἐξ ᾅδου..., die Wendung ῥύεσθαι ἐκ θανάτου (Est 4,8; Hi 5,20; Ps 32,19; 55,14; Prov 10,2; 23,14; EpJer 35) sowie Hos 13,14: ἐκ χειρὸς ᾅδου ῥύσομαι ... καὶ ἐκ θανάτου λυτρώσομαι. Sehr nahe kommt ihr LibAnt 3,10: *erigam dormientes de terra* (vgl. Hoffmann, Die Toten 180–185).

19 Bauer, Wörterbuch 1058.

20 Vgl. die Parallelisierungen mit Sch^{e}ol- und Grabaussagen in Ps 88 (87), 5f.11f; 115,17 (113,25); Jes 26,19; Hebr 13,20.

21 Vgl. bes. Sir 48,5; zur Vorstellung z.B. äthHen 51,1; in Verbindung mit der Vorstellung der Seelenkammer 4 Esr 7,32; syrBar 21,22–24; 23,4; 30,2). In Röm 10,7 wird die Wendung auf die ἄβυσσος bezogen, vgl. Hoffmann, Die Toten 176–180.

bindet dadurch – seiner Gesamtintention entsprechend – auch terminologisch die Auferstehung Jesu mit der allgemeinen Totenauferstehung.

Aufgrund der weiten Verbreitung ist auch die *im Passiv formulierte Variante* der Aufweckungsformel als selbständige Formel anzusehen. Jesus bzw. Christus ist das Subjekt der Wendung; das Passiv ist als *passivum divinum* zu interpretieren[22]. In der Verwendung von „Christus" und in den passivischen Verbformen stimmt sie mit den mehrgliedrigen Aussagen überein. Die Entstehung der einzelnen Varianten erfolgte offenbar unter gegenseitiger Beeinflussung.

Röm 6,9; Joh 21,14 ist das Partizip des Aorist ἐγερθείς, Röm 6,4 die finite Form ἠγέρθη jeweils in der Verbindung mit ἐκ νεκρῶν verwendet. Röm 7,4 fehlt letzteres. Offenbar unter dem Einfluß der Formel ergänzt Matthäus das ihm durch Markus vorgegebene ἠγέρθη durch ἀπὸ τῶν νεκρῶν (14,2 vom Täufer; 28,7, vgl. auch 27,64, von Jesus). In 1 Kor 15,12.20 dürfte die Verwendung des Perfekts ἐγήγερται durch die Formel 1 Kor 15,3–5 bedingt sein; deren Einfluß liegt möglicherweise auch in der Röm 1,3f nahestehenden Wendung 2 Tim 2,8 vor. In Mk 6,14 (vgl. 6,16) dagegen ist das Perfekt durch die Vorstellung des Johannes redivivus bedingt. Doch zeigt auch in diesen Verbindungen die Verwendung von ἐκ νεκρῶν den Einfluß der Auferweckungsformel. Dies gilt schließlich auch für die Verbindung des aus 8,31 übernommenen intransitiven ἀνίστημι in Mk 9,9f mit ἐκ νεκρῶν (abweichend von 8,31). Die Verbindung findet sich auch Joh 20,9. Matthäus paßt die markinische Formulierung in 17,9 noch stärker an die Formel an, indem er ἐγείρω verwendet.

Die zwei- und mehrgliedrigen Wendungen

Von der eingliedrigen Auferweckungsformel unterscheiden sich eine Reihe von Belegen, in denen zwei oder auch mehrere Aussagen über Jesus bzw. Gottes Handeln an ihm zu *mehrgliedrigen Aussagereihen* kombiniert werden. Während die Auferweckungsformel allein von der Tat Gottes an Jesus sprach, werden hier einzelne Akte des Heilsgeschehens: Tod, Auferweckung, Erhöhung usw. unterschieden und aufeinander bezogen. Bezeichnend ist die zunehmende Christologisierung der Aussagen. Das geringe Vergleichsmaterial macht es oft unmöglich, im Einzelfall zu entscheiden, ob die Kombination bereits eine selbständige Formel darstellt (wie 1 Kor 15,3–5) oder ob es sich um singuläre Bildungen handelt, die durch Kombination ursprünglich selbständiger Formeln oder durch die redaktionelle Be-

---

[22] Vgl. Fascher 197 gegen Bauers intransitive Deutung „auferstehen", Wörterbuch 425.

arbeitung vorgegebener Tradition entstanden. Ein Teil der Belege zeigt Verwandtschaft mit der Auferweckungsformel, andere dagegen erscheinen als eigenständigere Bildungen. Daher empfiehlt es sich, die zwei Gruppen gesondert zu untersuchen, ehe über ihr gegenseitiges Verhältnis entschieden wird. In beiden Gruppen befinden sich auffallenderweise sowohl christologische als auch auf das Taufgeschehen bezogene Aussagen.

In Eph 1,20 (vgl. V. 22) und 1 Petr 1,21 wird die Auferweckung im Hinblick auf Jesu Erhöhung im Sinn seiner gegenwärtigen Machtstellung entfaltet. Der Bezug zur Auferweckungsformel ist deutlich: Auferweckung („aus Toten"!) und Erhöhung werden noch als Tat Gottes an Jesus dargestellt (aktive Verbformen). In Eph 2,6 wird in Analogie dazu das Taufgeschehen beschrieben: Gott hat uns „mit ihm erweckt und in die Himmel versetzt" (vgl. Kol 3,1 in passiver Konstruktion).

In Röm 8,34 liegt eine viergliedrige Aussagenreihe mit Jesus als Subjekt vor: In zwei Partizipien werden Jesu Sterben und – dieses überbietend – die Auferweckung (passivisch formuliert) sowie in zwei Relativsätzen seine Erhöhung zur Rechten Gottes und sein Eintreten für uns verbunden[23]. Auch in der – allerdings schwer rekonstruierbaren – Tradition in 1 Petr 3,18d.22 wird Jesu Tötung und Lebendigmachung (θανατωθεὶς μὲν σαρκὶ ζωοποιηθεὶς δὲ πνεύματι) mit Erhöhungsaussagen verbunden.

Vor allem in Verbindung mit der Sterbensaussage wird die Auferweckungsaussage – offenbar in Anpassung an jene – umgestaltet: als Subjektsbezeichnung wird Christus bevorzugt, im Prädikat wird das Passiv, in der Regel von ἐγείρω, verwendet. Die Bestimmung ἐκ νεκρῶν wird entbehrlich, da die Bedeutung des Verbs durch die Erwähnung des Todes sichergestellt ist. Auch in diesen Aussagen ist die Nähe zur Auferweckungsformel noch deutlich erkennbar. Die umgekehrte Annahme, daß die einfache Auferweckungsformel aus diesen Kombinationen sekundär abgeleitet wurde, ist dagegen weniger wahrscheinlich, da sich im Rahmen der allgemeinen christologischen Entwicklung weder der Wegfall des Christustitels noch die nachträgliche Einfügung des Gottesnamens plausibel machen lassen[24]. Von der einfachen Verbindung der Sterbens- und Auferweckungsaussage, wie sie Röm 8,34 vorliegt, unterscheiden sich einige

[23] Paulsen 171f beurteilt sie als traditionelle Aussagen.
[24] Vgl. Kramer 28f.

Wendungen, in denen die Auferweckungsformel mit der ursprünglich selbständigen Dahingabe- und der Sterbensformel der hellenistisch-judenchristlichen Gemeinde verbunden ist. Die Auferwekkungsaussage erhält in diesem neuen christologischen Kontext eine neue Funktion: Sie dient der „göttlichen Bestätigung des Sühnetodes Jesu“[25].

In 2 Kor 5,15 ist die Wendung auf das engste mit dem Kontext verwoben, so daß sie mit Wengst (47) als ad-hoc-Formulierung des Paulus beurteilt werden kann. Doch zeigt sich in dem überschießenden ἐγερθέντι die Abhängigkeit von geprägter Tradition. Bezeichnend ist der Kontext: Paulus verbindet mit ihr den Gedanken des Sterbens aller Christen (wie in den Taufaussagen) sowie des Gehorsamsverhältnisses zu Christus.

Im Röm 4,25 wird die Auferweckungsaussage schon durch die Form (vgl. die parallelen διά-Bestimmungen) eng mit der Dahingabeformel verbunden. Durch die Auferweckung wird der gegenwärtige Stand der Rechtfertigung begründet. Nach verbreitetem Konsens stammt die Wendung aus vorpaulinischer Tradition; die Anspielung auf Jes 53,12 (LXX) weist auf die hellenistisch-judenchristliche Gemeinde hin[26].

Die viergliedrige Formel in 1 Kor 15,3–5 wird von Paulus selbst als übernommene Tradition bezeichnet; sie gehört zum Grundbestand seiner Missionsverkündigung (V. 1–3a). Ihre formale Gestaltung (das vierfache ὅτι, die parallele Struktur: V. 3b.4a/4b.5) sowie die zahlreichen Interpretamente (neben der Sühneaussage der doppelte Hinweis auf die Schriftgemäßheit sowie das „Datum“ des dritten Tages) zeigen, daß es sich um eine theologisch reflektierte Bildung handelt. Das Perfekt in der Auferweckungsaussage bringt deren andauernde Bedeutung zum Ausdruck. Die Sterbensaussage wird durch den Hinweis auf die Bestattung, die Auferweckung durch den Hinweis auf die Erscheinungen vor Petrus und den Zwölfen erweitert. Letztere dienen dazu, die Auferweckungsaussage durch den Rekurs auf die Erfahrungen von Zeugen abzusichern.

Die Angabe „am dritten Tag“ (τῇ ἡμέρᾳ τῇ τρίτῃ) ist ein theologisches Datum, dessen Deutung nach wie vor unsicher ist[27].

---

[25] Vgl. Wengst 55–91, Zitat ebd. 97.

[26] Vgl. Wengst 101–103; Kramer 27 beurteilt sie als paulinische Bildung.

[27] Zur Diskussion vgl. Finegan 104; Graß 127–138; Conzelmann, Korinther 302; Lehmann 159–230.

Auszuschließen ist die historisierende Erklärung, die Angabe sei aufgrund der Entdeckung des leeren Grabes[28] oder der ersten Erscheinungen erschlossen. In beiden Fällen handelt es sich um traditionsgeschichtlich sekundäre Datierungen im Rahmen der Evangelienkomposition, die wahrscheinlich die Formel bereits voraussetzen. Das gilt auch für die liturgische Ableitung aus der Feier des Sonntags. Schenke (87f) leitet das Datum aus einer Jerusalemer Osterliturgie ab, deren Feier allerdings nicht sicher nachgewiesen werden kann. Der theologischen Gewichtung der Aussage wird auch nicht ihre Ableitung aus der volkstümlichen Vorstellung gerecht, daß sich die Seele drei Tage in der Nähe des Leichnams aufhalte[29]. Deutlich ist, daß das Datum erstmals in der Formel 1 Kor 15 auftaucht und dort mit dem Hinweis auf ihre Schriftgemäßheit verbunden wird. Dann liegt es nahe, die Angabe als schriftgelehrte Explikation zu verstehen, die die in der jüdischen Exegese bereits auf die allgemeine Totenauferweckung bezogene Aussage von Hos 6,2 (ähnlich wie die Auferweckungsformel das jüdische Bekenntnis zur allgemeinen Totenauferweckung) auf Jesus anwendet: ὑγιάσει ἡμᾶς μετὰ δύο ἡμέρας, ἐν τῇ ἡμέρᾳ τῇ τρίτῃ ἀναστησόμεθα καὶ ζησόμεθα ἐνώπιον αὐτοῦ[30]. Lehmann leitet das Datum aus dem targumischen Verständnis des dritten Tages als der von Gott bestimmten Zeit der Heilswende ab (262–290). Eine diskutable Alternative stellt nach wie vor die religionsgeschichtliche Ableitung des Datums aus der Vorstellung der Erweckung der Gottheit am dritten Tage (Adonis, Osiris) dar[31], zumal auch das Taufverständnis des hellenistischen Traditionsbereichs den Einfluß der Mysterienreligionen zeigt und die Formel 1 Kor 15 dieser Tauftradition nahe steht (s. u. S. 201).

Eine Vorstufe der Formel von 1 Kor 15 scheinen die Taufaussagen in Röm 6,3f und Kol 2,12 vorauszusetzen, wenn sie vom Mit-Christus-Begraben-Werden in der Taufe und von der Auferweckung mit ihm (Paulus korrigierend: „vom Wandel in der Neuheit des Lebens“) sprechen (vgl. auch den Bezug auf den Tod Jesu in Röm 6,3). Die Explikation der Todesaussage zur Begräbnisaussage könnte gerade durch die Analogie zum Ritus der Untertauchtaufe veran-

[28] v. Campenhausen, Tradition 56.
[29] So z. B. Berger 412.
[30] Vgl. Delling: ThWNT 2, 951f; Graß 134–138; sowie McArthur; Dupont.
[31] Bousset 22–26; zu Adonis vgl. H. W. Wolff, Hosea (BK 14,1), Neukirchen 1961, 150.

laßt sein. Bezeichnenderweise gehen beide Stellen von ihr und nicht von der Todesaussage aus. Abweichend von 1 Kor 15 zitieren beide den vollen Wortlaut der Auferweckungsformel, um die Teilhabe der Getauften am Jesusgeschehen zu begründen. Der Textbefund zeigt erstens die Korrespondenz zwischen den mehrgliedrigen Christusaussagen und den Taufaussagen und zweitens auch die Bedeutung auf, die im Zusammenhang mit den mehrgliedrigen Aussagen offenbar auch der eingliedrigen Auferweckungsformel für das Taufgeschehen zukam. Der Bezug zu ihr ist in den Taufaussagen sogar deutlicher erhalten als in den christologischen Aussagen. Die mehrgliedrigen Aussagen scheinen also dadurch entstanden zu sein, daß, angeregt durch die Verbindung der Taufe mit der Auferweckung Jesu, weitere christologische Daten in die Taufdeutung einbezogen wurden (vgl. den ähnlichen Vorgang im Hinblick auf die Erhöhungsaussage: Eph 1,20; 2,6 sowie Kol 3,1). Die Ausbildung christologischer Aussagenreihen steht in Korrespondenz dazu. Innerhalb dieser Gesamtentwicklung repräsentieren die soteriologisch interpretierten Wendungen, besonders die Form 1 Kor 15,3–5, ein späteres Entwicklungsstadium. Offen bleibt, wie es zu dieser Verbindung der Auferweckungsformel mit der Taufe kam.

Von den oben genannten Belegen unterscheiden sich eine Reihe *zweigliedriger Wendungen, die keinen Bezug zur eingliedrigen Auferweckungsformel erkennen lassen.* Sie sprechen vom Sterben/Tot-Sein Jesu bzw. Christi (ohne soteriologische Deutung) und im zweiten Glied – statt von der „Auferweckung (aus den Toten)“ – von seinem „Aufleben/Leben“ (ζάω im Aorist: Röm 14,9; Apk 2,8; im Präsens: 2 Kor 13,4a; Röm 6,10; Apk 1,18; vgl. ζωοποιέω: 1 Petr 3,18) oder vom „Auferstehen“ (intransitives ἀνίσταμαι im Aorist: 1 Thess 4,14). Wengst (47) charakterisiert sie als „Auferstehungsformel“. Wie die syntaktischen Differenzen zum Kontext in 1 Thess 4,14: ὅτι Ἰησοῦς ἀπέθανεν καὶ ἀνέστη, und die terminologischen in Röm 14,9: Χριστὸς ἀπέθανεν καὶ ἔζησεν, erkennen lassen, nimmt Paulus vorgegebene Traditionen auf. Außerhalb des paulinischen Traditionsbereichs findet sich eine verwandte Wendung in Apk 2,8: ὃς ἐγένετο νεκρὸς καὶ ἔζησεν; in der ersten Person formuliert 1,18: καὶ ἐγενόμην νεκρὸς καὶ ἰδοὺ ζῶν εἰμι εἰς τοὺς αἰῶνας. 1 Petr 3,18 berührt sich mit der Gegenüberstellung.

Diese Doppelaussage bestimmt in ihrer Terminologie und Struktur auch eine Reihe *auf die Taufe bzw. allgemein auf die christliche Existenz* bezogener Aussagen: Schon in Röm 14,9 begründet sie das

Leben und Sterben der Christen für den Kyrios (vgl. V. 7f). In 1 Thess 4,14 leitet Paulus aus dem Jesusgeschehen die christliche Zukunftshoffnung ab. In Röm 6 entfaltet Paulus das Schema in doppelter Hinsicht: In V. 8 leitet er aus dem Mit-Christus-Sterben in der Taufe das zukünftige Leben mit ihm ab (vgl. auch Kol 3,3f). In V. 11 wird in Parallele zu einer Christusaussage (V. 10) aus der Taufe das Totsein für die Sünde und das *gegenwärtige Leben* im Gehorsam gegenüber Gott gefolgert (ähnlich Gal 2,19; vgl. Röm 7,4: „Leben für den Auferweckten"). In anderen Aussagen werden – ohne Taufbezug – die Todes- bzw. Leidensgemeinschaft mit Jesus und in Bindung an sie die gegenwärtige Erfahrung der Lebenskraft Jesu im Schema der Doppelaussage einander gegenübergestellt (2 Kor 4,10f, vgl. V. 7–9; 13,4a.b; ohne Bezug auf Jesus: 2 Kor 6,9). 2 Tim 2,11 leitet aus der gegenwärtigen Todes- und Leidensgemeinschaft mit Christus die zukünftige Lebensgemeinschaft ab (vgl. Röm 6,8; zur Sache: Röm 8,17). Diese allgemeineren Aussagen setzen die Taufaussagen voraus, wie vor allem Röm 6 zeigt. Bezeichnend für die Aufnahme der Wendung durch Paulus ist, daß er konsequent eine ungeschützt präsentische Aussage über die Teilhabe an der Auferweckung Jesu vermeidet. Darin unterscheidet er sich deutlich von den Taufaussagen in Eph 2,6 und Kol 2,12 (vgl. aber 3,3f).

In ihrer Form stimmt die Doppelaussage auffallend mit *allgemeinen Bekehrungsaussagen* überein, in denen die Bekehrung als „Lebendig-Werden" bzw. „Lebendig-Machung" von Toten dargestellt wird. Der Zustand vor der Bekehrung gilt als Todeszustand. In Lk 15,24.32 beschreibt die Doppelaussage: νεκρὸς ἦν καὶ ἀνέζησεν (V. 32: ἔζησεν) die „Bekehrung" des „verlorenen Sohnes". Nach Joh 5,25 werden die „Toten (οἱ νεκροί) die Stimme des Sohnes Gottes hören, und die sie hören, werden leben (ζήσουσιν)"; gemeint ist das dem Glaubenden geschenkte göttliche Leben: Er ist „aus dem Tod in das Leben hinübergeschritten" (V. 24). Kol 2,13 und Eph 2,5 sprechen in ähnlicher Weise vom Taufgeschehen: „Euch (bzw. uns), die aufgrund ihrer Verfehlungen tot waren.., hat Gott mit Christus lebendig gemacht (συνεζωοποίησεν)". Die intransitive Formulierung der Bekehrungsaussage ist hier durch eine transitive ersetzt: „Gott machte lebendig". Die Wendung erinnert an die jüdische Gottesprädikation „der die Toten lebendig macht". Zugleich wird diese Lebendigmachung jedoch als Teilhabe an der Auferweckung Jesu gedeutet. Im Unterschied zu den in Analogie zur Aufweckungsformel gebildeten Taufaussagen wird hier die allgemeine Bekehrungsaussage sekundär christologisiert. Die Todesaussage wird übernommen, die Lebensaussage jedoch auf das Christusgeschehen bezogen. Das in Eph 5,14 erhaltene Fragment eines Taufhymnus deutet – ohne Parallelisierung mit dem Christusgeschehen – in ähnlicher Weise die Taufe: „Wache auf (ἔγειρε), der du schläfst, und stehe auf aus den Toten (ἀνάστα ἐκ τῶν νεκρῶν), und aufleuchten wird dir Christus“[32]. Die Terminologie läßt Verwandtschaft mit der Auferweckungsformel erkennen und verdeutlicht, wie es im Rahmen der Taufinterpretation zu einer Vermischung der verschiedenen Traditionen kam.

Wie Parallelen in Qumran und im jüdischen Bekehrungsroman *Joseph und Aseneth* zeigen, ist das in diesen Aussagen vorausgesetzte Bekehrungsmodell jüdischen Ursprungs. In Aufnahme und Uminterpretation des Bekenntnisses zu Gott, der die Toten lebendig macht, wird die Bekehrung als Empfang neuen ewigen Lebens schon in der Gegenwart gedeutet. Vor allem die letztgenannte Schrift vermag das hier vorliegende Bekehrungsverständnis zu verdeutlichen (die Zitation der griechischen Texte erfolgt nach Batiffol). Aufschlußreich sind schon die Gottesprädikationen, die das Gebet Josephs um die Bekehrung der Jungfrau Aseneth eröffnen (49,18ff). Gott wird bezeichnet als der, „der das All lebendig macht (ὁ ζωοποιήσας τὰ πάντα) und aus der Finsternis ins Licht ruft, aus dem Irrtum in die Wahrheit und aus dem Tod ins Leben (καὶ καλέσας... ἀπὸ τοῦ θανάτου εἰς τὴν ζωήν)“. Schöpfungsaussagen werden hier auf die geistige Neuschöpfung der Bekehrung bezogen[33]. Gott wird gebeten, daß er Aseneth „segne und lebendig mache (ζωοποίησον) und durch den Heiligen Geist erneuere (ἀνακαίνισον)“. Sie soll das „Lebensbrot essen“ und den Kelch seiner Segnung trinken (vgl. auch 64,14f), seinem Volk zugezählt werden und so in „ewigem Leben in ewige Zeit leben“ (ζήσατο ἐν τῇ αἰωνίᾳ σου ζωῇ εἰς τὸν αἰῶνα χρόνον). Aufgrund ihrer Bekehrung ist sie „neu geschaffen, neu gebildet und neu belebt“ (ἀνακαινισθήσῃ καὶ ἀναπλασθήσῃ καὶ ἀναζωοποιηθήσῃ: 61,4f). In der Begegnung mit Joseph empfängt sie den Geist des Lebens, der Weisheit und der Wahrheit (70,1f); Joseph setzt sie „zu seiner Rechten“ (70,14) und alle „erschauern“ (ἐθαμβήθησαν) über ihre Schönheit und preisen „Gott, der die Toten lebendig macht“ (τὸν θεὸν τὸν ζωοποιοῦντα τοὺς νεκρούς:

---

[32] Vgl. J. Gnilka, Der Epheserbrief (HThK 10,2), Freiburg 1971, 259–263.
[33] Vgl. Röm 4,17.24 sowie Delling, Gottesprädikationen 31 Anm. 4.

70,19f). Die zahlreichen Bezüge zu hellenistisch-judenchristlichen und paulinischen Aussagen sind deutlich (vgl. z.B. 1 Kor 10,3f. 16) und zeigen über das Taufgeschehen hinausgehende Berührungen mit diesen jüdischen Vorstellungen[34]. Der jüdische Hintergrund der christlichen Taufinterpretation ist im Verständnis der Taufe als „Beschneidung" (Kol 2,11) und des vorchristlichen Sündenzustandes als „Unbeschnittenheit" (V. 13) noch erkennbar. Die Verbindung von Taufe und Auferweckung ist also durch das jüdische Bekehrungsverständnis nahegelegt. Erst für die weitere Parallelisierung von Tauf- und Christusgeschehen ist mit dem Einfluß hellenistischer Mysterienkulte zu rechnen. Denn nur hier finden wir die Vorstellung, daß der Gläubige durch die *Teilhabe am Geschick der (sterbenden und auferstehenden) Kultgottheit* das Heil gewinnt[35].

Von den jüdischen Vorgaben her hat die hellenistisch-judenchristliche Gemeinde, die alles Heil von Jesus Christus erwartete, der nach ihrem Bekenntnis durch denselben (die Toten lebendig machenden) Gott aus den Toten erweckt wurde, die eigene Bekehrung mit dieser spezifischen Gottestat an Jesus in Verbindung gebracht. Das Verständnis der Bekehrung als Mitteilung göttlichen Lebens, in der Taufe vermittelt durch die Begegnung mit dem von den Toten erweckten Christus, bildet Ausgangspunkt und Grundlage dieser Taufdeutung. Erst im Zuge der weiteren Entwicklung kommt es unter hellenistischem Einfluß zu einer umfassenderen Angleichung an das Christusgeschehen. Sowohl die Einbeziehung des Todes Christi in die Taufaussage als auch die Einbeziehung der Erhöhung in der enthusiastischen Taufdeutung des Epheserbriefs (2,6) lassen sich als Explikationen dieses Grundverständnisses erklären. Von ihm aus wird verständlich, warum Paulus die Wendung in so vielfältiger Weise auf die Existenz des Christen beziehen kann; aber auch, warum er gerade bestrebt ist, eine einseitige Identifikation des Taufgeschehens mit der Auferweckung zu korrigieren. Der Rekurs auf die einfache Auferweckungsformel in den verschiedenen Stadien der Deutung weist darauf hin, daß sie ein eigenes vorgegebenes Element darstellt. Die Vermutung liegt nahe, daß bereits die erste

---

[34] Vgl. Brandenburger 21–27.

[35] Gegen Wagner 217–298. Für Mysterienfluß O. Kuss, Der Römerbrief. Zweite Lieferung, Regensburg 1959, 344–376; E. Käsemann, An die Römer (HNT 8a), Tübingen 1973, 151f; Fischer 123–131; allgemein: G. Bertram, Art. Auferstehung I (des Kultgottes): RAC 1, 919–930.

Deutung des Bekehrungsgeschehens in Analogie zum Auferweckungsgeschehen durch die Begegnung der christlichen Botschaft von der Gottestat der Auferweckung Jesu mit jüdischen Bekehrungsvorstellungen initiiert wurde.

Die Belege im *lukanischen Doppelwerk* geben kaum Einblick in die frühe Verwendung der Formel; sie dokumentieren eher ihre Nachgeschichte in der Redaktion des Lukas. In den Missionsreden verbindet Lukas die eingliedrige Auferweckungsformel in Apg 3,15 und 4,10 (in der Form des Relativsatzes) mit Wendungen, die Israel die Tötung Jesu vorwerfen. In 5,30f wird das verwendete Schema – „Ihr habt getötet ... Gott aber hat auferweckt" – umgekehrt und durch eine Erhöhungsaussage erweitert. Der Hinweis auf die Auferweckung durch Gott hat hier die Funktion der Beglaubigung Jesu vor Israel (ähnlich auch Apg 13,33; 17,31)[36]. Ein Einfluß der Formel 1 Kor 15,3–5 zeigt sich in der Verbindung der Auferweckungsaussage und Erscheinungsaussage. Lk 24,34 setzt diese Tradition voraus, belegt kaum eine selbständige Formel. In Apg 13,30f ist die einfache Auferweckungsformel mit der Erscheinungsaussage verbunden; in Apg 10,40 ist mit der Angabe des dritten Tages auf die Tradition von 1 Kor 15,4 Bezug genommen, die Erscheinungsaussage wird jedoch gräzisiert: καὶ ἔδωκεν αὐτὸν ἐμφανῆ γενέσθαι ... μάρτυσιν. Im Unterschied zur Formel werden die Zeugen generalisierend aufgeführt; dies entspricht dem lukanischen Zeugenbegriff[37].

Zu Form, Bedeutung und Herkunft der Auferweckungsformel

Im Vergleich zu den mehrgliedrigen Aussagen repräsentiert die eingliedrige, auf Gottes Handeln an Jesus bezogene Auferweckungsformel die älteste Gestalt der Überlieferung. Ihre streng theologische Aussagestruktur unterscheidet sie deutlich von den jüngeren christologisch orientierten Varianten. Erst im Zuge der Integration der einzelnen christologischen Vorstellungen im hellenistisch-judenchristlichen Traditionsbereich wurde sie, soweit die literarischen Belege erkennen lassen, mit der palästinischen Erwartung der Wiederkunft Jesu und der hellenistischen Kyrios-Homologie verbunden (s. u.). Ihnen gegenüber erscheint sie als eigenständige genuine Überlieferung. Ihrer historischen Einordnung sind freilich durch die Quellenlage deutliche Grenzen gesetzt; diese können nur hypothetisch überschritten werden.

Ihre nächste *Formparallele* findet sie in den Gottesprädikationen der alttestamentlich-jüdischen Gebets- und Bekenntnistradition:

---

[36] Vgl. Wilckens, Missionsreden 5.
[37] Vgl. Braun 534.

z. B. Gott, „der Himmel und Erde gemacht hat" (Ps 115,15 u. a.), „der euch aus Ägypten herausführte" (Ex 16,6 u. a.)[38].

Auch der griechische Hymnus verwendet ähnliche Formen[39]. Die christliche Formel zeigt jedoch eine deutliche Nähe zur jüdischen Tradition. Das läßt auf einen Sitz im Leben im Gottesdienst der aramäisch-sprechenden[40] oder der frühen hellenistisch-judenchristlichen Gemeinde[41] zurückschließen. Mit Becker kann an eine Verwendung der Formel im gottesdienstlichen Lobpreis in Verbindung mit einer Eulogie gedacht werden: „Gepriesen sei der Gott, der Jesus von den Toten auferweckte"[42].

Ihr *inhaltliches* Pendant findet die Formel in der Gottesprädikation der 2. Benediktion des Achtzehngebets: „gepriesen seist du, Jahwe, der die Toten lebendig macht *(m^{e}ḥajjeh)*"[43], oder in der Friedhofsdoxologie: „... er wird euch künftig auferwecken (*l^{e}haqimeḥaem)*. Gepriesen sei, der in seinem Wort treu ist, der die Toten lebendig macht" (tBer 7,5). Auch Paulus verwendet die Prädikation in Röm 4,17 (... θεοῦ τοῦ ζωοποιοῦντος τοὺς νεκρούς, vgl. JosAs 70,19f sowie Hofius) und in 2 Kor 1,9 (ἐπὶ τῷ θεῷ τῷ ἐγείροντι τοὺς νεκρούς). Die theologische Bezugnahme auf sie in Röm 4,24 dürfte dem traditionsgeschichtlichen Zusammenhang entsprechen.

Die christliche Formel versteht und deutet Gottes Handeln an dem getöteten Jesus unter der Voraussetzung des israelitischen Glaubens an Gottes Macht über Leben und Tod (vgl. Dtn 32,39), die in der apokalyptisch-pharisäischen Erwartung der endzeitlichen Totenerweckung ihren exemplarischen Ausdruck gefunden hat. Die Präpositionalbestimmung „aus Toten" setzt einen Aufenthalt des Verstorbenen in der *Sch^{e}ol* voraus. Im Sinn jüdisch-monistischer Anthropologie wird die Totenerweckung als Wiederbelebung des ganzen schattenhaft im Totenreich befindlichen Menschen verstanden (anders bei Platon, s. o. S. 193 Anm. 18). Die für die spätere Osterdiskussion zentrale Frage des „leeren Grabes" taucht in diesem Verstehenshorizont noch nicht auf.[44]

---

38 Vgl. vor allem Delling, Gottesprädikationen 15ff, sowie Wengst 43.
39 Norden 166–176.
40 Wengst 42.
41 Delling, Studien 415.
42 Gottesbild 120f.
43 P. Billerbeck, Kommentar zum Neuen Testament aus Talmud und Midrasch, München 1926–28, 4, 211.
44 Da die zur Umschreibung der Totenerweckung zur Verfügung stehenden Termini vieldeutig waren, mußte der Bezug auf die Totenerweckung mit Hilfe

Die Aussage der Formel ist vorrangig am *Verhältnis Gottes zu Jesus* interessiert. Es handelt sich um eine „Gottesaussage mit exklusivem Sinn“[45]. In der Tradition israelitisch-jüdischen Gottesglaubens führt sie Israels Bekenntnis zum Gott der Väter im Hinblick auf das Verhältnis dieses Gottes zu Jesus fort. Die in der Formel ausgesagte Gottestat impliziert die Stellungnahme Jahwes zu einem bestimmten Menschen, zu dessen Anspruch und dessen Geschick. Wie die Verwendung des einfachen Namens deutlich macht, weist sie auf das Wirken des *irdischen* Jesus zurück. Dies setzt sowohl die Inanspruchnahme Jahwes durch Jesus für seine Botschaft als auch die Infragestellung dieses Anspruchs durch den Tod, durch die Ablehnung in Israel, voraus. So besagt die Formel, daß sowohl Jesu Gottesinterpretation als auch sein Anspruch durch Gott bestätigt und – eben durch seine „Erweckung aus den Toten“ – erneut in Kraft gesetzt wurde. Insofern die Formel die Aussage einer bestimmten jüdischen Gruppe, nämlich von Jesusanhängern, ist, gibt sie der andauernden Glaubenserfahrung dieser Gruppe mit dem Gott Israels und zugleich auch der gegenwärtigen Erfahrung der bleibenden Gültigkeit des Anspruches Jesu Ausdruck. Wodurch die Gemeinde zu solchem Bekenntnis veranlaßt wurde, läßt die Formel nicht erkennen. Hypothetisch kann nur vermutet werden, daß sie ihren Grund in den Ostervisionen der Jünger hat, wie die allerdings späte Kombination in der Formel 1 Kor 15,3–5 sowie die Komposition der Ostererzählungen erkennen lassen. Wie dann das Verhältnis von Ostererfahrung und Auferweckungsaussage näher zu bestimmen ist, kann erst im Anschluß an die Untersuchung der Erscheinungstradition erwogen werden. Deutlich ist, daß die Formel selbst sich nicht direkt auf diese Ostererfahrung beruft.

---

der Präpositionalbestimmung „aus Toten“ sichergestellt werden, als der allgemeine Plural „die Toten“ durch den Eigennamen Jesus ersetzt wurde. Für diese Konstruktion war das Verbum ζωοποιέω, dem im hebräischen ein Piel von *ḥajah* entspricht, weniger gegeignet, während die Konstruktion mit ἐκ bzw. *min* durch den allgem. Sprachgebrauch sowohl bei ἐγείρω als auch bei ἀνίστημι und ihren hebräischen Äquivalenten nahegelegt war (vgl. Kegel 24; er berücksichtigt die Verbindung von *qum* mit *min* nicht). Die Verwendung von ἐκ νεκρῶν statt ἐκ θανάτου o. ä. (s. o. S. 193 Anm. 18) könnte auf den Einfluß der jüdischen Gottesprädikation zurückzuführen sein, die von den „Toten“ spricht.

[45] Becker, Gottesbild 120; vgl. Schnackenburg 16f.

Becker lehnt eine Einordnung der Formel in einen apokalyptischen Zusammenhang ab, um eine „vorschnelle Zuweisung" an ein bestimmtes christologisches Konzept à la 1 Kor 15,20 zu verhindern[46]. In der Tat wird in der Formel weder eine zukünftige oder gegenwärtige Hoheitsstellung Jesu noch das Verhältnis der Auferweckung Jesu zur allgemeinen Totenauferstehung explizit in den Blick genommen. Diese Einsicht schließt jedoch nicht aus, daß die Formel die apokalyptische Vorstellungskategorie der endzeitlichen Totenauferstehung voraussetzt. Auch Berger (vgl. 15, 125 u.a.). lehnt die Verbindung zur allgemeinen eschatologischen Totenauferstehung ab, er verweist stattdessen auf die Volksmeinung über die Auferweckung des Täufers, die Erwartung der Auferweckung der zwei Zeugen (Apk 11), die Vorstellung von der „ersten Auferstehung" und „Verherrlichung" von Märtyrern als zeitgenössische Analogien. Die christliche Auferweckungsaussage ist aus diesen nicht direkt ableitbar, sie machen jedoch die Möglichkeit ihrer Artikulation verständlich. Berger rechnet damit, daß möglicherweise Jesus selbst „von seiner eigenen künftigen ‚notwendigen' (δεῖ) Auferweckung gesprochen hat" (146), um so seiner bevorstehenden Legitimierung durch einen Machterweis Gottes Ausdruck zu geben. Die älteste nachweisbare Form der christlichen Auferweckungsaussage, die eingliedrige Auferweckungsformel, findet durch diese Analogien jedoch keine ausreichende Erklärung. Das von Berger beigebrachte Parallelmaterial kann allerdings, soweit es Vorstellungen des zeitgenössischen Judentums wiedergibt, verständlich machen, *wie* (nicht *daß*) es möglich wurde, die Vorstellung der eschatologischen Totenauferstehung auf Jesus zu beziehen, da es die Möglichkeit der Individualisierung der allgemeinen Aussage unter bestimmten historischen Bedingungen für jüdisches Denken generell aufzeigt. Insofern ist die verbreitete Meinung zu modifizieren, daß es zur Vorwegnahme der allgemeinen Totenauferstehung in der Auferstehung eines Einzelnen keine Analogie gebe[47].

Die Auferweckungsformel im hellenistisch-judenchristlichen Traditionsbereich

In den erhaltenen literarischen Zeugnissen ist die Auferweckungsformel nicht isoliert überliefert; sie steht vielmehr im Kontext unterschiedlicher Weisen der Jesusdeutung und Heilserfahrung; sie setzt bestimmte historisch-kulturelle Situationen voraus. Die Belege lassen erkennen, daß der „Sitz im Leben" der Formel sich änderte. Sie wird Bestandteil der Missionsverkündigung und Taufdeutung. Das lassen die Kontexte der Formel, besonders die Verbindung mit, aber auch ihre Kennzeichnung durch Glaubens- und Verkündigungsterminologie erkennen (Röm 4,24; 10,9; 1 Kor 15,1–3.15; 2 Kor

[46] Becker, Gottesbild 119.
[47] S. dazu Vögtle/Pesch 111f; zum Belegmaterial Bergers vgl. Nützel.

4,14; 1 Thess 1,10; 4,14; Kol 2,12; 1 Petr 1,21)[48]. Schon die finiten Formen deuten den Wechsel zu lehrhaften Aussagen an. Paulus verwendet auch die partizipiale Gottesprädikation primär im Zusammenhang theologischen Argumentierens. Die Entfaltung der eingliedrigen Formel zu mehrgliedrigen Aussagen, die Christologisierung der ursprünglich an Gott orientierten (und nur indirekt christologischen) Aussage sowie die Einfügung von theologischen Interpretamenten sind von daher zu verstehen. Der neue Sitz im Leben zwingt zur Integration: Die Auferweckungsaussage wird mit christologischen Traditionen verbunden, die von ihrer Herkunft her keine direkte Beziehung zu ihr zeigen. Dieser Entwicklungsprozeß wird vor allem in den Zeugnissen des hellenistisch-judenchristlichen Traditionsbereichs sichtbar. Wahrscheinlich gewann hier die alte Auferweckungsformel und die mit ihr verbundene Auferweckungsvorstellung im Kontext eines enthusiastisch-präsentischen Heils- und Taufverständnisses zentrale Bedeutung.

Dem entspricht die weitere Entwicklung der Formel. Sie dringt auch in Formulierungen der Evangelientradition ein und wird Bestandteil der beginnenden Bekenntnisbildungen[49]. Zugleich wird jedoch auch deutlich, wie die Formel selbst ihre Eigenständigkeit und ihren Eigenwert verliert, indem sie Bestandteil komplexerer theologischer und historisierender Aussagen wird. Wie schon die Verkündigungsformel 1 Kor 15,3–5 zeigt, bedarf die Auferwekkungsbotschaft im Gegenüber zur hellenistischen Umwelt zunehmend der Absicherung. Die Entstehung der Tradition vom leeren Grab, die apologetische Ausrichtung der Erscheinungserzählungen werden auf solche missionarischen Bedürfnisse zurückzuführen sein – bis hin zu Lukas, der dann dieses Urdatum christlichen Glaubens durch ein historisches Zeugnis abzusichern sucht (s. u.).

Die Zusammenfassung der antiochenisch-syrischen Missionsverkündigung in 1 Thess 1,9f verbindet diasporajüdische Gottes- und Gerichtspredigt mit Elementen der in den palästinischen Traditionsbereich zurückgehenden Menschensohn-Christologie. Die Erwartung Jesu als des „Sohnes Gottes aus den Himmeln“, der die Seinen „vom kommenden Zorngericht rettet“, setzt die Erwartung des Menschensohn-Richters sowie die Verarbeitung der Gerichtspredigt

---

48 Vgl. dazu vor allem Kramer 41–60.
49 Vgl. die Belege bei Wengst 118–129.

des Täufers in der Q-Überlieferung voraus (vgl. Mt 3,7; Lk 13,35; 12,8f sowie den Maranatha-Ruf im hellenistisch-judenchristlichen Gottesdienst: 1 Kor 16,22). Die Auferweckungsaussage ist sekundär in die Wendung eingefügt, wie vor allem die Form des Relativsatzes (s. o. S. 192) verdeutlicht (ἐκ τῶν νεκρῶν ist als Anpassung an ἐκ τῶν οὐρανῶν zu verstehen). Der indirekt-christologische Bezug der Auferweckungsformel wird expliziert: Gottes Erweckungstat begründet nun, warum Jesus als Sohn Gottes (Menschensohn) erwartet werden kann. Auferweckungs- und Menschensohntradition werden integriert[50].

Während die Verkündigungsformel von 1 Thess 1,9f in ihrer christologischen und soteriologischen Aussage (Rettung im Gericht) noch futurisch ausgerichtet ist, wird im hellenistischen Judenchristentum die Gegenwartsbedeutung der Hoheitsstellung Jesu und des durch ihn vermittelten Heiles betont. Von dieser Entwicklung ist auch die Auferstehungsaussage betroffen.

Die erst von Paulus in den Rahmen der Präexistenz-Christologie gestellte „messianische Inthronisationsformel" Röm 1,3f verbindet die Einsetzung Jesu zum Sohn Gottes mit der Auferstehungsaussage. Die Sohn-Gottes-Aussage ist messianisch verstanden, wie der Hinweis auf die Davidabstammung zeigt (vgl. 2 Sam 7,12), die Auferweckungsaussage gibt Grund und terminus a quo seiner Herrschaft an[51]. Während in Phil 2,11 die gegenwärtige Machtstellung des Kyrios (vgl. 1 Kor 12,3) ohne Bezugnahme auf die Auferwekkung im Schema von Erniedrigung und Erhöhung dargestellt ist, wird in Röm 10,9 (vgl. 14,7–9) die Akklamation des Kyrios ausdrücklich mit dem Glauben an die Erweckung Jesu durch Gott in Verbindung gebracht. In Röm 8,34 und Eph 1,20–23 (vgl. 1 Petr 3,18.22) wird schließlich die Auferweckungsaussage mit der Vorstellung von Jesu gegenwärtiger Machtstellung „zur Rechten Gottes" (Ps 110,1) verbunden und so auf Jesu „Sieg über die Mächte"

---

[50] Vgl. Friedrich, Tauflied; Stuhlmacher, Evangelium 258–266; Becker, Auferstehung 32–41. Korrekturzusatz: Die Eintragung der „Menschensohn-Richter"-Vorstellung ist mir heute problematisch. Eher ist an die Funktion Jesu als des Beistandes im eschatologischen Gericht zu denken, wie sie auch Mt 10,32f/Lk 12,8f bezeugt ist. Vgl. dazu P. Hoffmann, Jesus versus Menschensohn, in: Salz der Erde – Licht der Welt. FS A. Vögtle, Stuttgart 1991, 165–202, hier 199f mit Anm. 77.

[51] Vgl. Wegenast 70–76 (Lit.) sowie neuerdings Becker, Auferstehung 18–31.

bezogen[52]. Eine ähnliche Vorstellung dürfte die paulinische Korrektur in 1 Kor 15,23–28 angreifen[53]. Durch die Verbindung der Dahingabe- und Sterbensformel mit der Auferweckungsaussage (s.o. S. 195f) wird deren Bedeutung für die ursprünglich selbständige, im hellenistisch-jüdischen Traditionsbereich ausgebildete Vorstellung vom Sühnetod Christi[54] erschlossen: Die Auferweckung Jesu begründet und erweist die Gültigkeit des durch die Vergebung der Sünden gewährten Heilsstandes (vgl. Röm 4,25). Das Perfekt der Auferweckungsaussage von 1 Kor 15,4 (vgl. auch 2 Tim 2,8) bringt den aktuell präsentischen Bezug des Auferweckungsgeschehens betont zum Ausdruck. Das oben erschlossene Taufverständnis des hellenistisch-judenchristlichen Traditionsbereichs fügt sich – trotz der Divergenz der Einzelvorstellungen – diesem christologischen Gesamtbefund ein: In der Taufe begegnet der Täufling dem ihn erleuchtenden Christus (Eph 5,14) und gewinnt im Glauben an Christus durch die Teilhabe an seiner Auferweckung (und an seinem Sterben) jetzt schon neues ewiges Leben. Indem das Heil des Menschen als Überwindung gegenwärtigen Unheils- und Todeszustands gedeutet wird, gewinnt auch das Bekenntnis zum Auferstandenen als dem Herrn der Mächte und Gewalten seine Aktualität.

Auch die *johanneische* Heilsdeutung im Sinn einer präsentischen Eschatologie, auf Grund derer der Glaubende jetzt schon aus dem Tod in das Leben übergegangen ist (vgl. Joh 5,24f), dürfte eine Explikation dieses Grundverständnisses darstellen. Ihr entspricht die johanneische Christologie, nach der diese Lebensmitteilung durch Jesus Christus erfolgt, der die „Auferstehung und das Leben“ ist (vgl. Joh 11,25f). Bezeichnenderweise wird bei der exemplarischen Darstellung dieses Sachverhalts in der Erweckung des Lazarus auf die traditionelle Auferweckungsformel Bezug genommen (Joh 12,1.9.17).

Wie der literarische Befund deutlich macht, setzt *Paulus* die christologischen und soteriologischen Traditionen des hellenistischen Judenchristentums voraus; zugleich sucht er jedoch deren enthusiastisch-esoterische Implikationen zu korrigieren. Nicht der Auferweckte, sondern der Gekreuzigte steht im Zentrum seiner Theologie; in ihm findet christliche Heilserfahrung ihren Grund, er

52 Vgl. Paulsen 170; Luz 344f.
53 Vgl. Luz 347f.
54 Vgl. Wengst 55–104.

ist der Maßstab christlicher Existenzdeutung. Paulus verhindert dadurch, daß Welt und Geschichte als Ort des Handelns Gottes und christlicher Verantwortung übersprungen werden. Durch apokalyptische Elemente wird gerade der Zukunftsaspekt der Herrschaft des Erhöhten herausgestellt (vgl. 1 Kor 15,23–28); die Gabe des Geistes wird als Unterpfand künftiger – noch ausstehender – Vollendung gedeutet (Röm 8,23; 2 Kor 5,5). Der Hoffnungsaspekt wird akzentuiert (Röm 8,24 u.a.).

Daher bezieht Paulus in seiner Taufdeutung die Auferweckungsaussage betont auf die *zukünftige* Auferstehung (Röm 6,5.8); die traditionelle Auferweckungsformel wird zu ihrer Begründung verwendet (Röm 8,11a.b; 1 Kor 6,14; vgl. 15,15; 2 Kor 4,14). In Phil 3,20f wird in Aufnahme der apokalyptisch-orientierten Aussage von 1 Thess 1,9f der Gedanke der Gleichgestaltung mit Christus auf die zukünftige Auferweckung bezogen: Die Christen erwarten das Kommen des Soter aus den Himmeln, der „unsere Leiber der Niedrigkeit" dem „Leibe seiner Herrlichkeit" gleichgestalten wird. Die *gegenwärtige* Teilhabe des Christen am Auferweckungsleben Christi zeigt sich für Paulus vor allem in der Neuheit des Lebenswandels (Röm 6,4), im Leben für Gott und Christus (Röm 6,11; Gal 2,19; Röm 7,4; 14,7–9; 2 Kor 5,15): im konkreten Gehorsam. Vor allem wenn Paulus von der gegenwärtigen Teilhabe am Leben des Auferweckten spricht, betont er die unaufgebbare Zusammengehörigkeit der Lebens- und Todesgemeinschaft mit Christus. Von daher mag zu erklären sein, daß Paulus den Aspekt des Mit-Christus-Sterbens stärker betont und – in Spannung zur verwendeten Metaphorik – auch vom Mit-Christus-Gekreuzigt-Werden spricht (Röm 6,6; Gal 2,19). Das Bekenntnis zur gegenwärtigen Herrschaft des Erhöhten steht unter dem Vorbehalt der noch andauernden Herrschaft des Todes (1 Kor 15,26). Es muß sich angesichts der Bedrängnisse und Ausweglosigkeiten des konkreten Lebens bewähren (vgl. Röm 8,31–39; 2 Kor 4,7–18; 5,10; Röm 6,11–23 u.a.). In Röm 5,12–21 stellt Paulus die Bedeutung des Heilsgeschehens unter dem universalgeschichtlichen Aspekt der Überwindung der Sünden- und Todesmacht dar. Die Lebenszusage bleibt auch hier der Zukunft vorbehalten. Die Gegenwart ist durch Gnade und Rechtfertigung bestimmt, die die neue freie Existenz des Christen möglich machen. Die Rechtfertigungslehre gestattet ihm, vom Heil so zu sprechen, daß es nicht nur vor der gesetzlichen, sondern auch vor der enthusiastischen Mißdeutung geschützt ist.

Die Auferstehungsaussage in den Passionssummarien

Eine eigenständige Überlieferung liegt den sog. Passionssummarien Mk 8,31; 9,31b–d; 10,33f zugrunde. Matthäus und Lukas übernehmen sie aus ihrer Markusvorlage. Zu ihrem Grundbestand gehört jeweils die Aussage von der Tötung (ἀποκτείνω im Passiv) des Menschensohnes und seinem Auferstehen (intransitives ἀνίσταμαι) nach drei Tagen (μετὰ τρεῖς ἡμέρας). Mk 8,31 wird einleitend noch das Leiden und Verworfenwerden erwähnt und die ganze Aussagenreihe unter ein göttliches „Muß" (δεῖ) gestellt. In Mk 9,31 ist der Grundbestand mit einer Dahingabe-Aussage verbunden. In Mk 10,33f wird die Leidensaussage durch Daten der Passionsgeschichte aufgefüllt.

Während in der Regel Mk 10,33f als redaktionelle Bildung des Markus beurteilt wird[55], ist das Urteil über Mk 8,31 und 9,31 divergierend[56]. Vielfach wird die Aussage 9,31a (bzw. 14,41), die von der Dahingabe des Menschensohnes spricht, als ältester Bestand und sogar als Ausgangspunkt der Dahingabe-Überlieferung angesehen[57]. In der Wiederholung der Tötungsaussage 9,31c und d wird jedoch eine redaktionelle Naht sichtbar, die auf eine sekundäre Bearbeitung schließen läßt und die Tötungs- und Auferstehungsaussage als selbständige Elemente ausweist. Die Dahingabe-Aussage steht im Evangelium in einem deutlichen redaktionellen Bezugsrahmen. Es ist daher nicht auszuschließen, daß sie Markus unter dem Einfluß der hellenistisch-judenchristlichen Dahingabe-Formel bildete[58]. Wenn auch in Mk 8,31 mit redaktionellen Erweiterungen zu rechnen ist[59], so scheint doch in den Grundelementen eine vormarkinische Tradition vorzuliegen[60].

---

55 Pesch, Passion 179–181 plädiert für eine vormarkinische Tradition.

56 Zur Diskussion vgl. Hoffmann, Herkunft 170–175.

57 Vgl.Hahn, Hoheitstitel 46–53; Popkes 266f u. a.

58 Vgl. Hoffmann, Herkunft 185–196,

59 Strecker (29) hält die Einleitung, vielleicht den Menschensohn-Begriff und „vieles leiden" für sekundär, Hoffmann, Herkunft 179f, weist die Verwerfungsaussage Markus zu, vgl. 9,12f.

60 Hahn, Hoheitstitel 83. 53, beurteilt Mk 8,31 als „selbständige Weiterführung" im hellenistischen Bereich.

Bei der Übernahme der Wendung durch Matthäus und Lukas wird die Auferstehungsaussage offenbar unter dem Einfluß der Formeltradition von 1 Kor 15,3–5 geändert. Matthäus paßt sowohl das Datum als auch das Prädikat der Formel an (16,21; 17,23; 20,19). Nur 27,63 formuliert er offenbar wegen des Rückbezugs auf 12,40 μετὰ τρεῖς ἡμέρας ἐγείρομαι. Lukas ändert durchgehend die Formulierung des Datums (9,22; 18,33); in 9,44 läßt er die Auferstehungsaussage weg, nimmt sie aber in 24,7 auf (vgl. auch 24,21). ἐγείρω führt er jedoch nur in 9,22 ein; in 18,33 und 24,7 gebraucht er wie Markus ἀνίσταμαι, was angesichts seiner Vorliebe für das Verb verständlich ist.

Sowohl Mk 8,31 als auch 9,31 setzen die Verbindung des aus deuteronomistischer Prophetentradition stammenden Motivs der Tötung der Propheten (vgl. Steck) mit der Menschensohn-Christologie voraus, wie sie für Q-Tradition typisch ist[61]. Während Q keine Bezugnahme auf die Auferweckungstradition erkennen läßt und z.B. in Lk 13,35 die Ablehnung Jesu unmittelbar mit dem Hinweis auf seine Wiederkunft verbindet, wird in dieser vormarkinischen Überlieferung die Propheten-Menschensohn-Aussage mit der „Auferstehung nach drei Tagen" verbunden. In Apk 11,3–12 ist von der Tötung der prophetischen endzeitlichen Zeugen, ihrer Erweckung und Himmelfahrt die Rede. Der Datierung „nach drei Tagen" entspricht dort die Angabe von „dreieinhalb Tagen", die höchstwahrscheinlich auf die „dreieinhalb Zeiten" in Dan 7,25 zurückgeht[62]. Sollte dort eine vorchristliche Tradition erhalten sein[63], so ließe sich die Verbindung der Menschensohn-Aussage mit der Auferweckungsaussage als Übertragung dieser Prophetentradition auf *den* Propheten Jesus verstehen, dessen Legitimierung durch Gott gerade dadurch zum Ausdruck gebracht würde[64]. Bezeichnend für die traditionsgeschichtliche Abfolge ist, daß die Auferstehungsaussage sekundär zur Menschensohn-Aussage hinzutritt.

1.2 Die ältesten Zeugnisse von den Erscheinungen Jesu

Paulus spricht als einziger neutestamentlicher Autor von einer Erscheinung Jesu aufgrund eigener Erfahrung (1 Kor 9,1; 15,8–10; Gal 1,15f). Daher kommt seinem Zeugnis besondere Bedeutung für die

---

61 Vgl.Hoffmann, Studien 158–190.
62 Vgl. dazu Berger 26f. 107.133.
63 Vgl. Jeremias ThWNT 2, 942 sowie Nützel 67–76.
64 Vgl. Berger 133–136; Wilckens, Auferstehung 137–144; Pesch, Entstehung 222–226.

historische Rückfrage nach der Ostererfahrung zu. Seine Darstellung läßt zudem auch die Vorstellungskategorien erkennen, die ihn bei dieser Erfahrung leiteten. Als Zeitgenosse berichtet er sodann in 1 Kor 15,5–7 über weitere Erscheinungen Jesu, von denen er durch Gemeindeüberlieferung oder persönlich in Jerusalem (Gal 1,18f) Kenntnis erhalten hatte. Im Unterschied zu den durchweg späten Erscheinungserzählungen der Evangelien dokumentiert seine Darstellung den Kenntnisstand der christlichen Gemeinde zu Beginn der 50er Jahre. Die genaue Interpretation der knappen Angaben steht allerdings vor zahlreichen historischen und exegetischen Problemen.[64a]

Die Erscheinungsüberlieferung in 1 Kor 15,3–7

Die Erscheinungen vor Petrus und den Zwölfen gehören, wie allgemein angenommen wird, noch zum Grundbestand der zitierten Formel[65]. V. 8–10 und V. 6b werden dagegen allgemein als paulinische Bildungen beurteilt. Umstritten sind V. 6a und V. 7. Sie erweitern die ursprüngliche Aussage und zerstören die Struktur der Formel; so dürfte es sich eher um paulinische oder schon vorpaulinische Ergänzungen handeln. Stuhlmacher[66] rechnet V. 6a und 7 älterer Tradition zu. Seidensticker (310–313) hält V. 6 für alt, V. 5 und 7 jedoch für jüngere ekklesiale Hinzufügungen. Möglicherweise wurde bei der Erweiterung in V. 5 ein ursprüngliches καί durch εἶτα ersetzt[67].

Die Angaben beschränken sich auf eine knappe Bezeichnung des Geschehens ὤφθη und der jeweils Betroffenen im Dativ. Nähere Details lassen sich nicht erkennen; auch die Lokalisierung und Datierung der genannten Erscheinungen müssen hypothetisch bleiben. Rückschlüsse aufgrund der Angaben in den Evangelien bleiben unsicher, da es sich um sekundäre Ausgestaltungen der Überlieferung handeln kann. Unter der Voraussetzung, daß die Angaben

---

64a Vgl. dazu Seeberg 45–58 sowie Blank 133–170; Charlot; Lehmann; Wilckens, Ursprung u. a.

65 Nach Héring, La première épitre de saint Paul aux Corinthiens (CNT 7), Neuchatel–Paris 1949, 134, endete die Formel jedoch mit V. 4, nach Michaelis (12f) u. Bammel (412f) mit dem bloßen ὤφθη in V. 5a.

66 Evangelium 268f.

67 v. d. Osten-Sacken 258 Anm. 53 mit Bezug auf Seeberg 57.

chronologisch angeordnet waren, was die zahlreichen Zeitpartikel nahelegen, läßt sich aus 1 Kor 15 nur die Abfolge der Erscheinungen sowie als ihr terminus ante quem die Paulus-Erscheinung erschließen.

Schon die Formel nannte Simon mit seinem Beinamen Kephas an erster Stelle und die Zwölf (ohne Kenntnis der Judas-Tradition?) als maßgebliche Auferstehungszeugen. Die Petruserscheinung findet eine knappe – höchstwahrscheinlich auf die Formel zurückgehende – Erwähnung in Lk 24,34; auch Mk 16,7 erinnert an die Sonderstellung des Petrus. Sollte die Überlieferung in Joh 21 historische Züge bewahrt haben, dann wäre die Erscheinung vor Petrus „beim Fischfang am See Genezareth in Galiläa erfolgt“[68]. Eine Erscheinung vor den Jüngern erwähnen auch die Evangelien. Mt 28,16–20 lokalisiert sie irgendwann auf einen Berg in Galiläa (vgl. auch Mk 16,7; Mt 28,7.10 sowie Joh 21). Nach Lk 24,36–53 (vgl. dazu 24,6) und Joh 20,19–23 ereignete sie sich in Jerusalem am Ostersonntag. Welcher Überlieferung der Vorrang zukommt, ist umstritten; doch spricht die Tendenz der Tradition, das leere Grab mit den Erscheinungen zu verbinden, eher gegen die Historizität der Jerusalem-Überlieferung[69]. Ob die Erscheinung vor den Fünfhundert in Galiläa, wo Jesus eine größere Anhängerschaft besaß, oder in Jerusalem erfolgte, ist kaum zu klären. Hypothetisch bleibt der Versuch, diese Erscheinung mit dem Pfingstfest zu identifizieren[70]. Mit dem Herrenbruder Jakobus nennt Paulus die zu seiner Zeit maßgebliche Jerusalemer Autorität; die „Apostel alle“ sind für Paulus offenbar eine klar umgrenzte, von den Zwölfen unterschiedene Gruppe judenchristlicher Missionare[71].

In der Reihe der Erscheinungszeugen werden vorrangig Autoritätsträger der frühen Gemeinde genannt; diese Beobachtung hat die *formgeschichtliche Einordnung* der Wendungen und die Bestimmung ihres „Sitzes im Leben“ nachhaltig geprägt.

Holl und Harnack gaben den Anstoß. Holl (46) deutete die zwei Wendungen (1 Kor 15,5.7) als amtliche Darstellung Jerusalemer Autoritätsansprüche, Harnack (65f) führte sie auf Führungskämpfe in der Jerusalemer Gemeinde zurück; es handle sich in V. 5 und 7 um

[68] v. Campenhausen, Tradition 61.
[69] Vgl. Graß 113–127.
[70] Vgl. Dobschütz, Gilmour, Sleeper.
[71] Hahn, Apostolat 20.

Konkurrenz-Formeln. Wilckens folgte diesem Interpretationsansatz. In Abgrenzung von Harnack verstand er zwar die zwei Wendungen nicht als Ausdruck der Rivalität zwischen Petrus und Jakobus, sondern als „Überlieferungsreflex einer Entwicklung in den Jerusalemer Führungsverhältnissen“[72], charakterisierte sie aber als „Legitimationsformeln zur Begründung besonderer Autorität“. Die Formeln setzen daher die Auferstehung voraus, begründen sie aber nicht. Erst aufgrund ihrer Verwendung innerhalb der katechetischen Überlieferung gewannen sie die „Funktion von Erweisungen seiner ereigneten Auferstehung“ (ebd. 81). Bussmann (100) ging in seiner Interpretation von dem analogen Gebrauch der Wendung im Zusammenhang alttestamentlicher Gotteserscheinungen aus und leitete aus ihm die Legitimationsfunktion der Wendung ab. Für ihn blieb „die Frage offen, ob man das ὤφθη als ein literarisches Mittel wertet oder dahinter einen wie auch immer zu denkenden Vorgang sieht...“. Pesch[73] schließlich beurteilte sie nur noch als literarisches Ausdrucksmittel der *Autorität* des Legitimierten, das einen Rückschluß auf den *Vorgang* der Legitimierung selbst – die Erscheinung also – nicht gestatte[74].

Zweifellos läßt schon die Verteidigung seines Apostolats durch Paulus (1 Kor 9,1) erkennen, daß die Erscheinungen Jesu auch der Begründung von Autoritätsansprüchen dienten. Trotzdem bleiben sowohl die Formbestimmung der Wendung als Legitimationsformel als auch ihre historische Einordnung hypothetisch. Selbst unter der Voraussetzung, daß die Formbestimmung zutrifft, ist die Reduktion der Erscheinungsaussage auf eine Autoritätsansage nochmals problematisch. V. 6 läßt sich der Gattung „Legitimationsformel“ nicht zuordnen. Ungewiß ist, ob die Wendung in V. 7 eine selbständige Formel darstellt; sie kann auch in Analogie zu V. 5 gebildet worden sein, sei es durch Paulus oder schon vor ihm. In 1 Kor 15, dem ältesten literarischen Beleg, ist die Wendung auf die Auferweckungsaussage bezogen. Die Möglichkeit, daß die Wendung erst in hellenistisch-judenchristlicher Gemeinde – im Rückblick auf bekannte Daten der urchristlichen Geschichte – gebildet und in der Formel mit der Auferweckungsaussage verbunden wurde, ist nicht auszuschließen. Auch Paulus will, wie vor allem V. 6b (vgl. V. 11)

---

[72] Ursprung 71.
[73] Entstehung 218.
[74] Vgl. auch Pesch: Vögtle/Pesch 136–156.

zeigt, durch die Reihe der Erscheinungszeugen das für seine Argumentation grundlegende Datum der Auferweckung Jesu absichern. Daß die Reihe gegenüber korinthischem Enthusiasmus die Distanz, die zwischen den Christen und dem Auferstandenen besteht, hervorheben soll[75] oder aber dazu dient, die „normative Tradition“ mit dem Apostolat zu verknüpfen und so apologetisch die Autorität des Paulus als „legitimen Auslegers der Tradition“ zu begründen[76], ist weniger wahrscheinlich.

Die inhaltliche Bedeutung der Erscheinungsaussage ist gleichfalls umstritten. Pesch verstand sie als bloße Umschreibung eines Autoritätsanpruchs. Er konnte sich auf Michaelis beziehen, der ὤφθη als Offenbarungsterminus deutete und jedes visuelle Moment in der Aussage ausschloß. Die Erscheinungen seien „nicht als Sichtbarmachung, sondern als Offenbarwerden zu bestimmen“[77].

Die Aorist-Form ὤφθη kann passivisch „er wurde (von N.N.) gesehen“ (in Verbindung mit ὑπό), als *passivum divinum* „er wurde durch Gott sichtbar gemacht“ oder deponential „er ließ sich sehen“ aufgefaßt werden. Das deponentiale Verständnis findet im Profangriechischen, in den Zauberpapyri (als Beschwörungsformel) und vor allem auch in der LXX Parallelen[78]. Der neutestamentliche Gebrauch des Verbs ist höchstwahrscheinlich von der LXX beeinflußt, der damit gegebene sprachgeschichtliche Hintergrund ist bei der inhaltlichen Bestimmung zu berücksichtigen.

Die der neutestamentlichen Formulierung entsprechende Niphal-Bildung von *r'h* wird im Alten Testament etwa 45mal verwendet. Sie beschreibt das Erscheinen Jahwes bzw. seines Engels vor Abraham, Isaak, Jakob, Moses und anderen Gestalten der Geschichte Israels; P spricht außerdem vom Erscheinen der Herrlichkeit Gottes am Zelt der Begegnung. Wie zuletzt Mölle in seiner Untersuchung des Gebrauchs der Wendung im Pentateuch herausstellte, läßt sich die ursprünglich wohl kultätiologische, von J mit der Gottesrede verbundene und in der Pentateuch-Überlieferung weiter modifizierte Erscheinungsaussage generell als literarischer Ausdruck der ungeschuldeten Initative Jahwes in der Geschichte Israels deuten (vgl. 260f). Eine „tatsächliche oder als tatsächlich vorgestellte Wahrnehmbarkeit“[79] ist aufgrund des allgemeinen Sprachgebrauchs in der Regel vorausgesetzt (vgl. zum visuellen Moment vor allem Ri 6,22; 13,22 sowie Ex 24,9ff; Num 12,8; 14,14 u.a.). Die das visuelle Moment ausschließende Interpretation der Wendung als rein theologischen Offenbarungsterminus wird daher

75 Conzelmann, Korinther 304; Brakemeier 29–35.
76 v.d. Osten-Sacken 260.
77 ThWNT 5,360.
78 Vgl. Bauer, Wörterbuch 1146; Michaelis, ThWNT 5,323f.
79 Mölle 264f.

ihrem alttestamentlichen Verständnis genau so wenig gerecht, wie ihre Formbestimmung als Einleitung einer Offenbarungsrede ohne eigenen Aussagewert[80] oder als Legitimationsformel[81].

Die Septuaginta folgt in der Regel der hebräischen Vorlage und gibt die Wendung mit ὤφθη c. Dativ bzw. πρός/ ἐν wieder. In Gen 31,13; Ex 25,7f (statt des anthropomorphen „wohnen"); Ri 6,26; Dtn 33,16 trägt sie die Wendung ein. Das visuelle Moment wird dabei nicht gemindert, sondern – unter griechischem Einfluß – eher verstärkt empfunden[82]. Dies erklärt einige Änderungen des hebräischen Textes: Direkte Gottesaussagen (Num 12,8; Jes 38,11) sowie Aussagen, die der Leser auf sich beziehen konnte, werden abgeschwächt (z. B. „Gott sehen" in „vor ihm erscheinen": Ex 24,11; Ps 16,15; 41,3; 62,3), die Erscheinungsaussage wird auf die Zukunft bezogen (Ps 83,8; 101,16f). Aufschlußreich für das spätere Verständnis der Erscheinungformel des Pentateuch sind Tob 12,22 (vgl. V. 19.21), wo die Wendung auf die Erscheinung des Engels Rafael bezogen wird, und 2 Makk 3,23–34, wo geschildert wird, wie ein furchterregender Reiter dem in die Schatzkammer des Tempels eindringenden Heliodor erscheint (beachte den Wechsel mit φαίνομαι u. ä., der das hellenistische Verständnis des Terminus deutlich macht). Die Darstellung der Engelerscheinung in JosAs 59,3 verwendet zur Umschreibung der Erscheinungsaussage ἐφάνη[83].

Der neutestamentliche Sprachgebrauch – außerhalb 1 Kor 15 – fügt sich dem Befund ein. Die Wendung bezeichnet: die Christuserscheinung vor Paulus Apg 9,17; 26,16 (vgl. allgemein 13,31), eine Engelerscheinung Lk 1,11 (22,43); Apg 7,30 (= Ex 3,2).35, eine Traumerscheinung Apg 16,9, das Erscheinen der Feuerzungen Apg 2,3, die Erscheinung des Elia und Mose Mk 9,4 par., die Gotteserscheinung vor Abraham Apg 7,2, eine Christuserscheinung vor Engeln 1 Tim 3,16, allg. visionäre Erscheinungen Apk 11,19; 12,1.3.

Der sprachliche Befund läßt zweierlei erkennen: Das visuelle Moment ist sowohl in der LXX als auch im Neuen Testament erhalten. Die Bedeutung der Wendung ist nicht einseitig festlegbar; sie wird vom jeweiligen Kontext bestimmt. Wenn die neutestamentliche Wendung die alttestamentliche Formel vom Erscheinen Jahwes zur Beschreibung der Christuserscheinung aufgreift, stellt sie zweifellos diese Erfahrung in einen theologisch signifikanten Deutungszusammenhang; sie übernimmt damit jedoch auch einen geläufigen Epiphanieterminus, mit dem Erscheinungen verschiedenster Art und Herkunft bezeichnet werden konnten.

---

[80] So Michaelis, ThWNT 5,326.333.

[81] Vgl. dazu auch Vetter, THAT 2, 695–701.

[82] Gegen Michaelis, ThWNT 5,325, mit Pax 166; Rengstorf 117–125 sowie Dautzenberg 200–202; vgl. z. B. Num 14,14 ὀπτάζειν ὀφθαλμοῖς κατ' ὀφθαλμούς.

[83] Vgl. auch Pesch: Vögtle/Pesch 151.

Das Zeugnis des Paulus

Für Paulus fallen Erscheinung Christi, Offenbarung des Sohnes Gottes, Bekehrung zum Christentum und Berufung zum Apostel der Heidenvölker zusammen und setzen seine Erwählung durch Gott und Jesus Christus voraus. Er spricht von der seinen Apostolat begründenden Erfahrung nicht um ihrer selbst willen, sondern unter der Herausforderung bestimmter Situationen. Diese Komplexität seiner Aussagen gilt es bei der Interpretation zu beachten.

In 1 Kor 15,8 greift Paulus mit ὤφθη κἀμοί vorgegebene Terminologie auf, die spätestens anläßlich der Komposition der Formel zur Bezeichnung jener „Erfahrung" verwendet wurde, die nach dem Wissen der Tradenten Petrus und die Zwölf gemacht haben. Die Bezeichnung wurde, wie die angefügte Reihe weiterer Erscheinungen zeigt, auch auf die Erfahrung anderer Zeugen bezogen, und auch Paulus konnte sie als adäquate Bezeichnung seines Damaskuserlebnisses aufnehmen. Er geht also von der Identität der Erfahrungen aus. Wenn von den Tradenten die alttestamentliche Theophanie-Formel auf diese Erfahrung bezogen wird, impliziert dies bereits einen christologischen Sachverhalt. Das Sich-sehen-Lassen/In-Erscheinung-Treten setzt einen himmlischen Aufenthalt und die Aktionsmächtigkeit des Erscheinenden voraus[84] und ermöglicht ein Urteil über die Gültigkeit des Auferweckungsbekenntnisses, als dessen Bestätigung die Erscheinungsaussage der Formel eingefügt ist. Das in der Formel gebrauchte Perfekt ἐγήγερται korrespondiert diesem präsentischen Bezug. Möglicherweise ist die Deutung der Ostererfahrung mit Hilfe der Septuaginta-Terminologie erst in der hellenistisch-judenchristlichen Gemeinde erfolgt, in der auch die Formel zusammengestellt wurde. Dies entspräche deren schriftgelehrt-theologischen Intentionen, die auch der zweimalige Hinweis auf die Schriftgemäßheit zum Ausdruck bringt.

Die Formel läßt nicht erkennen, *wie* man sich die *Existenzweise* des Erscheinenden bzw. sein Sichtbarwerden vorzustellen hat. Einen ersten Hinweis gibt hier der Kontext bei Paulus (1 Kor 15, 35–58), wo die Auferstehungsexistenz generell in pneumatisch-himmlischer Leiblichkeit (V. 44) beschrieben und eine Rückkehr in irdische Leiblichkeit, wie sie die späte lukanisch-johanneische Darstellung der Erscheinungen suggeriert, ausdrücklich ausgeschlossen wird

[84] Vgl. Vögtle: Vögtle/Pesch 58.

(vgl. V. 50). Paulus wird also auch eine himmlisch-pneumatische Existenzweise des auferstandenen Jesus vorausgesetzt haben. Genaueren Aufschluß geben die übrigen Äußerungen des Paulus über seine Ostererfahrung. 1 Kor 9,1 spricht er (in Rückgriff auf Jes 6,1.5?) von einem „Sehen des Herrn“, Phil 3,8.10 von einem ihn in seiner gesamten Existenz ergreifenden Erkenntnisvorgang. 2 Kor 4,6 nimmt er hellenistisch-jüdische Bekehrungsvorstellungen auf: „Gott, der gesagt hat: ‚aus Finsternis soll Licht aufleuchten‘, hat in unserem Herzen aufleuchten lassen den Lichtglanz der Erkenntnis der Herrlichkeit Gottes auf dem Angesicht Christi“ (vgl. auch Eph 5,14). Bei dem Phänomen, das Paulus in solcher Weise beschreiben kann, handelt es sich also offenbar nicht um einen empirisch-verifizierbaren, sondern eher um einen visionären Vorgang, der sich nicht in der äußeren Realität, sondern in seinem Innern, im Herzen abspielte.

In Gal 1,15f beruft sich Paulus in Auseinandersetzung mit Gegnern seines Apostolats auf die ihm in der Offenbarung des Sohnes Gottes zuteil gewordene Berufung zum Apostel der Heidenvölker: ἀποκαλύψαι τὸν υἱὸν αὐτοῦ ἐν ἐμοί, ἵνα εὐαγγελίζωμαι αὐτὸν ἐν τοῖς ἔθνεσιν; vgl. auch Gal 1,12: δι’ ἀποκαλύψεως Ἰησοῦ Χριστοῦ. Wenn auch hier der Hinweis auf die Offenbarung dazu dient, seine Berufung zu legitimieren, so ist damit deren inhaltliche Aussage nicht erschöpft; denn die Legitimierung besteht – nach der Aussage des Paulus – gerade darin, daß ihm Gott „seinen Sohn offenbart“ [85]. In dieser Erfahrung wird Paulus die Hoheitsstellung Jesu enthüllt. Mag die verwendete Sohn-Gottes-Titulatur der Menschensohntradition im Sinn von 1 Thess 1,9f oder der Vorstellung vom messianischen Herrscher von Röm 1,3f entsprechen – für Paulus umfaßte der Titel bereits die verschiedensten Aspekte. In der Aussage selbst fehlt eine Bezugnahme auf die Auferweckung. Gal 1,1 zeigt jedoch, daß sie für Paulus die als „Erhöhung in den Himmel begriffene Auferweckung Jesu“ einschloß; es sind Jesus Christus und Gott, der Vater, der diesen Jesus von den Toten auferweckt hat, durch die er zum Apostel berufen wurde[86].

---

[85] Das ἐν ἐμοί entspricht einem Dativ und verweist daher nicht unbedingt auf die innere Dimension des Geschehens, vgl. Oepke, ThWNT 2, 535.

[86] Vgl. Vögtle, Vögtle/Pesch 61–64; F. Mußner, Der Galaterbrief (HThK 9), Freiburg 1974, 80–93 zur Diskussion.

Vielfach wird die Rede von einer Offenbarung – im Unterschied zu 1 Kor 15 – als die genuin paulinische Umschreibung seiner Ostererfahrung angesehen[87]; doch setzt auch sie traditionsgeschichtliche Zusammenhänge voraus. Zur Umschreibung seiner Berufung greift Paulus auf Jes 49,1.6 zurück. Holtz hat aufgrund zahlreicher weiterer Bezugnahmen des Paulus auf (Dt.-)Jesaja gezeigt, daß das missionarische Selbstverständnis des Apostels insgesamt von dessen prophetischer Konzeption getragen ist. Möglicherweise ist die Anspielung auf Jes 6,1.5 in 1 Kor 9,1[88] von diesem Selbstverständnis her zu verstehen. Blank (225–228) weist darauf hin, daß Paulus die missionarisch-kollektive Deutung des Gottesknechtes (Jes 42,1–7; 49,1–6) bekannt war, mit deren Hilfe das Diasporajudentum seine Rolle „gegenüber der heidnischen Umwelt" als Bringer der wahren Religion deutete (vgl. die Anspielung auf Jes 42,6 in Röm 2,19). Darüber hinaus ist zu beachten, daß auch das Missions- und Evangeliumsverständnis des palästinischen Traditionsbereichs, speziell der Logienquelle, den Einfluß jesajanischer Tradition erkennen läßt[89]. Das paulinische Apostolatsverständnis, wie es in Gal 1,15f seinen Ausdruck findet, steht – trotz seiner eigenständigen Ausprägung – in traditionsgeschichtlichem Zusammenhang mit dem des palästinischen Traditionsbereichs. Diese Annahme findet darin eine Stütze, daß Paulus selbst die Gleichstellung mit den Jerusalemer Aposteln und die Zuordnung zu ihrem Kreis beansprucht (vgl. 1 Kor 9,4–6; 15,8ff). Wenn Paulus gegenüber Gegnern, die gegen ihn die Jerusalemer Apostel ausspielen, so nachdrücklich auf die ihm zuteil gewordene Offenbarung des Sohnes Gottes verweist, zeigt dies, daß gerade sie das entscheidende Kriterium darstellte (vgl. Gal 1,12). Trifft dies zu, dann gestattet zumindest das Stichwort ἀποκαλύπτειν den Rückschluß auf das von den galatischen Gegnern für die Jerusalemer Apostel in Anspruch genommene Verständnis der Ostererfahrung. Dem entsprechen die sonstigen Berührungen des paulinischen Apostolatsverständnisses mit dem der Jerusalemer. Es kann daher in dem Terminus sogar die genuine Bezeichnung der Ostererfahrung der ersten Zeugen noch erhalten sein[90].

---

87 Vgl. z. B. Marxsen, Auferstehung 108.

88 Vgl. dazu Vögtle: Vögtle/Pesch 65f.

89 Zur Evangeliumsverkündigung Jes 61,1 vgl. Mt 11,5 par.; 5,3 par.; zu den endzeitlichen Boten Jes 52,7 vgl. Röm 10,15 sowie Lk 10,5f.9 und dazu Stuhlmacher, Evangelium 109ff.207ff; Hoffmann, Studien 297.

90 Kertelge 278f; Hoffmann, Studien 140f, allgemein Hahn, Apostolat 58f.68–73.

Von Gal 1,15f und seiner Vorgeschichte her ist die Aufnahme der LXX-Terminologie in 1 Kor 15,5 als Gräzisierung einer ursprünglich apokalyptischen Aussage zu verstehen.

In der Q-Überlieferung scheint in dem Dankgebet für die den Jüngern Jesu geschenkte Offenbarung (Lk 10,21f par.) der *Reflex* eines ähnlichen Osterverständnisses erhalten zu sein. Der Spruch ist in Q mit der Aussendungsrede verbunden und dient der Legitimierung der Boten Jesu. Der V. 21 spricht in apokalyptischer Terminologie von einem Geheimnis, das Gott den Einfältigen offenbart, den Weisen aber verborgen hat. Der diese Aussage interpretierende V. 22 stellt den „Sohn" als Offenbarungsmittler vor, der das nur ihm und dem Vater bekannte Geheimnis (V. 22b.c) dem „offenbart, dem er (es offenbaren) will" (V. 22d). V. 22a: „Alles ist mir von meinem Vater übergeben" kann die Vermittlung umfassenden Wissens, aber auch die Übergabe universaler Vollmacht meinen, apokalyptischen Vorstellungen entsprechend also die Einsetzung Jesu in die Menschensohn-Würde (vgl. äthHen 46,3; 62,6). In Q handelt es sich um einen Spruch des irdischen Jesus (wie ja auch die Sendung der Boten auf den Irdischen zurückgeführt wird). Wie vom Menschensohn spricht Jesus jedoch auch vom „Sohn" in der dritten Person. Die Aussage setzt jedoch – traditionsgeschichtlich gesehen – die Identifikation Jesu mit dem kommenden Menschensohn voraus, die für die Christologie von Q, ihre Weiterverkündigung der Botschaft und ihre Zukunftserwartung konstitutiv ist (vgl. Lk 6,22; 12,8f sowie 13,35). Diese Einsicht wird in dem Spruch ausdrücklich auf die Offenbarung durch den Sohn zurückgeführt. Durch sie werden die vom irdischen Jesus Ausgesandten als seine Boten legitimiert[91].

Paulus verwendet ἀποκαλύπτειν/ἀποκάλυψις zur Bezeichnung eines zukünftig-endzeitlichen Geschehens (Röm 2,5; 8,18f; 1 Kor 1,7; 3,13), aber auch i. S. gegenwärtiger Offenbarung (Röm 1,17f; Gal 3,23). In 2 Kor 12,1(–4) bezeichnet er die Visionen und (Auditionen), die ihm anläßlich einer Himmelsreise widerfuhren, als ὀπτασίαι καὶ ἀποκαλύψεις κυρίου[92]. *Paulus verwendet also in Gal 1 eine Terminologie, die ihm andernorts auch zur Bezeichnung apokalyptisch-endzeitlicher Vorgänge oder visionärer Erlebnisse dient*. Wenn Paulus in 2 Kor 12,2f die Frage, ob dies „in oder außerhalb des Leibes" geschah, betont relativiert, verdeutlicht dies, daß die Wirklichkeit der Erfahrung – für ihn jedenfalls – durch solche Alternativen nicht berührt wird. Daher kann auch die an solche Visionserfahrungen oft herangetragene moderne Alternative der subjektiven oder objektiven Vision kaum als angemessen gelten[93].

---

91 Vgl. Hoffmann, Studien 102–142.
92 Vgl. V. 7 sowie Dautzenberg 217–223.
93 Vgl. zur Diskussion Graß 233–249.

Die Verwendung von ἀποκαλύπτω *(galah)* entspricht schon alttestamentlich-prophetischer, vor allem aber apokalyptischer Tradition. In letzterer wird von der „Enthüllung" himmlisch-endzeitlicher Tatbestände im Zusammenhang von Visionen und von ihrem „In-Erscheinung-Treten" in der Endzeit gesprochen[94]. „Offenbarung ist in der apokalyptischen Literatur ... zweierlei: einmal das endgültige eschatologische In-Erscheinung-Treten des neuen Äons ..., zum anderen die antizipierende Enthüllung himmlischer Tatbestände an bestimmte Männer aus der israelitischen Geschichte in Visionen, Entrückungen und Träumen"[95]. Die von Paulus erfahrene Apokalypsis des Sohnes läßt sich insofern als die antizipierende Enthüllung der Hoheitsstellung Jesu begreifen, die in der bevorstehenden Parusie aller Welt offenbar gemacht werden wird. Der Unterschied zur Apokalyptik liegt nicht in den verwendeten Vorstellungskategorien[96], sondern in dem enthüllten Tatbestand: Für urchristliches Verständnis kommt *Jesus* diese Machtstellung *in der Gegenwart* zu[97].

Ein ähnlicher Vorgang ist in der auf Dan 7 zurückgreifenden Menschensohn-Deutung in der Henoch-Überlieferung belegt: In den Bilderreden wird von einer antizipierenden Offenbarung des Menschensohnes – allerdings ohne den Gedanken seiner gegenwärtigen Wirksamkeit – gesprochen: „Die Weisheit des Herrn der Geister hat ihn den Heiligen und Gerechten offenbart" (äthHen 48,7); „Der Menschensohn war vorher verborgen, und der Höchste hat ihn vor seiner Macht aufbewahrt und den Auserwählten geoffenbart" (62,7). Erst in dem sekundär mit den Bilderreden verbundenen Traditionsstück 71,5–17 wird von der Entrückung Henochs in den Himmel der Himmel, von der Umwandlung seines Geistes und seiner Einsetzung zum Menschensohn berichtet. Nicht zu Unrecht stellt diese Identifikation des Henoch mit dem zukünftigen Menschensohn-Weltrichter für Colpe „eine Analogie zu der vom Urchristentum geglaubten endzeitlichen Tätigkeit Jesu als der des Menschensohnes dar"[98].

Oster-Apokalypsis, Menschensohn-Erwartung und die Rede von der Aufwerweckung Jesu

Vögtle wies in seiner Analyse der paulinischen Aussagen auf die Schwierigkeit hin, daß sich die in Gal 1 behauptete Offenbarung „in keiner Weise konkretisieren" lasse. Auch die Kennzeichnung solcher

---

94 Vgl. Lührmann 74f.98–104; Dautzenberg 43ff.202ff; Oepke, ThWNT 3, 578–581; Bornkamm, ebd. 4, 820–823; Michaelis, ebd. 5, 338f.

95 Lührmann 98.

96 Gegen Bornkamm, RGG³ 5, 169; Lührmann 107.

97 Vgl. Stuhlmacher, Evangelium 71–82.

98 ThWNT 8, 429, vgl. Balz 96–102.

Offenbarung als „Sich-sichtbar-Machen“ in 1 Kor 15 ermögliche „keine nachvollziehbare Vorstellung“ und könne „deshalb nicht als Information über die Entstehung des daselbst ausgesprochenen Glaubens an die Auferweckung und himmlische Erhöhung Christi zu gottgleicher Aktionsmacht gelten“[99].

Eine hypothetische Lösung dieser von Vögtle aufgewiesenen Aporie ermöglicht die Einsicht in die Abhängigkeit der Formulierung in Gal 1 von apokalyptischer Terminologie, da durch diese uns auch die Vorstellungskategorien zugänglich werden, welche die urchristliche Ostererfahrung bestimmten. Diese Erfahrung ist aus jenen Vorstellungen nicht ableitbar; die bestehenden Analogien verdeutlichen jedoch die Voraussetzungen, unter denen in einem bestimmten religiösen Milieu derartige Erfahrungen gemacht, in ihrer Bedeutung erkannt und anderen vermittelt werden konnten. Die apokalyptische Rede von „Offenbarung“ impliziert, daß dem Offenbarungsempfänger im Vorgang der Offenbarung auch bestimmte Inhalte erschlossen werden. Die apokalyptisch geprägte Terminologie in Gal 1 gestattet also – aufgrund der religionsgeschichtlichen Analogien – die Annahme, daß in der Oster-Apokalypsis den Offenbarungsempfängern in einer der apokalyptischen Vision analogen Weise auch konkrete (christologische) Inhalte erschlossen wurden. Zwischen der Oster-Apokalypsis und den Anfängen christologischer Traditionsbildung besteht ein Zusammenhang. Das gilt speziell für ihre nachweislich älteste Gestalt: Jesu Kommen als Kyrios und als Menschensohn-(Richter). Das religionsgeschichtliche Vergleichsmaterial bestätigt dies. Die Menschensohngestalt ist auch in der apokalyptischen Überlieferung Inhalt von Offenbarungen (vgl. Dan 7, äthHen 37–71, 4 Esr 13). Auch dort besteht die Tendenz, den kommenden Menschensohn der traditionell-jüdischen Messianologie zu adaptieren[100] – ein Vorgang, der in der urchristlichen Entwicklung eine Parallele finden wird. Wie dort hat auch im Urchristentum diese Apokalypsis primär traditionslegitimierende Funktion, und zwar in doppelter Hinsicht: Sie erweist einerseits die endzeitliche Gültigkeit der Verkündigung Jesu: Er und seine Botschaft sind Maßstab im kommenden Gericht (vgl. Mt 10,32f/Lk 12,8f); andererseits legiti-

[99] Vögtle: Vögtle/Pesch 68.
[100] Vgl. U. B. Müller 54–60; K. Müller 172f.

miert sie die Jünger Jesu zur Weiterführung seiner Verkündigung[101]. So wird das Menschensohn-„Bekenntnis“ im Bereich der Spruchüberlieferung zunächst indirekt wirksam, indem – gleichsam unter der Hand – der kommende Menschensohn in die Sprüche des irdischen Jesus eingeführt wird, um seine Botschaft und seine Boten zu legitimieren. Explizit in direkter Anrede ist von ihm im (gottesdienstlichen) Anruf des Kommenden, im Maranatha-Ruf, die Rede (1 Kor 16,22; Apk 22,20, vgl. auch den Kyrie-Ruf in Q: Lk 6,46 par.). Die Zusammenfassung der hellenistisch-judenchristlichen Missionsverkündigung in 1 Thess 1,9f setzt die Erwartung voraus (s. o.), daß Jesus als der Sohn Gottes aus den Himmeln kommen wird.

Für die *Auferweckungsaussage* läßt sich ein direkter Zusammenhang mit der Osteroffenbarung nicht aufzeigen. Sie spricht allein vom Handeln Gottes an Jesus, ohne kenntlich zu machen, wie sie diese Einsicht gewann. Umgekehrt läßt sich weder aufgrund des religions- noch aufgrund des traditionsgeschichtlichen Befundes für sie ein primärer Haftpunkt in der Apokalypsis-Aussage ausmachen. Der traditionsgeschichtliche Befund rechtfertigt Vögtles Einspruch gegen eine vorschnelle, mehr oder weniger postulative Ineinssetzung der Auferweckungsaussage mit der Ostererfahrung. Dem Befund widerspricht auch die Annahme, in der Auferweckungsformel handle es sich um ein (auswechselbares) „Interpretament“ eines (ursprünglichen) Erscheinungs- „Widerfahrnisses“[102]; abgesehen von der hermeneutischen Problematik einer solchen Unterscheidung setzt diese Relationsbestimmung die *sekundäre* Kombination von Erscheinungs- und Auferweckungsaussage in der Tradition voraus und vermag daher die Ursprungssituation kaum zu erreichen. Das gleiche gilt für die interpretierende Funktion, die die Auferwekkungsaussage in den christologischen Kontexten des hellenistisch-judenchristlichen Traditionsbereichs erhält. Andererseits ist aufgrund des traditionsgeschichtlichen Befundes an der Genuinität der Auferweckungsformel festzuhalten. Ihre Herkunft aus der ältesten nachösterlichen Gemeinde ist nicht auszuschließen. Sie stellt eine der Wiederkunftserwartung gleichursprüngliche Ausprägung des Osterglaubens dar. Wie ist dann aber ihr Verhältnis zur Oster-

[101] Vgl. äthHen 71,16: „Alle, die *auf deinem Wege wandeln* werden ..., deren Wohnungen und Erbteil werden bei dir sein, und sie werden sich bis in alle Ewigkeit nicht von dir trennen“, sowie Hoffmann, Studien 141f.

[102] Marxsen, Problem 19.24, vgl. Hasenfratz sowie Schnackenburg 1–6.

Apokalypsis zu bestimmen? Die durch die Formanalyse gewonnenen Einsichten ermöglichen eine Lösung. Der Sitz im Leben der Formel im urchristlichen Lobpreis als Prädikation Gottes legt es nahe, sie als die doxologische Antwort auf die durch die Apokalypsis vermittelte Einsicht in Jesu Hoheitsstellung zu verstehen. Der unterschiedliche Sitz im Leben erklärt ihre relative Eigenständigkeit, ermöglicht aber auch, ihre nur indirekte Beziehung zur Oster-Apokalypsis genauer zu bestimmen. Die Gemeinde dankt Gott für die ihrem Jesus erwiesene Machttat. Wenn sie dabei speziell die Erweckung Jesu *aus den Toten* zur Sprache bringt, so geschieht dies nicht, um die Möglichkeit der Erhöhung „eines Toten" zu erklären (wie in 1 Thess 1,10). Sie nimmt vielmehr konkret auf jenes Ereignis Bezug, durch das Jesu *Sendung* (nicht die Kontinuität seiner persönlichen Weiterexistenz, die für jüdisch-apokalyptisches Denken nicht problematisch war) auf das äußerste in Frage gestellt wurde, seinen *Tod*. Diese Relation von Sendungsanspruch und Tod Jesu macht verständlich, warum die Gemeinde das Handeln Gottes, welches den durch seinen Tod in Frage gestellten Jesus als legitimiert erweist, in Analogie zur allgemeinen Totenerweckung beschreibt: In der Oster-Apokalypsis hat sie erkannt, daß Jesus voll von Gott legitimiert wurde. Er ist als der Menschensohn die entscheidende Instanz in Gottes Weltgericht. Um diesen Sachverhalt nun im Hinblick auf Jesu Tod zum Ausdruck zu bringen, reichen die zeitgenössischen Legitimationsmodelle für Gottes endzeitliche Propheten oder die Märtyrer nicht aus[103]; denn sie geben dem überragenden Anspruch des Menschensohnes Jesus nicht adäquat Ausdruck. Dazu bedarf es einer eigenen Antwort. Die Gemeinde gibt sie in einer schöpferischen Neuinterpretation der apokalyptischen Auferstehungshoffnung, die die innovierende Kraft der Oster-Apokalypsis vorausetzt, indem sie Gottes Handeln an Jesus als Vorwegnahme der endzeitlichen Totenauferweckung begreift[104].

---

[103] Auf sie bezieht sich Berger bei der Erklärung der Auferweckungsaussage, s. o. S. 205.

[104] Im Unterschied zu der hier dargelegten Auffassung sehe ich heute die Beziehung von Osterapokalypsis und Menschensohn-Christologie nicht so eng, da sich weder die Echtheit der Menschensohn-Worte noch das hohe Alter der Menschensohn-Christologie sicher nachweisen läßt. Als ältestes für uns eruierbares Datum der Christologie muß vielmehr der Maranatha-Ruf (vgl. auch die formelhafte Rede des Paulus von der Parusie des Kyrios) und die in ihm zum Ausdruck gebrachte Erwartung des endzeitlichen (Wieder-)Kom-

2. Die Ostererzählungen der Evangelien

Die Ostererzählungen der neutestamentlichen Evangelien sind als Niederschlag der urchristlichen Glaubensgeschichte zu begreifen, in denen erste kirchliche Theologen die ihnen überlieferte Osterbotschaft ihren Adressaten in jeweils neuen historischen Situationen erzählerisch zu vermitteln suchen. Sie greifen dabei auf gemeindliche Überlieferungen zurück, geben ihnen aber unter der Herausforderung ihrer Situation und im Rahmen ihrer theologischen Konzeption eine je spezifische Gestalt. Dies gestattet es nicht, ihre Ostergeschichten einfach als »Augenzeugenberichte« zu lesen. Deren »Wahrheit« erschließt sich uns erst, wenn wir – in Anerkennung der historischen Distanz – nach dem in ihnen Gestalt gewordenen historisch bedingten Glaubenszeugnis fragen.

2.1 Die Überlieferung vom leeren Grab und das markinische Osterverständnis

Die älteste Gestalt der Überlieferung

Die Erzählung Mk 16,1–8 bildet den ursprünglichen Schluß des Markusevangeliums; sie wurde höchstwahrscheinlich erst durch Markus mit der Passionstradition verbunden und dabei redaktionell

---

mens Jesu – ohne spefizische messianische Prädikation – gelten. Der einstige Bote der Basileia Gottes wird zu ihrem endzeitlichen Repräsentanten. In Aufnahme alttestamentlich-jüdischer Theophanieschilderungen, die vom „Kommen“ Jahwes sprachen, ist nun von seinem endzeitlichen „Kommen“ die Rede, das die endgültige Verwirklichung der Herrschaft Gottes einleitet. Seine Rolle ist offensichtlich zunächst nicht weiter definiert. Diese Erwartung ist jedoch der Haftpunkt, der erst die weiteren christologischen „Auffüllungen“ mit Hilfe der Messias- oder Menschensohn-Vorstellungen usw. möglich macht. Diese Erwartung setzt die in der Osterapokalypsis vermittelte Einsicht voraus, daß er „bei Gott“ ist, nicht nur im Sinn der allgemeinen Jenseitshoffnung eines Weiterlebens nach dem Tod, sondern in der qualifizierten Bedeutung einer endgültigen Akzeptanz und Rehabilitierung durch Gott als der einstige Bote der Basileia. Mk 14,25 zeigt, daß sich eine solche Erwartung durchaus auf den historischen Jesus zurückführen läßt. Von daher ergibt sich auch eine deutlichere Beziehung zum „Auferweckungsbekenntnis“, das ja gerade der Rehabilitierung des in Israel abgelehnten Propheten Jesus Ausdruck gibt. Vgl. dazu meinen Aufsatz „Jesus versus Menschensohn“ (Anm. 50) 193–200, in welchem ich Überlegungen von A. Vögtle, Eine überholte Menschensohn-Hypothese? FS E. Lohse, Bielefeld 1989, 70–95, hier 84, sowie von E. Brandenburger, Markus 13 und die Apokalyptik, Göttingen 1984, bes. 70f, weiterführe.

überarbeitet[105]. Die formgeschichtliche Beurteilung und damit auch die Interpretation der vormarkinischen Überlieferung ist von den Vorentscheidungen in der literarkritischen Analyse nicht zu trennen. Die ältere Forschung[106] wies vor allem Mk 16,7 der Redaktion zu. Dagegen wurde die Erwähnung des Schweigens der Frauen in 16,8 entweder als Bestandteil der Vorlage, in der sie das späte Aufkommen der Tradition erkläre[107], oder aber als apologetischer Zusatz zu alter historisierender Tradition (einschließlich V.7) bewertet, der die Unabhängigkeit der Jünger von der Grabestradition herausstelle[108]. Die neuere Diskussion beurteilt aufgrund des Bezugs von V.8 zum Messiasgeheimnis und Jüngerunverständnis V.8c.d eher als Zusatz des Markus; die Spannung zu V.7 sei von ihm beabsichtigt[109]. Schenke (51f) vermutet Polemik gegen den Führungsanspruch Jerusalemer Judaisten.

In Frage gestellt werden nun vor allem die die Erzählung eröffnenden Verse 1–4. V.1 bildet kaum die Einleitung einer selbständigen Perikope; er setzt vielmehr einen Erzählzusammenhang voraus. Andererseits steht die „Salbungsabsicht“, von historischen Bedenken abgesehen, auch unter literarkritischem Aspekt in Spannung zur Grablegungstradition, da diese in 15,46 eine vollständige Bestattung voraussetzt. Nach wie vor gilt Wellhausens Bemerkung[110]: „Die Salbung einer bereits eingewickelten und beigesetzten Leiche ist in der Tat ein kühner Gedanke der Frauen“ – und auch des Erzählers. Offenbar sucht der Redaktor mit Hilfe dieses Motivs die Traditionen künstlich zu verbinden. Entsprechend deutet er in Mk 14,8 in Korrespondenz dazu die Salbung Jesu in Bethanien als vorweggenommene Totensalbung. Dann ist aber auch die aus der Salbungsabsicht sich ergebende Frage der Frauen (V.3 einschließlich V.4b) als sekundäre Bezugnahme auf 15,46 anzusehen. Die Vorlage berichtete nur vom Grabgang der Frauen am ersten Wochentag – bereits unter der Voraussetzung der Feier des christlichen Sonntags[111]? – und bereitete mit der Feststellung, daß der Stein von der

105 Wilckens, Auferstehung 55, Pesch, Schluß 365–409 u.a. nehmen eine vormarkinische Verbindung mit der Passionstradition an.
106 Vgl. z.B. Bultmann 308f.
107 Vgl. Graß 22 u.a.
108 v. Campenhausen, Tradition 88.
109 Vgl. dazu Wilckens, Auferstehung 51f; Broer, Diskussion 45.
110 Evangelium Marci, Berlin [2]1909, 135.
111 Graß 132.

Tür des Grabes weggewälzt war (V.4a), die zentrale Szene vor. Im Unterschied zu den späteren Ausgestaltungen (Mt, EvPetr) wird das Türöffnungswunder nicht ausgewertet; es hat nur expositionelle Funktion[112].

Den Kern der vormarkinischen Erzähleinheit bildet der literarisch geschlossene Abschnitt 16,5.6.8a. Im Verdacht redaktioneller Zusätze stehen nur die Bezeichnung Jesu als Nazarener (vgl. Mk 1,9.24; 10,47; 14,67 sowie 6,1 ff) und die Aufforderung des Engels, die Stelle, wo man ihn hinlegte (vgl. 15,46.47), zu besichtigen, da sie die vorangehende Aussage „er ist nicht hier" zusätzlich begründet. An der literarischen Struktur des Textes scheitern verschiedene Versuche, Engelerscheinung und Botschaft auszuscheiden und dadurch einen ältesten historisierenden Bericht von der Auffindung des Grabes und der dadurch ausgelösten Verwirrung zu rekonstruieren[113].

Von dieser vormarkinischen Überlieferung scheint auch der Grundbestand von Joh 20,1.11–13 abhängig zu sein. Der Versuch Alsups (85–102), in Weiterführung der Analyse Benoits eine ältere Leere-Grab-Tradition zu erschließen, die noch nicht, wie die Vorlage von Mk 16, von theologischer Reflexion bestimmt war, verkennt, daß die Reduktion der Engelbotschaft in Joh 20,11–13 literarisch sekundär durch die Kombination mit der Erscheinung Jesu vor Maria Magdalena bedingt ist. Mt 28,9–10 bietet die weniger geglückte Lösung eines ähnlichen Kombinationsversuches.

Gattung und Intention der ältesten Überlieferung

Die kleine Erzählung findet – nach der Exposition im Grabgang der Frauen und der Feststellung des geöffneten Grabes – ihr Zentrum in der Begegnung mit dem jungen Mann, der durch das weiße Gewand als Engel ausgewiesen wird, und seiner Botschaft. Dem „Hereingehen in das Grab" (V.5a) korrespondiert das fluchtartige „Herausgehen" (V.8a). Die Rede des Engels ist konzentrisch angelegt: Die zentrale Aussage „er wurde erweckt" umrahmen auf den Erzählzusammenhang bezogene Aussagen: V.6c „Ihr sucht Jesus den Gekreuzigten"; V.6e „Er ist nicht hier". Die Auferweckungsbot-

[112] Schenke 40–42 weist deswegen auch V.4a der Redaktion zu.

[113] Z.B. Goguel 175f; Hirsch, Auferstehungsgeschichten 30f; Gutwenger 275; im Ansatz auch v. Campenhausen, Tradition 93–96.

schaft bildet also den strukturellen Kern der Erzählung; sie ist auf diese hin und vor ihr her gestaltet. Sie veranschaulicht die Botschaft des Engels, die mit der gemeindlichen Osterverkündigung identisch ist. Aufgrund des Erzählmaterials, das durch Angelophanie-Motive geprägt ist, kann sie als legendarische Veranschaulichung des Auferweckungskerygmas charakterisiert werden[114].

Im Unterschied dazu findet Schenke (92f)[115] den Sitz im Leben dieser Erzählung in einem frühen Jerusalemer Ostergottesdienst am Grabe Jesu. Der Text bietet dafür keine eindeutigen Indizien; liturgiehistorisch ist ein solcher Brauch nicht nachweisbar[116]. Stuhlmacher[116a] führt die Erzählung auf die Abwehr einer Verehrung des Grabes Jesu nach Art jüdischer Märtyrergräber zurück; eine solche Verehrungsabsicht muß er jedoch den Frauen ohne Anhalt am Text unterstellen. Der durch Ossuar-Funde nachgewiesene Brauch der Salbung von Gebeinen (sic!) Verstorbener ist mit der Salbungsabsicht der Frauen nicht vergleichbar. Die Historizität der Überlieferung vom leeren Grab sucht vor allem v. Campenhausen nachzuweisen[117].

Nach Graß unterstreicht die Erzählung „auf das sinnenfälligste die Realität der Auferstehung“ (21); nach Vögtle wird in ihr „die für gut palästinische Anthropologie einzig folgerichtige Leibhaftigkeit der Auferstehung Jesu explizit“ gemacht[118]. Dadurch werden jedoch die tragenden Elemente der Erzählung nicht ausreichend erklärt: das offene Grab, das Suchen der Frauen, das Verschwundensein des Leichnams (evtl. auch der Hinweis auf die leere Bestattungsstelle). Diese Elemente weisen, wie als erster Bickermann[119] aufzeigte, auf einen Zusammenhang mit antiken *Entrückungserzählungen* hin.

Die Vorstellung von der Entrückung besonders erwählter Menschen ist im griechisch-hellenistischen Heroen-Glauben z.B. von Menelaos, Herakles, Romulus, aber auch in der alttestamentlich-jüdischen Überlieferung von Henoch, Elias, Esra, Baruch und Mose belegt[120]. In hellenistischer Zeit konnte die Vorstellung verallgemei-

---

114 Vgl. Graß 20; Vögtle: Vögtle/Pesch 94f u.a.
115 Vgl. auch Schille, Leiden 199.
116 Vgl. Staats 259 Anm. 31.
116a Kritischer 246–248.
117 Tradition 96. Zur Problematik Vögtle: Vögtle/ Pesch 85–98.130f.
118 Vögtle/Pesch 94.
119 Grab.
120 Vgl. Strecker: RAC 5,461–476; Lohfink, Himmelfahrt 32–70.

nert auf Herrscher, berühmte Menschen, Wohltäter bezogen werden. In der Form der Apotheose des verstorbenen Kaisers *(Consecratio)* wurde sie in das römische Hofritual aufgenommen[121]. Die Vorstellung war in hellenistisch-römischer Zeit offenbar sehr verbreitet. Plutarch (Romulus 28) kritisiert sie von der Unsterblichkeitslehre her; Lukian karikiert sie in seiner Satire *De morte Peregrini* (35–42); in dem Liebesroman Charitons *De Chaerea et Kallirhoe* (3,3) ist die Auffindung des leeren Grabes Anlaß für die Annahme, daß die (tatsächlich von Grabräubern geraubte) Kallirhoe zu den Göttern entrückt wurde. In der altkirchlichen Verteidigung der Himmelfahrt Christi wird auf diese Vorstellung apologetisch Bezug genommen[122].

Die Entrückung (ἀπαθανατισμός, ἀποθέωσις) schloß die Aufnahme unter die Götter, die Vergöttlichung, ein und gab der bleibenden Hoheit und Würde der Entrückten Ausdruck. Während die Vorstellung allgemein von der Entrückung Lebender ausging, ist vor allem im griechischen Traditionsbereich auch dic Entrückung Verstorbener bzw. Sterbender möglich. Nachgewiesen wird das Faktum einer Entrückung durch die Beglaubigung von Augenzeugen, durch die nachträgliche Erscheinung des Entrückten oder eines göttlichen Boten, vor allem aber durch die Feststellung, daß der Leichnam oder Reste desselben nicht auffindbar sind. Im Zusammenhang damit wird stereotyp vom „Suchen“ und „Nichtfinden“ des Leichnams, von seinem „Verschwinden“ gesprochen[123]. Diese Motive finden sich auch in der jüdischen Tradition: Gen 5,24 (... καὶ οὐχ ηὑρίσκετο, ὅτι μετέθηκεν αὐτὸν ὁ θεός, vgl. auch MT), 2 Kön 2,1–18 (Elias wird drei Tage vergeblich gesucht) sowie die Spekulationen über das nicht auffindbare Grab des Moses (Josephus, Ant 4, 326)[124]. Das Grab eines Entrückten gibt es nach antiker Vorstellung nicht – oder aber es ist leer.

Die Erzählung vom leeren Grab läßt sich unter Berücksichtigung dieser religionsgeschichtlichen Voraussetzungen als *Veranschaulichung der Auferweckungsbotschaft im Kontext antiker Entrückungslegenden* begreifen. Dabei signalisiert die der Entrückungsvorstellung fremde

---

121 Vgl. Koep: RAC 3,284–294; Bickermann, Kaiserapotheose.

122 Vgl. Justin, Apol. 1,21.

123 Diodor, Bibl. Hist. IV, 38,5; Herodot, Hist. VII, 166f; Pausanias II, 32,1; Diogenes Laertius VIII, 69; Arrian, Anab. VII, 27,3 sowie Pfister, Reliqienkult 480–489.

124 Dazu Lohfink, Himmelfahrt 61–69.

Aussage von der Totenerweckung den Auslegungsprozeß, in dem der Erzähler steht: Das tradierte und festgehaltene Bekenntnis der Auferweckung Jesu wird in einem neuen Milieu mit Hilfe der diesem eigenen Vorstellungskategorien gesehen und zur Darstellung gebracht[125]. Den Einfluß dieser Vorstellung auf die urchristliche Osterdarstellung bestätigt die weitere Ausgestaltung der Ostererzählungen bis hin zur lukanischen Himmelfahrtsgeschichte[126].

Zur Osterdeutung des Markus

Die Erzählung von der Auffindung des leeren Grabes gehört für Markus in die Zeit der ἀρχή des Evangeliums (1,1); sie bildet ihren Abschluß. Erst und allein der den Jüngern in Galiläa Erscheinende sammelt die „zerstreuten" Jünger (16,7; 14,28) und ermöglicht so Jüngerschaft, weltweite Verkündigung des Evangeliums (13,10) und die offene Rede von Jesu Gottessohnwürde (9,9). Für Markus gehört die Auffindung des leeren Grabes also noch in die Zeit der „geheimen Epiphanien" und hat an deren Ambivalenz teil. Die Frauen, die in der Passionsgeschichte die Rolle der entflohenen Jünger weiterführen (vgl. 15,40f), dokumentieren durch ihre Reaktion in 16,8, daß auch die Ereignisse am geöffneten Grab Unverständnis und Unglauben der Jüngerschaft nicht überwinden können (zum Zusammenhang von Furcht, Unverständnis und Unglauben vgl. 4,41; 9,6b.32; 10,32). Der eklatante Ungehorsam der Frauen gegenüber dem „Rede"-Gebot des Engels nimmt e contrario die „Schweige"-Gebote auf (vgl. 1,34.44; 5,43; 7,36; 8,30; 9,9). Auch die Auffindung des leeren Grabes steht also unter dem Vorbehalt des Messiasgeheimnisses[127]. *So wenig die Wunder Jesu wahres Wesen, seine Gottessohnwürde, zugänglich machen und zum Glauben führen, so wenig kann dies durch das leere Grab geschehen.* Wie diese ist es nur „Zeichen", kein „Beweis". *Den Glauben begründet allein der auferstandene Sohn Gottes,* der unserem Unglauben zu Hilfe kommt (vgl. 9,24). Markus bringt mit seiner Osterdarstellung zum Ausdruck, „daß nur die Selbstoffenbarung des Auferstandenen die

---

[125] Vgl. Kerényi 10f; Leipoldt 737–742; Hasenfratz 101–105.
[126] Vgl. Lohfink, Himmelfahrt; Friedrich, Entrückungschristologie.
[127] Vgl. Schniewind 205.

Furcht, den Unverstand und die Unfähigkeit angemessener Rede von Gottes wunderbarem Handeln überwinden kann“[128].

Ob Markus mit dem Hinweis auf die galiläischen Erscheinungen Jesu (16,7) auf ausgeführte Erzähltraditionen anspielt oder nur die Daten der Verkündigung voraussetzt, wie sie z.B. auch 1 Kor 15 gegeben sind, ist kaum entscheidbar. Die Deutung des „Sehens“ in 16,7 auf die Parusie oder die Verknüpfung einer solchen Ankündigung mit dem Auszug der Gemeinde nach Pella sind kaum zutreffend[129].

2.2 Die Verbindung der Grab-Tradition mit Erscheinungserzählungen in den Großevangelien

Die Ostergeschichten des Matthäus, Lukas und Johannes stellen durchweg ein späteres Stadium urchristlicher Osterüberlieferung dar. Gemeinsam ist ihnen ein realistisches Verständnis der Tradition vom *leeren Grab,* die sie gegen polemische Infragestellung verteidigen und in ihre theologischen Entwürfe – teils positiv, teils kritisch – einbeziehen. Matthäus und Lukas setzen die markinische, Johannes möglicherweise eine der Markus-Vorlage verwandte Erzählung voraus.

Alle drei kombinieren mit der Grab-Tradition *Erscheinungserzählungen.* In ihrer Kompositions- und Redaktionsarbeit sind sie von literarischen und theologischen Interessen geleitet; möglicherweise setzen sie jedoch in der Verbindung von Einzel- und Gruppenerscheinung bereits ein vorgegebenes Schema voraus[130]. Durch die Erscheinungserzählungen wird die christliche Interpretation des leeren Grabes im Sinn der Auferweckung Jesu bestätigt (wenngleich nur Lukas in ihnen ausdrücklich auf die Auferweckung Bezug nimmt), andererseits dienen die Erzählungen der Sendung und Legitimierung der Jüngerschaft. Dieser zweite Aspekt mag in Einzel-

---

128 Nauck 251f; vgl. auch Roloff 92f; Oepke 109.

129 Lohmeyer, Das Evangelium des Markus (KEK 1/2) [13]Göttingen 1954, 356; Michaelis 64f bzw. Marxsen, Evangelist 75.

130 So Albertz 260; Brun, Auferstehung 33–39 unter Bezugnahme auf 1 Kor 15,5–7; dagegen nimmt Bultmann (312) hierfür eher historische und redaktionelle Gründe an.

traditionen schon vorgegeben gewesen sein; deutlich ist jedoch, daß die Auftragsworte durchweg redaktionell gestaltet sind[131].

Die Erscheinungserzählungen

Die Form- und Traditionskritik der Erscheinungserzählungen ist – durch die zahlreichen Probleme der Literatur- und Redaktionskritik der Einzelüberlieferungen zusätzlich belastet – bislang noch zu keinem befriedigenden Ergebnis gekommen[132].

In den Anfängen der Formkritik unterschied man zunächst zwischen Einzel- und Gesamterscheinungen (Albertz, Brun, Bultmann); weiter führt Dodd (Appearances) mit der an der literarischen Gestalt orientierten Unterscheidung[133] von „concise narratives" und „circumstantial narritives". Die ersten zeigen einen strengen Aufbau (Situation, Erscheinung, Begrüßung, Erkennen, Auftrag), die zweiten sind novellistisch ausgestaltet. Zum ersten Typ rechnet Dodd Mt 28,8–10.16–20; Joh 20,19–21, wegen ihrer apologetischen bzw. novellistischen Erweiterungen nur mit Einschränkungen auch Joh 20,11–17; 20,26–29 (als Pendant zu 20,19–21) sowie Lk 24,36–49, wo er eine Dominanz der apologetischen Züge feststellt. Zum zweiten Typ gehören Lk 24,13–35 und Joh 21,1–14. Analogien zu ihm findet er in alttestamentlichen und profanen Theophaniegeschichten sowie in den Wiedererkennungsszenen im griechischen Drama (34). In der weiteren wissenschaftlichen Diskussion dominieren bei der Formbestimmung nicht formale, sondern vor allem inhaltliche Gesichtspunkte (Mission, Identitätsnachweis, Legitimation, Kultätiologien)[134]. Alsup unterscheidet in seiner ausführlichen Untersuchung der Erscheinungserzählungen zunächst zwischen den durch die Auftragsworte geprägten Gruppenerscheinungen (147–190) und den durch das Wiedererkennungsmotiv geprägten Erzählungen (190–211); er verbindet beide Typen aber zu der einen

---

[131] Bultmann (313) beurteilt sie wegen ihres universalistischen Missionsverständnisses als ganz späte Bildungen der hellenistischen bzw. hellenistisch-judenchristlichen Gemeinde.

[132] Vgl. die Bemerkungen zu diesem Fragenkreis bei Graß 88–93; Bultmann 303–316; Wilckens, Auferstehung 69–91; neuerdings Alsup 19–54; Berger 151 ff.

[133] FS Lightfoot 9–24.

[134] Vgl. den Überblick bei Bultmann [Ergänzungsheft [4]1971] 104 f, sowie Theißen 102–107.

Gattung „Erscheinungserzählung“, in der er das Auftragselement für das primäre hält (211–213). Parallelen und Korrespondenzen zu hellenistischen Erzählungen, die unter formalem Gesichtspunkt auch von ihm zugestanden werden, reichen seiner Meinung nach für eine Gattungsbestimmung nicht aus (239), daher sucht er die neutestamentliche Gattung aus alttestamentlich-jüdischen Theophaniegeschichten abzuleiten (Gen 18; Ex 3f; Ri 6.13; 1 Sam 3; Tob 5.12 sowie TestAbr, vgl. ebd. 265). Damit überspielt er aber die strukturellen Unterschiede der Texte und verkennt die Vielfalt der soziokulturellen Einflüsse, denen die urchristlichen Gemeinden ausgesetzt waren.

Aufgrund der literarischen Struktur der Erzählungen sind zwei Formtypen zu unterscheiden: die „Wiedererkennungserzählungen“, in denen das Erscheinen Jesu in *unbekannter* Gestalt der Ausgangspunkt und sein Erkanntwerden Ziel der Erzählung sind (vgl. Lk 24,13–31; Joh 20,14ff; evtl. auch Joh 21,1–14), und Erzählungen, die ein Erscheinen Jesu in (grundsätzlich) *erkennbarer* Gestalt voraussetzen und ihr Ziel in Auftragsworten finden (vgl. Lk 24,36–49; Joh 20,19–23; Mt 28,16–20). Dieser zweite Typ kann mit dem Motiv des Zweifels und des Identitätsbeweises durch den Erscheinenden verbunden werden. In Mk 6,49 tritt dieses Motiv in der Seewandelgeschichte selbständig auf (sie meinen, ein „Gespenst zu sehen“, und „fürchten sich“), Mt 28,17 ist es nur angedeutet, Lk 24,36–43 extrem ausgestaltet. Das Motiv des Identitätsbeweises scheint ein sekundäres Element in der Entwicklung zu sein, das einfache Erscheinungserzählungen voraussetzt, in deren Mittelpunkt die Begegnung mit Jesus stand. Andererseits zeigt Mk 6, daß die Erzählungen auch ohne das Element der Beauftragung gestaltet werden konnten. Ob die Verbindung von Erscheinung und Beauftragung als primäres, ja ältestes Element der Erscheinungstradition bezeichnet werden kann, muß unsicher bleiben. Noch problematischer ist der Rückschluß auf historische Elemente in den Erscheinungserzählungen. Die uns erhaltenen Erzählungen sind eher als die vielfach transponierten Variationen eines Urthemas anzusehen, das offenbar nur in der Erscheinung als solcher vorgegeben war.

Vielfach wird angenommen, daß in Mk 9,2–8 eine ältere Ostererzählung erhalten ist, – u.U. in Analogie zu äthHen 70f – Jesu Verwandlung, seine Aufnahme in die Gemeinschaft der Himmlischen und seine Einsetzung zum Sohne Gottes zur Darstellung brachte. Im Unterschied zu den in den Osterkompositionen erhaltenen Erzählungen würde diese Tradition der Menschensohn-Christologie nahestehen[135]. Schließlich ist auch mit der Möglichkeit zu rechnen, daß die Erzählung vom Seewandel Mk 6,47–51 auf eine Ostererscheinung zurückgeht[136].

Matthäus: Von Israel zur Völkerkirche

Matthäus ordnet das Ostergeschehen der ihn durchweg bewegenden Problematik Jesus – Israel, Israel – Kirche ein. Es markiert für ihn die heilsgeschichtliche Ablösung Israels durch die Kirche aus den Heiden.

Charakteristisch für seine Redaktion ist zunächst die Verbindung der Vorlage Mk 16,1–8 mit der Tradition von der Grabwache und dem Betrug der Hohenpriester: Mt 27,62–66 + 28,2–4 + 28,11–15. Matthäus nimmt auf einen in seiner Zeit verbreiteten Vorwurf (28,15b) und dessen christliche Zurückweisung Bezug (vgl. Justin, Dial. 108,2 sowie die noch krassere Ausgestaltung der Motive in EvPetr 28–57). Er gestaltet diese Tradition literarisch selbständig mit viel Ironie aus (vgl. die wahrscheinlich bewußt konstruierten Unwahrscheinlichkeiten der Darstellung) und will so die „Lehre" des Judentums überhaupt (28,15a) disqualifizieren[137].

Indem Matthäus den Vorwurf auf die jüdische Zeichenforderung in 12,38–45 zurückbezieht (27,63: μετὰ τρεῖς ἡμέρας, entspricht nur 12,40; zu V.64d vgl. 12,45c), deutet er – im Rahmen seiner Evangelienschrift – die Ereignisse am Ostermorgen als die Einlösung des den Juden in Aussicht gestellten Zeichens des Jona, das ihnen durch das unverdächtige Zeugnis heidnischer Soldaten kundgetan (28,11: sie verkündeten „alles, was geschah") und wider besseres Wissen also von ihnen abgelehnt wird. Die Verstärkung der epiphanen Züge in der Engelerscheinung (28,2–4) unterstreicht den göttlichen Charakter dieser Demonstration. Die Form der matthäischen Bearbeitung läßt sich kaum der Gattung der Befreiungswunder zuordnen (gegen Kratz 57–76); denn der für letztere charakteristische Zug der Be-

[135] Vgl. Graß 19 Anm. 2; Alsup 141–144 (Lit.).

[136] Vgl. Käsemann: RGG³ 6,1835.

[137] Zur Diskussion vgl. Broer, Urgemeinde 60–78, vgl. jetzt auch P. Hoffmann, Das Zeichen für Israel, in: ders., Zur neutestamentlichen Überlieferung von der Auferstehung Jesu (WdF 522), Darmstadt 1988, 416–452 (Lit.).

freiung kommt gerade nicht zur Darstellung: Der Engel öffnet ein schon leeres Grab und veranschaulicht so nur die Gültigkeit seiner Botschaft. Auf die gleiche redaktionelle Intention verweisen auch die Zeichen bei Jesu Tod (27,51–53); sie sind durchweg als Theophaniemotive zu bestimmen (vgl. Kratz 38–47), die Jesu Gottessohnwürde beweisen (vgl. 27,54 in Korrespondenz zu den redaktionellen Einfügungen V.40.43). Der Auferweckung der Heiligen kommt kaum eine selbständige Bedeutung zu. Ihre Erscheinungen in der Heiligen Stadt „nach seiner Auferweckung" (V.53) stellen redaktionell den zeitlichen Zusammenhang mit den Ereignissen am Ostermorgen her und unterstreichen die Zeichenfunktion des Geschehens für ganz Israel. Die Angabe ist also kaum im Sinn von 1 Kor 15,20 zu deuten oder gar als Glosse auszuscheiden[138].

Im Kontrast zur Darstellung des Judentums ist die Rolle der Frauen und Jünger in der Ostergeschichte auf die Konstituierung der neuen Jüngerschaft ausgerichtet: Schon die Hohenpriester und Pharisäer legen den Jüngern in 27,64 die christliche Auferstehungsbotschaft in den Mund, der Engel nimmt diese auf und bezieht sie auf Jesu Auferstehungsankündigung zurück (28,6; vgl. 16,21; 17,23; 20,19). Ihre Gültigkeit wird durch die Besichtigung der „Stelle, wo er lag" (V.6c) und durch eine Jesuserscheinung vor den Frauen (V.9f) erwiesen, die ihn als Kyrios durch Proskynese verehren. Wenn Matthäus den Grabgang der Frauen durch die Absicht motiviert, das Grab zu „sehen" (28,1 diff. Mk 16,1), wollte er offenbar ein entsprechendes Vor-Wissen der Frauen im Sinne jener Ankündigungen Jesu signalisieren. Die Botschaft ist an die Jüngerschaft insgesamt gerichtet (der Hinweis auf Petrus fehlt) und insofern universal gemeint. Der Auferstandene nennt sie „seine Brüder" (V.10); sie sind es, insofern sie den Willen des Vaters tun (vgl. 12,49f). Die galiläische Schlußszene dient dem ekklesiologischen Programm des Matthäus. Der Weg der Jünger nach Galiläa ist Ausdruck ihres Gehorsams (V.16b, vgl. 1,24b; 21,6b). Der „Berg" korrespondiert vor allem dem Berg der „Lehre" (5,1f). Die Erscheinungsdarstellung selbst ist äußerst zurückhaltend. Das traditionelle Motiv des Zweifels taucht zwar auf. Es verweist auf die bleibende Gefährdung der Jüngerschaft durch ihren Kleinglauben (διστάζω auch 14,31). Auf

---

[138] Zur Diskussion vgl. Bieder 49–56.

physiologische Demonstrationen wird jedoch verzichtet, das Wort des Erhöhten genügt[139].

In polemischer Abgrenzung gegenüber einem pneumatisch-enthusiastischen Verständnis des Christentums verpflichtet Matthäus die entstehende „Weltkirche“ auf die palästinische Jesus-Überlieferung[140]. Der Auferstandene stellt sich als der Menschensohn vor, dem die Herrschaft über Himmel und Erde gegeben ist (V.18b, vgl. 11,27; Dan7,13f) und der als der verheißene Emmanuel (1,23) seinem Volk die Fortsetzung jenes einst Israel durch Jahwe gegebenen Beistandes bis an das Ende der Weltzeit garantiert (V.20b; Frankemölle). Wahre Jüngerschaft wird durch Taufe konstituiert; sie meint nicht primär pneumatische Begabung (wie im hellenistischen Christentum), sondern die Unterwerfung unter den Namen des Vaters, des Sohnes und des Heiligen Geistes. Sie realisiert sich insofern allein im Tun des durch Jesus im Sinn der besseren Gerechtigkeit (5,20) ausgelegten Willens Gottes (7,21–23): in Recht, Barmherzigkeit und Treue (23,23). Der *Auferstandene selbst erschließt also in seiner österlichen Erscheinung den weltumfassenden Anspruch und die bleibende Gültigkeit des Weges Jesu.* Dies anzuerkennen und zu realisieren, bedeutet für Matthäus konkret, an den Auferstandenen zu glauben.

Lukas: Der „historische“ Erweis der Realität der Auferstehung

Die zahlreichen redaktionellen Eingriffe in Kap. 24 verraten eine konsequente Komposition und klare Konzeption des Autors und Theologen Lukas. Lukas bindet die Ostertradition an Jerusalem, das nach seinem Aufriß des Weges Jesu sowohl der Ort der „Aufnahme“ Jesu (9,51) als auch der Ausgangspunkt des christlichen Zeugnisses

---

[139] Zur Gattungsbestimmung der Redekomposition V.18–20 gibt es zahlreiche Vorschläge: Kultuslegende (wegen des Taufbezugs Bultmann 310), Offenbarungswort einer mythischen Person (Dibelius 285), Inthronisationshymnus nach Dan 7,13f (Michel, Abschluß; Lohmeyer 34f), Abschiedsrede (Munck), amtliches Dekret (Malina 91–103) bzw. Bundesformular (Frankemölle 50–61) entsprechend 2 Chr 36,22f, Beauftragungsgeschichte (Hubbard). Die Komposition nimmt in der Tat auf zahlreiche traditionelle Motive Bezug; doch gestatten diese keine eindeutige Gattungszuweisung. Matthäus gestaltete die Rede offenbar selbst unter Anwendung des literarischen Stilmittels der konzentrischen Struktur: a = V.18b, b = V.19a, z = V.19b, b′ = V.20a, a′ = V.20b (zur Diskussion vgl. Schieber).

[140] Vgl. Bornkamm; Lange.

für Jesus bis an die Grenzen der Erde ist (24,47; Apg 1,8). Seinem christologischen Entwurf enspricht die kompositorische und inhaltliche Unterscheidung von Auferstehung und Erhöhung. Im Evangelium bildet sie in Konzentration auf den Ostersonntag den Abschluß des Weges Jesu in seine Herrlichkeit, in der Apg leitet sie – 40 Tage danach – die Periode der Herrschaft des Erhöhten bis zu seiner Wiederkunft und damit die Zeit der Kirche ein. Die Spannung zwischen Lk 24 und Apg 1 ist redaktionell bedingt[141].

Lk 24,1–12 ist von Mk 16,1–8 – kaum von einer Sonderquelle – abhängig. V.3.4a erwähnt eigens, daß die Frauen „den Leib (σῶμα) des Kyrios Jesus nicht finden“ und darüber in „Aporie“ geraten. Die Epiphanie-Motive sind in der daraufhin erst erfolgenden Erscheinung zweier(!) Engel (vgl. V.23) verstärkt (V.4b.5). Die Feststellung von Mk 16,6c wird in den Vorwurf geändert: „Was sucht ihr den Lebenden unter den Toten?“. Die Frage korrespondiert dem Nicht-Finden (V.3a) und deutet gegenüber Markus eine Akzentverschiebung an: das Motiv des Nichtauffindens des Leichnams wird ausgestaltet. Entsprechend wird in V.6 die Feststellung: „Er ist nicht hier“ der Auferweckungsbotschaft vorangestellt. In V.6b–8 wird dieses staunenerregende Faktum durch die „Erinnerung“ (V.6b–8) an die einstigen Worte Jesu (vgl. V.44) den Frauen erklärt. Lukas ersetzt – entsprechend seiner Jerusalemkonzeption – die Ankündigung der galiläischen Erscheinungen durch den Rückverweis auf Jesu Leidens- und Auferstehungsansage in Galiläa. Das betonte „Muß“ seines Weges wird in V.25–27.44–47 im Motiv der Schrifterfüllung weitergeführt werden. Die Frauen kehren vom Grab zurück (vgl. V.33) und verkünden den Elf (nach V. 10 den „Aposteln“) und „allen übrigen“ alles, was sich ereignet hatte – ohne Glauben zu finden (V.11). In V.10 trägt Lukas die Namen der beteiligten Frauen nach und vermeidet so die kompositorischen Unebenheiten des Markus; er nimmt dabei auf 8,1–3 Bezug und erweitert auch ihren Kreis durch die anonyme Schar „der übrigen mit ihnen“ (vgl. V.9). Die Zusammensetzung der künftigen Kirche (Apg 1,14 u.a.), in der nach Lukas die Frau eine nicht unerhebliche Rolle spielen wird, ist angedeutet; die ähnliche Bemerkung bei den Elf (V.8 und 33) erweitert den Kreis der potentiellen Auferstehungszeugen im Hinblick auf den lukanischen Apostelbegriff (vgl. Apg 1,21f; 13,31 u.a.).

---

[141] So schon Finegan 92.

V.12, der in D it Mcion fehlt, wurde trotz der hervorragenden Textbezeugung in der Regel als eine von Joh 20,3ff anhängige Glosse beurteilt. Neuerdings wird seine Authentizität verteidigt[142]. Die Spannung zu V.24 („einige" statt „Petrus") spricht eher für als gegen sie, könnte aber auch die Streichung in den westlichen Handschriften veranlaßt haben. Auch die Erwähnung der „Leichenbinden" (abweichend von 23,53 = Mk 15,46) läßt auf eine nichtmarkinische Tradition schließen, die Lukas und Johannes verbindet (s. u. S. 244f). In der Komposition des Lukas bildet die Notiz ein wichtiges Pendant zu V.34: Sie bereitet die Petruserscheinung vor und verstärkt ihr Gewicht gegenüber der Emmausperikope, die auf diese Weise durch Petrustraditionen umrahmt wird.

In der *Emmausperikope* verbindet Lukas eine Wiedererkennungserzählung, die ihrer Form nach auf den Schluß, die Erkennungsszene beim Mahle, ausgerichtet ist, unter Ausnützung des Weg-Motivs mit einem Lehrgespräch, so daß nun in ihrem Zentrum der Dialog unterwegs V.19–24.25–27 steht: τὰ περὶ Ἰησοῦ – αὐτὸν δὲ οὐκ εἶδον. καὶ αὐτὸς – τὰ περὶ ἑαυτοῦ. Um diesen Mittelpunkt ist die Erzählung konzentrisch angelegt (V.13f:32f, 15:31b, 16:31a, 17f:28–30). Beide Schwerpunkte verbindet V.35. Der Bericht der Jünger hat die enttäuschte Hoffnung mit dem Propheten Jesus und das merkwürdige Geschehen am Grab zum Inhalt; Lukas stellt die für ihn entscheidenden Momente „sie fanden seinen Leib nicht" (vgl. V.3) und „daß er lebe" (vgl. V.5) wieder heraus. Die Antwort Jesu weist die gottgewollte Notwendigkeit (δεῖ, vgl. V.7) dieses Weges des Christus durch Leiden in seine Herrlichkeit auf und begründet sie durch eine umfassende Schriftinterpretation[143].

Die – nächtliche? – *Erscheinungsszene 24,36–53* setzt (trotz V.34 und 35) nochmals beim Unglauben der Jünger ein. Dabei geht es Lukas nicht mehr wie seiner Vorlage (vgl. Joh 20,19f) um den Erweis der Identität des Auferstandenen („daß ich es bin" V.39b), sondern um den Beweis dessen voller sarkischer Existenzweise: mit „betastbarem" Leib, mit „Fleisch und Knochen" (V.39c.d). Aufgrund des andauernden Unglaubens der Jünger muß Jesus seine Realität in einem zweiten Demonstrationsakt durch das Essen von Dörrfisch

---

142 Vgl. Metzger, A Textual Commentary on the Greek New Testament, London – New York 1971, 184.191–193.

143 Vgl. Betz, Ursprung; Schnider/Stenger; Wanke.

beweisen (V.41f). V.43 unterstreicht die Beweisfunktion dieses Vorgangs: „Er aß *vor* ihnen“.

Die kirchlichen *Auftragsworte* werden in V.44f durch eine Vorbemerkung eingeleitet; in ihr wird der Rückverweis auf Jesu einstige Worte (vgl. V.6f) mit dem Gedanken der Schrifterfüllung verbunden (vgl. 9,22.44f; 17,25, vor allem aber 18,31–34). V.45 zeigt: Erst und allein der Auferstandene erschließt den Jüngern den ihnen bis dahin verborgenen Sinn der Schrift und damit auch die Bedeutung seiner Worte. In den Auftragsworten (V.46–48) wird unter dem leitenden Aspekt der Schrifterfüllung der Weg des Christus mit dem Weg der Umkehrpredigt an alle Völker eng verbunden. Die ausdrückliche Erwähnung des Ausgangspunktes Jerusalem, der Zeugenfunktion der Jünger und die Ankündigung der „Kraft aus der Höhe“, die der Auferstandene ihnen als „Verheißung des Vaters“ senden wird, weisen in die Zeit der Kirche voraus.

Die redaktionellen Intentionen von Lk 24 werden in der Apostelgeschichte aufgenommen und entfaltet; diese läßt also Lukas’ theologische und hermeneutische Interessen noch deutlicher erkennen. Die Auferweckung des durch Israel abgelehnten Propheten Jesus, die Lukas im Rückgriff auf die alte kerygmatische Tradition pointiert als Tat Gottes darstellt[144], ist *Voraussetzung für eine neue Stufe der heilsgeschichtlichen Entwicklung:* die Zeit der Herrschaft des zur Rechten Gottes erhöhten Kyrios und Christos. Sie ermöglicht die Sendung des Geistes und konstituiert so die Periode der Kirche, die von Jerusalem ausgehend allen Völkern in ihrer Predigt Umkehr und im Namen Jesu Sündenvergebung anbietet (vgl. Apg 1,8; 2,32–39; 5,30f; 10,42f). Im allgemeinen Weltgericht wird sie ihr Ende finden. Im Hinblick darauf ist Jesus durch die Auferweckung von Gott zum Richter über Lebende und Tote bestimmt worden (10,42; 17,31). Christologie, Ekklesiologie und Eschatologie werden von Lukas in für ihn eigentümlicher Weise miteinander verbunden; in der Auferweckung Jesu erhalten sie ihr *fundamentum in re.* Sie bildet jenes Datum der Geschichte, durch das Lukas die Glaubwürdigkeit der Predigt seiner Zeit im Rückgriff auf das durch die kirchliche Tradition weitergegebene apostolische Zeugnis begründen will. Dies erklärt, warum Lukas den Apostolat an die Augenzeugenschaft bindet. Die Erscheinungen des Auferstandenen vor den Jüngern „längere Zeit hindurch“, vor allem aber auch das Essen und Trinken

---

[144] Vgl. Wilckens, Missionsreden 139f.231.

mit ihm, dienen ihm als Tatsachenbeweise für die Lebendigkeit des Auferstandenen (Apg 10,40f; 13,31; vgl. schon Lk 24,34: ὄντως). In 1,3f bringt τεκμήριον die juristische Komponente im lukanischen Zeugenbegriff verstärkt zum Ausdruck[145].

Diese Einsicht in die umfassende heilsgeschichtliche Bedeutung Jesu und damit auch der Kirche ist nicht selbstverständlich: Erst der Auferstandene gibt sie ihnen in der *Erschließung der Schrift* (vgl. Lk 24,25–27.44–47). Auch die Ablehnung Jesu in Israel erfolgte aus Unwissenheit (vgl. Apg 3,17f; 13,27–33); die durch den Auferweckten initiierte christliche Predigt und Schriftauslegung soll sie überwinden. Diese Bindung des Verständnisses der Sendung Jesu an die Sinnerschließung durch den Auferstandenen verdeutlicht nochmals die konstitutive Bedeutung, die Lukas dem Auferstehungsereignis gibt[146].

In Auseinandersetzung mit seiner hellenistischen Umwelt greift Lukas in der Darstellung der Ostereignisse und der Himmelfahrt auf die Sprache und Motive antiker Entrückungslegenden zurück (s.o. S. 228f), um mit ihrer Hilfe seinem hellenistischen Adressatenkreis die Botschaft von der Auferweckung Jesu und christliches Heilsverständnis überhaupt nahezubringen. Im Unterschied zur griechischen Vorstellung von der Unsterblichkeit der Seele bot die Entrückungsvorstellung ihm die Möglichkeit, leibhaftige himmlische Existenz anschaulich zu machen[147].

Unter dem Einfluß hellenistischer Anthropologie deutet er jedoch die Auferweckung als Wiedervereinigung von Leib und Seele. Nur nach Lukas übergibt der sterbende Jesus sein Pneuma dem Vater (Lk 23,46); dieser wird, wie die Zusage an den Schächer 23,42f zeigt, sofort – „heute noch“ – in das „Paradies“ aufgenommen, nach jüdischer Vorstellung in den himmlischen Aufenthaltsort der Gerechten. *Nur* der Leib wird beigesetzt (vgl. 23,55; 24,3.23). Wie die zwei grundlegenden Reden des Petrus und Paulus in der Apg im Rückgriff auf die prophetische Verheißung Davids (2,30) in Ps 16 darlegen (2,25–31; 13,34–41), wird Jesu Seele, da die Todesmacht keine Gewalt über ihn hat (2,24), nicht in *den Hades* (2,27: εἰς ᾅδην)

---

145 Vgl. Strathmann: ThWNT 4, 479f.496.
146 Vgl. Ernst 191f.
147 Vgl. Friedrich, Entrückungschristologie; Ehrhardt; Lohfink, Himmelfahrt.

gelassen[148]. Sein Fleisch sieht die Verwesung (διαφθορά) nicht. Lukas verwertet die LXX-Fassung von Ps 16 (2,25–28; 13,35), die den hebräischen Text bereits im Sinn hellenistischen Jenseitsglaubens umdeutete, und ersetzt in seiner eigenen Auslegung (2,31) den *Frommen,* der Verwesung nicht sehen wird, durch das *Fleisch* Jesu. Auferstehung bedeutet ihm also die Wiedervereinigung der Seele mit dem der Verwesung nicht verfallenen Fleisch Jesu. Dieser wird im Auferweckungsakt Gottes als Sohn Gottes zum ewigen, unverweslichen Leben „gezeugt" (13,33 mit Ps 2,7).

Lukas wehrt dadurch die Mißdeutung der Erscheinung Jesu im Sinn einer Geister- oder Gespenstererscheinung ab (vgl. Lk 24,37.39d). Im Rahmen seiner Gesamtkonzeption geht es ihm jedoch um mehr, nämlich um den *grundsätzlichen Nachweis der Möglichkeit der Auferstehung von Toten*[148a]. Indem Lukas die Tatsächlichkeit und sarkische Realität der Auferstehung herausstellt, begründet er das Recht christlicher Auferstehungshoffnung und bereitet dadurch auch ihr späteres Verständnis als *Auferstehung des Fleisches* vor. Damit steht er in erstaunlicher Nähe zu Aussagen des 2. Jh[149]. Gegenüber einem hellenistischen, evtl. schon gnostisch-doketischen Verständnis von Heil als Erlösung vom Leib und von der Welt zeigt er im Sinn biblischer Überlieferung – aber doch bereits im Horizont hellenistischer (dualistischer) Anthropologie – die Zusammengehörigkeit von Leib und Seele und damit auch die von Gott, Welt und Geschichte auf. Sein Bekenntnis zur Auferstehung Jesu im Fleische ist insofern eine zeitgemäße Artikulation des Bekenntnisses zum Erlösungshandeln Gottes in der Welt[150].

Das Johannesevangelium: Zwischen hellenistischem Enthusiasmus und kirchlichem Realismus

Die Ostergeschichten sind wie das Johannesevangelium als Ganzes das Ergebnis einer sehr komplexen Traditionsgeschichte[151]. Der

---

148 Mit Haenchen, Die Apostelgeschichte (KEK 3), Göttingen 71977, 183, der für den Sprachgebrauch auf PsSal 2,7 verweist, gegen Conzelmann, Die Apostelgeschichte (HNT 7), Tübingen 1963, 29: „Lukas meint aber: ‚Im Hades, nämlich im Tode lassen' ".

148a Vgl. P. Hoffmann, TRE 4, 462.

149 Z.B. IgnSm 3,2; Justin, Dial. 80,5.

150 Vgl. dazu Schweizer: ThWNT 7, 145–151; Kretschmar, bes. 112–115.

151 Vgl. Thyen: ThR 39,289ff.

Evangelist setzt ältere Überlieferungen voraus; vor allem aber wurde sein Evangelium wahrscheinlich in Auseinandersetzung mit den Anfängen des Doketismus nochmals überarbeitet und ergänzt. Im Rahmen dieser sogenannten nachjohanneischen Redaktion wurde, wie von vielen angenommen wird, das Kapitel 21 angefügt. Ebenso besteht aufgrund der merkwürdigen Doppelung der Rückkehr Mariens (20,2.18) und des deutlichen Bruches zwischen V.10 und 11 weithin darin Übereinstimmung, daß die Szene vom Wettlauf (Joh 20,(2.)3–10) vom Evangelisten oder sogar erst nach ihm in die Maria-Magdalena-Erzählung eingearbeitet wurde[152]. Sodann findet auch Wellhausens These (93; ähnlich Schwartz 348) wieder Beachtung, daß auch Joh 20,19–31 nachjohanneischen Ursprungs ist[153].

Literarische Beobachtungen und inhaltliche Spannungen zur Theologie des Evangelisten legen es nahe, die *Erzählung vom Wettlauf Joh 20,(2.)3–10* der nachjohanneischen Redaktion zuzuweisen. Der Abschnitt ist jedoch keine ursprüngliche literarische Einheit. Erst der Redaktor verband die auch in Lk 24,12 (vgl. V.24) erhaltene Überlieferung von einem Grabgang des Petrus mit dem Lieblingsjünger (vgl. die 20,4.6 ähnelnde Darstellung des Verhältnisses beider in Joh 21,7) und fügte sie der Ostererzählung des Evangelisten ein. Der Lieblingsjünger wird dadurch zu einem Petrus ebenbürtigen, ja diesen im Glauben sogar übertreffenden ersten Zeugen der Auferstehung Jesu. Die minutiöse, fast protokollarische Beschreibung der Lage der Leichenbinden, deren Erwähnung in 19,39f gleichfalls auf den Redaktor zurückgehen dürfte, sowie des Schweißtuches in V.5.6.7 soll nicht nur die Annahme eines Leichenraubs widerlegen. Sie dokumentiert die Tatsache (beachte das wiederholte „sehen"), daß „Jesus im gleichen Fleisch, in welchem er starb und begraben wurde, auch auferstanden ist"[154]. Während der Evangelist – aufgrund seines kosmischen Dualismus – jeweils zwischen richtigem und falschem Sehen unterscheidet, fehlt in 20,8 diese „Zweideutigkeit des Sehens"[155]. Der Lieblingsjünger kommt aufgrund der Indi-

---

[152] So schon Schwartz, Aporien 346f; Wellhausen 91f; neuerdings: Richter, Fleischwerdung 182f; Langbrandtner 30–32; Thyen: ThR 42,251.

[153] Vgl. Richter, Fleischwerdung 180ff; Thyen: ThR 42,261; Langbrandtner 35–38; allgemein zur Analyse von Kap. 20 vgl. auch Benoit; Mahoney 171–193; Hartmann (die Rekonstruktionen der beiden letzteren überzeugen wenig).

[154] Richter, Fleischwerdung 182.

[155] Langbrandtner 31.

zien, die er *sieht,* zu solchem Glauben. Der merkwürdige Hinweis in V.9, daß die Jünger „die Schrift noch nicht kannten", unterstreicht diesen Aspekt der Augenzeugenschaft. Eine solche Begründung des Osterglaubens entspricht der nachjohanneischen Redaktion (vgl. 1,14; 19,34f sowie 1 Joh 1,1–3), die gegenüber dem aufkommenden Doketismus die Leibhaftigkeit der Auferstehung Jesu verteidigt. Möglicherweise hat auch der Redaktor unter dem Einfluß der lukanischen Tradition in 20,11–13 den zweiten Engel eingeführt (vgl. Lk 24,4) und – aufgrund seines Interesses an der Leibhaftigkeit der Auferstehung – beide in der Grabkammer so plaziert, daß sie demonstrativ die Stelle bezeichnen, an der der Leichnam lag.

Der Evangelist verarbeitet in Joh 20,1.11–18 eine *ältere Erzählung vom Grabgang Maria Magdalenas,* in der eine Mk 16 verwandte Tradition von der Auffindung des leeren Grabes mit der Überlieferung von einer Erscheinung des Auferstandenen in der Nähe des Grabes (vgl. Mt 28,9f) bereits zu einer Einheit verschmolzen war. Die Funktion des Engels war in dieser Erzählung zugunsten ihres neuen Höhepunktes in der Erscheinung des Auferstandenen stark reduziert. Die Erzählung schloß mit der Sendung Mariens zu den „Brüdern" (s. auch Mt 28,10). Die Erzählung zeigt apologetische Tendenz: Mariens Deutung des leeren Grabes, der Leichnam sei weggenommen worden, bringt die „natürliche" Erklärung des leeren Grabes zur Sprache, die durch den Auferstandenen selbst widerlegt wird.

Der *Evangelist* verwendet dieses Motiv sowie auch die Verwechslung Jesu mit dem Gärtner zur Darstellung des für ihn typischen Jüngermißverständnisses und verdeutlicht so, daß das Ostergeschehen dem Menschen unzugänglich bleibt. Es bedarf des befreienden Wortes Jesu, um Maria zum Glauben zu führen und ihr jene Sicht von Ostern zu erschließen, die weit über das Datum der Auferweckung hinausgeht. In V. 17b wehrt daher Jesus durch das „Berühre mich nicht" ein vordergründiges Verständnis der Begegnung im Sinn einer Rückkehr zu handgreiflichen Beziehungen ab (in Korrektur der Vorlage? vgl. Mt 28,9). Diese Zurückweisung Mariens steht im krassen Widerspruch zum Zugeständnis an Thomas in V.27. Mit Recht wies daher schon Wellhausen die zwei Aussagen verschiedenen Traditionsschichten zu. Der viel diskutierte V.17c: „*Noch nicht* bin ich zu meinem Vater aufgestiegen" hat offenbar die Funktion, unter Benutzung der johanneischen Osterdeutung in V.17e einen Ausgleich zwischen V.17b und 27 zu schaffen; er stammt wahrscheinlich vom gleichen Bearbeiter wie die Thomasperikope. Die Aussage in V.17e „Ich gehe hinauf zu meinem Vater und eurem Vater und zu meinem Gott und eurem Gott“ gewinnt im Kontext der johanneischen Christologie ihre spezifische Bedeutung: Jesus ist vom Himmel „herabgekommen“ (καταβαίνω 3,13; 6,33.38.41f) und geht dorthin hinauf (ἀναβαίνω 6,62; vgl. 3,13). Nach 14,12 „geht er zum Vater“ (vgl. 13,1). Die Rückkehr zum Vater ermöglicht die Sendung des Parakleten (14,16, vgl. V.26) und so die neue Gemeinschaft der Jünger mit Jesus und Gott und die universelle Ausweitung des Werkes Jesu (vgl. 14,12; 12,24; 7,38). Die in 14,18–20 in Aussicht gestellte Wiederkunft geschieht, wie der Evangelist in Korrektur alter Parusieerwartung (vgl. 14,2f) darlegt, von Ostern an: „Wenn einer mich liebt, wird er mein Wort halten, und mein Vater wird ihn lieben, und wir werden zu ihm kommen und bei ihm Wohnung nehmen“ (14,23). Der Evangelist kann daher mit der entscheidenden Angabe des Datums der Rückkehr zum Vater seine Ostergeschichte schließen; die Erfüllung der mit ihr verbundenen Verheißung solcher Rückkehr ist für ihn nicht demonstrierbar. Ostern ereignet sich dort, wo der Mensch in Glaube und Liebe Jesus begegnet: „... und ich werde ihm erscheinen“ (14,21)[156].

Die *Erzählung von der Erscheinung Jesu am Ostersonntag Joh 20,19–23* zeigt deutliche Verwandtschaft mit Lk 24,36–43. Das bei Lukas vorgegebene Motiv des Zweifels ist in 20,24–29 zu einer eigenen Szene ausgestaltet. Die Auftragsworte stehen synoptischer Überlieferung nahe (zu V. 21 vgl. Mt 10,40/Lk 10,16; zu V. 22b vgl. Lk 24,49; zu V. 23 vgl. Mt 18,18; 16,19 sowie bes. auch Lk 24,47). Vor allem die drastische Vermittlung des Geistes widerspricht der Theologie des Evangelisten. Die Frage ist auch hier, ob der Evangelist selbst ältere Traditionen umarbeitet und im Sinne seines Osterverständnisses gelesen haben will, wie in der Regel angenommen wird[157], oder ob auch hier ein nachjohanneischer Redaktor vor

---

[156] Richter möchte in seiner Analyse des Abschnittes (Fleischwerdung 266–280) Joh 20,17 ganz der judenchristlichen Vorlage des Evangelisten zuweisen, die Jesus als messianischen Propheten angesehen und Ostern ähnlich wie Röm 1,4 und die Apg 2,32–36 zugrundeliegende Tradition als Erhöhung gedeutet habe. Die Sendung Mariens erfolge an die „leiblichen“ Brüder Jesu, an denen die Vorlage auch sonst interessiert sei. Auch wenn seine These zutrifft, dürfte der Evangelist sein Verständnis von 20,17 durch Kap. 14 sichergestellt haben.

[157] Vgl. z.B. Schnackenburg, Das Johannesevangelium (HThk 4/3), Freiburg 1975, z.St.

allem im Rückgriff auf lukanische Tradition die Osterdarstellung des Evangelisten ergänzt. Für Letzteres spricht, wie vor allem neuere Untersuchungen zeigen, in der Tat manches.

Der Hinweis auf die Wundmale, speziell auf die Seitenwunde, in Joh 20,20 und in 20,25.27, dem für die Darstellung konstitutive Bedeutung zukommt, nimmt auf die redaktionell in die Kreuzigungsszene eingefügte Erwähnung des Lanzenstiches Bezug (19,34)[157a]. Im Unterschied zum Sprachgebrauch des Evangelisten (vgl. 5,20; 14,8 f) bezeichnet δείκνυμι das demonstrative Zeigen der Wundmale, entspricht also dem „Sehen" in 20,25.29. Die Sendung der Jünger in 20,21 c.d verbindet ähnlich wie Joh 13,20 (JR?) synoptischen Sprachgebrauch mit der christologischen Sendungsterminologie des Evangelisten (πέμπω: Joh 12,44; 5,23); das Verhältnis Gottes zu Jesus wird auf das Verhältnis Jesu zur Gemeinde übertragen[158]. Die Verleihung des Geistes durch den Auferstandenen entspricht den (gleichfalls nachjohanneischen) Parakletsprüchen Joh 15,26; 16,7, nach denen – im Unterschied zu Joh 14,16.26 – nicht der Vater aufgrund der Bitte des Sohnes, sondern Jesus selbst den Geist senden wird. Während für den Evangelisten die Sünde im Unglauben besteht, meint 20,23 die Vollmacht zur Vergebung konkreter Verfehlungen, die nun der Gemeinde als Ganzer zugesprochen wird. Dies entspricht dem Interesse der nachjohanneischen Redaktion am Gericht nach den Werken (bes. Joh 5,28 f; 3,20 f)[159].

Von besonderer Bedeutung für das Verständnis und die traditionsgeschichtliche Einordnung des Abschnittes ist der Makarismus derer, die nicht sehen und doch glauben (Joh 20,29), in der Thomasperikope. Es ist die Frage, ob er analog zur Wunderkritik im Evangelium (vgl. 4,48) verstanden werden kann, ob also die Ostererscheinungen – wie vor allem Bultmann interpretiert[160] – als Konzession an die Schwachheit der Jünger beurteilt werden müssen. Bei der Interpretation ist zu beachten, daß die manifeste Erscheinung vor den Jüngern (V.19–23) gerade nicht von dem Verdikt getroffen wird. Dieses gilt vielmehr allein Thomas, wie die Korrespondenz von V.25 b und 27 zeigt. Seine Situation unterscheidet sich von der

---

[157a] Zur Diskussion vgl. Thyen: ThR 42, 250f.

[158] Langbrandtner 37.

[159] Zur Problematisierung der Vergebensfrage s. 1Joh 3,4 ff; 5,13 ff und Langbrandtner 37 f; Thyen: ThR 42,263 f.

[160] Das Evangelium des Johannes (KEK 2), Göttingen [13]1953, 539.

der übrigen Jünger typisch: Während diese den Auferstandenen leibhaftig „sehen“ (V.20 im Sinn von 20,8 und 20,29), soll er ihrer Botschaft: „Wir haben den Herrn gesehen“ Glauben schenken (V.25a). Diesen Glauben verweigert er. An ihm wird also die Situation derer dargestellt, die allein auf das Zeugnis der ersten Augenzeugen angewiesen sind (vgl. 19,35; 1 Joh 1,1–3). Der Makarismus ermutigt jene, die nicht mehr in der Lage sind, sich von der Realität der Erscheinung handgreiflich zu überzeugen, sich auf das ihnen überlieferte Zeugnis zu verlassen[161]. Die Geschichte artikuliert also das Problem des Glaubens in „nachapostolischer“ Zeit, kritisiert aber nicht die einstige leibhaftige Erscheinungsweise Jesu. An dieser ist sie im Gegenteil sogar positiv interessiert. Wenn Thomas zugestanden wird, die Wundmale des Auferstandenen zu berühren, so erkennt er, daß Jesus in dem gleichen Leib, in dem er gekreuzigt wurde, auferstanden ist. Der hier dargestellte Glaube (vgl. V.27 fin.) entspricht in seiner Struktur dem von 19,34f. Offenbar dient also die Szene dazu, die leibhaftige Realität der Auferstehung Jesu gegen eine enthusiastisch-doketische Interpretation abzusichern[162].

Das *sog. Nachtragskapitel Joh 21* entstammt der nachjohanneischen Redaktion der Evangelienschrift[163]. Erst durch sie wurden die V.15–25 mit der Erscheinungserzählung V.1–14 verbunden. Wie die vor allem inhaltlichen Spannungen in V.1–14 deutlich machen, sind in dieser Erzählung eine Wundergeschichte vom reichen Fischfang, die auf eine Lk 5,1–11 verwandte Tradition zurückgeht, und die Erzählung einer Erscheinung Jesu beim Mahle sekundär kombiniert worden.

Sicher redaktionell sind die Rahmenverse 1 und 14. *Pesch*[163a] ordnet die Nennung des Petrus und der Zebedaiden in V.2 sowie V.3.4a.6.11 der Fischfangerzählung, die V.4b.7.8.12.13 (möglicherweise auch 15–17) der Erscheinungserzählung zu. Nach Fortna

---

[161] Vgl. Langbrandtner 36.

[162] Vgl. dazu das altkirchliche Belegmaterial bei Richter, Fleischwerdung 182.187–189; sowie allgemein Weigandt. Das Bekenntnis des Thomas: „Mein Herr und mein Gott“ ließe sich dieser Deutung einordnen: „Mein Herr“ gibt als gängige Anrede der Jünger an den Meister dem Bekenntnis zur wahren Menschheit Jesu, „mein Gott“ dem Bekenntnis seiner Göttlichkeit Ausdruck (ὁ ϑεός entspricht 1 Joh 5,20, vgl. Richter, Fleischwerdung 181f).

[163] Zur Diskussion vgl. Pesch, Fischfang 42–54; Schnackenburg, Johannesevangelium 406–463; Thyen: ThR 42, 213–261.

[163a] Fischfang 103–106.

(87–98) umfaßte die Fischfanggeschichte die V.2.3.4a.(5?).6.7b (teilweise). 8b.10.11.(12?)14 mit einem Hinweis auf das „dritte Zeichen". Schnackenburg[164] weist im Unterschied zu Pesch die V.7b.8 der Fischfanggeschichte zu und hält die Erwähnung des Lieblingsjüngers in V.7 für redaktionell. Die sekundären V.5 und 10 dienen der Verklammerung beider Traditionen.

Die Einleitung der Erscheinungsszene ist nicht sicher rekonstruierbar. Von V.9 her kann jedoch vermutet werden, daß sie – ähnlich wie die Fischfanggeschichte – voraussetzte, daß sich die Jünger auf dem See beim Fischfang befanden. Jesus erscheint am Ufer, wird aber von den Jüngern nicht erkannt (V.4b). Wahrscheinlich fordert er sie zu einem Mahl auf (vgl. V. 12b). Am Ufer finden die Jünger das Mahl bereitet. Jesus kommt und gibt ihnen Brot und Fisch (V.13). Die Erzählung ist in eigentümlicher Weise auf das Handeln Jesu konzentriert. Wie der redaktionell bearbeitete V.12 vermuten läßt, enthielt die Erzählung einen Hinweis darauf, daß die Jünger Jesus erkannten (in Korrespondenz zu V.4b). Sie gehört also zur Gattung der Wiedererkennungserzählungen. Vielfach wird für sie ein hohes Alter postuliert[165]. Pesch[166] hält sie für „traditionsgeschichtlich jung". Durch die Kombination mit der Wundererzählung wurden in der Darstellung Jesu die hoheitlichen Züge verstärkt und der ekklesiale Aspekt des Ostergeschehens herausgestellt (symbolische Deutung der 153 Fische und des Netzes, das nicht reißt[167]). Dieser Aspekt wird durch die Einfügung des Lieblingsjüngers, der als erster den Kyrios erkennt, und durch die Fortsetzung der Erzählung in den V. 15–25 verstärkt, die Petrus und dem Lieblingsjünger gewidmet ist. In der Petrus-Figur wird das gemeindliche Leitungsamt in seine Hirtenfunktion eingewiesen. Ihm steht allerdings das in der fiktiven Lieblingsjünger-Figur symbolisierte Amt des Lehrers als des Garanten wahrer Überlieferung gegenüber[168].

---

164 Johannesevangelium 410–413.

165 Vgl. Graß 81f; v. Campenhausen, Tradition 60f; Schnackenburg, Johannesevangelium 420 Anm. 23.

166 Fischfang 133.

167 Schnackenburg, Johannesevangelium 413.427.

168 Vgl. dazu sowie zum Fragenkreis Redaktion–Tradition jetzt J. Kügler, Der Jünger, den Jesus liebte (SBB 16), Stuttgart 1988, bes. 396–411. 436–488.

3. Zur Entstehung des Osterglaubens[169]

Eng verbunden mit der Frage nach der Entstehung des Osterglaubens ist die alte Frage nach dem Verhältnis des Auferstandenen zum Irdischen, des kerygmatischen Christus zum historischen Jesus. Wie ist die Einheit beider zu erklären? Der Rückgriff der liberalen Theologie auf das Messiasbewußtsein Jesu (was immer man auch darunter verstand) scheitert am historischen Befund. Jesus hat sich nicht als Messias verstanden. Das gleiche gilt für neuere Versuche, den Osterglauben auf das Selbstverständnis Jesu als kommenden Menschensohn zurückzubeziehen. In der gegenwärtigen Diskussion ist umstritten, ob Jesus selbst bereits vom kommenden Menschensohn sprach (und dabei eine von ihm unterschiedene eschatologische Gestalt meinte) oder wie Johannes der Täufer nur mit dem Kommen Gottes selbst rechnete, was seiner Basileia-Verkündigung besser entspräche. Daß er sich schon mit dem Menschensohn identifizierte oder seine Jünger ihn bereits zu seinen Lebzeiten für denselben hielten, läßt sich nicht nachweisen. Das Bekenntnis zu ihm als Messias und Gottessohn wie auch seine Identifikation mit dem apokalyptischen Menschensohn sind Produkte des Gemeindeglaubens. Sie sind Folge, nicht historische Voraussetzung der „Ostererfahrung" und der durch sie ausgelösten Erwartung des Wiederkommens Jesu. Wie läßt sich dann der „Ostergraben" überbrücken? Einen Hinweis gibt das älteste Osterbekenntnis zu dem „Gott, der Jesus aus Toten erweckte". Im Blick ist ein primär theologischer Sachverhalt (s.o. S. 204): der Gott, den Jesus für seine Basileia-Botschaft und sein Wirken in Anspruch nahm, wird „Ostern" als der erfahren, der nach wie vor zu diesem Jesus steht. Sein Geschick schien das eines falschen Propheten zu sein: „Verflucht ist, wer am Kreuz hängt" (vgl. Gal 3,13). Ostern wird den Jüngern aufgrund ihrer visionären Erlebnisse gewiß: Jesu Inanspruchnahme Gottes erfolgte zu Recht. Der in Israel Abgelehnte und von den Römern Gekreuzigte ist durch Gott rehabilitiert. Damit wird über die Verkündigung des Irdischen hinaus, aber doch als deren letzte Konsequenz deutlich, wie weit Gottes Liebe und Treue geht. Insofern impliziert Ostern nicht nur eine neue Aussage über Jesus, sondern auch über den Gott Jesu, der

[169] Ich nehme im folgenden Überlegungen auf, die ich in der Einführung des von mir herausgegebenen WdF-Bandes „Zur neutestamentlichen Überlieferung von der Auferstehung Jesu", Darmstadt 1988, entwickelt habe.

sich in totaler Ausweglosigkeit als bleibender Grund der Hoffnung erweist. Das Ja Gottes zu Jesus angesichts dessen Infragestellung durch das Kreuz legitimiert nun Jesus und seine Botschaft in einmaliger Weise. Dieser Sicht korrespondiert die Art und Weise, wie in der Überlieferung von der „Ostererfahrung“ gesprochen wird. Von den ersten knappen Umschreibungen in der Formelüberlieferung bis hin zu den apologetisch absichernden und theologisch reflektierenden Erscheinungserzählungen der Evangelisten wird deutlich, daß es nicht einfach um das Erscheinen eines Totengeistes geht, sondern sich in den Erscheinungen der Gekreuzigte als der von Gott nach wie vor Bevollmächtigte erweist. Nehmen wir die religionsgeschichtlichen Implikationen der Rede von der *Apokalypsis* ernst, dann wurden die Ostervisionen von den Jüngern als Enthüllung von Jesu endzeitlicher Machtstellung verstanden, wie immer man sich auch diese zurechtgelegt haben mag. Der Bote der Basileia ist Gottes entscheidender eschatologischer Repräsentant. Aus dem Verkündiger wird der Verkündigte. Die christologischen Prädikationen Kyrios, Menschensohn, Messias, Gottessohn usw. geben diesem Sachverhalt im jeweiligen zeitgenössischen Kontext Ausdruck. Der Glaube an den von Jesus verkündigten Gott Israels erweist sich so als die Brücke, die – über den „Ostergraben“ hinweg – die Erfahrung der Jünger mit dem Irdischen und ihre solchen Glauben neu ermöglichende Ostererfahrung verbindet. Der Historiker kann diesen Glauben nur konstatieren. Die Glaubensherausforderung, die schon die Botschaft des Irdischen darstellte, bleibt Ostern erhalten. Weder beim Irdischen noch beim Auferstandenen läßt sich „historisch“ beweisen, daß „Gott mit ihm war“. Solche Einsicht erschließt sich nur dem Glaubenden und verlangt den Verzicht auf jegliche „Zeichenforderung“.

Die Osterfrage verweist also im umfassenden Sinn auf die durch die Verkündigung Jesu gestellte Gottesfrage und läßt sich nur von dort her theologisch-systematisch lösen. Wie läßt sich von Gott in Welt und Geschichte theologisch verantwortlich sprechen? Wohl kaum so, daß Gottes Wirken zum Mirakel wird, durch das die „Naturgesetze“ oder die Kausalität geschichtlicher Abläufe außer Kraft gesetzt werden. Vielmehr wird der Glaubende *in* den „normalen“ Abläufen, *zugleich* aber auch gegen sie und gegen den eigenen Unglauben anerkennen, daß Gottes Leben schaffende Kraft in der Geschichte am Werk ist und gegen die Mächte des Bösen und des Todes der Welt und den Menschen eine heilvolle Zukunft eröffnet. Das gilt, wie schon für Jesu Basileia-Ansage, so auch für die Osterbotschaft.

Dies vorausgesetzt, kann und muß historischer Forschung zugestanden werden, auf ihre Weise die historischen Phänomene zu untersuchen und im Rahmen religionspsychologischer und kulturgeschichtlicher Einsichten zu erklären. Im apokalyptischen Milieu Palästinas zur Zeit Jesu, in dem Seher immer wieder beanspruchten, Gesichte geschaut, in Träumen Offenbarungen empfangen oder Himmelsreisen unternommen zu haben (vgl. nur 2 Kor 12,1–4), können visionäre Erlebnisse der Jünger als historisch möglich angesehen werden. Dabei ist die alte Streitfrage, ob es sich um subjektive oder objektive Visionen handelt, durch obige theologische Vorüberlegung gegenstandslos geworden – es sei denn, man versucht „Objektivität" durch parapsychologische Phänomene abzusichern. Die Frage nach den *auch* subjektiven Faktoren dieser Erlebnisse ist historisch, aber auch theologisch legitim.[170] Zwar läßt sich die verbreitete Annahme eines totalen Zusammenbruchs des Glaubens und der Hoffnung der Jünger aufgrund der Hinrichtung Jesu, die apologetisch das „Wunder" der Ostererfahrung absichern soll, nicht verifizieren, doch spricht eine gewisse Wahrscheinlichkeit dafür, daß die Anhänger Jesu durch das „Scheitern" Jesu in eine elementare Krise geführt wurden. Dies um so mehr, je größer die Hoffnungen

---

[170] Michael Reichardt ist in seiner theologischen Diplomarbeit „Die psychologische Erklärung der Ostervisionen in der Exegese seit D. F. Strauß unter Berücksichtigung der Ergebnisse der gegenwärtigen Psychologie", Bamberg 1991, der Frage nachgegangen, ob und wie sich die älteren psychologischen Erklärungsversuche durch neuere Halluzinationstheorien präzisieren lassen. Dabei konnte er „sozialpsychologisch" die Abhängigkeit visionärer Erfahrungen von der sozialen Akzeptanz deutlich machen (159). Die „transkulturelle Psychiatrie" bringt zudem den Nachweis, „daß nicht nur die Definition der Halluzination kulturellen Einflüssen unterliegt, sondern auch ihr Inhalt, ihre Modalität, ihre Bedeutung für den einzelnen sowie ihre Bewertung durch das soziale Umfeld" (187). Besondere Bedeutung kommt meines Erachtens für die Erklärung der Jünger-Visionen Festingers „Theorie der kognitiven Dissonanz" zu, auch wenn sie *nur* „die kognitive Überwindung der durch den Tod Jesu ausgelösten Krise einigermaßen verständlich machen" kann, die „Frage nach der Entstehung der Ostervisionen" aber unbeantwortet läßt (171). Dagegen läßt sich vor allem nach den Untersuchungen von P. D. Slade und R. P. Bental (Sensory Deception. A scientific analysis of hallucination, London–Sydney 1988) ein „gehäuftes Vorkommen von Halluzinationen in streßreichen, kritischen Lebenssituationen (sogenannte life events...)" empirisch nachweisen (213, vgl. auch 199f.).

waren, die er geweckt, je stärker der Eindruck seiner Person und seiner Botschaft sie in der Nachfolge an ihn gebunden, je intensiver die durch ihn vermittelte religiöse Erfahrung des Gottes Israels sie erfaßt hatte. Die Evangelienüberlieferung läßt, wenn auch nur gebrochen, den Eindruck erkennen, den Jesus auf seine Zeitgenossen gemacht hatte. Dies alles stand in einem naheschatologischen Erwartungshorizont, der nicht zuletzt aufgrund der politischen Krisensituation in der damaligen jüdischen Gesellschaft weit verbreitet war. Er bestimmte auch die Verkündigung des Täufers und Jesu und verschaffte beiden spezifische Resonanz. Die Situation der Jünger nach Jesu Tod war also einerseits durch den Zwiespalt zwischen erfahrener Realität und einstiger Bindung an Jesus und andererseits durch die noch andauernde apokalyptische Hoffnung bestimmt. Sie waren in ihrer ganzen Existenz betroffen. Es war dies eine Situation, die, wie die Analogien aus der Religionsgeschichte zeigen, bei einer entsprechenden psychischen Disposition und in einem entsprechenden Milieu zu visionären Erfahrungen führen kann. In der Ostererfahrung der Jünger erwies sich der Gott Jesu und der durch Jesus geweckte Glaube an ihn als die stärkere Macht. Der einstige Bote der Basileia, der sich dieser mit seinem Leben verschrieben hatte, wird nun endgültig zu ihrem eschatologischen Repräsentanten. Auf seine Weise umschreibt schon das Wort Jesu an Petrus in Lk 22,31 f diesen Sachverhalt: „Simon, siehe der Satan hat sich ausbedungen, euch wie Weizen zu sieben. Ich habe für dich gebetet, daß dein Glaube nicht ausgehe (ἐκλίπῃ). Wenn du dich bekehrt hast, stärke deine Brüder".

Bibliographien

G. Ghiberti, Bibliografia sulla risurrezione di Gesù: Resurrexit. Actes du Symposium International sur le Résurrection de Jésus. Rome 1970, Citta del Vaticano 1974, 645–764. – W.G. Kümmel, Das Urchristentum. III. Die Geschichte der Urkirche. ThR 17 (1948/49) 3–50 (vor allem 6–19). – Ders., Das Urchristentum. Nachträge zu Teil I–III: ThR 18 (1950) 1–53 (vor allem 21–24). – (H.W. Bartsch–)H. Rumpeltes–T. Pola, ANRW II/25.1, Berlin 1982, 844–890. – P. Hoffmann, Chronologische Auswahlbibliographie zur Auferstehung Jesu, in: Ders., Zur neutestamentlichen Überlieferung von der Auferstehung Jesu (WdF 522), Darmstadt 1988, 453–483.

Literatur

K. Aland, Der wiedergefundene Markusschluß?: ZThK 67 (1970) 3–13. – M. Albertz, Zur Formengeschichte der Auferstehungsberichte: ZNW 21 (1922) 259–269. – J. E. Alsup, The Post-Resurrection Appearance Stories of the Gospel-Tradition, Stuttgart 1975 (Lit.). – Die Auferstehung Jesu in der neutestamentlichen Überlieferung, Darmstadt 1980 (Lit.). – H. R. Balz, Methodische Probleme der neutestamentlichen Christologie, Neukirchen 1967. – E. Bammel, Herkunft u. Funktion der Traditionselemente in 1 Kor. 15,1–11: ThZ 11 (1955) 401–419. – H.-W. Bartsch, Das Auferstehungszeugnis, Hamburg 1965. – J. Becker, Auferstehung der Toten im Urchristentum, Stuttgart 1976. – Ders., Das Gottesbild Jesu u. die älteste Auslegung v. Ostern: Jesus Christus in Historie u. Theologie. FS Hans Conzelmann, Tübingen 1975, 105–126.– P. Benoit, Marie-Madeleine et les Disciples au Tombeau selon Joh 20, 1–18: Judentum, Urchristentum, Kirche. FS Joachim Jeremias, Berlin u. a. ²1964, 141–152. – K. Berger, Die Auferstehung des Propheten u. die Erhöhung des Menschensohnes, Göttingen 1976. – G. Bertram, Die Himmelfahrt Jesu vom Kreuz aus u. der Glaube an seine Auferstehung: FG Adolf Deissmann, Tübingen 1927, 187–217. – H. D. Betz, Lukian v. Samosata und das NT, Berlin u. a. 1961. – Ders., Ursprung u. Wesen christlichen Glaubens nach der Emmauslegende (Lk 24, 13–32): ZThK 66 (1969) 7–21. – O. Betz, Die Vision des Paulus im Tempel v. Jerusalem. Apg 22,17–21 als Beitrag zur Deutung des Damaskuserlebnisses: Verborum Veritas. FS Gustav Stählin, Wuppertal 1970, 113–123. – E. Bickermann, Das leere Grab: ZNW 23 (1924) 281–292. – Ders., Die römische Kaiserapotheose: ARW 27 (1929) 1–34. – W. Bieder, Die Vorstellung v. der Höllenfahrt Jesu Christi, Zürich u. a. 1949 (Lit.). – J. Blank, Paulus u. Jesus, München 1968. – E. L. Bode, The First Easter Morning. The Gospel Accounts of the Women's Visit to the Tomb of Jesus, Rom 1970 (Lit.). – G. Bornkamm, Der Auferstandene u. der Irdische. Mt 28,16–20: Zeit u. Geschichte. FS Rudolf Bultmann, Tübingen 1964, 171–191. – W. Bousset, Kyrios Christos, Göttingen ²1921. – G. Brakemeier, Die Auseinandersetzung des Paulus mit den Auferstehungsleugnern in Korinth. Diss. Theol. Göttingen 1968.– E. Brandenburger, Die Auferstehung der Glaubenden als historisches und theologisches Problem: WuD 9 (1967) 16–33. – H. Braun, Zur Terminologie der Acta v. der Auferstehung Jesu: ThLZ 77 (1952) 533–536 = Ders., Gesammelte Studien zum NT u. seiner Umwelt, Tübingen ³1971, 173–177. – I. Broer, Das leere Grab – ein Versuch: LuM 42 (1968) 42–51. – Ders., Die Urgemeinde u. das Grab Jesu, München 1972 (Lit.). – Ders., Zur heutigen Diskussion der Grabesgeschichte: BiLe 10 (1969) 40–52. – L. Brun, Die Auferstehung Christi in der urchristl. Überlieferung, Oslo 1925. – Ders., Der Auferstehungsbericht des Mk: ThStKr 87 (1914) 346–388. – R. Bultmann, Die Geschichte der synoptischen Tradition, Göttingen, ⁸1970. – C. Bussmann, Themen der paulinischen Missionspredigt auf dem Hintergrund der spät-jüdisch-hellenistischen Missionsliteratur, Bern/Frankfurt/M. 1971. – H. v. Campenhausen, Der Ablauf der Osterereignisse u. das leere Grab: Tradition u. Leben, Tübingen 1960, 48–113. – Ders., Das Bekenntnis im Urchristentum: ZNW 63 (1972) 210–253. – J. P. Charlot, The Construction of the Formula in 1 Corinthians 15, 3–5, Diss. München 1968. – H. Conzelmann, Was glaubte die frühe Christenheit: Theologie als Schriftauslegung, München 1974, 106–119. – Ders., Zur Analyse der Bekenntnisformel I Kor. 15,3–5: EvTh 25 (1965) 1–11. – Ders.,

Der erste Brief an die Korinther (KEK 5), Göttingen [2]1981. – G. Dautzenberg, Urchristliche Prophetie, Stuttgart 1975. – R. Deichgräber, Gotteshymnus u. Christushymnus in der frühen Christenheit, Göttingen 1967. – G. Delling, Die Bedeutung der Auferstehung Jesu für den Glauben an Jesus Christus: Die Bedeutung der Auferstehungsbotschaft für den Glauben an Jesus Christus, Gütersloh [5]1967, 65–90 = Ders., Studien zum NT u. zum hellenistischen Judentum, Göttingen 1970, 347–370. – Ders., Geprägte partizipiale Gottesaussagen in der urchristlichen Verkündigung: ebd., 401–416. – Ders., Partizipiale Gottesprädikationen in den Briefen des NT: StTh 17 (1963) 1–59. – M. Dibelius, Die Formgeschichte des Evangeliums, Tübingen [6]1971. – Diskussion um Kreuz u. Auferstehung, hg. v. B. Klappert, Wuppertal [4]1971. – E. v. Dobschütz, Ostern u. Pfingsten. Eine Studie zu 1 Kor 15, Leipzig 1903. – C. H. Dodd, The Apostolic Preaching and Its Developments, London [3]1963. – Ders., The Appearances of the Risen Christ: Studies in the Gospels. Essays in Memory of Robert Henry Lightfoot, Oxford 1957, 9–35. – J. Dupont, Ressuscité „Le Troisième Jour“: Bib. 40 (1959) 742–761. – A. Ehrhardt, The Disciples of Emmaus: NTS 10 (1963/64) 182–201. – Ders., Emmaus, Romulus u. Apollonius: Mullus. FS Theodor Klauser, Münster 1964, 93–99 – S. Eitrem, Zur Apotheose: SO 10 (1931) 31–56; 11 (1932) 11–34; 15 (1936) 111–137. – J. Ernst, Schriftauslegung u. Auferstehungsglaube bei Lukas: ThGl 60 (1970) 360–374. – C. F. Evans, Resurrection and the NT, London 1970. – E. Fascher, Anastasis – Resurrectio – Auferstehung: ZNW 40 (1941) 166–229. – J. Finegan, Die Überlieferung der Leidens- u. Auferstehungsgeschichte Jesu, Gießen 1934. – K. M. Fischer, Tendenz u. Absicht des Epheserbriefes, Göttingen 1973. – R. T. Fortna, The Gospel of Signs, Cambridge 1970. – H. Frankemölle, Jahwebund u. Kirche Christi, Münster 1974. – G. Friedrich, Die Auferweckung Jesu, eine Tat Gottes oder ein Interpretament der Jünger?: KuD 17 (1971) 153–187. – Ders., Die Bedeutung der Auferweckung Jesu nach Aussagen des NT: ThZ 27 (1971) 305–324. – Ders., Lk 9,51 und die Entrückungschristologie des Lukas: Orientierung an Jesus. FS Josef Schmid, Freiburg 1973, 48–77. – Ders., Ein Tauflied hellenistischer Judenchristen. 1. Thess. 1,9f.: ThZ 21 (1965) 502–516. – J. Gewieß, Die urapostolische Heilsverkündigung nach der Apostelgeschichte, Breslau 1939. – S. MacLean Gilmour, The Christophany to more than Five Hundred Brethren: JBL 80 (1961) 248–252. – M. Goguel, La foi à la résurrection de Jésus dans le christianisme primitif, Paris 1933. – H. Graß, Ostergeschehen u. Osterberichte, Göttingen [4]1970. – E. Gutwenger, Zur Geschichtlichkeit der Auferstehung Jesu: ZKTh 88 (1966) 257–282. – F. Hahn, Der Apostolat im Urchristentum: KuD 20 (1974) 54–77. – Ders., Christologische Hoheitstitel, Göttingen [2]1964. – A. v. Harnack, Die Verklärungsgeschichte Jesu, der Bericht des Paulus (1. Kor. 15,3ff.) und die beiden Christusvisionen des Petrus: SPAW.PH 1922, 62–80. – G. Hartmann, Die Vorlage der Osterberichte in Joh 20: ZNW 55 (1964) 197–220. – H.-P. Hasenfratz, Die Rede von der Auferstehung Jesu Christi, Bonn 1975. – M. Hengel, Maria Magdalena u. die Frauen als Zeugen: FS Otto Michel, Leiden/Köln 1963, 243–256. – E. Hirsch, Die Auferstehungsgeschichten u. der christliche Glaube, Tübingen 1940. – P. Hoffmann, Mk 8,31: Orientierung an Jesus, FS Josef Schmid, Freiburg 1973, 170–204. – Ders., Studien zur Theologie der Logienquelle, Münster [3]1982. – Ders., Die Toten in Christus, Münster [3]1978. – O. Hofius, Eine altjüdische Parallele zu Röm. IV.17b.: NTS 18 (1971/72) 93f. – K. Holl, Der Kirchenbegriff des Paulus in seinem Verhältnis zu dem der

Urgemeinde: SPAW.PH 1921, 920–947. – T. Holtz, Zum Selbstverständnis des Apostels Paulus: ThLZ 91 (1966) 321–330. – B. J. Hubbard, The Matthean Redaction of a primitive Apostolic Commissioning, Michigan 1974. – J. Jeremias, Die Abendmahlsworte Jesu, Göttingen [3]1960 [4]1967. – Ders., Die Drei-Tage-Worte der Evangelien: Tradition u. Glaube. FG Karl Georg Kuhn, Göttingen 1971, 221–229. – G. Kegel, Auferstehung Jesu – Auferstehung der Toten, Gütersloh 1970. – K. Kerényi, Die griechisch-orientalische Romanliteratur, Darmstadt [2]1962. – K. Kertelge, Apokalypsis Jesou Christou: NT u. Kirche. FS Rudolf Schnackenburg, Freiburg 1974, 266–281. – B. Klappert, Zur Frage des semitischen oder griech. Urtextes von I. Kor XV,3–5: NTS 13 (1966/67) 168–173. – W. Kramer, Christos Kyrios Gottessohn, Zürich 1963. – R. Kratz, Auferwekkung als Befreiung, Stuttgart 1973. – J. Kremer, Das älteste Zeugnis v. der Auferstehung Christi. Eine bibeltheologische Studie zur Aussage u. Bedeutung von 1 Kor 15,1–11, Stuttgart 1966. – Ders., „Der Herr ist wahrhaft auferstanden". Zur Überlieferung u. Form v. Lk 24,34: LuM 42 (1968) 33–41. – G. Kretschmar, Auferstehung des Fleisches: Leben angesichts des Todes. FS Helmut Thielicke, Tübingen 1968, 101–137. – W. Langbrandtner, Weltferner Gott oder Gott der Liebe, Frankfurt a. M. 1977. – J. Lange, Das Erscheinen des Auferstandenen im Evangelium nach Matthäus, Würzburg 1973. – K. Lehmann, Auferweckt am dritten Tag nach der Schrift, Freiburg 1968. – J. Leipoldt, Zu den Auferstehungs-Geschichten: ThLZ 73 (1948) 737–742. –J. Lindblom, Gesichte u. Offenbarungen, Lund 1968. – G. Lohfink, Die Himmelfahrt Jesu, München 1971. – Ders., Paulus vor Damaskus, Stuttgart 1966. – E. Lohmeyer, „Mir ist gegeben alle Gewalt". In memoriam Ernst Lohmeyer, Stuttgart 1951, 22–49. – D. Lührmann, Das Offenbarungsverständnis bei Paulus u. in paulinischen Gemeinden, Neukirchen 1965. – U. Luz, Das Geschichtsverständnis des Paulus, München 1968. – R. Mahoney, Two Disciples at the Tomb, Frankfurt / Bern 1974. – B. J. Malina, The Literary Structure and Form of Matt. XXVIII.16–20: NTS 17 (1970/71) 87–103. – W. Marxsen, Die Auferstehung Jesu als historisches u. als theologisches Problem, Gütersloh [2]1965 = Die Bedeutung der Auferstehungsbotschaft für den Glauben an Jesus Christus, Gütersloh [5]1967, 9–39. – Ders., Die Auferstehung Jesu v. Nazareth, Gütersloh 1968. – Ders., Der Evangelist Markus, Göttingen [2]1959. – H. K. McArthur, „On the Third Day": NTS 18 (1971/72) 81–86. – B. M. Metzger, A Suggestion Concerning the Meaning of 1 Cor. XV. 4b: JThS 8 (1957) 118–123. – A. Meyer, Die Berichte über Auferstehung, Himmelfahrt und Pfingsten, Tübingen 1905. – W. Michaelis, Die Erscheinungen des Auferstandenen, Basel 1944. – O. Michel, Der Abschluß des Matthäusevangeliums: EvTh 10 (1950/51) 16–26. – Ders., Ein johanneischer Osterbericht: Studien zum NT u. zur Patristik. FS Erich Klostermann, Berlin 1961, 35–42. – Ders., Jüdische Bestattung u. urchristliche Ostergeschichte: Jud 16 (1960) 1–5. – H. Mölle, Das „Erscheinen" Gottes im Pentateuch, Bern 1973. – K. Müller, Menschensohn u. Messias: BZ NS 16 (1972) 161–187; 17 (1973) 52–66. – U. B. Müller, Messias u. Menschensohn in jüdischen Apokalypsen u. in der Offenbarung des Johannes, Gütersloh 1972. – J. Munck, Discours d'adieu dans le NT et dans la littérature biblique: Aux sources de la tradition chrétienne, Neuchâtel 1950, 155–170. – W. Nauck, Die Bedeutung des leeren Grabes für den Glauben an den Auferstandenen: ZNW 47 (1956) 243–267. – F. Neirynck, Les Femmes au tombeau: NTS 15 (1968/69) 168–190. – Ders., Le récit du tombeau vide dans l'évangile de Luc (Lc 24,1–12): OLoP 6/7 (1975)

427–441. – E. Norden, Agnostos Theos, Darmstadt [4]1956. – J. M. Nützel, Zum Schicksal der eschatologischen Propheten: BZ NS 20 (1976) 59–94. – A. Oepke, Wie entsteht nach den Schriften des NT der Glaube an die Auferstehung Jesu?: WZ(L).GS 3 (1953/54) 109–115. – P. von der Osten-Sacken, Die Apologie des paulinischen Apostolats in I Kor 15,1–11: ZNW 64 (1973) 245–262. – H. Paulsen, Überlieferung und Auslegung in Röm 8, Neukirchen 1974. – E. Pax, ΕΠΙΦΑΝΕΙΑ, München 1955. – N. Perrin, The Resurrection Narratives, London 1977. – R. Pesch, Die Passion des Menschensohnes: Jesus u. der Menschensohn. FS Anton Vögtle, Freiburg 1975, 166–195. – Ders., Der reiche Fischfang, Düsseldorf 1969 (Lit.). – Ders., Der Schluß der vormarkinischen Passionsgeschichte u. des Markusevangeliums: L'Évangile selon Marc, Gembloux/Leuven 1974, 365–409. – Ders., Zur Entstehung des Glaubens an die Auferstehung Jesu: ThQ 153 (1973) 201–228. – F. Pfister, Der Reliquienkult im Altertum, Gießen 1909. – W. Popkes, Christus traditus, Zürich 1967. – R. Reitzenstein, Die hellenistischen Mysterienreligionen, Darmstadt [4]1956. – K. H. Rengstorf, Die Auferstehung Jesu, Witten [5]1967. – M. Rese, Formeln u. Lieder im NT: VF 15 (1970) 75–95. – G. Richter, Die Fleischwerdung des Logos im Johannesevangelium: Studien zum Johannesevangelium, Regensburg 1977, 149–198. – B. Rigaux, Dieu l'a ressuscité, Gembloux 1973. – J. Roloff, Das Markusevangelium als Geschichtsdarstellung: EvTh 29 (1969) 73–93. – L. Schenke, Auferstehungsverkündigung u. leeres Grab, Stuttgart [2]1969. – H. Schieber, Konzentrik im Matthäusschluß: Kairos 19 (1977) 286–307. – G. Schille, Das Leiden des Herrn: ZThK 52 (1955) 161–205. – Ders., Osterglaube, Stuttgart u. a. 1973. – H. Schlier, Kerygma u. Sophia: EvTh 10 (1950/51) 481–507. – P. W. Schmiedel, Art. Resurrection- and Ascension-Narratives: EB(C) 4 (1903) 4039–4087. – A. Schmitt, Entrückung – Aufnahme – Himmelfahrt, Würzburg 1973. – Ders., Ps 16,8–11 als Zeugnis der Auferstehung in der Apostelgeschichte: BZ NS 17 (1973) 229–248. – J. Schmitt, Jésus ressuscité dans la prédication apostolique, Paris 1949 (Lit.). – Ders., Résurrection de Jesus: DBS 10 (Paris 1981/82) 487–592. – R. Schnackenburg, Zur Aussageweise „Jesus ist (von den Toten) auferstanden“: BZ NS 13 (1969) 1–17. – F. Schnider/W. Stenger, Beobachtungen zur Struktur der Emmausperikope (Lk 24, 13–35): BZ NS 16 (1972) 94–114. – P. Schubert, The Structure and Significance of Lc 24: FS Rudolf Bultmann, Berlin 1954, 165–186. – E. Schwartz, Osterbetrachtungen: ZNW 7 (1906) 1–33. – Ders., Aporien im vierten Evangelium. I: NGWG.PH (1907) 342–372. – A. Seeberg, Der Katechismus der Urchristenheit, Leipzig 1903. – P. Seidensticker, Das antiochenische Glaubensbekenntnis 1 Kor 15,3–7 im Lichte seiner Traditionsgeschichte: ThGl 57 (1967) 286–323. – F. C. Sleeper, Pentecost and Resurrection: JBL 84 (1965) 389–399. – R. Staats, Die Sonntagnachtgottesdienste der christlichen Frühzeit: ZNW 66 (1975) 242–263. – O. H. Steck, Israel u. das gewaltsame Geschick der Propheten, Neukirchen 1967. – B. Steinseifer, Der Ort der Erscheinungen des Auferstandenen: ZNW 62 (1971) 232–265. – G. Strecker, Die Leidens- u. Auferstehungsvoraussagen im Markusevangelium (Mk 8,31; 9,31; 10,32–34): ZThK 64 (1967) 16–39. – P. Stuhlmacher, Das Bekenntnis zur Auferweckung Jesu v. den Toten u. die Biblische Theologie: ZThK 70 (1973) 365–403. – Ders., „Kritischer müßten mir die Historisch-Kritischen sein!“: ThQ 153 (1973) 244–251. – Ders., Das paulinische Evangelium. I. Vorgeschichte, Göttingen 1968. – G. Theißen, Urchristl. Wundergeschichten, Gütersloh 1974. – W. Thüsing, Erhöhungsvorstellung u. Parusieerwartung in der ältesten nachösterlichen Christologie: BZ NS 11 (1967) 95–108. 205–222; 12 (1968) 54–80. 223–240. – H. Thyen, Aus der Literatur zum Johannesevangelium: ThR 39 (1974) 1–69. 222–252. 289–330; 42 (1977) 211–270. – A. Vögtle/R. Pesch, Wie kam es zum Osterglauben?, Düsseldorf 1975. – G. Wagner, Das religionsgeschichtliche Problem v. Römer 6,1–11, Zürich 1962 (Lit.). – J. Wanke, Die Emmauserzählung, Leipzig 1973. – Ders., „... wie sie ihn beim Brotbrechen erkannten“: BZ NS 18 (1974) 180–192. – K. Wegenast, Das Verständnis der Tradition bei Paulus u. in den Deuteropaulinen, Neukirchen 1962. – P. Weigandt, Der Doketismus im Urchristentum und in der theologischen Entwicklung des zweiten Jahrhunderts, Diss. Heidelberg 1961. – J. Wellhausen, Das Evangelium Johannis, Berlin 1908. – K. Wengst, Christologische Formeln u. Lieder des Urchristentums, Gütersloh 1972. – U. Wilckens, Auferstehung, Stuttgart 1970. – Ders., Die Missionsreden der Apg, Neukirchen [3]1974. – Ders., Die Perikope vom leeren Grab Jesu in der nachmarkinischen Traditionsgeschichte: FS Friedrich Smend, Berlin 1963, 30–41. – Ders., Der Ursprung der Überlieferung der Erscheinungen des Auferstandenen: Dogma u. Denkstrukturen. FS Edmund Schlink, Göttingen 1963, 56–95. – H. Windisch, Die Christusepiphanie vor Damaskus (Act 9,22 und 26) u. ihre religionsgeschichtlichen Parallelen: ZNW 31 (1932) 1–23.

Zur Problematik der christologischen Karriere des Jesus von Nazareth

Die anstehende Sachfrage läßt sich mit dem bekannten Satz A. Loisys umschreiben: »Jesus predigte das Reich Gottes — gekommen ist die Kirche« und damit auch das Dogma. Die so von Loisy charakterisierte Problematik umfaßt verschiedene Aspekte: Mit Max Weber läßt sich die frühe *Kirchenentwicklung* als Transformierung der ursprünglich charismatisch-revolutionären Jesusbewegung über personal-emotionale Vergemeinschaftungen in der Frühzeit der Kirche (etwa bis 150) zur amtskirchlichen Institution mit ihren patriarchalistisch-traditionalen Autoritätsstrukturen begreifen. Es ist der »Veralltäglichungs«-Prozeß des Charismas. Dabei besteht kaum Zweifel, daß das von Paulus entworfene Konzept einer charismatischen Gemeinde (1 Kor 12; Röm 12) — trotz der auch hier bestehenden Diskontinuitäten — dem jesuanischen Ursprung nähersteht als das Kirchenbild der pseudo-paulinischen Pastoralbriefe, in denen die spätere Entwicklung vorweggenommen erscheint. Welche Chancen in der späteren Kirchengeschichte verpaßt wurden, läßt sich leicht an dem von Paulus in Gal 3,28 zitierten frühchristlichen Programmwort ablesen. »Ihr seid alle Söhne (und Töchter) Gottes durch den Glauben an Jesus Christus ... Da gilt nicht Jude oder Grieche, nicht Sklave oder Freier, nicht männlich oder weiblich. Alle seid ihr Einer in Jesus Christus.«

Parallel zum Institutionalisierungsprozeß läßt sich eine analoge Entwicklung im Bereich des *christlichen Ethos* und der *gemeindlichen Praxis* beobachten. Dazu zwei Beispiele: Bildete die Feindesliebe die Basisaussage jesuanischer Basileia-Ethik[1], dominiert am Ende des neutestamentlichen Zeitalters im christlichen Selbstverständnis (vgl. vor allem 1 Joh) die »Bruderliebe«, die unter dieser Perspektive durchaus fragwürdige »christliche Brüderlichkeit«. Kennzeichnend für die frühe Entwicklung ist zweitens der faktische Ausfall der

1 Vgl. *J. Becker*, Feindesliebe — Nächstenliebe — Bruderliebe: ZEE 25 (1981) 5—17.

authentischen Jesustradition im hellenistisch-christlichen Traditionsbereich und statt dessen die unterschiedliche Rezeption hellenistischer bzw. hellenistisch-jüdischer Verhaltensmodelle im Bereich der Paränese und des Ethos. Ein prägnantes Beispiel bieten die sogenannten christlichen Haustafeln: Im Kolosserbrief kommt es zu einer Rezeption einer um den Ausgleich zwischen der patriarchalen Autorität und dem hellenistischen Ideal der Gleichheit aller bemühten Ökonomik: Ihr Frauen seid den Männern untertan — ihr Männer liebt eure Frauen. Die Pastoralbriefe hingegen sind durch die Rückkehr zu dem im hellenistischen Denken gleichfalls vorgegebenen rigiden Patriarchalismus bestimmt. Ihm fallen allerdings auch die Männer zum Opfer, insofern aufgrund des einseitig patriachalen Verständnisses des Gemeindeleiters als pater familias die übrigen männlichen Mitglieder der Gemeinde in die gleiche Unmündigkeit wie die Frauen gestellt werden. Ich möchte es bei diesen Andeutungen belassen, weil mich im folgenden ein dritter Aspekt interessiert, der allerdings nicht unabhängig von dem erstgenannten gesehen werden darf.

Welche Rolle spielt *die Entwicklung der Christologie,* die Divinisierung Jesu, in diesem Gesamtprozeß? Bestehen hier Zusammenhänge? Auch hier muß ich mich auf Andeutungen bzw. Mutmaßungen beschränken. Ich nehme drei Etappen in den Blick: Zunächst Jesus selbst, sodann die Anfänge der Christologie in den palästinischen Gemeinden und schließlich deren Hellenisierung im außerpalästinischen hellenistisch-jüdischen Traditionsbereich. Dabei sehe ich diesen Prozeß nicht unter dem Aspekt einer Verfallsgeschichte. Die Jesustradition bedurfte der Transformierung im Kontext neuer historischer und kultureller Situationen. Die Kontinuität gibt es nur in der Diskontinuität der Zeiten und Kulturen und der Variation des Kerygmas (E. Käsemann). Dennoch muß auch danach gefragt werden, *was* jeweils der Preis für solche Aktualisierung war. Was ging konkret an *jesuanischem* Erbe verloren? Zu welchen Perspektive-Verschiebungen kam es? Die Fragen verfolgen ein *aktuelles* Interesse. Ist es angesichts des neuzeitlichen Abschieds von der Metaphysik überhaupt noch sinnvoll bzw. verantwortbar, an dieser auch für uns der Vergangenheit angehörenden hellenistischen Rezeptionsgeschichte Jesu mit den allenthalben in der Dogmatik zu beobachtenden ideologischen Eiertänzen festzuhalten, oder verlangt der geistesgeschichtliche Bruch auch theologisch-christologisch eine Neuorientierung am Ursprung?

Damit komme ich zum Thema: Der Weg Jesu vom verachteten und gehängten Propheten aus Galiläa zum präexistenten Gottessohn und schließlich zur zweiten Person in dem trinitarisch begriffenen *einen* Gott der israelitischen Glaubensgeschichte.

1. Formale Beobachtungen

Ich beginne mit einer eher *formalen Vorbemerkung* zur Entwicklung der Christologie. Folgende Verschiebungen lassen sich beobachten:

Die ältesten christologischen Aussagen erscheinen nicht als »Lehr«-Aussagen; sie sind nicht an einer christologischen Systematik interessiert. Den Gattungen nach handelt es sich vielmehr um Gebetsrufe (Maranatha), Doxologien (»Wir preisen dich Jahwe, der du Jesus von den Toten erweckt hast«), Akklamationen (»Herr ist Jesus«), Hymnen (Phil 2,6ff). Die ersten Formen eines Jesusbekenntnisses setzten also eine »kultische« Situation voraus, was man auch im Einzelnen darunter verstehen mag. Auch die sogenannten Bekenntnisformeln (bis hin zum Apostolicum) dürften aus der Tauffeier stammen. Das bedeutet aber: aufgrund ihres Sitzes im Leben sind diese Aussagen, selbst wenn sie für die spätere christologische Systematik relevante Sachverhalte artikulieren, an diesen nicht als solchen interessiert, vielmehr wird mit deren Hilfe einer existentiellen Heilserwartung bzw. Heilserfahrung Ausdruck gegeben. Das mag auch ihre begriffliche Unschärfe und erstaunliche Variabilität erklären. Entscheidend ist aber: »Christologisches« erscheint als Exponent/Chiffre einer zugrundeliegenden Glaubenserfahrung. Christologie läßt sich von der Anthropologie nicht trennen.

Dem entspricht, daß die frühen Aussagen primär *soteriologisch,* noch nicht *christologisch* im engeren Sinn einer dogmatischen Lehre über das Sein und Wesen Jesu Christi orientiert sind. So ist der Jesus der palästinischen Tradition in 1 Thess 1,10 der »Retter im kommenden Zorngericht«, wird er hellenistisch in Phil 2 als der »Herr« über die Mächte begriffen, der von den Zwängen dieses Äons befreit. Dasselbe etwas anders gewendet: Bei der Aufnahme vorgegebener Heilbringer-Titulaturen (Menschensohn, Messias, Gottessohn, Kyrios, Heiland usw.) und »christologischer Motive« (Präexistenz, Schöpfungsmittlerschaft, Geistzeugung, jungfräuliche Geburt) geht es nicht primär um Aussagen über das *Wesen* Jesu, sondern um die Artikulation seiner heilsmittlerischen *Funktion.* Wir haben es also nicht mit einer *ontologischen,* sondern eher *funktionalen* Christologie zu tun.

In diesem Sinn geht es der ältesten Osteraussage (»Gott, der Jesus von Toten erweckte«) nicht primär um die Lebendigmachung eines Toten, sondern darum, daß der in Israel abgelehnte Jesus von Gott Recht bekam, seine Botschaft gültig bleibt — trotz der Hinrichtung als »falscher Prophet«. Seine Identifikation mit dem auf den Wolken des Himmels kommenden Menschensohn (Dan 7) gibt seiner *eschatologischen* Bedeutung Ausdruck; an ihm und seiner Botschaft entscheidet sich das ewige Geschick.

Daß aus diesem galiläischen Propheten Jesus zunächst der eschatologische Retter und Menschensohn und schließlich ein vom Himmel herabgestiegenes präexistentes göttliches Wesen und — allerdings erst lange nach der neutestamentlichen Frühzeit — die zweite Person in dem trinitarisch begriffenen *einen* Gott der biblischen Glaubensgeschichte wurde, ist das Ergebnis einer komplexen Entwicklung. Sie hängt höchstwahrscheinlich mit dem Übergang der jüdisch-apokalyptischen Basileia-Botschaft Jesu in den antiken hellenistisch-römischen Kulturbereich zusammen. Diese Entwicklung und ihre jeweiligen Implikationen sollen nun in drei Momentaufnahmen dargestellt werden.

2. Der charismatische Ursprung: Die Basileia-Botschaft des Propheten Jesus von Nazareth

Jesus tritt — von der Naherwartung Johannes des Täufers inspiriert, als Bote der seiner Meinung nach in diesem Augenblick in die böse Weltzeit einbrechenden Gottesherrschaft auf. Gottes endzeitliches Befreiungshandeln, die Restitution der Schöpfung und damit die eschatologische Heilung des von den Mächten des Bösen deformierten Menschen, dem sich Gott als seinem geliebten Geschöpf zuwendet, beginnen. Dieser schöpfungsbezogene universale Horizont und die damit verbundene strenge Theozentrik, die übrigens auch die zeitgenössische Apokalyptik bestimmen, sind für Jesu Botschaft und sein Selbstverständnis grundlegend und daher unaufgebbar. Nicht er bringt die Basileia, die Basileia bringt ihn mit (R. Otto). Er ist Bote, Zeuge, Exponent dieses universalen den ganzen Kosmos umfassenden Geschehens. Als solcher sagt er allerdings das göttliche Befreiungshandeln nicht nur an, sondern läßt sich auch in seiner Praxis von ihm leiten. Seine Taten, die Zuwendung zu den Marginalisierten, die Heilung der Besessenen, die Gemeinschaft mit Sündern und Zöllnern sind situationsbezogene Antizipation der kommenden Basileia in dieser den Mächten des Bösen noch verfallenen Geschichte. Seine ethische Mahnung will seine Zeitgenossen zu einem basileiagemäßen Umgang miteinander motivieren. Als *Basileia*-Ethik steht sie in einem universalen Horizont und zielt — über Israel hinaus — auf eine neue, dem Schöpfer gemäße menschliche Gesellschafts- und Weltordnung.

Jesu *Selbstbewußtsein* läßt sich religionssoziologisch am ehesten mit der Kategorie des Propheten beschreiben, wenngleich Jesus selbst diese Kategorie nicht als ausreichend angesehen haben dürfte. Schon Johannes ist für ihn »mehr als ein Prophet« (Lk 7,26); in seinem eigenen Auftreten ist »mehr als Salomo« und »mehr als Jona« (Lk 11,31f) da. Damit wird für beide nicht etwa eine besonderc Wesensqualität reklamiert; vielmehr wird so ihre geschichtliche, d.h. eschatologische Qualifikation als Gottes *letzte* Boten zum Ausdruck gebracht. An ihrer Botschaft entscheidet sich das endzeitliche Geschick der von ihnen angesprochenen Menschen.

Der sogenannte Bekennerspruch Mt 10,32f bringt den Sachverhalt, falls er in der mt. Fassung authentisch ist, explizit zum Ausdruck: »Wer sich zu mir bekennt vor den Menschen, zu dem werde ich mich bekennen vor den Engeln Gottes; wer mich verleugnet vor den Menschen, den werde ich verleugnen vor den Engeln Gottes.« Jesus scheint hier für sich im bevorstehenden endzeitlichen Gericht die Rolle eines Zeugen, Bürgen, Fürsprechers bzw. Klägers in Anspruch zu nehmen. Nach dem nahezu einhellig als authentisch anerkannten Logion Mk 14,25 kündigt Jesus in der Stunde des Abschiedmahles den Jüngern seine Teilnahme am endzeitlichen Freudenmahl Gottes (vgl. Jes 25) an. Das besagt zumindest, daß er mit seiner Rehabilitierung durch Gott rechnete, während er, wie Mt 8,11f erkennen läßt, denen, die seine Botschaft ablehnen, den Ausschluß von diesem Mahl ankündigt.

In diesen Aussagen wird der exorbitante Anspruch des Propheten Jesus greifbar. Nicht zufällig hat die Verwandtschaft Jesus als »verrückt« nach Hause zurückholen wollen (Mk 3,20f). Deutlich wird aber auch, daß dieser Anspruch Jesu weder der messianischen Titulatur der jüdischen Tradition noch der Vorstellung einer göttlichen Wesenheit, Präexistenz oder Schöpfungsmittlerschaft zu seiner Artikulation bedurfte. Der Anspruch war Jesus selbst in seinem Auftreten. So hat Jesus auch seinen Zeitgenossen das geforderte

Legitimationszeichen verweigert, da er sich selbst mit seiner Predigt als das Zeichen für sie wußte, wie es Jonas für die Niniviten war. Läßt sich in diesem Sinn von einer Art »christologischen« Autarkie Jesu sprechen? Der Vermittler ist die Botschaft, die Botschaft ist der Vermittler. Die traditionellen Heilbringer-Requisiten hat er zu seiner Selbst-Darstellung nicht nötig. Andererseits wird jedoch in diesem Anspruch Jesu auch die historische Vorgabe der späteren Entwicklung greifbar; die nachösterliche Gemeinde wird sie *christologisch,* d.h. mit Hilfe des ihr jeweils vorgegebenen Heilbringer-Repertoires auslegen.

3. Die Anfänge der Christologisierung im palästinischen Traditionsbereich

Mit O. Pfleiderer[2] muß der »Glaube an die baldige Wiederkunft Jesu« als das erste und »einzige Dogma« der ersten Christen angesehen werden. Ausgelöst wurde diese Erwartung durch die Ostervisionen. Sie sind Ausdruck (und zugleich subjektiver Grund) der Überzeugung der Jünger, daß Jesus mit seiner Botschaft und seinem Anspruch von Gott bestätigt ist — trotz des »Fluchtodes« am Kreuz.

Unsicher und daher in der Diskussion umstritten ist, ob diese Erwartung sich ursprünglich bereits in traditionellen messianischen Vorstellungen artikulierte und welche der Vorstellungen, die nationale Messiaserwartung (Jesus = Messias/ Christus = Sohn Gottes) oder die auf Dan 7 zurückgehende Menschensohn-Erwartung, die beide ja in der späteren Christologie Bedeutung gewinnen, dabei die entscheidende Rolle spielte. Eher gegen eine frühe Aufnahme christologischer Titulaturen spricht das einzige sicher auf die aramäische Urgemeinde zurückgehende Zeugnis: der noch im aramäischen Wortlaut erhaltene Gebetsruf »Maranatha/unser Herr, komme« (vgl. 1 Kor 16,22; Apk 22,20).

Der Wiederkommende wird hier als *mare/kyrios* angerufen. Handelt es sich dabei *nur* um die Weiterführung der einstigen respektvollen Anrede des Irdischen, wie sie dem allgemeinen Sprachgebrauch des aramäischen *mare* entspricht, nur eschatologisch gewendet? Oder schwingt hier schon der Gedanke der Teilhabe an göttlicher »Herrlichkeit« und »Herrschaft« mit, wie die Nähe zur Anrede

---

2 Religion und Religionen, München 1906, 453.

Jahwes als Herr/*adonai*/*kyrios* nahelegt? Sicher auszuschließen ist aufgrund der jüdischen Denkvoraussetzungen der frühen Gemeinde der Gedanke einer *Vergöttlichung* Jesu oder seiner *Gleichstellung* mit dem einen Gott und Herrn Jahwe. Andererseits ist zweifellos aus dem einstigen Basileia-Boten und Zeugen im bevorstehenden Gericht nun *jemand* geworden, der so eng mit dem eschatologischen Gotteshandeln verbunden ist, daß *sein* »Wiederkommen« (aus den Himmeln) mit dem endgültigen Anbruch der endzeitlichen Gottesherrschaft gleichgesetzt werden kann, ohne daß allerdings seine Rolle näher präzisiert wäre.

Wenn in solcher Weise von Jesu *Kommen* die Rede ist, wird für seine Wiederkunft ein Leitbegriff verwendet, der gattungsgemäß zu den Schilderungen der Theophanie Jahwes im AT gehört. So heißt es schon Dt 33,2: »Jahwe kam vom Sinai, er glänzte ihnen auf von Seir, er strahlte auf vom Gebirge Pharan, mit ihm Tausende von Heiligen.« Das bedeutet aber: Die erwartete Wiederkunft Jesu wird mit Zügen der Jahwe-Theophanie ausgestattet. Dieser Trend läßt sich auch an verschiedenen Menschensohn-Aussagen beobachten. In der sogenannten synoptischen Apokalypse Mk 13, die auf judäische Kreise der späten sechziger Jahre zurückgeht, wird das Kommen des Menschensohns auf den Wolken des Himmels in »viel Macht und Herrlichkeit« durch die Erschütterung des ganzen Kosmos eingeleitet, »Engel« begleiten ihn. Ähnlich greift die Rede vom »Tag des Menschensohns« im apokalyptischen Abschnitt der Logienquelle Lk 17 auf den alttestamentlichen »Tag Jahwes« zurück.

Diese — in einem jüdischen Kontext zweifellos überraschende — Übertragung von Zügen der Jahwe-Theophanie auf einen eschatologischen Mandatar Gottes bewegt sich — das ist für die Interpretation und theologisch-christologische Auswertung dieser Aussagen von grundlegender Bedeutung — durchaus noch in den Bahnen zeitgenössischen jüdisch-apokalyptischen Denkens. Sie bleibt damit im Rahmen eines streng am monotheistischen Gottesbekenntnis orientierten Denkens. Interessanterweise lassen sich schon an der jüdischen Entfaltung der Menschensohn-Vorstellung analoge Prozesse beobachten, also gerade an jenem Vorstellungsstrang, der im palästinisch-syrischen Traditionsbereich (Q und Mk 13) zur Explikation der eschatologischen Bedeutung Jesu herangezogen wurde.

Der älteste für uns greifbare Beleg — der »Urtext« dieses Vorstellungsstrangs — ist die höchstwahrscheinlich auch schon dem Verfasser des aramäischen Danielbuches vorgegebene Vision Dan

7,9f.13f. Nach ihr wird einem himmlischen Wesen, das aussieht »wie ein Menschensohn (= Mensch)« vom Alten der Tage universelle Herrschaft übertragen. Für den Redaktor dieses ersten Teils des Danielbuches wird diese von ihm wahrscheinlich als Engel verstandene Gestalt zum Repräsentanten des »ewigen Reiches des Himmelsgottes«, wie der Rückbezug von Dan 7,14 auf 2,44 deutlich macht.

In den Bilderreden des äthiopischen Henochbuches läßt sich ein weit komplexerer Interpretationsprozeß beobachten. Hier wird dieser Menschensohnartige von Dan 7 als ein präexistentes Himmelswesen beschrieben, das vom »Herrn der Geister« auf den »Thron der Herrlichkeit«, also auf den »Jahwe-Thron« (!), gesetzt wird. Er ist der Richter über die Mächtigen der Erde und der Retter der Gemeinde der Auserwählten und Gerechten. Zugleich werden auf diesen eschatologischen Mister X auch eher traditionelle messianische Vorstellungen übertragen, wie seine Identifizierung mit dem »Erwählten« und »Gesalbten« zeigt. Das heißt: die traditionelle nationale Messianologie wird in den göttlichen Bereich transformiert. In 71,14ff schließlich wird dieser himmlische Menschensohn mit dem nach Gen 5,24 in die Himmel entrückten Henoch identifiziert: »Du bist der Menschensohn ... er ruft dir Frieden zu im Namen der kommenden Welt ... alle, die auf deinen Wegen wandeln werden..., deren Wohnung und Erbteil werden bei dir sein, und sie werden sich von dir nicht trennen bis in alle Ewigkeit.«

Diese Interpretationsvorgänge zeigen, daß dem Begriff des Menschen(sohn)artigen vom Ursprung her eine »semantische Offenheit« zukommt, die es den Tradenten möglich macht, ihn in immer neuer Weise mit anderen Heilbringergestalten in Verbindung zu bringen. Entscheidend ist, daß der so gezeichneten Gestalt eschatologische Bedeutung zukommt.

Vor allem äthHen 70f bildet die nächste jüdische Analogie zur frühen christologischen Entwicklung in der christlichen Gemeinde. Auch hier werden Theophanie-Motive auf eine messianische Gestalt übertragen, auch hier wird dieses himmlische Wesen mit einem Menschen identifiziert. Deutlich ist aber auch die soteriologische Legitimationsfunktion solcher Identifizierung: »Henoch« und seine Lehre, »sein Weg« werden zum »Weg«, der allein das ewige Heil garantiert. Die Henoch-Gemeinde der Auserwählten und Gerechten wird ihrer bleibenden Erwählung versichert.

Doch was ist der Sinn solcher Übertragungen? Punktuelle religionsgeschichtliche Vergleiche oder Ableitungen können nicht genügen. Die Analogien lassen sich, wie Egon Brandenburger vor allem gezeigt hat, angemessen nur im Rekurs auf das solchen Aussagen und Bildern zugrundeliegende Welt- und Geschichtsverständnis erklären, welches solche analoge Aussagen bedingt. Schon die alttestamentlichen Theophanieschilderungen sind Ausdruck eines »Weltordnungsdenkens«. Es geht um die »Schaffung und Wahrung heilsamer Weltverhältnisse durch die Herrschaft des Gottkönigs«[3]. Die Übertragung der Theophaniemotive auf den Menschensohn bedeutet dann, daß dieser als »Funktionsträger des Königtums Gottes gesehen ist« und zwar nun eschatologisch gewendet im Sinn der Restitution der verderbten Schöpfung. Deswegen spielt im äthHen z.B. auch der Gerichtsgedanke eine entscheidende Rolle. Damit wird aber auch »die apokalyptische Logik« der Übertragung solcher Vorstellungen auf Jesus verständlich: Es geht darum, »Jesus als unverwechselbaren Repräsentanten der Verkündigung von der Königsherrschaft Gottes zu prädizieren«. Damit kommt zum Ausdruck, »daß der zum Menschensohn erhöhte, also ins Recht gesetzte Repräsentant solcher auch leiblich (bis zum Tode) vertretenen Verkündigung eben damit in die Funktion der weltordnenden Herrschaft Gottes selbst eingesetzt ist« (ebd. 70f). Solches wird man bereits auch für die Ausbildung der Vorstellung des »Kommens« Jesu als eschatologischer Repräsentant Jahwes im Maranatha-Ruf voraussetzen können.

Wie ist dieser Übertragungsvorgang zu bewerten? Positiv ist festzuhalten, daß so Jesu Anspruch mit seiner Botschaft nun im zeitgenössisch-apokalyptischen Horizont zur Geltung gebracht wird. Es geht hier um die *letzten* Fragen, die Welt und Menschheit betreffen. Jesu Auftreten in Galiläa ist nicht eine Randepisode der Weltgeschichte, ihr kommt vielmehr universale Geltung zu. Entscheidend sind für die prophetischen Träger der frühen Jesusbewegung unter diesem Aspekt die *Weiterverkündigung der einstigen Botschaft Jesu* und die *Weiterführung seines Wirkens* in Israel in Erwartung des Wiederkommenden – nicht christologische Bekenntnisse oder gar die Entfaltung christologischer Spekulationen. Zugleich ist aber auch zu sehen, daß durch eine solche »Absolutsetzung« Jesu, vor allem durch die Identifizierung mit einem aus der himmlischen Sphäre kommenden Heilbringer, der Grund gelegt ist für weitere Christologisierungsprozesse, die schließlich in einer bestimmten kulturellen Konstellation zu seiner Divinisierung führen werden.

---

[3] E. Brandenburger, Mk 13 und die Apokalyptik, Göttingen 1984, 64.

Eher negativ sind zwei Gefahrenpunkte zu nennen: Jesu Verkündigung war vom Gegenwartsaspekt bestimmt. Indem nun die Erwartung des kommenden Kyrios dominiert, entsteht die Gefahr einer einseitigen Akzentuierung der Zukunftsdimension und damit der *Reapokalyptisierung* der christlichen Verkündigung. Das, was Heil bedeutet, wird damit wieder — vor allem sobald die gesteigerte Naherwartung der Frühzeit zurücktritt — in eine endzeitliche Ferne gerückt, der Welt- und Geschichtsbezug Jesu können dadurch verlorengehen. Indem nun Jesu Botschaft zum Maßstab im bevorstehenden Gericht wird, ist zweitens die Gefahr gegeben, daß der für Jesus grundlegende Indikativ der unbedingten Zuwendung Gottes zum Menschen aus dem Blick gerät und so seine Botschaft »vergesetzlicht« wird. Man kann seine Weisung dann im Sinn einer radikalisierten Torafrömmigkeit verstehen, nicht mehr als Befreiung von den Zwängen einer pervertierten (Gesetzes-)Tradition. Mir wird von daher der Gesetzesrigorismus des rechten Flügels des Judenchristentums ebenso verständlich, wie die Dominanz der »Werkgerechtigkeit« in der späteren Kirchenentwicklung.

4. Der Übergang in den hellenistischen Kulturbereich

Einblick in diese frühe Übergangsphase geben uns vor allem die von Paulus in seinen Briefen verarbeiteten formelhaften Wendungen des antiochenischen hellenistisch-judenchristlichen Traditionsbereichs. Dreierlei läßt sich beobachten.

Auch hier steht die Verkündigung *noch* im Horizont der Erwartung des bevorstehenden Kommens des Kyrios. In hellenistischer Kult- und Königsterminologie spricht man nun von der *Parusie des Kyrios*. Auch im Gottesdienst der hellenistischen Gemeinde hat der Maranatha-Ruf seinen Platz. Die Zusammenfassung der paulinischen Missionsverkündigung in 1 Thess 1,9f läßt zwei Hauptthemen erkennen: Die Bekehrung zum lebendigen Gott in der Abkehr von den Götzen und die Erwartung »seines Sohnes aus den Himmeln, den er erweckt hat aus den Toten, Jesus, der uns rettet vor dem kommenden Zorn(-gericht)«. Als der Kommende heißt Jesus nun *Sohn Gottes*. Seine Funktion ist die Rettung der Seinen im bevorstehenden göttlichen Vernichtungsgericht (er ist noch nicht der Richter der Lebenden und Toten!). Das erinnert an die vom Irdischen beanspruchte eschatologische Zeugenfunktion (vgl. auch 1 Thess 3,13 und 4,16f).

Allerdings zeichnet sich nun auch eine bezeichnende Verschiebung der Zukunftsperspektive auf die Gegenwart ab: Nach der noch judenchristlich geprägten Formel Röm 1,3f ist »der aus dem Samen Davids Stammende seit (und kraft) der Auferstehung der Toten zum Sohn Gottes eingesetzt«. Hier wird für Jesus die Würde des davidischen königlichen, d. h. des national-jüdischen Messias in Anspruch genommen, die auch der Christus-Name zum Ausdruck bringt. Als *solcher* heißt er Sohn Gottes. Der Titel bringt (noch) nicht die göttliche Wesenheit eines Präexistenten zum Ausdruck, sondern meint die Jesus seit Ostern zukommende messianische Würde und Aufgabe (so sieht es später auch noch Lukas in seiner Christologie). Der Kommende wird aber nun als der Gegenwärtige gesehen. Als der aus den Toten Erweckte ist er jetzt der entscheidende Heilsmittler. Dementsprechend wandelt sich auch das Verständnis des Kyrios-Titels: Jesus ist der Herr des Kosmos und der Kultherr seiner Gemeinde *jetzt*. Die Gemeinde begegnet ihm, wie es auch in hellenistischen Kultvereinen der Fall ist, in der Feier des Herrenmahls »am Tisch des Kyrios«, an dessen pneumatischem Wesen alle kraft pneuma-erfüllter Speise und kraft pneumatischen Trankes Anteil gewinnen (vgl. 1 Kor 10). Gerade die Taufe wird offensichtlich unter dem Einfluß diasporajüdischer Bekehrungsvorstellungen (Joseph und Aseneth: Bekehrung als Lebendigmachung von Toten, vgl. auch Lk 15,24.32) und hellenistischer Mysterienkulte, in denen man ja auch das Mysterium der sterbenden und auferstehenden Götter feierte und so am Geschick der Kultgottheit Anteil gewann, als Nach- und Mitvollzug der Auferstehung Jesu erfahren. Taufe ist nicht mehr »nur« Übereignung an Jesus und Versiegelung auf die eschatologische Zukunft. Der dem Sündentod verfallene Mensch wird in der Taufe mit Christus lebendig gemacht, ja sogar mit ihm in den Himmel versetzt; er wird so jetzt schon den Zwängen der diese Welt beherrschenden Mächte entzogen und ewigen göttlichen Lebens teilhaftig (Eph 2,5f; Kol 2,12f, vgl. auch Joh 5,24—26; 11,25). Heil meint also nun nicht mehr primär die Rettung oder Rechtfertigung im kommenden Gericht, sondern Teilhabe des dem Tode verfallenen Menschen am göttlichen Leben.

Solchem Taufverständnis korrespondiert auffallend in den christologischen Aussagen die Konzentration auf die Auferweckung und Erhöhung Jesu, seine präsentische Herrschaft. Offenbar bedingen Christologie und Soteriologie sich gegenseitig. Die Christologie erscheint als Exponent einer durch das hellenistische Lebensgefühl bedingten neuen Weise der christlichen Heilserfahrung.

Es bleibt jedoch nicht bei dieser österlichen Erhöhungschristologie. Bereits Paulus läßt bei der Zitation der messianischen Formel in Röm 1,3f erkennen, daß Jesus für ihn Sohn Gottes nicht erst seit Ostern, sondern schlechthin ist. Ostern ist er eingesetzt zum Sohn Gottes *in Macht*. Solches zeigt auch die formelhafte Rede von der »Sendung des Sohnes Gottes«, die wir bei Paulus und später im Johannes-Evangelium finden. Zwar sprach möglicherweise schon der irdische Jesus von seiner Sendung (vgl. z.B. Mt 10,40: »Wer euch aufnimmt, nimmt mich auf, wer mich aufnimmt, nimmt den auf, der mich gesandt hat«), doch ist hier die Sendung in der Tradition prophetischer Berufung begriffen. Bei Paulus und vor allem bei Johannes geht es bei der Sendung hingegen um den Eintritt eines bei Gott präexistierenden himmlischen/göttlichen Wesens in die irdische Existenz (Gal 4,4f; Röm 8,3). Im Hymnos Phil 2,6—11 ist dieser Gedanke entfaltet. Offenbar hat ihn nicht Paulus entwickelt, er setzt ihn voraus. Wahrscheinlich hat er schon bei seiner Bekehrung in Jesus ein solch himmlisches Wesen gesehen. Nirgendwo läßt sich erkennen, daß Paulus eine solche Vorstellung erst später sekundär entwickelt oder übernommen hätte. Nach Gal 1,16 hat ihm Gott bei der Bekehrung »seinen Sohn« offenbart.

Wie es so *früh* zu der Umbildung der palästinischen Kyrios-Erwartung kommen konnte, ist ein Rätsel. Sie hängt wahrscheinlich mit dem Übertritt der Jesusbewegung in den hellenistisch-jüdischen bzw. hellenistischen Kulturbereich zusammen. Gewisse Vorgaben dazu gibt es in der jüdischen Weisheitsspekulation. Die Weisheit wird als himmlisches ersterschaffenes Wesen, als Gottes Lieblingskind und Throngenossin sowie als Schöpfungsmittlerin gesehen. Auch Philo spricht in seiner religionsphilosophischen Spekulation vom göttlichen Logos und setzt ihn in Beziehung zu dieser Weisheit. Doch warum wurden solche Vorstellungsinhalte auf Jesus übertragen? Leider wissen wir zu wenig über das hellenistische Judenchristentum der Frühzeit, wo diese Transformierung vollzogen wurde.

Verständlich wird eine solche Transformierung vom hellenistischen Heilsverständnis her, das wahrscheinlich schon auf die jüdische Weisheitsspekulation einwirkte. Wo Heil nur als Teilhabe am göttlichen Leben begriffen werden kann, wie im Hellenismus, kann dies nur durch ein göttliches Wesen von oben her vermittelt werden. Die Ontologisierung der Soteriologie ist hier angelegt.

In der »Logik« eines solchen Denkens konnte aber dann der als der letztentscheidende Heilbringer verkündigte und erfahrene Kyrios und Messias Jesus von hellenistischen Menschen nur als ein göttliches Wesen angesehen werden. Umgekehrt gilt jedoch auch, daß Jesu Heilsmittlerschaft hellenistischen Adressaten nur mit Hilfe des Gedankens seiner göttlichen Herkunft plausibel gemacht werden konnte. Dabei ist zu bedenken, daß solche Transformierung nicht primär als das Ergebnis diskursiver Denkprozesse in Theologen- oder Philosophenschulen angesehen werden kann. Sie setzt vielmehr »das Klima des Enthusiasmus« voraus, das offensichtlich sowohl die Missionsverkündigung als auch die gemeindliche Versammlung in der frühen Christenheit prägte. Genügend Indizien dafür finden wir bei Paulus. In 1 Thess 1,5 und auch in Gal 3,3.5 erinnert er die Gemeinde gerade an die sie bei der Bekehrung überwältigende Geisterfahrung, in 1 Kor 12,1—3 vergleicht er das pneumatisch bedingte Bekenntnis zum Kyrios mit den ekstatischen Erfahrungen in heidnischen Kulten, die die Adressaten früher gemacht hatten. 1 Kor 14 zeigt uns anschaulich, wie frühchristliche Gemeindeversammlungen von pneumatischen Phänomenen, seien es nun Glossolalie, Prophetie oder Apokalypseis, bestimmt waren.

Zum Problem für eine solche Divinisierung Jesu wird für den hellenistischen Menschen der *historische Jesus* (nicht etwa sein »göttliches Wesen«): Wie läßt sich dessen konkretes Menschsein, vor allem sein Todesgeschick mit diesem Konzept vereinbaren? Die Schwierigkeiten solcher Integration lassen die sprachlichen Formulierungen in Röm 8,3 und im Phil-Hymnus noch erkennen. Das Problem wird zum Dauerbrenner der altkirchlichen Christologie werden. Die Analogie in der griechischen Mythologie, die auch vom Auftreten von Göttern in Menschengestalt erzählte, verschärfte das Problem nur. Denn eine solche Lösung hätte die Aufgabe des konkreten Menschseins Jesu bedeutet. Die griechischen Götter benutzen Scheinleiber für ihre irdischen Auftritte. Eine Konsequenz, die der Doketismus und später auch der faktische Monophysitismus der Großkirche zog. Bietet jedoch das Chalcedonense mit seiner die Probleme eher verschleiernden Formel eine Lösung? Vor einer Entscheidung dieser Frage wäre vor allem zu bedenken, daß zentrale Schriften des NT, wie z.B. die synoptischen Evangelien oder auch die Johannesapokalypse usw., diese Christologie in der Spätzeit des NT nicht vertreten. Deren Hauptzeugen sind Paulus, die Deuteropaulinen, das Johannesevangelium und der Hebräerbrief.

Mit der nun einsetzenden Divinisierung Jesu (sie ist allerdings immer noch subordinatianisch, also — mit der späteren kirchlichen

Terminologie gesprochen —, »arianisch« verstanden) ist auch ein zweites grundlegendes Problem gegeben: Wie läßt sich Jesu Gottheit mit dem für die jüdisch-christliche Überlieferung grundlegenden monotheistischen Gottesbekenntnis vereinbaren?

5. *Kritische Rückfragen*

Wir sind mit diesen Fragen im Vorausblick auf die spätere Entwicklung bereits zur Kritik übergegangen. Sie ist aber noch im Rückblick auf den irdischen Jesus und seine Basileia-Botschaft durchzuführen. Was ist vom Erbe des Nazareners im Rahmen dieses vom Enthusiasmus bestimmten Christentums- und Jesus-Verständnisses übrig geblieben?

Der Enthusiasmus ist kein urchristliches Randphänomen. Nicht nur Paulus, sondern auch Eph und Kol, die johanneischen Schriften, Mk, Mt, wahrscheinlich auch Lk bezeugen verschiedene Ausprägungen einer enthusiastischen Christlichkeit und setzen sich in je verschiedener Weise mit ihr auseinander. Vielleicht muß man sogar die Ausbildung der Gattung der Evangelienschrift mit ihrem betonten Rekurs auf den Jesus der Geschichte als Versuch ansehen, diesem enthusiastischen Trend entgegenzuwirken, der Jesus in eine religiöse Chiffre aufzulösen droht.

Zunächst ist aber gerade angesichts der Gefahr der Reapokalyptisierung und Vergesetzlichung der Jesustradition, wie wir sie im judenchristlichen Strang beobachtet haben, trotz allem eine positive Feststellung zu treffen: Im Enthusiasmus wird — allerdings in hellenistischer Transformation — der Gegenwartsaspekt der Basileia-Botschaft Jesu und ihr emanzipatives Potential zweifellos besser als dort bewahrt. Das Problem ist nur, *wie* das geschieht. Schon das Verhältnis des Paulus zum Enthusiasmus ist daher ambivalent.

Heil meinte bei Jesus die Restitution der Schöpfung durch Gottes Befreiungshandeln, durch das der Mensch als Geschöpf von Gott unbedingt bejaht und so zur Selbstannahme und zu einer befreiten und befreienden Praxis befähigt wird, in der er antizipatorisch in der Geschichte die Chance der kommenden Herrschaft Gottes wahrnimmt. Nun wird Heil primär als Teilhabe des dem Tode und den Mächten der Welt verfallenen Menschen am göttlichen, durch den Sohn Gottes vermittelten Leben erfahren. Erlangung des Heils wird so zu einem primär *individuellen* Vorgang; Erlösung bedeutet Erlösung von der Welt, nicht Erlösung der Welt oder in der Welt. Garant dafür ist die Teilhabe am göttlichen pneumatischen Wesen Jesu. Vor allem die Taufe kann das verdeutlichen. Natürlich setzt auch die Taufe Bekehrung, also die im Glauben an Gottes Heilshandeln in Christus gefundene Identität voraus, sie ist deren symbolische Realisierung. Doch entsteht gerade hier nicht nur die Gefahr, daß das Sakrament diese existentielle Tiefendimension verliert und so zu Magie oder bloßem Ritualismus depraviert, vielmehr ist zugleich mit dem enthusiastischen Taufverständnis die Gefahr gegeben, daß die Einheit von Indikativ und Imperativ zerbricht und so der Glaube seine geschichtlich-soziale Dimension verliert. Das kann durch die völlige Negierung des Ethischen geschehen. Entscheidend ist dann, daß der Einzelne jetzt schon pneumatischen Lebens teilhaftig und damit der Welt enthoben ist. Das Ethische kann aber auch einseitig auf den individuellen Erlösungsvorgang bezogen und aszetisch mißverstanden oder schließlich durch aszetische Techniken und bloße Kultvorschriften ersetzt werden. In beiden Varianten kommt es aber mit dem Verlust der Einheit von Indikativ und Imperativ auch zum Verlust der geschichtlich-sozialen Dimension.

Bereits Paulus hat daher in seiner Auseinandersetzung mit solchen Strömungen in Korinth gegen die einseitige Fixierung auf den Auferstandenen und Erhöhten den Gekreuzigten gestellt und damit die christliche Existenz der nicht aufhebbaren Dialektik von Tod und Leben ausgesetzt. Gegen die Flucht in ein Jenseits stellt er das »Schon und Noch-nicht« des Heils und eröffnet so den Zugang zur Geschichte als dem Bereich verantwortlichen Handelns. Die Taufe meint daher bei ihm nicht die Versetzung in himmlische Existenz, sondern die Teilhabe am Kreuzestod Christi (Röm 6). Sie ermöglicht und fordert dann den konkreten Gehorsam ein. Gegen den pneumatischen Individualismus stellt er vor allem mit Hilfe des Leib Christi-Gedankens die *ekklesiale* Dimension christlicher Existenz und Praxis heraus (1 Kor 12).

Auch hier ist jedoch zu einer kritischen Reflexion anzuhalten. Denn damit wird nochmals ein entscheidendes Defizit gegenüber der Basileia-Botschaft Jesu deutlich. Jesus ging es im Zeichen der anbrechenden Gottesherrschaft nicht um die Gründung einer Sondergemeinde, sondern um die Bekehrung ganz Israels, letztlich um das Heil aller Menschen. Beim Übertritt in die außerpalästinische Ökumene steht die Bekehrung des Einzelnen und dessen Aufnahme in eine christliche Sondergemeinde im Zentrum, die sich um den erhöhten Kyrios versammelt. Die universale Dimension von dessen

Herrschaft über alle kosmischen Mächte realisiert sich nun im missionarischen Auftrag und in der Bekehrung, die den Einzelnen diesem Äon enthebt und in der Gemeinde seine neue befreite Existenz realisieren läßt. Der Rest von Welt und Geschichte bleibt ausgesperrt. Diese *ekklesiale Reduktion* führt nicht nur zu der praktischen Option für die Glaubensgenossen (Tut allen Gutes, vornehmlich den Glaubensgenossen, vgl. Gal 6,10), sondern viel grundsätzlicher zur Trennung des Glaubens und der christlichen Praxis von der gesellschaft-politischen Wirklichkeit. Das läßt sich anschaulich vor allem bei der Sklaven- oder Frauenfrage studieren. Solche Beschränkung auf den Innenbereich der Gemeinde war angesichts der Übermacht des römischen Staates und der antiken Kultur für die christliche Minderheit wahrscheinlich der einzige Ausweg, wollte sie überleben. Dennoch sind die Folgekosten erheblich. Es ist der Verlust der politischen Implikationen der Basileia-Botschaft Jesu und ihres gesellschaftskritischen Potentials. Vielleicht läßt sich gerade so einerseits nach der konstantinischen Wende die unkritische Rezeption antiken Herrschafts- und Staatsdenkens bzw. ganz konkret der unkritische Umgang mit der Macht durch die Kirche und in ihr erklären. Andererseits ist hier aber auch der Grund gelegt für die verhängnisvolle Diastase von Glaube und Welt, Religion und Politik, Kult und Praxis, die in verschiedenen Spielarten die Christentumsgeschichte bis in die Gegenwart begleitet.

III. Von Jesus zur Kirche

Priestertum und Amt im Neuen Testament

Eine kritische Bestandsaufnahme

12 „Jesus predigte das Reich Gottes – gekommen ist die Kirche.“ Dieser oft als zynisch mißdeutete Satz des 1908 als Modernist exkommunizierten französischen Exegeten Alfred Loisy beschreibt sachgemäß und unmißverständlich die Polarität, in der unser Nachdenken über das Phänomen „Priesterkirche“ steht. Kirche kann nicht anders als in der durch ihr geschichtliches Wesen bedingten Differenz zu jenem eschatologischen Reich begriffen werden. Sie ist mit ihm nicht identisch. Das ist gegen jeden totalitären oder schwärmerischen Versuch, solche Identität mit Gewalt herzustellen oder ideologisch herbeizureden, festzuhalten. Vielmehr ist sie nicht mehr und nicht weniger als der immer neue Versuch, in der Diskontinuität der Zeiten und Kulturen eine dem christlichen Glauben angemessene Gestalt menschlicher Gemeinschaft zu finden. Dieses ihr geschichtliches Wesen bedingt ihre *Vorläufigkeit,* macht sie zur ecclesia semper reformanda, gibt aber auch allen im Laufe der Kirche entstandenen Formen ihr relatives Recht. Gerade als solche steht sie jedoch auch unter der sie immer neu provozierenden Frage, wie sie die Kontinuität zu jenem Ursprungsimpuls bei Jesus von Nazareth, dem sie ihre Existenz verdankt, bewahren kann. Zu jenem Jesus, der als charismatischer Außenseiter und Prophet durch die Botschaft seines Gottes einer unbedingten Güte die religiösen und gesellschaftlichen Konventionen seiner Zeit in Frage stellte und – in solcher Weise revoltierend – gerade innovierend wirkte, der mit seinem Leben für diesen neuerschlossenen Weg einstand und dessen Anspruch von Gott durch die Auferweckung von den Toten in endgültiger Weise bestätigt wurde.

In dieser Polarität stehen auch die Gemeinden der Frühzeit, deren Selbstverständnis in vielfältiger Weise in den neutestamentlichen Schriften seinen Ausdruck fand. Es kann also im Folgenden nicht darum gehen, ein gleichsam überzeitliches Wesen der Kirche aus
13 ihnen herauszudestillieren und dann unvermittelt auf unsere

Situation zu übertragen. Gerade die Pluralität der neutestamentlichen Gemeindeformen verdeutlich die grundsätzliche Variabilität der geschichtlichen Verwirklichung von Kirche, die sich darin gerade immer auch abhängig von sozio-historischen Faktoren erweist. Vermittelt durch das geschichtliche Zeugnis des Neuen Testamentes wird uns jedoch auch der Anspruch deutlich, unter den die Kirche bleibend gestellt ist und dem es – wenigstens annäherungsweise – auch in Zukunft zu entsprechen gilt.

Angesichts der eigentümlichen Verquickung von *priesterlichem* Amt und *amtlichem* Priestertum, von sazerdotaler und amtlicher Vollmacht in dem einen priesterlichen Leitungsamt römisch-katholischer Prägung stehen vor allem zwei Fragen im Mittelpunkt des exegetisch-theologischen Interesses:

Wie kann angesichts der neutestamentlichen Überwindung des antik-jüdischen Priesterverständnisses von „Priestertum" in einer christlichen Kirche gesprochen werden?

Wie läßt sich das Verhältnis von „Leitungsamt" und Gemeinde angesichts Jesu radikaler Forderung des Herrschaftsverzichts und der die frühen Gemeinden leitenden Idee der „christlichen Brüderlichkeit" angemessen bestimmen?

Die für eine Antwort relevanten exegetischen Befunde werden im Abschnitt 2 „Die neue Priesterschaft Gottes" und 3 „Die Pluralität frühchristlicher Gemeindeformen" vorgelegt. Dabei verlangt gerade die komplexe Entwicklung der frühen Gemeinden und ihrer Dienste eine differenzierende Darstellung. Da die hier zu behandelnden Probleme in der exegetischen Forschung schon seit langem abgeklärt sind, ohne allerdings in der theologischen und allgemeinkirchlichen Diskussion wirklich rezipiert zu sein, kann es sich zunächst nur um eine *Bestandsaufnahme* handeln, die mit einigen individuellen Modifikationen und forschungsgeschichtlich bedingten Akzentuierungen Bekanntes erneut zur Diskussion stellt.

Der einleitende Abschnitt 1 konfrontiert im Sinn einer grundlegenden Reflexion die theologische Rede vom dreifachen Amt Christi und der Kirche dem neutestamentlichen Befund.

1. Die Rede vom dreifachen Amt Christi und der Kirche im Spiegel des Neuen Testaments

14 In der katholischen dogmatischen Schultradition der Neuzeit wird unter dem Einfluß reformatorischer Theologie von einem

dreifachen Amt Christi als Priester, Hirte/König und Prophet/Lehrer gesprochen. Auch das Vaticanum II hat sich diese Redeweise zu eigen gemacht. Anders als bei Calvin dient das Modell vor allem zur Legitimation des kirchlichen Amtes selbst.[1] Dessen Autorität wird so christologisch unterfangen, wobei der prophetische Aspekt, auf die Bewahrung der wahren Lehre reduziert, eher ausgeblendet erscheint. Das Modell ist eine systematische Konstruktion. Es bedarf aus der Sicht des Neuen Testaments der Präzisierung, die zugleich deutlich machen kann, wie sich unter dem Anspruch der Nachfolge Jesu das kirchliche Amt verstehen müßte.

1.1 Jesus – der Prophet

Versuchen wir Jesu Auftreten, soweit dies dem Historiker überhaupt noch möglich ist, zu beschreiben, bietet sich nach verbreitetem Konsens am ehesten die Kategorie des Prophetischen an. M. Hengel hat Jesu Wirken als das eines charismatisch-prophetischen Außenseiters beschrieben.[2] O. H. Steck stellte den Täufer und seinen Schüler Jesus in die alttestamentlich-deuteronomistische Propheten-Tradition.[3] So versteht die Logienquelle Jesus als den zu Israel gesandten Propheten und Boten der göttlichen Weisheit (vgl. Lk 11,49–51; 13,34.35a). Trifft es zu, daß Jesu Seligpreisung der Armen (Lk 6,20f) Jes 61,1–3 aufnimmt, so ließe das den Schluß zu, daß Jesus sich als der dort angekündigte endzeitliche Heilsbote verstand. Allerdings erhält dieses Prophetentum seinen einmaligen und besonderen Charakter durch seine *eschatologische* Qualität. Jesus selbst hat
15 Johannes den Täufer als „Propheten, ja mehr als einen Pro-

---

Aus der umfangreichen Literatur wird im folgenden nur eine Auswahl zitiert; Titel von allgemeiner Bedeutung sind im Literaturanhang zusammengefaßt. Auf sie wird in den Anmerkungen Bezug genommen. Manche Anregungen verdanke ich den Diskussionen im Herausgeberkreis der „Theologie zur Zeit“ sowie Gesprächen mit N. Brox, M. Ebertz, E. L. Grasmück und J. Roloff.

[1] Vgl. dazu *P. Eicher,* Hierarchie, in: Neues Handbuch theologischer Grundbegriffe II, München 1984, 193f., sowie *ders.,* Priester und Laien – im Wesen verschieden?, in: G. Denzler (Hrsg.), Priester für heute, München 1980, 34–51, hier 45f.

[2] Nachfolge und Charisma, Berlin 1968. Vgl. jetzt auch *M. Ebertz,* Das Charisma des Gekreuzigten. Zur Soziologie der Jesusbewegung, Tübingen 1987.

[3] Israel und das gewaltsame Geschick der Propheten, Neukirchen 1967.

pheten“ und „Größten unter den Menschen“ angesehen (Lk 7,26.28 a). Johannes war also für ihn die letzte entscheidende prophetische Gestalt in dem anbrechenden Endzeitgeschehen. Jesu eigene Rolle erhält von daher eine eigentümliche Offenheit, die sich eindeutiger Definition entzieht. Entscheidend ist für ihn der Anbruch der Herrschaft Gottes in der Gegenwart. In seinem Auftreten weiß er sich von diesem Geschehen getragen. Er ist dessen Exponent, wenn er die heilvolle Nähe Gottes ansagt, sich im Namen des Gottes der unbedingten Güte vor allem den Armen, Kranken und Sündern zuwendet und alle zu einem dieser Güte Gottes entsprechenden Leben auffordert. In diesem Sinn ist in seinem Wirken gegenüber der Predigt des Propheten Jona oder der Weisheit Salomos, aber auch gegenüber dem Täufer ein unüberbietbares „Mehr“ gegeben (Lk 11,31 f, vgl. Mt 11,2–6). Die Nachfolge, in die er einzelne ruft, ist in diesem Kontext als Dienst an der Sache der nahen Herrschaft Gottes in der Welt zu verstehen.

So haben auch die frühen judenchristlichen Prediger ihr Wirken als prophetische Weiterführung der Verkündigung Jesu verstanden (für Q: Lk 6,22 f; 10,2–16; 11,49–51). Prophetisch war auch das apostolische Selbstverständnis des Paulus geprägt. In Gal 1,15 f bezieht er sich bei der Darstellung seiner Berufung auf Jes 49,1 zurück; Röm 10,15 werden die Boten des Evangeliums mit Jes 52,7; Nah 1,15 als Gottes endzeitliche Freudenboten dargestellt. Insgesamt war die frühchristliche Missionsbewegung von charismatischen Wanderaposteln und Wanderpropheten getragen (s. S. 287–289).

So verbindet gerade der *prophetische Auftrag* die Kirche mit dem historischen Jesus; er bildet die Wurzel christlicher Verkündigung. Von diesem Ursprung her bleibt die Ankündigung von Gottes unbedingter Güte, die die Welt und ihre Ordnungen immer wieder in Frage stellt, ihre genuine Aufgabe.

1.2 Jesus – Messias?

Das messianische Königsamt wird im Neuen Testament nur in einer eigentümlichen Gebrochenheit auf den irdischen Jesus übertragen. Zwar wurde Jesus unter dem Vorwurf des Messias-Anspruches als „König der Juden“ hingerichtet, doch gilt es der Forschung als höchst unwahrscheinlich, daß er diesen Anspruch tatsächlich erhoben hat. Sein Wirken mag in Kreisen der Bevölkerung messianische Hoffnungen geweckt haben; sie wurden dann von seinen Jerusalemer

16 Gegnern benutzt, um ihn der römischen Staatsgewalt als zelotischen Rebell verdächtig zu machen.

Die nachösterliche Verkündigung hat diese Herausforderung angenommen und den Titel bewußt auf Jesus bezogen, nicht zuletzt deswegen, weil in der Gestalt des Messiaskönigs die jüdische Heilserwartung ihren spezifischen Ausdruck fand. Bezeichnend ist jedoch, wie bei der Übertragung des Messias-Titels auf Jesus dessen Bedeutungsgehalt verändert wird. Jesus ist der Christus gerade als derjenige, der unserer Sünden wegen stirbt. Der gekreuzigte Messias, den Heiden eine Torheit, den Juden ein Ärgernis, steht im Zentrum der paulinischen Verkündigung. Damit wird das jüdisch-nationale Messiasbild, das von der Erwartung eines machtvollen Herrschers bestimmt ist, radikal umgestaltet. In der markinischen Darstellung wird das Messias-Bekenntnis des Petrus sofort durch die Ansage des leidenden Menschensohnes korrigiert und vom Jünger die Bereitschaft zu Kreuzestod und selbstlosem Dienst an allen verlangt (Mk 8,31.34). Matthäus versteht Jesu Wirken als Erfüllung der messianischen Verheißung des Alten Testaments und bezeichnet ihn daher als Sohn Davids, als Messias, als Hirte und König Israels. Aber auch hier kommt es zu einer Umgestaltung des messianischen Bedeutungsgehalts. Jesus ist ein Messias, der auf Macht und Herrschaft verzichtet, sich in Güte und Barmherzigkeit gerade dem geschundenen Volk zuwendet und den Weg der Erniedrigung bis ans Kreuz geht. Diese Züge des Machtverzichts und einer umfassenden Güte bestimmen auch sein Bild der Jüngerschaft und Kirche. Damit bewahren die Evangelisten genuin jesuanisches Erbe (vgl. Mk 10,42–45) und machen deutlich, in welcher Weise das „messianische Herrschaftsamt" Jesu allein in der Kirche weitergeführt werden kann.

1.3 Jesus – Priester?

Die Evangelien belegen übereinstimmend, daß den priesterlichen Traditionen Israels für Jesu Selbstverständnis keine Bedeutung zukommt. Weder entstammte er priesterlichem Geschlecht, noch wirkte er als „Priester" oder erwartete er eine priesterliche Heilsgestalt in der Endzeit (wie z. B. die Qumran-Gemeinde). Die Tempelreinigung ist in ihrem historischen Kern als prophetische Symbolhandlung Jesu zu verstehen, die ihn im traditionellen Gegensatz des Propheten zum Tempel zeigt. Zusammen mit der Androhung der

Tempelzerstörung (Mk 13,2, vgl. 14,58; Lk 13,34) war sie wahrscheinlich [17] für die führenden Priesterkreise Anlaß, Jesus den Prozeß zu machen und seinen Tod herbeizuführen; denn sie bedeutete einen Angriff auf das durch den Hohenpriester repräsentierte und durch die römische Staatsmacht garantierte hierokratische System Israels. Wenn nach der Passionstradition beim Tode Jesu der Tempelvorhang zerreißt, so ist das in der Sicht des Markus Zeichen für das Ende der Tempelinstitution. Die christliche Gemeinde ist der nicht von Händen gebaute Tempel (Mk 14,58), das wahre „Haus des Gebetes für alle Völker" (11,17).

Erst in der nachösterlichen Gemeinde werden *kultische* Vorstellungselemente aufgenommen, um Jesu Tod als Sühne oder Sühnopfer für die Sünden zu deuten. Dies bedeutet jedoch nicht die Etablierung, sondern gerade das Ende der kultischen Traditionen Israels. Nach der von Paulus Röm 3,25 übernommenen Gemeindetradition wurde Jesus von Gott in seinem Blut als „Sühnemittel" *(hilasterion)* eingesetzt. Die Deutung der Stelle ist umstritten, man kann sie auf den Sühnetod des Märtyrers (vgl. 4 Makk 17,21 f) oder aber, wie es schon Origenes tat, auf das Sühneritual des Versöhnungstages (Lev 16) beziehen. Jesu Kreuz würde dann mit der Goldplatte auf der alttestamentlichen Bundeslade verglichen, die als die Stätte der Anwesenheit Gottes galt. Auf sie sprengte der Hohepriester im Ritual des Versöhnungstages das Opferblut. Der „gekreuzigte Christus" löste dann in seinem Tod das Ritual des Versöhnungstages ab. Er ist von Gott öffentlich eingesetzt worden als die Stätte endgültiger Versöhnung. Mit Recht sieht U. Wilckens hier die „Abrogation" des jüdischen Kultes ausgesprochen und damit den entscheidenden „Bruch urchristlicher mit der zeitgenössisch-jüdischen" Religion gegeben. Das Urchristentum wußte „den Tempelkult grundsätzlich außer Kraft gesetzt …, weil umfassende, eschatologisch-gültige Sühne allein im Tode Christi Ereignis geworden ist"[4].

Im Hebräerbrief wird dieser Deutungssatz weitergeführt: Gott selbst hat Christus die Würde des Hohenpriesters übertragen (5,5), und als dieser Hohepriester ist Christus in das himmlische Heiligtum eingetreten und hat durch seinen Tod ein für allemal bleibende Sühne geschaffen (vgl. bes. 9,11–28; 10,1–18). Kraft seines Opferblutes hat nun die Gemeinde „das freie Zutrittsrecht zum Heiligtum

---

[4] Der Brief an die Römer, Zürich/Neukirchen 1978, 240.

Gottes" (10,19). Gegen die vielen wiederholungsbedürftigen und unwirksamen Opfer irdischer Priester steht das *eine* Opfer des *einen* Priesters, [18] das eine ewige Sühne bewirkte. Die Vorläufigkeit und das Ende des jüdischen Opferdienstes, aber damit jeglichen menschlichen Opferdienstes, ist von daher erwiesen. Die christliche Gemeinde kann nur *einen* Priester kennen, nämlich den Hohenpriester Christus. Die vielen Priester und ihre zahllosen Opfer gehören der Vergangenheit an.

2. Die Gemeinde als die neue Priesterschaft Gottes

2.1 Die Loslösung vom Tempelkult

Nach der Apostelgeschichte nimmt die Urgemeinde am Tempelgottesdienst noch teil, doch nennt Lukas auch für sie als das charakteristisch Neue das Zusammensein und Brotbrechen in den Häusern (Apg 2,42). Für die Gruppe der Hellenisten bezeugt er anläßlich der Stephanusverfolgung, daß ihnen vorgeworfen wurde, gegen den Tempel lästerliche Reden zu führen (6,13). Offenbar war für diesen diasporajüdischen Flügel der Jerusalemer Christen bereits eine Distanzierung vom Tempelkult kennzeichnend. Das entspricht dem Bild, das uns später die außerpalästinischen Gemeinden bieten. Die Bekehrung bedeutete nicht nur die Abkehr vom heidnischen Götzendienst und die Zuwendung zum lebendigen Gott, sondern den grundsätzlichen Bruch mit der in ihrer Umwelt herrschenden Religionssicht, für die der heilige Bezirk des Tempels, Priester und Opferdienst konstitutiv waren. Nicht zu Unrecht wird bis ins 3. Jahrhundert hinein die Kirche der Vorwurf des Atheismus treffen.[5] Damit soll die frühe christliche Gemeinde nicht als unreligiös charakterisiert werden; im Gegenteil, ihr neues Selbstverständnis war durch eine intensive religiöse Erfahrung bestimmt und bediente sich religiöser Ausdrucksformen, etwa bei der Taufe oder beim Herrenmahl. Von heidnischer wie jüdischer Frömmigkeit unterscheidet sie jedoch, daß sie eine *tempel-, altar-, priester- und opferlose* Gemeinschaft war.

---

[5] Vgl. *N. Brox,* Zum Vorwurf des Atheismus gegen die Alte Kirche, in: Trierer theologische Zeitschrift 75 (1966) 274–282.

2.2 Der wahre Gottesdienst

Im Urchristentum werden die traditionellen kultischen Begriffe auf die christliche Gemeinde und ihre gläubige Existenz übertragen. Das geschieht nicht ohne Einfluß kultkritischer Tendenzen, die im Heidentum [19] wie im Judentum vorgegeben sind; doch unterscheiden sich die christlichen Aussagen charakteristisch sowohl von der ethischen Individualisierung der Kultvorstellungen in der Stoa als auch von deren spiritualistischer Verinnerlichung bei Philo.[6] Während in den antiken Parallelen die bestehende Kultpraxis nicht prinzipiell in Frage gestellt wird, setzt das Urchristentum bei dieser Übertragung kultischer Begriffe das Ende solcher Praktiken voraus. Dieser radikale Bruch unterscheidet die christliche Redeweise von der antik-jüdischen grundlegend. Verstehen läßt sich dies nur als Konsequenz der christlichen Grunderfahrung, daß im Kreuzestod Jesu jeder menschliche Opferkult sein Ende fand.

So gelten nun die Gemeinde oder der Leib des einzelnen Christen als „Tempel Gottes"; in ihnen wohnt Gottes Geist (vgl. 1 Kor 3,16f; 6,19; 2 Kor 6,16 sowie Eph 2,21 u. a.). Paulus kann seine missionarische Tätigkeit als Opferdienst des Glaubens bezeichnen und seinen möglichen Tod im Dienste des Evangeliums mit einem Trankopfer vergleichen (Phil 2,17, vgl. 2 Tim 4,6). Röm 15,16 beschreibt Paulus seine Evangeliumsverkündigung als einen priesterlichen Dienst, in dem die Heidenvölker Gott als wohlgefällige, im Heiligen Geist geheiligte Opfergabe dargebracht werden. Selbst die Geldspende, die ihm die Philipper senden, gilt ihm als „ein lieblicher Opferduft, ein angenehmes, gottwohlgefälliges Opfer" (Phil 4,18).

Von zentraler Bedeutung ist die programmatische Aussage Röm 12,1: Paulus ermahnt die Römer, „ihre Leiber Gott als ein lebendiges, heiliges, wohlgefälliges Opfer" darzubringen; das sei ihr „vernünftiger Gottesdienst". Die Aussage ist nicht nur dezidiert antikultisch, sondern wehrt auch ein spiritualistisches Mißverständnis christlichen Gottesdienstes ab. Die konkrete leibhaftige Existenz in ihren vielfältigen Beziehungen zur alltäglichen Umwelt ist das Medium dieses Opferdienstes.[7]

---

6 Vgl. dazu vor allem *H. Wenschkewitz,* Spiritualisierung, sowie *G. Klinzing,* Umdeutung, der die neue paulinische Sicht eschatologisch begründet (216).

7 Vgl. *Ph. Seidensticker,* Lebendiges Opfer (Röm 12,1), Münster 1954, und *E. Käsemann,* Gottesdienst im Alltag der Welt, in: ders., Exegetische Versuche und Besinnungen II, Göttingen 1964, 198–204, sowie neuerdings *W. Radl,* Kult und Evangelium bei Paulus, in: Biblische Zeitschrift 31 (1987) 58–75 (mit weiteren Literaturhinweisen). Er ersetzt mit Recht den Begriff der Spiritualisierung durch den der Somatisierung (62).

Nach dem Hebräerbrief haben die Christen kraft des hohenpriesterlichen Handelns Jesu den direkten Zugang zum himmlischen Heiligtum (10,19–22), sie vollziehen in ihrem Leben einen priesterlichen Dienst (12,28) und bringen Gott das Lobopfer dar (13,15). Gutes Tun und Anteilnahme sind die Opfer, die Gott gefallen (13,16). [20] Der Ort der Nachfolge ist „außerhalb des Lagers“, d.h. im Bereich der Profanität, wie auch Jesus außerhalb des Tempels und der heiligen Stadt sein sühnendes Opfer dargebracht hat (13,11–13).

Um die Provokation dieser für uns bereits zu griffigen Aussagen zu spüren, ist ihre Distanz zum antiken, vor allem aber auch zum zeitgenössischen jüdischen Tempelkult mit seinen zahlreichen Opfern ernst zu nehmen. Die antike Scheidung von Sakralität und Profanität ist angesichts der eschatologischen Zuwendung Gottes zur Welt grundsätzlich aufgehoben; im eschatologischen Kairos kann es weder heilige Zeiten noch heilige Orte geben. Ort des wahren Gottesdienstes ist die in der Profanität der Welt existierende christliche Gemeinde. Träger dieses Gottesdienstes ist nicht das installierte Kultpersonal, die für solche Opferdienste aus der Masse der übrigen ausgesonderten Priester, sondern es sind die einzelnen Christen, die sich mit ihrer gesamten Existenz Gott als Opfer darbringen.

2.3 Die Gemeinde als königliche Priesterschaft

Die Rede von der Gemeinde als „königlicher Priesterschaft“ im 1. Petrusbrief und in der Johannesapokalypse greift auf den in der Forschung vieldiskutierten zentralen Abschnitt über den Bundesschluß am Sinai Ex 19,3b–6 zurück:

„Wenn ihr nun getreu auf meine Stimme hört und meinen Bund haltet, so werdet ihr unter allen Völkern mein besonderes Eigentum sein; denn mein ist die ganze Erde. Ihr sollt mir ein Königreich von Priestern und ein heiliges Volk sein“ (V. 5f; vgl. auch 2 Makk 2,17).

Nach neuerer Forschung entstammt dieser Text nicht ältester Erwählungs- oder Bundestheologie, sondern der spätdeuteronomistischen Theologie. Er setzt die Erfahrung des Zusammenbruchs des israelitischen Königtums und Kultes voraus; Israel erfährt sich als Volk unter Völkern und begreift seine Erwählung gerade im Rahmen des ihm aufgetragenen Gesetzesgehorsams als „Dienst der Gottesverherrlichung“. Damit wird seine Rolle unter den Völkern ähnlich wie Jes 61,6 beschrieben: „Ihr werdet Priester Jahwes heißen, Diener unseres Gottes wird man euch nennen.“ „In einem äußersten Maß an Spiritualisierung des Priesterbegriffs wird ganz Israel zum priesterlichen Volk unter den Völkern erklärt." Ihm wird „die Eignung zum priesterlichen, königlichen, ausgesonderten Dasein unter den Völkern zugesprochen"[8]. Ein analoges Verständnis zeigt auch die griechische Bibel für das Judentum der alexandrinischen Diaspora. Dieses versteht sich nach dem Text als „eine [21] Gemeinschaft von diensttuenden und amtierenden Priestern, die Jahwe den wahren Gottesdienst erweisen inmitten einer heidnischen Umwelt"[9].

Der erste Petrusbrief

In 1 Petr 2,9 wird in Aufnahme alttestamentlicher Würdebezeichnungen Israels von der christlichen Gemeinde ausgesagt: Ihr seid „ein erwähltes Geschlecht (Jes 43,20), eine königliche Priesterschaft, ein heiliger Stamm (Ex 19,6; 23,22 LXX), ein Volk zum Eigentum (Jes 43,21) ..."[10]

Es wäre ein Anachronismus, in der Stelle selbst einen Gegensatz zum kirchlichen Weihepriestertum ausgesprochen zu finden, wie es in der Auslegungsgeschichte der Stelle vielfach geschah. Dies ist schon deswegen nicht möglich, weil für den 1. Petrusbrief ein solches Gegenüber noch gar nicht bestand. Dennoch darf die Priesteraussage nicht bagatellisiert werden. Die einleitende Passage V.5 zeigt, daß der Verfasser gerade auf sie besonderen Wert legt. Die Gemeinde soll sich zu einem „pneumatischen Haus" aufbauen lassen; sie ist also der von Gottes Geist geschaffene und erfüllte neue Tempel, in dem die Christen als „heilige (Gott zugeeignete) Priesterschaft" ihren priesterlichen Dienst vollziehen, indem sie „pneumatische Opfer darbringen", die „Gott wohlgefällig" sind durch Jesus Christus. Der Verfasser bewegt sich auf der Traditionslinie von Röm 12,1. Daher wird man die „pneumatischen Opfer" auf den christlichen Lebensvollzug insgesamt deuten können. V. 9 läßt auch an die Verkündigung der Großtaten Gottes, also an den Zeugendienst in der Welt denken, den die Gemeinde in ihrer ganzen Existenz zu leisten hat. Deutlich ist: der „Kult" spielt sich nicht mehr im heiligen Bezirk und durch Opferrituale ab, sondern ist auf die christliche Praxis in der Welt ausgerichtet.

---

[8] Vgl. *L. Perlitt,* Bundestheologie im Alten Testament, Neukirchen 1969, 156–181, Zitate 175f.

[9] Vgl. *E. Schüssler Fiorenza,* Priester 82–88, Zitat 84.

[10] Zur Exegese und wirkungsgeschichtlichen Problematik vgl. jetzt *N. Brox,* Der erste Petrusbrief, Zürich/Neukirchen (1979) ²1986, 94–110. Siehe auch *G. Klinzing,* Umdeutung 216–218.

Religionsgeschichtlich betrachtet, dokumentiert die Stelle so das neue religiöse Selbstverständnis der christlichen Gemeinde; die antik-jüdische Kultordnung mit ihrer Scheidung von Priestern und Nichtpriestern ist aufgehoben zugunsten des *allen zukommenden Priestertums*. Der Gemeinde wird in einer neuen Weise jener Dienst zugesprochen, der nach der israelitischen Kultordnung der Priesterschaft vorbehalten war.

Die Apokalypse des Johannes

22 Das Ex 19,6 vorgegebene Herrschafts- und Priestermotiv bildet auch ein konstitutives Element des Gemeindeverständnisses der Johannesapokalypse. Mit dessen Hilfe beschreibt der Apokalyptiker sowohl die gegenwärtige als auch die zukünftige Heilsexistenz der Gläubigen.[11]

Kraft des sühnenden Todes Jesu sind *alle* Gläubigen in der Taufe zur „Königswürde" bzw. zu einem „Königtum" und zu „Priestern für Gott" bestellt worden (Apk 1,6; 5,10); als „Priester Gottes und des Christus" werden sie mit Christus im Tausendjährigen messianischen Reich (20,6) und auch im neuen Jerusalem „in Ewigkeit herrschen" (22,5, vgl. 5,10b). In der Schlußvision der Apokalypse wird, ohne daß die „Erlösten" ausdrücklich „Priester" genannt werden, erst deutlich, worin ihre „priesterliche Funktion" besteht: „Und der Thron Gottes und des Lammes wird in ihr (der Stadt Jerusalem) sein, und seine Knechte werden ihm dienen, und sie werden sein Angesicht schauen, und sein Name steht auf ihren Stirnen" (22,3f). Mit dem neuen Jerusalem ist Gottes Thron, also der Ort seiner Anwesenheit, aus der himmlischen Entrücktheit endgültig auf die neue Erde gekommen. Während jüdische Überlieferung eine eschatologische Erneuerung des Tempels erwartete, gibt es nach Johannes in dem neuen Jerusalem keinen Tempel: „denn der Herr, Gott, der Allherrscher, ist ihr Tempel und das Lamm" (21,22, vgl. auch 21,3). Die kubische Form der Stadt (21,16) erinnert an die Form des Allerheiligsten, d.h. aber, daß die Stadt selbst Ort der Gegenwart Gottes ist. So können die Erlösten nun Gott *unmittelbar* „dienen" und „sein Angesicht schauen" (vgl. auch 7,15). Möglicherweise

---

[11] Vgl. dazu die grundlegende Studie von *Schüssler Fiorenza,* Priester, sowie *U. B. Müller,* Die Offenbarung des Johannes, Gütersloh/Würzburg 1984.

erinnert der „Name" auf ihrer Stirn an das Diadem des Hohenpriesters, der im jüdischen Kult als einziger das Allerheiligste betreten durfte. Dann würde Johannes diesen endzeitlichen Dienst als hohenpriesterlichen begreifen.

Die priesterliche „Symbolsprache zielt auf die jeden Kult transzendierende, unvermittelte Erfahrung der Anwesenheit Gottes"[12]. *Gottunmittelbarkeit* und *Dienst* bestimmen die Vorstellung vom christlichen Priestertum der Gemeinde. Johannes nimmt den seinen Lesern vertrauten Begriff auf, macht aber zugleich deutlich, wie in der [23] eschatologischen Erfüllung und von ihr her die für diesen konstitutiven Elemente des Tempels, der Heilsmittlerschaft und der heiligen Opfer aufgehoben und auf den Gedanken des „Sich-Gott-nahen-Dürfens" konzentriert sind. Kraft der allen geltenden Verheißung braucht die christliche Gemeinde keine Priester, keine Tempel und keine Opfer, vielmehr sind *alle* zu Priestern bestellt. Auch der damit verbundene Herrschaftsgedanke ist umfassender Ausdruck heilvoller befreiter Existenz. Es sind die Gott unmittelbar dienenden „Knechte Gottes", die in solchen Dienst zur ewigen Herrschaft gelangen.

Die Gegenwart steht für den Apokalyptiker unter eschatologischem Vorbehalt. Die Gemeinde darf sich den Strukturen dieser Welt nicht angleichen. Die den widergöttlichen Mächten ausgelieferte Geschichte ist noch nicht der Ort göttlicher Gegenwart, daher wird der Gott angemessene Kult in der himmlischen Liturgie vollzogen. Die zum eschatologischen Priesterdienst bestellte Gemeinde bewährt die ihr gegebene Verheißung im Antagonismus mit den Mächten der Welt. Für Johannes wird dies konkret in der Verweigerung des Kaiseropfers, in dem die Usurpation göttlichen Herrschaftsanspruchs durch staatliche Macht ihren zeitgeschichtlichen Ausdruck findet. Im Konflikt mit den sich an Gottes Stelle setzenden Mächten der Welt, der in vielfacher Variation die Geschichte bestimmt, hat also die christliche Gemeinde ihre priesterliche Würde zu bewähren, indem sie allein Gott als Herrn der Welt und Geschichte anerkennt und ihm allein dient.

---

[12] So *Müller*, ebd. 183 zu Apk 7,15 mit Bezug auf *Schüssler Fiorenza*, Priester 401.

2.4 Folgerungen für ein christliches Priesterverständnis

Bei der Interpretation dieser neutestamentlichen Aussagen ist zu unterscheiden zwischen der Funktion der Aussage im unmittelbaren Textzusammenhang und der Tatsache, daß kultische Terminologie nun in solcher Weise auf die christliche Gemeinde *übertragen* wird. Mag der Textzusammenhang auch den Gegensatz zum antik-jüdischen Kultverständnis nicht ausdrücklich thematisieren, so ist er doch im *Übertragungsvorgang* vorausgesetzt. Die christliche Gemeinde ist als Gottes Priesterschaft an die Stelle jeglichen vor- oder außerchristlichen Priestertums getreten. Die Metaphorik der Redeweise ist dafür konstitutiv. Sie setzt die Aufhebung der „realen" antiken Sakralinstitutionen voraus. Christlich kann daher nicht anders als „metaphorisch" von Priester und Kult, von Opfer und Altar gesprochen werden. Es darf deshalb nicht, wie es in der Diskussion gelegentlich geschieht, die metaphorische Ausdrucksweise bemüht [24] werden, um die auf die Gemeinde bezogenen Priesteraussagen im Hinblick auf ein Weihepriestertum als das eigentlich „reale" christliche Priestertum zu entwerten. Das Neue Testament kennt ein solches Gegenüber nicht und kann daher auch nicht an ihm gemessen werden. Die kraft der Mittlerschaft Jesu allen erschlossene Gottunmittelbarkeit führt jede Form menschlich-priesterlicher Mittlerschaft ad absurdum. Dort, wo die Rede von einem Weihepriestertum einen solchen Anspruch impliziert, steht sie im Widerspruch zum Neuen Testament.

3. Die Pluralität frühchristlicher Gemeindeformen

Das Neue Testament läßt nur einzelne Momente der frühen Entwicklung der Gemeindestrukturen erkennen. Diese ist von den jeweiligen sozio-historischen Vorgaben abhängig und verläuft regional verschieden. Ein einheitliches „Verfassungskonzept" gibt es so wenig wie nur *eine* mögliche Entwicklungslinie. Die Organisationsformen entwickeln sich zunächst „wie von selbst" unter dem Zwang der Verhältnisse, gesteuert von den unbewußten Gesetzen der Gruppenprozesse. Ihre Reflexion und rationale Legitimierung erfolgen meistens sekundär durch einzelne, vor allem in Krisensituationen.

Mit dem Soziologen Max Weber läßt sich die frühe Entwicklung als Transformierungsprozeß der ursprünglich charismatischen Jesusbewegung zur Amtskirche begreifen, der mit einem entsprechenden Wandel der Herrschaftsformen verbunden ist.[13]

„In ihrer genuinen Form ist die charismatische Herrschaft speziell *außeralltäglichen* Charakters und stellt eine streng persönliche, an die Charisma-Geltung persönlicher Qualitäten und deren Bewährung geknüpfte soziale Beziehung dar. Bleibt diese nun aber nicht rein ephemer, sondern nimmt sie den Charakter einer *Dauer*beziehung... an, so muß die charismatische Herrschaft, die sozusagen nur in statu nascendi in idealtypischer Reinheit bestand, ihren Charakter wesentlich ändern: sie wird traditionalisiert (z. B. durch patriarchalische Herrschaftsformen) oder rationalisiert (legalisiert) oder: beides in verschiedenen Hinsichten."[14]

Idealtypisch erfolgt die Entwicklung in drei Phasen von der „personalcharismatischen ekstatisch-prophetischen Bewegung" über „personal-charismatische [25] ‚emotionale' Gemeinden" zur „amtscharismatischen rationalen Kirche im Sinne von Gesinnungsanstalten".[15] Nach Weber führt der Rationalisierungsvorgang zu einer „Versachlichung des Charismus". Das persönliche Charisma wird durch das Amtscharisma ersetzt, die Institution selbst wird zu seinem Träger und Garanten, zur „Gnadenanstalt", und schließlich zur ersten rationalen Bürokratie der Weltgeschichte. Der Endpunkt der Entwicklung ist seiner Meinung nach erst im Mittelalter erreicht, Ansätze sieht er jedoch schon in der frühkatholischen Kirche. Das latent gewordene Charisma des Anfangs dient nun einerseits zur Stabilisierung entstandener alltäglicher Herrschaftsformen, löst andererseits aber auch immer wieder innovative Prozesse aus. Während in der bürokratisch organisierten Kirche für die urchristliche „Brüderlichkeit" auf Dauer kein Platz ist, leben personalcharismatische Gemeindeformen in Orden und Sekten fort und werden in den Kirchen der Reformation wenigstens zum Teil zur Geltung gebracht.

3.1 Die charismatischen Anfänge

Über die Anfänge der *palästinischen Gemeinden* und ihre Organisation sind wir nur vage informiert. Über die Entwicklung in *Galiläa* bleiben uns nur Vermutungen. Möglicherweise bildete sich auch hier ein Zentrum der Jesusbewegung

---

[13] Im folgenden beziehe ich mich vor allem auf *W. Schluchter,* Analyse, sowie *M. Ebertz,* Charisma (Anm. 2) Kap. II.

[14] *M. Weber,* Wirtschaft und Gesellschaft, Tübingen ^{5}1972, 142f.

[15] Vgl. *Schluchter,* Analyse 58.

mit Auswirkungen bis nach Damaskus. Auf jeden Fall setzt der Bericht des Paulus von seiner Bekehrung (Gal 1,13–17, vgl. Apg 9,2) bereits eine frühe (von Jerusalem unabhängige?) Gemeindebildung dort voraus. Paulus (Gal 1,22; 1 Thess 2,14) und Lukas (Apg) bezeugen die Existenz von *Gemeinden in Judäa,* vor allem *in Jerusalem.* Um den Zwölferkreis, der schon für Jesus den Anspruch auf ganz Israel symbolisch zum Ausdruck brachte, hatte sich hier, offenbar initiiert durch die Ostererfahrung, zunächst ein Kreis von galiläischen Anhängern gesammelt, um im Zentrum Israels Jesu Wiederkunft zu erwarten. Diese „Heiligen" besaßen ein ausgeprägtes Erwählungsbewußtsein und genossen, wie wieder Paulus erkennen läßt, hohes Ansehen. Dieses gestattet allerdings nicht, der Gemeinde oder ihren Exponenten bereits eine kirchenrechtlich fixierte Vorzugsstellung zuzuschreiben. Paulus zeichnet das Verhältnis zwischen ihnen und den Vertretern Antiochiens in seinem Bericht vom Jerusalemer Aposteltreffen (Gal 2) – bei aller Anerkennung der Jerusalemer – als Begegnung gleichberechtigter Partner. Als die in dieser Zeit (um 45) dort maßgeblichen Autoritäten nennt er die „Geltenden" (ironisierend Gal 2,2.6), die „Säulen" Jakobus, Kephas und Johannes (V. 9). Die Metapher erinnert an den endzeitlichen Tempelbau der Gemeinde (vgl. Apk 3,12) und gibt einer charismatischen, kaum schon einer amtlich-institutionellen Autorität der drei Ausdruck. Unbeschadet der Rolle, die Simon als hervorragendem Jünger Jesu und erstem Osterzeugen zukommt, verband man mit [26] seinem Beinamen *Kephas/Petros* noch nicht jenes Autoritätsverständnis, wie es die spätere Auslegung der sog. Primatsstelle in Mt 16,17–19 entnehmen wird. Trotz des Beinamens wird er den Säulen ein- und nicht übergeordnet. Nach Gal 2,7 ist er der entscheidende Träger der Judenmission. Singuläre Autorität in und auch über Jerusalem hinaus gewann der Herrenbruder Jakobus, wie seine Spitzenstellung in Gal 2,9 sowie seine Intervention in Antiochien Gal 2,12 erkennen lassen. Unter seinem Einfluß scheint sich relativ früh in Jerusalem ein Ältesten-Gremium ausgebildet zu haben, das zusammen mit ihm die Gemeindeleitung in der Folgezeit wahrnahm.

Insgesamt müssen wir uns jedoch die entstehende Kirche, wie schon die Jesusbewegung, als *charismatische Bewegung* vorstellen. Wanderprediger (Apostel, Propheten, Evangelisten, Lehrer) verkündigen in Jesu Nachfolge die Jesusbotschaft und sammeln Anhänger.[16] Entsprechend den sozio-kulturellen Voraussetzungen ergeben sich zwar unterschiedliche Gestalten des Wandercharismatikers, allen ist jedoch gemeinsam, daß ihre Autorität *nicht amtlich-institu-*

---

[16] Vgl. dazu schon *G. Kretschmar,* Ein Beitrag zur Frage nach dem Ursprung frühchristlicher Askese, in: Zeitschrift für Theologie und Kirche 61 (1964) 27–67; *D. Georgi,* Die Gegner des Paulus im 2. Korintherbrief. Studien zur religiösen Propaganda in der Spätantike, Neukirchen 1964; *M. Hengel,* Nachfolge (Anm. 2); *P. Hoffmann,* Studien zur Theologie der Logienquelle, Münster ^{3}1982 (Teil III); *G. Theißen,* Wanderradikalismus, jetzt in: ders., Studien 79–105.

tionell, sondern durch ihre *persönliche pneumatische Vollmacht* begründet ist.

Das gilt für die frühe judenchristliche Mission im palästinisch-syrischen Bereich, wie sie die Logienquelle voraussetzt (Lk 10,2–16; 11,49), aber auch für die Mission des Petrus, der Urapostel und Brüder des Herrn (1 Kor 9,5) sowie für die Missionare aus dem Kreis der Jerusalemer Hellenisten (Apg 6,5.8; 8,5.26f.40). Nach Apg 13,1 sind die maßgeblichen Männer in Antiochia „Propheten und Lehrer". Paulus selbst, aber auch seine Gegner in Galatien, Philippi und Korinth treten als Wanderprediger auf. Wir begegnen deren Spuren auch noch in späterer Zeit (vgl. Mk 6,7–13; Mt 7,15.22f; 10,41; 23,34; 2./3. Joh, Apk 1,1; 19,10; 22,6; Did 11–13; Hermas, Mand. XI sowie auch Origenes, Contra Celsum VII 9–11; Lukian, Über das Ende des Peregrinus). Zunehmend werden Verfallsformen der Bewegung deutlich (vor allem im Mißbrauch des Unterhaltsrechts); gerade Wandermissionare werden als „Irrlehrer" angegriffen (vgl. z. B. 1 Joh 4,1; 2 Joh 10f; Apg 20,29; Jud 4; Did 16,3). Die sich etablierenden Stadtgemeinden drängen sie zunehmend ins Abseits. Der Wandercharismatiker wird nun nicht nur für die Gesellschaft, sondern auch für die Kirche zum Außenseiter und Unruhestifter, wie nicht zuletzt die kirchliche Ketzer- und Heiligengeschichte zeigen wird.

3.2 Charismatische Gemeinde bei Paulus

Einen direkten Einblick in die frühe Entwicklung der christlichen Gemeinde gewinnen wir anfangs der 50er Jahre durch die Briefe des
27 Paulus; in ihnen erfassen wir allerdings nur einen schmalen Ausschnitt eines breiteren Entwicklungsspektrums. Paulus selbst repräsentiert einen eigenen Typ des Wandercharismatikers: den *Gemeindeorganisator.*[17] Sein Missionsprogramm zielt auf eine dauerhafte Vergemeinschaftung der charismatischen Anhängerschaft in der Ortsgemeinde und den überregionalen Zusammenhalt der Gemeinden. Die von Paulus favorisierte Gründung von *Gemeinden in Großstädten* stellt einen entscheidenden soziologischen Faktor für die weitere Entwicklung dar. Schon aufgrund der größeren Zahl von Gemeindemitgliedern kam es zu einem intensiveren Gemeinschaftsleben; dieses verlangte eine Differenzierung der Funktionen und weckte den Bedarf nach Ordnungsstrukturen.

[17] Vgl. *G. Theißen,* Legitimation und Lebensunterhalt. Ein Beitrag zur Soziologie urchristlicher Missionare, jetzt in: Studien 201–230, sowie allgemein zum folgenden *W. A. Meeks,* Urchristentum und Stadtkultur; *J. Hainz,* Ekklesia; *U. Brockhaus,* Charisma.

Wie die häufige Erwähnung von *Hausgemeinden* erkennen läßt, bildete die antike Hausgemeinschaft die Basis für die Organisation auf Stadtebene.[18] Private Häuser waren die ersten Zentren gemeindlichen Lebens. Auf dieser Grundlage kam es zu einer genuin christlichen Entwicklung. Trotz einzelner Berührungen läßt sich der paulinische Gemeindetypos weder aus hellenistischen Vereinen oder Kollegien noch aus der jüdischen Synagoge direkt ableiten. Es ist gruppensoziologisch verständlich, daß nun – neben den Aposteln, Propheten und Lehrern – dem einladenden Hausherrn eine spezifische organisatorische Funktion und auf Dauer auch Autorität zuwuchs. Da das antike Hauswesen patriarchalisch strukturiert war, kann man hier einen Ansatzpunkt für das spätere Aufkommen traditionaler Herrschaftsformen sehen. In der paulinischen Anfangsphase werden jedoch die sozialen Ungleichheiten – trotz gelegentlicher Spannungen – durch die religiöse Gleichheit aller in der Bruderschaft der Gemeinde überwunden.

So bieten die Paulusbriefe ein spannungsreiches Bild. Einerseits unterstützt Paulus als realistischer Gemeindeorganisator die Ausbildung von Ordnungselementen und begegnet so den anarchischen Tendenzen im Gruppenprozeß. Andererseits sieht er aber auch die Gefahr, daß aufgrund besonderer Begabungen oder des sozialen Status die religiöse Gleichheit aller in der Gemeinde verlorengeht. Dagegen stellt er sein Konzept der charismatischen Gemeinde.

Die Leitungsdienste im Rahmen einer charismatischen Gemeindestruktur

28 Schon in dem ältesten erhaltenen Brief ist Paulus bemüht, die Position derer, die kraft ihres Einsatzes Führungsautorität in der Gemeinde gewonnen hatten, „wegen ihres Werkes" und „um des Friedens willen" (gab es bereits Rivalitätskonflikte?) zu stärken. Paulus verwendet bezeichnenderweise keine feste Titulatur. Er spricht von denen, die „euch im Herrn vorstehen/für euch Sorge tragen (der griechische Ausdruck ist doppeldeutig) und euch zurechtweisen" (1 Thess 5,12f). Diese Funktion war einzelnen offenbar aufgrund ihres persönlichen Engagements zugewachsen. Das künftige „Amt" entsteht von der Basis der Gemeinde her. Die Vorstehenden nehmen Aufgaben wahr, die Paulus auch *allen* Gemeindemitgliedern zuspricht: „Weiset die Unordentlichen zurecht, ermuntert die Kleinmütigen, nehmet euch der Schwachen an..." (5,14, vgl. Röm 15,14).

---

[18] Vgl. *H.-J. Klauck,* Hausgemeinde, sowie *ders.,* Neuere Literatur zur urchristlichen Hausgemeinde, in: Biblische Zeitschrift 26 (1982) 288–294.

Vorstehende/Fürsorgende werden auch in Röm 12,8 zusammen mit der Diakonie (V. 7) erwähnt. Ähnlich werden in 1 Kor 12,28 neben die Hilfeleistungen die *kyberneseis,* die Steuermannskünste, gestellt. Diesen Begabungen entsprechen in Phil 1,1 die „Episkopen und Diakone". Eher als Ausnahme und bezeichnenderweise in der Mehrzahl begegnet hier im Neuen Testament zum ersten Mal die für die weitere Entwicklung bedeutsame Bezeichnung *episkopos* (Inspektor), die später einmal dem Träger des monarchischen Bischofsamtes zukommen wird. Der Ausdruck entstammt hellenistisch-profanem Sprachgebrauch, wo er die Träger von Aufsichts- und Verwaltungsfunktionen in der Kommune wie im Verein bezeichnet. Auch in der christlichen Gemeinde dürfte also zunächst die praktisch-organisatorische Seite dieser Begabung im Vordergrund gestanden haben. Da die urchristliche Stadtgemeinde ihre Substruktur in Hausgemeinden hatte, ist vor allem an Christen zu denken, die für die Versammlung der Gemeinde Verantwortung wahrnahmen.

Aufschlußreich für die Ausbildung der Ordnungsstrukturen ist auch, wie Paulus 1 Kor 16,15–18 die Autorität der Mitglieder des „Hauses des Stephanas" in Korinth zu stärken sucht. Er verweist auf deren Erstbekehrung (vgl. 1,16) sowie den Einsatz für die Gemeinde. Gerade diesen Gesichtspunkt verallgemeinert er durch die Mahnung, sich jedem zu unterwerfen, der mitarbeitet und sich abmüht. Die Autorität wird also auch hier nicht institutionell, sondern durch das persönliche Engagement begründet. Das „Haus des Stephanas" war offenbar der Versammlungsort einer ersten Hausgemeinde und damit auch der Ort, wo die Familie des Stephanas als Gastgeber ihre spezifische Rolle im Zusammenleben der Gemeinde gewinnen und bewähren konnte. In dieser Funktion ist sie aber auf die Anerkennung durch die Gemeinde angewiesen. Bezeichnenderweise wirbt Paulus hier wie auch schon in Thessalonich um solche Anerkennung.

1 Kor 12 wie auch Röm 12 sind die Leitungsdienste in das breite Spektrum der für das Gemeindeleben wichtigen Funktionen eingeordnet, die von den konstitutiven Gaben des Apostolats, der Prophetie und Lehre über die Befähigung zu Heilungen, Zuspruch und Trost, konkreten Taten der Hilfe und des Erbarmens bis zum ekstatischen [29] Gebet reichen. Die Leitungsdienste werden den übrigen Begabungen nicht vorgeordnet, sondern haben ihren Platz in der Reihe der grundsätzlich allen, *Männern wie Frauen,* offenen gemeindlichen Dienste.

Eine notwendige Verbindung dieser Dienste mit der Prophetie oder Lehre ist so wenig gegeben wie – eine erst für uns interessante Frage – mit dem Vorsitz beim Herrenmahl. In 1 Kor 11 erscheint dessen Vollzug als Angelegenheit der ganzen Gemeinde. 1 Kor 10,16 spricht vom Becher, den *wir* segnen, und vom Brot, das *wir* brechen. Träger der „sakramentalen Akte" ist das „Wir" der Gemeinde. Es ist der Kyrios, der die Gemeinde an seinem Tisch versammelt. Wer das Segensgebet über die Speisen im Einzelfall sprach, ist offen. Es kann ein hervorragendes Mitglied der Versammelten gewesen sein: der Apostel, ein (durchreisender) Prophet oder Lehrer oder auch – vielleicht war dies sogar das Normale – der Gastgeber bzw. die Gastgeberin. Frauen haben gleichberechtigt mit den Männer in der Gemeindeversammlung gebetet und prophetisch gesprochen (1 Kor 11,5).[19]

Röm 16,1f nennt eine Phoibe als *diakonos* der Kirche von Kenchreä und *prostatis* (Beschützerin, Patronin) für viele und auch für Paulus. V. 3 nennt das Ehepaar Priska und Aquila als Mitarbeiter des Paulus; V. 7 rechnet Andronikos und seine Frau Junia dem Kreis der Apostel zu; V. 12f erwähnt den harten missionarischen Einsatz der Tryphaena und Tryphosa sowie der „lieben Persis"; auch in den in V. 15 erwähnten Hausgemeinden haben offenbar Frauen neben dem Hausherrn eine erwähnenswerte Rolle gespielt. Kol 4,15 wird schließlich besonders „Nymphe und ihre Hausgemeinde" gegrüßt.

In der Gemeinde waren kraft des Geistes geschlechtsspezifische wie soziale und ethnisch-religiöse Unterschiede überwunden. Im Hintergrund steht ein enthusiastisches Gemeindeverständnis, für das die die Welt bestimmenden Ungleichheiten in der Einheit des Leibes Christi eschatologisch-antizipatorisch aufgehoben sind (Gal 3,28; 1 Kor 12,13, vgl. Kol 3,11).[20]

Der paulinische Entwurf einer christlichen Gemeinde

30 In 1 Kor 12 hat Paulus, provoziert durch den Eliteanspruch pneumatisch besonders begabter korinthischer Christen, erstmals in der Geschichte des Christentums ein Gesamtkonzept der charismatischen Struktur der christlichen Gemeinde entwickelt. Da er dieses auch Röm 12 der Gemeindeparänese zugrunde legt, hat es für ihn offenbar grundlegende Bedeutung. Er setzt eine solche Struktur auch in der römischen Gemeinde voraus.

---

[19] Vgl. unter anderem *G. Dautzenberg,* Zur Stellung der Frauen in den paulinischen Gemeinden, in: ders. u. a. (Hrsg.), Die Frau im Urchristentum, Freiburg 1983, 182–224 (mit weiteren Literaturhinweisen), sowie den Beitrag von *E. Schüssler Fiorenza* in: *P. Hoffmann* (Hrsg.), Priesterkirche, Düsseldorf ²1989, 62–95, und ihre grundlegende Arbeit: Zu ihrem Gedächtnis. Eine feministisch-theologische Rekonstruktion der christlichen Ursprünge, München 1988.

[20] Zur Diskussion der für den Zusammenhang besonders relevanten Stelle Gal 3,28, die wahrscheinlich einen Topos der hellenistischen Gemeinde aufnimmt, vgl. *Dautzenberg,* ebd. 214–221.

Gegenüber dem elitären Verständnis der Geistbegabung bei den korinthischen Pneumatikern „demokratisiert" er die Gabe des Geistes. Pneumatisch ist für ihn schon das Bekenntnis zu Jesus als Kyrios (1 Kor 12,1–3). Die Vielzahl der Charismen, Dienste und Kraftwirkungen geht auf eine Quelle zurück: Es ist Gott, der „alles in allen wirkt" (V. 4f), und „ein und derselbe Geist, der jedem einzelnen seine Gabe so mitteilt, wie er will" (V. 12). Der in Korinth erstmals in der Kirchengeschichte erkannten Gefahr, daß Gemeinde zu einer Art „Zwei-Klassen-System" depraviert, wird prinzipiell begegnet. Paulus argumentiert mit dem antikem Denken vertrauten Bild des Leibes. Dies geschieht jedoch anders als in der berühmten Fabel des Menenius Agrippa, der mit dem Bild die Revolte der römischen Plebejer gegen die Aristokratie auffängt und die bestehende Herrschaftsstruktur stabilisiert. Es geschieht auch anders als in der Interpretation des Leibbegriffs durch die spätmittelalterliche Theologie, der die Leib-Metapher zur Darstellung der rechtlich-hierarchischen Struktur der Kirche dient.[21] Für Paulus verdeutlicht das Bild, daß es in der Gemeinde vielerlei Begabungen gibt, die sich gegenseitig als gleichwertig respektieren und zum Nutzen aller zusammenwirken müssen. Die Gemeinde ist grundsätzlich *plural* strukturiert und auf *Solidarität* angewiesen. Die Liebe wird zum maßgeblichen Kriterium jeden Dienstes (1 Kor 13). In solcher Weise konstituiert sich Gemeinde als *Leib Christi* (1 Kor 12,12.27): als jener Bereich der „Sympathie" (vgl. V. 26), in dem der Gekreuzigte und Auferstandene kraft seines Geistes in der Welt präsent und Gottes alle rechtfertigende Gnade in der Liebe konkret erfahrbar wird.

Für die Entfaltung christlichen Gemeindeverständnisses markiert 1 Kor 12 eine entscheidende Etappe. Die Konsequenzen, die sich aus der Gründung von Stadtgemeinden für die Kirchenorganisation und -struktur ergaben, werden hier erstmals theologisch reflektiert. Die
31 urchristliche Missionsbewegung war von Wanderaposteln und Propheten getragen, die den zum Christentum Bekehrten mit eigener Autorität als Prediger des Wortes und Gründer der Gemeinden gegenüberstanden. Mit Max Weber können wir von charismatischer Herrschaft sprechen. Solches apostolisches Autoritätsverständnis bringt Paulus selbst in seinen Briefen gelegentlich höchst anspruchs-

[21] Vgl. *J. Ratzinger,* Leib Christi II, in: Lexikon für Theologie und Kirche ²VI, 910f.

voll zum Ausdruck. In Korinth stößt er nun erstmals *innerhalb* einer Ortsgemeinde auf elitäre Ansprüche von Gemeindemitgliedern, die für sich gegenüber der Gesamtgemeinde einen Sonderstatus reklamieren. Unter dieser Herausforderung entwickelt er sein Gemeindekonzept. In ihm werden einzelne Begabungen und Dienste gerade nicht ausgesondert und der Restgemeinde gegenübergestellt oder ihr übergeordnet. Vielmehr kommt jeder Begabung in der Gemeinde ihre Dignität zu. Diesem Konzept ordnet er in 1 Kor 12,28 sogar die „Urcharismen" des Apostolats, der Prophetie und Lehre ein. Er nennt sie zwar an erster Stelle, aber doch in einer Reihe mit den anderen Wirkungen desselben Geistes. Die Vorstufen der künftigen Kirchenämter, die in der Gabe der Leitung und Fürsorge bereits greifbar werden, stehen auf einer Stufe mit den übrigen Begabungen. Auch sie haben ihren Ort innerhalb der Gesamtgemeinde; sie nehmen Funktionen wahr, die prinzipiell allen zukommen, aber angesichts der Komplexität der Gemeindesituation nun besonderer Träger bedürfen. Nirgendwo wird ihnen, auch wenn der Apostel ihre Autorität stützt, ein Sonderstatus zuerkannt oder gar die apostolische Autorität delegiert. Der Gedanke einer Sukzession vom Apostel zum Leitungsamt findet bei Paulus keine Stütze. Ihre Autorität wird nicht amtlich, sondern durch ihren Einsatz begründet, den die übrigen Gemeindemitglieder als Wirkung des Geistes zu respektieren haben, wie sie umgekehrt allerdings auch der Anerkennung durch die Gemeinde bedürfen. Es ist bezeichnend, daß Paulus um ihre wie auch um seine eigene Anerkennung werben muß und sie nicht nur einfach dekretiert.

Die charismatische Gemeindestruktur läßt also eine Tendenz zur „antiautoritären Umbildung des Charismas" erkennen, insofern nun die Gefolgschaft „statt als Folge der Legitimität als Legitimations*grund* angesehen" wird. In diesem Vorgang sieht Weber einen der Ursprünge demokratischer Legitimität.[22] Die weitere Entwicklung ist in diesem Stadium also durchaus noch offen; [32] die Adaption patriarchischer Herrschaftsformen ist nicht zwingend nahegelegt.

3.3 Die allmähliche Ausbildung von Amtsstrukturen

Momentaufnahmen der weiteren Entwicklung geben uns erst um die Jahrhundertwende die neutestamentlichen Spätschriften und die

---

[22] Vgl. hierzu *Schluchter,* Analyse 27.

Schriften der sog. Apostolischen Väter. Folgende sozio-historische Faktoren sind vor allem wirksam: Maßgebliche Träger der Entwicklung sind nun Stadtgemeinden. Das Wandercharismatikertum verliert zunehmend an Bedeutung. Es ist die Situation der zweiten und dritten Generation, die durch die Erfahrung der Parusieverzögerung und das wachsende Bewußtsein des Abstands zur Gründerzeit sich in einer Übergangsphase erlebt. So sucht man einerseits die christliche Identität mit Hilfe des Traditionsgedankens zu sichern, andererseits ist man jedoch genötigt, sich in der Gesellschaft und Geschichte auf Dauer einzurichten und als Gruppe zu konsolidieren. Der Prozeß führt zur „Veralltäglichung" des Charismas (M. Weber). Trotz der Distanz, in der sich die christlichen Gemeinden grundsätzlich zu ihrer Umwelt wissen, kommt es – in unterschiedlichem Maß – zur Anpassung an das zeitgenössische Milieu und seine Ordnungsmuster. Die Ausbildung stabilisierender Strukturen wird durch den Druck von außen auf die christlichen Minderheitsgruppen (gesellschaftliche Diffamierung, Verfolgung) und durch innergemeindliche Krisen (Streit um die wahre Lehre mit „Irrlehrern", Rivalitätskonflikte) begünstigt. Die wachsende Größe der Gemeinden und solche Krisensituationen fördern die Bildung von Führungseliten, die nun der „Masse" der übrigen Gemeindemitglieder gegenübertreten. Zwar bestimmt die paulinische Forderung gegenseitiger Unterordnung und wechselseitiger Liebe nach wie vor das allgemeine Bewußtsein der Gemeinden; de facto führt die Entwicklung jedoch zu religiöser Schichtung und Ungleichheit. Das Leitungsamt zieht die für die Gemeinde relevanten Funktionen an sich, vor allem die der Lehre und der Leitung des Gottesdienstes. Die übrigen gemeindlichen Charismen verlieren zunehmend an Bedeutung oder werden dem Leitungsamt untergeordnet, auch wenn sich zunächst noch Elemente der charismatischen Gemeindeordnung erhalten.

Die erhaltenen Zeugnisse belegen den Variantenreichtum der Entwicklung, die erst gegen Ende des 2. Jahrhunderts zur allgemeinen Durchsetzung einer monepiskopalen Gemeindeverfassung führen wird. Im paulinischen Traditionsbereich kommt es zunächst zu
[33] einer zunehmenden Verselbständigung der ursprünglich der charismatischen Gemeinde eingeordneten Vorsteherdienste. Andererseits wird nun auch in heidenchristlichen Gemeinden in breitem Umfang die dem Judentum entstammende traditional-patriarchalische Presbyter-Verfassung rezipiert. Ein vielgestaltiger Vermischungsprozeß beider Organisationsformen bahnt sich an.

Daneben bestehen in den gleichen Gebieten noch ältere Organisationsformen fort. So setzt z. B. die Johannesapokalypse im westlichen Kleinasien gegen Ende des Jahrhunderts die Leitung judenchristlicher Konventikelgemeinden durch Propheten voraus.[23] Der Jakobusbrief bezeugt das Nebeneinander von Presbytern und Lehrern, Matthäus die Existenz christlicher Schriftgelehrter in seiner Gemeinde. Die Gemeinden des Johannesevangeliums bildeten offenbar einen relativ eigenständigen Gemeindeverband, der von der sog. johanneischen Schule mit ihren Lehrern getragen war.[24] Den „Ältesten" des 2./3. Joh wird man als „einen besondere Hochschätzung genießenden Lehrer oder Propheten der älteren Zeit zu denken haben",[25] 3 Joh 9f zeigt ihn im Streit mit dem (bereits monarchischen?) Führungsanspruch des Gemeindeleiters Diotrephes.[26]

3.3.1 Charismatische Gemeindeformen im Wandel

Der Epheserbrief: Evangelisten, Hirten und Lehrer im Rahmen einer charismatischen Gemeindestruktur

Der Epheserbrief ist wahrscheinlich gegen Ende des Jahrhunderts im westlichen Kleinasien entstanden. Der Abstand zur christlichen „Gründergeneration" ist bewußt geworden. In dieser Situation sucht der Verfasser sich der eigenen kirchlichen Identität – gerade auch im Gegenüber zur heidnischen Umwelt – zu vergewissern. Die Ekklesiologie erhält daher – in enger Verbindung mit der Christologie – ein eigenes Gewicht. Der Verfasser schaut auf die „heiligen Apostel und [34] Propheten" (3,5) zurück. Sie bilden nun das Fundament des in die himmlische Welt hineinwachsenden Baus der Kirche (2,20 diff. 1 Kor 3,11). So erhalten sie eine einmalige, nicht übertragbare Funktion. Das charismatische Selbstbewußtsein der frühchristlichen

---

[23] Vgl. *G. Bornkamm,* presbys 669f., sowie *A. Satake,* Gemeindeordnung.

[24] Vgl. *J. Becker,* Das Evangelium des Johannes, Gütersloh/Würzburg 1979, 40–43; *H.-J. Klauck,* Gemeinde ohne Amt? Erfahrungen mit der Kirche in den johanneischen Schriften, in: Biblische Zeitschrift 29 (1985) 193–220. Letzterer rechnet neben den Lehrern mit der Tätigkeit von Wandermissionaren und Gemeindepropheten (204–207). Doch ist zu fragen, ob es sich hier um nebeneinander bestehende und so deutlich voneinander unterscheidbare Funktionsträger handelt.

[25] *G. Bornkamm,* presbys 669f.

[26] Zur Stelle vgl. *K. Wengst,* Der erste, zweite und dritte Brief des Johannes, Gütersloh/Würzburg 1978, 248–250; *Klauck,* a. a. O. (Anm. 24) 217f.

Missionare ist in seiner ekklesialen Bedeutung entfaltet. Ihnen wurde das Christusmysterium – die in Jesus Christus aus Juden und Heiden geeinte Kirche – geoffenbart, und durch die Kirche soll nun Gottes Weisheit den Mächten und Gewalten im Himmel kundgetan werden. Der Blick richtet sich auf die Kirche als Heilsmysterium. In Weiterentwicklung der paulinischen Leib-Christi-Vorstellung (wahrscheinlich unter dem Einfluß philonischer Logos-Spekulation) wird sie als kosmischer Leib verstanden, dessen Haupt der in die Himmel erhöhte Christus ist. Sie ist die „Fülle dessen, der alles in allen erfüllt" (1,23) und gelangt in ihm zur „Fülle Gottes" (3,19). So ist sie „der Raum, in dem Christi Segenskräfte wirken und mächtig werden", das „Sakrament des Heils" in der Welt.[27] Der Verfasser denkt noch nicht institutionell, aber in seiner „hohen Ekklesiologie" wird das pneumatische Selbstverständnis der frühchristlichen Missionare auf die Gesamtkirche übertragen; damit werden erste theologische Voraussetzungen für die Idee der Kirche als Heilsanstalt geschaffen.

Die ekklesiologischen Ausführungen in den ersten Kapiteln des Briefes zielen auf die Praxis der Gemeinde (Kap. 4–6). An erster Stelle steht hier die Mahnung zur kirchlichen Einheit. Sie wird zunächst grundsätzlich erhoben (4,1–6), dann aber sofort dynamisch als Zusammenwirken aller in der Gemeinde zum „Wachstum des Leibes" und „zum Aufbau seiner selbst in Liebe" (4,16) verstanden. Einheit meint noch nicht Uniformität, sondern kooperative Pluralität. Den aktuellen Hintergrund läßt V. 14 erkennen. Die Gemeinde ist durch falsche Lehre verunsichert, „unmündig" geworden. Die Situation erfordert den Einsatz besonderer Verantwortungsträger. Der Verfasser greift zunächst auf das paulinische Erbe der charismatischen Gemeinde zurück, entwickelt es aber situationsbezogen weiter. Nach 4,7 „Jedem einzelnen von uns aber wurde die Gnade nach dem Maß der Gabe Christi gegeben" ist die Gemeinde wie Röm 12,4–6 und 1 Kor 12 als charismatische Gemeinschaft begriffen. 4,11 kennt dann jedoch als Gaben des Erhöhten nur noch „die Apostel, die Propheten, die Evangelisten, die Hirten und Lehrer". Die Spannung [35] zwischen den zwei Aussagen darf nicht dadurch aufgehoben werden, daß man schon V. 7 im Sinne von

---

[27] *R. Schnackenburg,* Der Brief an die Epheser, Zürich/Neukirchen 1982, 314; vgl. auch 311 sowie zum Ganzen den Exkurs „Kirche".

V. 11 deutet.[28] Vielmehr macht das Gefälle des Textes den Entwicklungsprozeß deutlich, in dem die Gemeinde steht: innerhalb der noch charismatisch begriffenen Gemeinde erhalten einzelne Funktionen nun ihr spezifisches Gewicht. V. 16 zeigt, daß der Verfasser im Leib einerseits die „der Unterstützung dienenden Gelenke" (die spezifischen Dienste) kennt, aber zugleich auch von der Kraft spricht, die „jedem einzelnen Teil zugemessen" ist. Die Dienste sind also „in den Gesamtorganismus der Kirche so eingefügt, daß sie nur im Zusammenwirken mit allen Gläubigen zum Aufbau des Leibes Christi beitragen". R. Schnackenburg kann daher betonen, daß diese Männer „nicht über der Kirche und den übrigen Gläubigen" stehen; „vielmehr hat ihr ‚Amt' allein den Sinn, die Glieder der Kirche an Christus, das Haupt, und aneinander zu binden, um dem Aufbau des Leibes Christi zu dienen".[29] Ursprung und Ziel des Wachstums ist allein Christus, das Haupt. Ihm bleiben alle – trotz verschiedener Begabungen und Kompetenzen – zu- und untergeordnet.

Die für die Kirche relevanten Dienste der Mission, der Gemeindeleitung und Lehre erhalten eine Sonderstellung. Sie werden den Aposteln und Propheten der heiligen Vergangenheit zugeordnet und setzen deren Wirken in spezifischer Weise fort, indem sie für den Aufbau des Leibes Christi Verantwortung tragen. Auffallend – im Vergleich mit dem historischen Paulus – ist, daß den *Hirten,* als den Gemeindeleitern, eine zentrale Rolle zugewachsen ist. Das entspricht dem allgemeinen Entwicklungsstadium und läßt die sich konsolidierende Ortsgemeinde erkennen. Die *Lehrer* bilden eine eigene Gruppe. Auch wenn sie den Hirten besonders zugeordnet sind, ist diese Aufgabe noch nicht, wie in den Pastoralbriefen oder bei Ignatius, an den Leitungsdienst gebunden. Beide werden hier zusammen genannt, weil sie ortsgemeindliche Dienste darstellen. Den *Evangelisten,* also den Wandermissionaren (vgl. Apg 21,8), wird neben den Aposteln und den Propheten eine hervorragende Rolle zuerkannt. Das Mißtrauen, dem das Wandercharismatikertum in der neutestamentlichen Spätzeit zunehmend begegnet, ist hier noch nicht zu beobachten. *Mission, Gemeindeleitung und Lehre stehen gleichwertig nebeneinander.* Die Konzentration auf das eine Leitungsamt ist noch nicht vollzogen.

---

[28] So z. B. *H. Merklein,* Amt 59f.; dagegen auch *R. Schnackenburg,* a. a. O.

[29] Die beiden Zitate *Schnackenburgs* ebd. 194f.

36 Umstritten ist, ob die Dienste bereits als *Ämter* zu verstehen sind.[30] Dagegen spricht, daß der für den Amtsbegriff wesentliche institutionell-rechtliche Charakter der Legitimierung nicht nachweisbar ist, ja sogar im Widerspruch zu dem primär theologisch-spirituell orientierten Kirchenbild des Briefes steht. Die Legitimierung der Dienste erfolgt durch ihre Qualifikation als Gabe des Erhöhten, der als das Haupt in seinem Leib, der Kirche, wirksam ist.[31] Man kann daher das Gemeindeverständnis des Briefes noch als charismatisch bezeichnen; es steht Paulus näher als den Pastoralbriefen.

---

[30] Wenn *R. Schnackenburg* (ebd. 194) dies vorsichtig bejaht, da es sich jeweils um einen „festumrissenen Auftrag" handle, genügt er damit nicht dem institutionell-rechtlichen Charakter des Amtes, der in Eph noch nicht zu erkennen ist. Dies verbietet es auch, mit *H. Merklein* von einem „kirchlichen Amt" zu sprechen und dies „primär als theologischen und nicht kirchenrechtlichen Begriff" zu fassen (Amt 228), was ein Widerspruch in sich wäre. Merkleins Intention geht freilich weiter. Er will nachweisen, daß, insofern sich das „Leitungsamt aus dem Evangelium ergibt" und insofern „die Festlegung der Verkündigungsfunktion auf einen bestimmten Rahmen (Institution) aus der Verpflichtung der Kirche zur normativen apostolischen Tradition resultiert", die „Ausbildung eines Amtes im Sinne einer kirchlichen Institution nicht nur theologisch legitim, sondern letzte Konsequenz des Evangeliums selbst" ist (ebd. 398). Dabei wird jedoch erstens das Leitungsamt zu einseitig dem „Verkündigungsdienst" zugeordnet und letzterer von jenem überformt (vgl. ebd. 381), wird zweitens das in der Tat schon im Epheserbrief erkennbare Interesse an der Wahrung der Tradition zu grundsätzlich mit dem Institutionalisierungsprozeß verbunden, und bleibt drittens schließlich ungeklärt, *welche* Gestalt der Institution dem Evangelium angemessen und von ihm legitimiert ist. Merkleins Argumentation dient zu sehr der Normativität des Faktischen und wird der Vielgestaltigkeit der historischen Prozesse nicht gerecht, so gerät sie in die Gefahr der ideologischen Konstruktion. Zu Merklein vgl. auch die kritische Rezension von *F. Hahn,* in: Theologische Revue 72 (1976) 281–286.

[31] Es stellt eine fatale Überinterpretation dar, wenn nach *Merklein* Eph 4,11 „eine dogmatische Rückführung der amtlich strukturierten Kirche auf Christus" (zumindest für das Hirten- und Lehramt – Episkopen bzw. Presbyter) bereits legitimieren (Amt 400) bzw. sich hier bereits das „Bewußtsein göttlicher Anweisung oder eines Iuris-divini-Charakters des Amtes" anbahnen soll (ebd. 382). Mit Recht betont *A. Vögtle* (Reflexionen 560), daß sich „das prinzipielle Festhalten des Verfassers am Ideal der ‚charismatischen' Gemeinde gegen die Idee einer institutionell-rechtlichen Ausgliederung der 4,11 genannten Dienste" sperrt. Da hilft auch nicht Merkleins Zuflucht zu einer „latenten oder ideellen" statt einer formellen Institution, die „das im kirchlichen Bewußtsein existierende Modell eines Hirten und Lehrers" voraussetze (ebd. 381).

Die Didache: Episkopen und Diakone lösen die Wandercharismatiker ab

Die Anfang des 2. Jahrhunderts in ländlichen und kleinstädtischen Gemeinden Syriens beheimatete Didache bietet uns ein instruktives Beispiel für die allmähliche Integration des urchristlichen Wandercharismatikertums in die sich konsolidierenden Ortsgemeinden und dessen Ablösung durch örtliche Funktionäre.[32]

37 Die in 11,4–12 erhaltene Überlieferung spiegelt offenbar noch die frühe Situation palästinisch-syrischer Wanderapostel und Wanderpropheten wider. Die ersten haben ihre Autorität als Repräsentanten des Kyrios (V. 4), die zweiten aufgrund ihrer pneumatischen Rede (V. 7). Heimatlosigkeit, Besitz-, vielleicht auch Eheverzicht sind für ihre Lebensform konstitutiv. Der gastlichen Aufnahme in den Gemeinden, allerdings nur für kurze Zeit, dürfen sie sicher sein. Wer sich bereichern will, erweist sich gerade dadurch als Falschprophet. Die jüngere Überlieferung in Kap. 13 regelt hingegen bereits die Eingliederung von wandernden Propheten und Lehrern (!) in die Ortsgemeinde. Das alte Unterhaltsprivileg (vgl. Lk 10,7 b:Q) gilt auch für sie; es wird in Analogie zum alttestamentlichen Recht der Priester auf die Erstlinge begründet: „Sie sind eure Hohenpriester" (V. 3). Die Anweisungen lassen den Wechsel von bäuerlichem in städtisches Milieu erkennen (V. 3 zu V. 5–7). In der Einleitung des ganzen Abschnitts (11,1 f) macht schließlich der Autor die Aufnahme aller, die in die Gemeinde kommen, von der Übereinstimmung mit der von ihm in den vorangehenden Kapiteln zusammengestellten Lehre des Evangeliums abhängig. 15,1 f läßt erkennen, wie neben die Propheten und Lehrer ortsgemeindliche Funktionsträger, „Episkopen und Diakone", treten. Kriterien für ihre Auswahl werden genannt: Es sollen „des Herrn würdige, milde Männer sein, frei von Geldgier, wahrhaftig und erprobt" (V. 1). Sie leisten der Gemeinde nun den „Dienst von Propheten und Lehrern" und sollen wie diese geachtet werden. Der Verfasser ist bemüht, ihre Stellung gegenüber der ihnen im Ansehen noch überlegenen Gruppe der Charismatiker zu stärken. Doch ist das entstehende „Amt" deutlich in die Gemeinde eingebunden. Die Episkopen und Diakone

---

[32] Zum folgenden vgl. vor allem *K. Niederwimmer,* Wanderradikalismus; *K. Wengst,* Schriften des Urchristentums II, Darmstadt 1984, 36–43 sowie neuerdings *K. Niederwimmer,* Die Didache (KAV 1), Göttingen 1989.

werden aus der Mitte der Gemeinde „demokratisch“ gewählt. Adressat der Weisungen der Didache ist die Gesamtgemeinde. Wie sie über die Aufnahme von zuwandernden Christen und Lehrern entscheidet (12,1.4, vgl. auch 11,1 f), wie es ihr obliegt, an der „Art des Herrn“ den wahrhaftigen Propheten vom Lügenpropheten zu unterscheiden (11,8), so ist es die Aufgabe aller, sich gegenseitig zurechtzuweisen und Gemeindemitglieder, die sich gegen den Nächsten vergangen haben, zur Buße zu bewegen. Verantwortlicher Träger des gemeindlichen Lebens ist hier also noch die Gesamtgemeinde.[33]

3.3.2 Die Rezeption der jüdisch-patriarchalen Presbyter-Institution in christlichen Gemeinden

38 Wie vor allem Apg 20 und 1 Petr 5 erkennen lassen, bilden gegen Ende des Jahrhunderts in weiten Teilen Kleinasiens, auch in ursprünglich paulinisch-heidenchristlichen Gemeinden (vgl. die Adresse 1 Petr 1,1), Presbyter-Kollegien die Leitungsinstanz der Gemeinde. Damit kommt es im Sinn M. Webers zur Adaption traditional-patriarchalischer Herrschaftsformen.

Die Presbyter-Institution geht – vermittelt durch judenchristliche Gemeinden – auf alttestamentlich-jüdische Tradition zurück. „Ihr Ursprung liegt ... in der ältesten patriarchalischen Sippenverfassung Israels.“[34] Auf ihre komplexe Geschichte in altisraelitischer und frühjüdischer Zeit braucht hier nicht eingegangen zu werden. In neutestamentlicher Zeit werden sowohl Mitglieder des Jerusalemer Synedriums als auch die Vorstände von Synagogengemeinden als Älteste bezeichnet. Ihnen kommt dort die Leitungskompetenz und Disziplinargewalt zu. Auch die jüdischen Diasporagemeinden kennen solche Leitungsgremien, allerdings tritt die Bezeichnung „Presbyter“ zugunsten griechischer Verfassungstermini (Archonten, Gerusie) zurück. Dies entspricht ihrem Charakter als politisch-ethnische Vertretung jüdischer Volksgruppen in nichtjüdischer Umwelt. Dieser politisch-religiöse Doppelaspekt findet in den christlichen (Heiden wie Juden umfassenden) Gemeinden keine Entsprechung. Man darf daher die breite Rezeption dieser Organisationsform in christlichen

---

33 *K. Wengst*, ebd. 36: „die höchste Instanz in der Gemeinde ist die Gemeinde selbst“.

34 *G. Bornkamm*, presbys 655. Allgemein zur alttestamentlich-jüdischen Vorgeschichte ebd. 655–661.

Gemeinden auch außerhalb Palästinas nicht allein als Anpassung an jüdische Gemeindeformen verstehen.[35]

Offenbar ist die Entwicklung primär von *genuinen Bedürfnissen der christlichen Gemeinden* bestimmt. Die Presbyter gewinnen ihre Bedeutung für die christliche Gemeinde in der Situation des Übergangs zur nachapostolischen Zeit. Sie waren zunächst sicher auch der Lebenszeit nach ältere Gemeindemitglieder und repräsentierten daher gegenüber den jüngeren die Gründergeneration oder standen ihr zumindest nahe.[36] So wuchs gerade ihnen die Verantwortung für
39 die Wahrung der Kontinuität und Leitungskompetenz zu. Verstärkend mag dabei gewirkt haben, daß in der antiken Gesellschaft generell den „Alten“ und den „Vätern“ eine besondere Autorität zuerkannt war. Die Rezeption der patriarchalischen Herrschaftsformen erfolgte jedoch nicht ohne christliche Korrektur. Gerade die beiden folgenden neutestamentlichen Zeugnisse verdeutlichen, daß diese Autoren bemüht waren, dem jesuanischen Erbe in der Forderung des Herrschaftsverzichts auch gegenüber patriarchalen Herrschaftsformen Geltung zu verschaffen. Damit verdeutlichen sie die Spannung, in der christlich gesehen die entstehenden neuen Gemeindeformen stehen.

Die Apostelgeschichte des Lukas: Die vom Heiligen Geist in der Gemeinde eingesetzten Presbyter

Wenn es auch schwierig ist, in der Geschichtsdarstellung des Lukas theologische Konstruktion und historische Realität zu unterscheiden, so läßt sich ihr doch entnehmen, daß die Jerusalemer Gemeinde relativ früh das Presbyter-Institut rezipierte. Die spätere Verbreitung in heidenchristlichen Gemeinden hat ihre Vorgeschichte im palästinischen Traditionsbereich. Die Entwicklung dürfte dort allerdings erst nach dem Aposteltreffen erfolgt sein. Wenn die

---

[35] Vgl. *H. v. Campenhausen,* Amt 84f. Beachtung verdient in diesem Zusammenhang sein Hinweis auf die „Durchdringung Kleinasiens mit palästinischen Christen“ gegen Ende des ersten Jahrhunderts (81 Anm. 2).

[36] Daß es sich bei den „Presbytern“ zunächst um die „Älteren“ handelte, wird dadurch bestätigt, daß gerade die „Jüngeren“ zur Unterordnung unter sie gemahnt werden; der dem „Amt“ geschuldete Respekt gilt auch dem „Alter“. Vgl. 1 Petr 5,5; Polyk Phil 5,3. Der in 1 Clem behandelte Autoritätskonflikt erweist sich auch als Generationenkonflikt (vgl. 3,3 sowie 2,3; 21,6). Mit „jugendlichen“ Amtsträgern rechnen hingegen 1 Tim 4,12; 2 Tim 2,22; Tit 2,7; Ign Magn 3,1. Vgl. *Campenhausen,* Amt 91f.

Presbyter nach der lukanischen Darstellung schon mit den Zwölf zusammen eine Autoritätsinstanz für die Gesamtkirche bilden (15,2.6.23; 16,4), wird das durch Gal 2 nicht gedeckt. Apg 21,18 erschienen sie in Verbindung mit Jakobus als Vertreter der Jerusalemer Ortsgemeinde (ähnlich auch 11,30). In deutlichem Widerspruch zur paulinischen Praxis steht die Angabe, daß Paulus und Barnabas am Ende ihrer ersten Missionsreise in Lykaonien Presbyter einsetzten (14,23). Das gilt auch für die Abschiedsszene in Ephesus (20,17ff), wo Paulus den Presbytern von Milet Weisungen für die Zeit nach seinem Weggang gibt. Die Texte gestatten also eher Rückschlüsse auf die Situation des Lukas.[37] Seine Absicht ist dabei, die presbyteriale Verfassung seiner Gemeinden an die apostolische Zeit zu binden und die heilsgeschichtliche Kontinuität in der Abfolge Apostel–Presbyter herauszustellen. Das entspricht seiner Geschichtsauffassung. Die Abfolge verschiedener [40] heilsgeschichtlicher Epochen wird als der eine von Gott gelenkte Weg der Geschichte begriffen. Daher ist bei Lukas Träger der Kontinuität nicht die amtliche Institution selbst oder eine Amtssukzession, sondern der Heilige Geist, der situationsbezogen in die Geschichte eingreift und den Heilsplan Gottes durchführt. In diesem Sinn weiß der lukanische Paulus die Presbyter vom Heiligen Geist eingesetzt (20,28); vertraut er sie und die Gemeinden für die Zukunft „Gott und dem Wort seiner Gnade an, das die Macht hat, aufzubauen und das verheißene Erbteil unter allen Geheiligten auszuteilen“ (20,32).

In einer Situation, die durch den endgültigen Weggang des Apostels und die sich abzeichnende Gefährdung der Gemeinde durch von außen eindringende und in ihr auftretende Falschlehrer (20,29f) bestimmt ist, haben die Presbyter für die Weitergabe des ihnen durch Paulus vermittelten Evangeliums Sorge zu tragen. Nach dem Vorbild des Paulus (V. 19.24) ist ihr Amt als Dienst gegenüber dem Herrn und seinem Evangelium zu verstehen. Trotz der Bindung ihrer Verkündigung an den normativen Anfang bei Jesus und das apostolische Zeugnis versteht dies Lukas nicht einseitig als Bewahrung des Überkommenen (wie die Pastoralbriefe), sondern, wie schon seine Darstellung der Kirchengeschichte zeigt, als einen dynamischen

[37] Zum Folgenden vgl. vor allem *F. Prast,* Presbyter, sowie *A. Weiser,* Die Apostelgeschichte 2, Gütersloh/Würzburg 1985, besonders 581–585.

Prozeß, in dem Gottes Wort in der Geschichte immer neu wirksam wird (vgl. V. 32). Ihm haben sich die Gemeinde und die in ihr Verantwortlichen anzuvertrauen.

V. 28 beschreibt die Aufgabe der Presbyter sehr bezeichnend: „Habt acht *auf euch* und die ganze Herde Gottes, *in der* euch der Heilige Geist eingesetzt hat, um als Episkopen die Gemeinde Gottes zu weiden, die er sich erworben hat durch das Blut seines eigenen (Sohnes)". Das alttestamentliche Hirtenbild (vgl. auch Eph 4,11 und 1 Petr 5,2) bringt sowohl ihre fürsorgende als auch verantwortlich-leitende Funktion als Episkopen/Aufseher zum Ausdruck. Lukas scheint die Bezeichnung hier noch nicht titular zu verstehen. Die Formulierung läßt die Überlagerung der noch funktional begriffenen paulinischen Leitungsdienste durch das Presbyter-Institut erkennen, dem sie nun integriert erscheinen. Das Beispiel des Paulus verdeutlicht die Dienstfunktion des Amtes und wehrt den Mißbrauch patriarchaler Autorität ab: Selbstbescheidung (V. 19), das persönliche Engagement für jeden einzelnen (V. 31), Uneigennützigkeit (V. 33), die soziale Verantwortung für die Schwachen (V. 35). Die Presbyter stehen nicht *über* der Gemeinde, sondern sind *in ihr* eingesetzt. Deren [41] Würde als Gottes Eigentum wird gerade an dieser Stelle betont hervorgehoben. Das Amt ist „integrierender Bestandteil" der umfassenden Größe Gemeinde.[38] Vor der Aufforderung, auf die ganze Herde acht zu haben, steht die Forderung zur Selbstkritik (V. 28). Diese selbstkritische Verantwortlichkeit und Dienstbereitschaft verlangen auch die auf die Gemeindeleitung bezogenen Abschnitte des Evangeliums: Lk 6,39 f verpflichtet gerade die Führer in der Gemeinde zu Feindesliebe und Wohltätigkeit und wendet auf sie das Bildwort vom Splitter und Balken an (6,41 f); 12,41–48 warnt sie vor dem Mißbrauch des Auftrags und verdeutlicht ihre Verantwortung; 22,24–27 bindet sie an das Paradigma des den Seinen dienenden Jesus.

Der 1. Petrusbrief: Presbyter im Rahmen einer charismatischen Gemeindestruktur

Der 1. Petrusbrief bietet uns in der Verbindung eines charismatischen Gemeindeverständnisses mit der Presbyterverfassung ein bezeichnendes Beispiel für den Variantenreichtum der frühchristlichen Entwicklung. Die Situation christlicher Gemeinden im kleinasiati-

---

[38] Vgl. *Prast,* Presbyter 122 f. 183.

schen Raum (vgl. 1,1) am Ende des 1. Jahrhunderts wird deutlich.[39] Als gesellschaftliche Minderheit sind sie ihrer Umwelt entfremdet und Diffamierungen ausgesetzt. So will der Brief das Selbstbewußtsein der Gemeinden stärken und ihren Zusammenhalt gegenüber dem Druck von außen stabilisieren. In diesem Kontext stehen auch die ekklesiologisch relevante Aussage von der Gemeinde als königlicher Priesterschaft und Volk Gottes (2,4–10, s. S. 282f) sowie die wiederholte Mahnung zur Bruderliebe (vgl. 1,22; 3,8; 4,8f).

Mit einer Reminiszenz an das charismatische Gemeindeverständnis des Paulus spricht 4,10 von der „Gnadengabe, die jeder empfangen hat" und mahnt, sie zum gegenseitigen Dienst einzusetzen als „gute Verwalter der vielfältigen Gnade Gottes". Wie 4,8f zeigt, dominiert der soziale Aspekt, außerordentliche pneumatische Begabungen sind nicht (mehr) im Blickpunkt. Die Pluralität gemeindlichen Lebens sowie die Verantwortlichkeit aller ist bejaht und wird gerade angesichts der Notsituation aktiviert. Gemeinde ist also nicht wie in den Pastoralbriefen als „Bewahrungsanstalt" gesehen. Wenn
42 V. 11 beispielhaft die Gabe der Rede (Predigt) und des Dienens (Karitas oder Leitung?) nennt, wird das Interesse deutlich, die für die Gemeinde konstitutiven Begabungen zu profilieren und deren besondere Verantwortung hervorzuheben. 5,1–4 läßt erkennen, daß der Brief eine Gemeindeleitung durch Presbyter voraussetzt.

Die Überlagerung charismatischer Gemeindestrukturen durch patriarchale ist also vollzogen, ohne erstere zu verdrängen. Der Verfasser bringt sie, wie wir sahen, positiv in Erinnerung und versteht offenbar auch die Gemeindeleitung als charismatischen Dienst (4,11). Die Spannung, die faktisch zwischen beiden Konzeptionen besteht, wird durch den übergreifenden Gedanken des „gegenseitigen Dienens" (4,10) oder in 5,5b in der Mahnung zu „bescheidener Selbsteinschätzung" ausgeglichen. Was für die einen Unterordnung unter die Autorität bedeutet, verlangt zugleich vom anderen, auf das „Ausspielen seiner Position" zu verzichten.[40] Wenn der Verfasser in 5,1 Petrus sich selbst in die Reihe der Presbyter stellen läßt, wertet er die Würde des Amtes auf. 5,2 bringt mit dem Bild vom „Hirt der

---

[39] Vgl. dazu besonders *N. Brox,* Situation und Sprache der Minderheit im ersten Petrusbrief, in: Kairos 19 (1977) 1–13, besonders 9f, sowie zum folgenden *ders.,* Der erste Petrusbrief, Zürich/Neukirchen ^{2}1986, auf den ich mich im folgenden beziehe.

[40] *Brox,* Petrusbrief 235.

Herde" deren Autorität unmißverständlich zum Ausdruck. V. 4 nennt Christus als den „obersten Hirten". Damit wird die „kirchenamtliche Tätigkeit ... in die hohe Bedeutung einer Teilhabe an der Sorge und Bemühung Christi um die Menschen" gerückt,[41] zugleich jedoch auch den Presbytern deutlich gemacht, unter wessen Autorität sie letztlich stehen.

Vor allem die Mahnung, ihre Aufgabe als „Vorbilder der Herde" zu erfüllen, „nicht wie solche, die in ihrem Bereich sich als Herren aufführen", unterläuft die patriarchalische Autorität aus dem urchristlichen Impetus des Herrschaftsverzichts heraus (vgl. Mk 10,42). „Das Kirchenamt wird frühchristlich ernsthaft (nicht nur verbal) als Dienst ... statt als Herrschaft gegenüber der Gemeinde bezeichnet."[42] Die Übernahme traditionaler Autoritätsformen erfolgt also nicht nur in Anpassung an das gesellschaftliche Milieu, sondern durchaus kritisch. Die praktische Verwirklichung dieses Konzepts verlangt von allen, vor allem aber von den Autoritätsträgern, ein hohes Maß an Sensibilität. Mit Recht bemerkt Brox: „Diese Ethik bewegt sich auf dem schmalen Grat zwischen dem wirklichen Gelingen [43] der Gegenseitigkeit von V. 5b und der Dekadenz zur trivialen Ordnungs-Moral."[43]

Der Jakobusbrief: Lehrer und Presbyter in einer Gemeindeordnung

Aus einer Nebenbemerkung erfahren wir, daß auch der Jakobusbrief (gegen 100) in den von ihm angesprochenen Gemeinden im hellenistisch-christlichen Traditionsbereich *Presbyterkollegien* kennt. Falls jemand erkrankt, soll man die „Presbyter der Gemeinde" rufen, damit sie durch Gebet und Salbung den Kranken heilen (5,14f). Für die Transformierung charismatischer Gemeindeformen in institutionelle ist erhellend, daß die ursprünglich charismatische Gabe der Heilung (1 Kor 12,9.28, vgl. auch Mk 6,13) nun an das Presbyteramt gebunden ist.[44]

3,1 läßt allerdings erkennen, daß christlichen *Lehrern,* zu denen der Verfasser sich selbst zählt, im Gemeindeleben die zentrale Rolle zukommt. Der Mahnung: „Laßt nicht zu viele von euch Lehrer werden" ist zu entnehmen, daß es sich um eine „zahlenmäßig offene

---

[41] Ebd. 232.
[42] Ebd. 231.
[43] Ebd. 235.
[44] Vgl. *Bornkamm,* presbys 664.

Institution“ handelt, zu der jeder Zugang hatte, „der sich berufen fühlte und andere davon zu überzeugen vermochte“.[45] So bezeugt der Brief auf seine Weise die mögliche Vielfalt frühchristlicher Gemeindeformen.

Der Brief des Polykarp an die Gemeinde von Philippi: Presbyter und Diakone

In diesem Zusammenhang ist kurz auf den Brief des Polykarp einzugehen, weil er Einblick in den Entwicklungsstand gegen 120 in Philippi gibt. Polykarp erwähnt in dem Brief nur Presbyter und Diakone (5,2f; 6,1f; 11,1). Die von Paulus gerade für die Gemeinde bezeugten Episkopen (Phil 1,1) erwähnt er auffallenderweise nicht. Wie ist dieser Befund zu erklären? Subsumiert er stillschweigend die Episkopen den Presbytern, und vermeidet er den Titel Episkopos, weil er ihn nur noch als Bezeichnung für den *einen* Bischof kennt?[46] Oder sind die Episkopen der paulinischen Frühzeit in Philippi mittlerweile durch [44] Presbyter abgelöst worden?[47] In jedem Fall verdeutlicht der Befund die Überlagerung der älteren charismatischen Gemeindestruktur durch die Presbyterinstitution. Zur Ausbildung eines Monepiskopats ist es hier – trotz der „episkopalen“ Vorgaben – nicht gekommen.

5,3 bringt in der Mahnung an die jungen Männer, den Presbytern und Diakonen wie Gott und Christus untertan zu sein, deren Autorität unmißverständlich zum Ausdruck. Dennoch ist das „Amt“ vornehmlich als Dienst gesehen. Die Diakone werden auf das Vorbild des Herrn verwiesen, „der der Diener aller wurde“ (5,2). Vom Presbyter wird Barmherzigkeit und Mitleid gegen alle, Sorge um die Verirrten, die Kranken, Witwen, Waisen und Armen verlangt. Sie sollen nicht „schroff im Urteil sein, im Bewußtsein, daß wir alle der Sünde Schuldner sind“, und angesichts des Gerichts Gottes zur Vergebung bereit sein (6,1f).

Kap. 11 behandelt den Fall des Presbyters Valens. Er hatte sich wahrscheinlich einer Geldunterschlagung schuldig gemacht und da-

---

[45] Vgl. jetzt *W. Popkes,* Adressaten, Situation und Form des Jakobusbriefes, Stuttgart 1986, 99–102, 104f., sowie *J. Wanke,* Die urchristlichen Lehrer nach dem Zeugnis des Jakobusbriefes, in: R. Schnackenburg u.a. (Hrsg.), Die Kirche des Anfangs, Festschrift H. Schürmann, Leipzig 1977, 489–511.

[46] So *Campenhausen,* Amt 130 Anm. 1; *Bornkamm,* presbys 675.

[47] *W. Bauer/H. Paulsen,* Die Briefe des Ignatius von Antiochia und der Polykarpbrief, Tübingen 1985, 113f.

durch das ihm „verliehene Amt“ (locus) verkannt (V. 1). Wenn Polykarp die Gemeinde auffordert, ihn und seine mitschuldige Ehefrau „als leidende und irrende Glieder“ zurückzurufen, „damit euer aller Leib gerettet werde“, wird das paulinische Bild vom Leib der Gemeinde in eigentümlicher Brechung aufgenommen. Die Presbyter sind hier als Glieder des Leibes begriffen; der Fall des einen berührt die Integrität des Ganzen. Bezeichnenderweise ist die Bemühung um die Gefallenen die Angelegenheit aller. Dem entspricht, daß die Mahnungen an die Amtsträger oft mit einer allgemeinen Gemeindeparänese verbunden werden (vgl. 5,2; 6,2f oder 11,1f). Dieser gleitende Übergang verdeutlicht, daß die „Amtsträger“ ihren Platz eher innerhalb der Gemeinde als über ihr haben. Der Gedanke der allen zukommenden Verantwortung dominiert. Die Schlußmahnung 10,1f betont den Gedanken der Bruderliebe und gegenseitigen Unterordnung – gerade auch im Hinblick auf einen untadeligen Wandel der Gemeinde unter den Heiden.

3.3.3 Presbyter und Episkopen in einer Gemeindeorganisation – die allmähliche Ausbildung des Monepiskopats

Wie wir sahen, wurde um die Jahrhundertwende in breitem Umfang die Presbyterinstitution von christlichen Gemeinden aufgenommen. 45 Die ursprünglich charismatischen Dienste der Vorsteher/Episkopen, die sich zusammen mit den Diakonen aus der Reihe der übrigen Charismen allmählich herausgelöst hatten und in der Gemeinde und für sie eine eigenständige Bedeutung gewannen,[48] verbinden sich mit presbyterialen Strukturen. Dieser Vorgang stellt einen *wesentlichen Schritt im Institutionalisierungsprozeß* dar. Denn dadurch erhalten die ursprünglich funktionalen Dienste einen institutionellen Rahmen; ihre zunächst im persönlichen Charisma begründete Autorität partizipiert nun an einer traditional-patriarchalischen Herrschaftsform.[49] Damit wandelt sich ihr Wesen. Die Verbindung führte zunächst zur Etablierung der Presbyterkollegien als

[48] Die Verselbständigung zeigt sich Eph 4,16; Did 15,1 (vgl. auch die „Führenden“ Hebr 13,7.17.24), ist aber auch für die traditionellen Bischofsspiegel der Pastoralbriefe vorauszusetzen.

[49] Vgl. *Campenhausen,* Amt 131: „In allen drei Gebieten bildet die patriarchalische Ältestenverfassung den Ausgangspunkt und das tragende Gerüst der ‚katholischen‘ Gemeindeordnung.“

gesamtgemeindliche Führungsgremien. Die Episkopen sind ihnen eingeordnet, nehmen aber im Unterschied zu den übrigen Presbytern spezifische, vor allem kultische und/oder karitative Aufgaben wahr. So erscheinen sie gegenüber den Presbytern als die eigentlichen gemeindlichen Funktionsträger, worin ihr ursprünglicher Dienst im Rahmen einer charismatischen Gemeindeordnung weiterwirkt, während die Presbyter schon von ihrer jüdischen Herkunft her den Charakter einer gemeindlichen Honoratiorenvertretung behalten. Vielleicht erklärt dies, warum gerade den Episkopen im Laufe der Entwicklung auch weitere Kompetenzen und schließlich die gesamtgemeindliche Leitungskompetenz zuwuchsen.

Soweit wir erkennen können, gewannen zunächst in Kleinasien einzelne Episkopen innerhalb der Presbyterkollegien eine führende Rolle. Polykarp versteht sich in Phil 1,1 („Polykarp und die Presbyter mit ihm") – von der persönlichen Hochschätzung, die er allgemein genoß, abgesehen – als primus inter pares und gibt damit wahrscheinlich einem gängigen Selbstverständnis der „Bischöfe" Ausdruck. Allein Ignatius tritt mit dem vollen Einsatz seiner Person in den Briefen an die kleinasiatischen Gemeinden für einen den Presbytern und Diakonen übergeordneten Bischof als „monarchischen" Gemeindeleiter ein. Eine solche Tendenz läßt auch der Autor der Pastoralbriefe erkennen. Beide geben jedoch weder die realen Verhältnisse noch den tatsächlichen Bewußtseinsstand der Gemeinden wieder. Es [46] handelt sich eher um — in der damaligen kirchlichen Landschaft singuläre — Entwürfe kühner „Vor-Denker". Zur Durchsetzung dieser episkopalen Gemeindeverfassung wird es in der Gesamtkirche erst am Ende des 2. Jahrhunderts kommen.

1. Clemensbrief: Presbyter als Episkopen, Episkopen als Presbyter

Das zwischen 90 und 100 von Clemens verfaßte Schreiben der römischen Gemeinde ist die Reaktion auf die Absetzung einiger „altbewährter" Presbyter/Episkopen in Korinth (44,3.6) durch die Initiative von „ein oder zwei" wahrscheinlich „jüngeren" Leuten, die allerdings von der Mehrzahl in der Gemeinde getragen war (47,6; 3,3). In der Sicht der Römer ist dies ein „schmutziger und gottloser Aufruhr, den ein paar vorschnelle und freche Leute ... angeflammt haben" (1,1); er führte zur „Spaltung" der Gemeinde (51,5; 57,1). Die Römer, die von dem Vorgang nur gehört haben (47,6f), fordern die Rehabilitierung der Abgesetzten, damit in der Gemeinde wieder Eintracht und Liebe herrsche (46—50), und von den „Aufrührern in Streit und Spaltung", daß sie aus der Gemeinde auswandern (54,2), sich den Presbytern unterwerfen und Buße tun (57,1). Auch wenn sich weder die Hintergründe des korinthischen Konflikts noch die Motive für das Eingreifen der Römer sicher aufklären lassen,[50] ist sowohl der Vorgang selbst als auch die römische Reaktion für die urchristliche Amtsgeschichte höchst aufschlußreich.

Die Position der Episkopen/Presbyter hat institutionellen Charakter gewonnen. Sie gehören zu den „führenden Männern" der Gemeinde, denen Gehorsam und Hochachtung geschuldet wird (1,3; 21,6), gerade auch deswegen, weil sie „der Herde Christi dienen" (44,3). 44,1.4 sprechen von der *episkope* (dem Bischofsamt), 44,2.3 von ihrer *leiturgia* (Dienst), 44,5 von ihrem *topos* (i. S. von Amtsstellung, vgl. auch 40,5). 44,3 heißt es in hellenistischer Amtssprache,[51] daß sie von den Aposteln oder „späterhin von anderen bewährten Männern (der Brief meint wahrscheinlich schon amtierende Episkopen) [47] unter der Zustimmung der ganzen Gemeinde eingesetzt" wurden (vgl. auch 54,2: „die eingesetzten Presbyter" sowie 42,4; 43,1). Entsprechend kann auch von ihrer „Absetzung" die Rede sein (44,5, vgl. auch 44,3.4.6). Geschah dies auch in der Sicht der Römer unrechtmäßig, so war ein solches Vorgehen in der Sicht der Korinther offenbar legitim. Ein gewisses Amtsreglement zeichnet sich ab.

Clemens sucht die Position der Amtsträger darüber hinaus theologisch-prinzipiell zu begründen und in den Rahmen *einer alles umfassenden, von Gott sanktionierten Ordnungsstruktur* hineinzustellen. Er schafft damit das Modell der späteren großkirchlichen Amtsgründung. Wie Christus von Gott und die Apostel von Christus gesandt wurden, so haben letztere „ihre Erstlinge nach Prüfung durch den Geist zu Bischöfen und Diakonen der zukünftigen Gläubigen" eingesetzt (42,1–4). Damit erfüllten sie die Ankündigung

---

[50] Zur Diskussion vgl. *Ph. Vielhauer,* Geschichte der urchristlichen Literatur, Berlin 1975, 536f. Am ehesten wird dem Text m. E. die Annahme gerecht, daß dem Führungswechsel ein Generationenkonflikt zumindest zugrunde lag. *W. Bauers* Hypothese (Rechtgläubigkeit 99–109), daß dahinter die Auseinandersetzung mit der aufkommenden Gnosis stehe, der sich auch Vielhauer anschließt, findet im Text selbst keine Anhaltspunkte. Die von den Korinthern nicht erbetene Initiative der Römer wird man allerdings mit W. Bauer (ebd. 101 f.) als Ausdruck römischen Hegemonialstrebens beurteilen können.

[51] Vgl. *R. Knopf,* Lehre der Zwölf Apostel. Zwei Clemensbriefe, Tübingen 1920, 119.

der Schrift (42,5: Jes 60,17) und entsprachen dem Beispiel des Mose (43). Die alttestamentliche Kultordnung mit ihrer Unterscheidung von Hohempriester, Priestern, Leviten und Laien (!) ist für ihn Typos der christlichen Gemeindeordnung (40).[52] In ihr hat jeder „an seinem Ort“ *(tagma)* Gott wohlzugefallen, indem er nicht „den Kanon seines Dienstes *(leiturgia)*“ überschreitet (41,1). Auch wenn Clemens den Gedanken des Gegenseitig-aufeinander-Angewiesenseins betont, dienen ihm doch die Bilder der antiken Heeresordnung und des Leibes (das paulinische Verständnis verkürzend) dazu, die Gemeinde zu „einträchtigem Gehorsam“ zu motivieren. „Ein jeder möge seinem Nächsten sich unterordnen, wie es in dessen Gabe begründet ist“ (37,1–38,1). In breitem Umfang wird im ersten Teil des Briefes das Repertoire paränetischer Tradition benutzt, um durch die Warnung vor Eifersucht und Neid (4–8), durch die Mahnung zu Demut und Friedfertigkeit (13–19,1), zu Einheit und Harmonie (19,2–22; 37–39) und in Kap. 49 und 50 durch den Lobpreis der – vor allem „einträchtigen“ – Liebe die Korinther seinem Ordnungsdenken zu öffnen. Konkret zielt dies auf die erneute Anerkennung der abgesetzten Amtsträger und damit der hierarchischen Ordnung.

Das *Verhältnis von Episkopen und Presbytern* bleibt im Brief unklar. Während in 42 von Episkopen und in 44,1.4 von Episkope die [48] Rede ist, werden dieselben Personen in 44,5; 47,6 als Presbyter bezeichnet. Diese erscheinen 54,2; 57,1 als das gesamtgemeindliche Führungsgremium. Der Bemerkung, daß die Abgesetzten „untadelig und heilig die Opfer dargebracht haben“ (44,4), ist zu entnehmen, daß die Episkopen/Presbyter vor allem auch gottesdienstliche Funktionen, offenbar in der Darbringung der Gemeindegebete, besonders bei der Eucharistie, wahrnehmen. Gemeinde- und Gottesdienstleitung gehören also bereits zusammen. Das Nebeneinander der zwei Bezeichnungen ist geschichtlich zu erklären. Wie die ausdrückliche Rückführung der Episkopen (zusammen mit den Diakonen) auf die Apostel zeigt, stellen sie auch in der Sicht des

---

[52] Die Gegenüberstellung von Priester und Laien zielt zunächst auf alttestamentliche Verhältnisse, doch in engem Bezug auf das Gegenüber von Amtsträgern und Gemeinde, so daß sich hier „der christliche Ordo ... in Keimentwicklung“ ankündigt (*Knopf,* ebd. 114). Was die *leiturgia* der Laien ist, wird nicht gesagt: „Es bleibt aber wohl wenig mehr für ihn als zuzuhören und die Eucharistie zu genießen“ (*Knopf,* ebd.).

Autors die älteren (aus den einstigen charismatischen Diensten entstandenen) Ämter dar, die nun dem umfassenden Gremium der Presbyter integriert sind. Der Brief ist so ein aufschlußreiches Beispiel für den damit verbundenen Institutionalisierungsprozeß.

Der Hirte des Hermas: Episkopen mit spezifischen Funktionen im Presbyterkollegium

Ein ähnliches Bild bietet noch der um 140 in Rom entstandene Hirte des Hermas. Hermas versteht sein prophetisches Wirken nur in enger Verbindung mit der Gemeindeleitung (Vis. II 4,2f); das freie Prophetentum begegnet bei ihm nur in depravierter Form (Mand. XI). Die Angaben über die Gemeindeverfassung machen deutlich, daß es einen monarchischen Episkopat noch nicht gibt. Vis. II 4,3 spricht vielmehr von „Presbytern, die an der Spitze der Gemeinde stehen" (vgl. auch III 1,8). Sie sind offenbar mit den Vis. II 2,6 genannten „Vorstehern der Gemeinde" identisch, nach III 9,7 haben sie den Ehrenplatz in der Gemeindeversammlung inne. Sim. IX 31,5f wendet auf sie die Hirten-Metapher als Ausdruck ihrer gesamtgemeindlichen Verantwortung an. Sie bilden offenbar also das zentrale Leitungsgremium in Rom. Neben ihnen erwähnt Hermas jedoch auch Episkopen und Diakone. Nach Sim. IX 27,2; 26,2 sind sie für die Versorgung der Fremden und Bedürftigen, also für die „Organisation der Wohltätigkeit und Hilfeleistung" zuständig.[53] In der Deutung der Turmbau-Allegorie Vis. III 5,1 werden sie in eine Reihe mit den Aposteln und Lehrern der Vergangenheit gestellt. Ihrer besonderen Würde wird so Ausdruck gegeben, ohne daß deutlich würde, warum nur sie und [49] nicht auch die Presbyter so ausgezeichnet werden. Vielleicht bewahrt dieser Widerspruch die Erinnerung an ihre Herkunft aus apostolischer Zeit (vgl. auch schon 1 Clem 42,4f). Dann wäre die Annahme gestattet, daß auch die römische Gemeinde ursprünglich charismatisch strukturiert war, was schon Röm 12 vermuten ließ. Das Presbyterkollegium hätte dann auch hier diese ältere Organisationsform überlagert. Das Verhältnis der Episkopen zum Presbyterkollegium wird im Brief nicht näher beschrieben. So kann man nur vermuten, daß erstere jenem

[53] Vgl. *M. Dibelius,* Der Hirt des Hermas, Tübingen 1923, 634, *H. Lietzmann,* Verfassungsgeschichte 128–131; *Campenhausen* 91 f sowie neuerdings den umfassenden Kommentar von *N. Brox,* Der Hirt des Hermas (KAV 7), Göttingen 1991, bes. 533–541.

angehört haben, aber mit karitativen, vielleicht auch gottesdienstlichen Sonderfunktionen betraut waren.[54]

Die wiederholten kritischen Bezugnahmen auf Streitigkeiten unter den Presbytern (Vis. III 9,7–10; Sim. VIII 7,4; IX 31,5f, vgl. auch Vis. III 5,1) lassen erkennen, daß es in dem Gremium zu Führungskonflikten kam.[55] Zwar gibt es kein Anzeichen dafür, daß diese ihre Ursache in Rivalitäten zwischen Presbytern und Episkopen oder gar in deren monepiskopalem Führungsanspruch haben, doch werden hier Probleme sichtbar, die mit der pluralen Gemeindestruktur offenbar latent gegeben waren und gruppensoziologisch verständlich „eindeutigeren" Lösungen der Kompetenzverteilung den Boden bereiteten. Im Unterschied zu den Presbytern erscheinen die Episkopen als die eigentlichen Gemeindefunktionäre; dies könnte erklären, warum im Zuge der weiteren Entwicklung gerade ihnen auch die gesamtgemeindlichen Leitungskompetenzen zuwuchsen.

Die Pastoralbriefe: Anfänge eines monepiskopalen Amtsverständnisses?

Die genauere Datierung dieser pseudopaulinischen Briefe (100/130?) sowie ihre Lokalisierung (Kleinasien?) lassen sich nicht mit Sicherheit ausmachen. Als „Testament" des Paulus (2 Tim) wollen sie in seinem Namen und seiner Autorität Weisungen für die „Kirchenordnung" (1 Tim, Tit) in einer Situation geben, in der der Autor die Gemeinden durch (gnostische) Irrlehren gefährdet sieht.[56]

50 Singulär für das Neue Testament ist, wenn die Gemeinden in ihnen nur noch als Objekt des apostolischen Dialogs mit den beiden Schülern in den Blick kommt, sie selbst aber – abgesehen von den Schlußgrüßen – nicht mehr als Gesprächspartner erscheint. Die fiktiven Adressaten haben in dem Schreiben eine Doppelfunktion. Einerseits stellen sie die Verbindung zum apostolischen Ursprung

---

54 So im Rückschluß von Justin, Apol. I 67,6, und in Analogie zu 1 Clem *Dibelius,* ebd. 634f, und auch *Lietzmann,* ebd. 131.

55 Vgl. *Dibelius,* ebd. 635.639.

56 Gegenüber allzu harmonisierenden Darstellungen des Gemeindeverständnisses dürfte den Sachverhalt die kritische Darstellung von *N. Brox,* Probleme, zutreffender wiedergeben. Vgl. auch *ders.,* Die Pastoralbriefe, Regensburg 1969, bes. 42–46.147–152, sowie *H. Schlier,* Die Ordnung der Kirche nach den Pastoralbriefen (1948), jetzt in: K. Kertelge (Hrsg.), Amt 475–500. Eher verharmlosend ist *G. Lohfink,* Die Normativität der Amtsvorstellungen in den Pastoralbriefen, in: Theologische Quartalschrift 157 (1977) 93–106.

der Kirche her, der – unter Ausblendung der Zwölf – allein durch Paulus gegeben erscheint, und gleichen insofern „übergemeindlichen“ Autoritäten. Andererseits sind sie mit der Gemeindeleitung beauftragt und insofern mit typischen Zügen des Amtsträgers ausgestattet. Beide Aspekte dürfen nicht kombiniert und auf ein überregionales Leitungsamt (i. S. der späteren Metropolitanverfassung) bezogen werden. Sie verdeutlichen vielmehr die *Kontinuität des Amtes* mit dem apostolischen Ursprung, in dessen Kompetenz alle die Gemeinde bewegenden Fragen gelegt sind. Wenn sowohl die Tradition als auch die Amtsgnade des Timotheus ausdrücklich auf Paulus zurückgeführt und er selbst angehalten wird, sie an andere „zuverlässige Leute“ weiterzugeben und Presbyter durch Handauflegung einzusetzen (2 Tim 1,6; 2,1 f; 1 Tim 5,22, vgl. auch Tit 1,5), so deutet sich hier nicht nur der Traditions-, sondern auch der Sukzessiongedanke bereits an, auch wenn er nicht näher ausgeführt wird.

Das *kirchliche Amt* erhält in den beiden Schülern idealtypisch Gestalt; in den Anweisungen des Apostels an sie ist also der ideale Amtsträger gemeint (vgl. 1 Tim 1,18). Er ist dem durch Paulus vermittelten Evangelium verpflichtet. Seine wesentliche Aufgabe besteht in der Weitergabe der normativen Tradition der *paratheke,* der „gesunden Lehre“, die als fixierte Größe der Vergangenheit erscheint. Nicht um ihre Weiterentwicklung, sondern um ihre Bewahrung geht es dem Autor (vgl. 1 Tim 1,18 f; 4,16; 6,20; 2 Tim 1,13 f; 2,2; 3,10; Tit 1,9; 2,1 u. a.). Entsprechend ist das Lehramt in exklusiver Weise an das Leitungsamt gebunden und erhält vor allem die Aufgabe, eine als Irrlehre disqualifizierte abweichende Verkündigung abzuweisen. Die Hinweise auf sie durchziehen wie ein roter Faden die Briefe (1 Tim 1,3 f.19 f; 4,1–3.7; 5,15; 6,3–5.20 f; 2 Tim 1,15; 2,14–18; 3,6–9; 4,3 f; Tit 1,10–16; 3,9–11). In ihrem Kontext stehen die Anweisungen zur Kirchenordnung. Die Konzentration auf das Leitungsamt und die damit verbundene Entmündigung der Gemeinde lassen sich von daher als – eine primär von Angst geleitete – Reaktion auf diese Krise verstehen. Dem korrespondiert die positive Verstärkung patriarchaler Autoritätsstrukturen in der Familie und in der [51] Beziehung zur Gesellschaft. Sie ist Ausdruck der „Veralltäglichung“ des Charismas in Anpassung an das gesellschaftliche Milieu, dient aber eben auch der Stabilisierung einer autoritätshörigen Mentalität. Der Verfasser spürt sehr wohl, daß gemeindliche und häusliche Verhältnisse sich gegenseitig beeinflussen, wie schon die Einfügung der Haustafeln in die Gemeindeordnung zeigt.

Wie kümmerlich – trotz aller Idealisierung – der Rückgriff auf den historischen Paulus geraten ist, verdeutlicht die Verwendung des für dessen Gemeindeverständnis konstitutiven Begriffs *Charisma.* Er wird nun auf die Amtsgnade reduziert, die dem Timotheus (als Typ des Amtsträgers) durch Handauflegen des Presbyteriums vermittelt wird. Den Propheten, die nur noch in diesem Zusammenhang Erwähnung finden, kommt nur noch die Funktion der Abgabe eines Votums für den Kandidaten zu (1 Tim 4,14 sowie 1,18, vgl. 2 Tim 1,6). Der nach Paulus in allen Christen wohnende Geist ist nun spezifisch der Aufgabe des Amtsträgers zugeordnet (vgl. 2 Tim 1,7.14). Der Gemeinde obliegt es im Gottesdienst nur noch, für alle Menschen, für die Könige und Obrigkeiten zu *beten,* damit „wir ein ruhiges und stilles Leben führen können, in aller Frömmigkeit und Ehrbarkeit" (1 Tim 2,1 f.8). Sie hat den Obrigkeiten untertan zu sein und mit der Umwelt in Frieden zu leben (Tit 3,1 f). Sie ist nur *hörender* Empfänger der durch den Amtsträger vermittelten Lehre (vgl. 1 Tim 4,13.16; Tit 1,9).

Besonders in der Beschränkung der Rolle der Frau in der Gemeinde wird der anticharismatische Trend deutlich, der sich vor allem gegen eine freie Lehre richtet. Die Frau soll „ruhig (zuhörend) lernen in aller Unterordnung"; sie darf selbst nicht „lehren" oder „sich über den Mann" stellen. Vielmehr hat sie „im Stillschweigen zu verharren" (1 Tim 2,11 f).[57] Ihre Reglementierung ist mit einer massiven theologischen Diffamierung verbunden: Adam wurde zuerst geschaffen – die Frau aber hat sich zuerst verführen lassen (1 Tim 2,13 f). Nach 2 Tim 3,6 f strotzt das „Weibervolk" von Sünden und läßt sich von tausenderlei Begierden dahintreiben; „jederzeit wollen sie lernen und können doch nie zur Erkenntnis der Wahrheit gelangen". Die Rolle der Frau wird – abgesehen von den Gemeindewitwen, denen aber auch nur dienende Funktionen zugestanden werden – vornehmlich auf den häuslich-familiären Bereich und seine
[52] Tugenden beschränkt, und auch dort ist ihre Unterwerfung unter die Männer gefordert (1 Tim 2,15; 5,14; Tit 2,4 f).

Leitend für das *Kirchenbild* der Briefe ist das Verständnis der Gemeinde als „Haus(wesen) Gottes" (1 Tim 3,15), in dem der Gemein-

---

[57] Vgl. Küchler, Schweigen. Ähnlich die nachpaulinische Glosse 1 Kor 14,33 b–36, vgl. *G. Dautzenberg,* Urchristliche Prophetie, Stuttgart 1975, 275–273.

deleiter als „Hausverwalter“ (Tit 1,7) bzw. pater familias (1 Tim 3,5) wirkt.[58] Die in der antiken Lehre von der rechten Hausführung, der Ökonomik, entwickelten Kriterien werden auf ihn übertragen: „Wenn einer seinem eigenen Haus nicht vorzustehen weiß, wie wird er sich dann um die Gemeinde Gottes kümmern“ (1 Tim 3,5). Das entspricht der antiken Orientierung des Inhabers öffentlicher Ämter am Leitbild des Hausvaters. Der Autor überträgt (kaum reflektiert oder korrigiert) die patriarchalen Gesellschaftsmuster seiner Umwelt auf die Gemeinde.[59] Die – verglichen mit dem christlichen Ethos – minimalisierten Kriterien für die Auswahl der Amtsträger (1 Tim 3,1–13; Tit 1,6–9) geben dafür ein anschauliches Bild: der Amtsträger hat ein „ehrenwerter Mann“ zu sein. Es ist aufschlußreich, daß die für die übrige frühchristliche Gemeindeparänese typische Mahnung zu gegenseitiger Liebe und Unterordnung in den Pastoralbriefen völlig fehlt. Dieses Gemeindebild hat nur wenig mit christlichem Erbe, viel aber mit dem zeitgenössischen Milieu zu tun.

Voller Rätsel bleiben die Angaben der Briefe über die *Gemeindeorganisation.* Die selbstverständliche Art, wie der Autor sowohl von Presbytern als auch vom Episkopos spricht, läßt kaum die Annahme zu, daß er eine der beiden Amtsformen bei seinen Adressaten einführen will. Allerdings bleibt ihr Verhältnis zueinander merkwürdig unklar.

---

[58] Die mit dem Bild des Hauswesens primär als Institution begriffene Kirche Gottes wird 1 Tim 3,15 als „Pfeiler und Fundament der Wahrheit“ bezeichnet (vgl. auch 2 Tim 2,19). Wenn *J. Roloff* (Pfeiler 239–242) von dieser Gleichsetzung her gerade auch die pneumatisch-christologische Dimension des Kirchenbildes des Autors erschließen möchte, hat dies eine partielle Berechtigung. Der Skopos der Stelle liegt allerdings nicht darin, die „Institution“ in diese Dimension zu öffnen, sondern umgekehrt in der Absicht, solche Dignität für die Institution zu reklamieren und damit die Ordnungsstrukturen zu stabilisieren. Die Kirche wird damit zur „Heilsanstalt“ (*Roloff,* ebd. 247).

[59] Vgl. *Lips,* Glaube 121–160; *E. Dassmann/G. Schöllgen,* Haus II (Hausgemeinschaft), in: RAC 13 (1986) 801–905, bes. 894–896, sowie vor allem *K. Thraede,* Zum historischen Hintergrund der „Haustafeln“ des Neuen Testaments, in: Pietas. Festschrift B. Kötting, Münster 1980, 359–368, bes. 365f. Allgemein *D. Lührmann,* Neutestamentliche Haustafeln und antike Ökonomie, in: New Testament Studies 27 (1980/81) 83–97. Dem Zuwachs an konservativ-hierarchischem Denken entspricht, daß in Tit 2,1–10 (vgl. 1 Tim 6,1) – anders als in den Haustafeln Eph 5,21–6,9; Kol 3,18–4,1; Petr 2,18–3,7 – der Unterordnungsgedanke nicht mehr durch den Aspekt der Gegenseitigkeit korrigiert wird (vgl. dazu *Thraede,* ebd. 367).

53 Die Existenz eines Presbyterkollegiums in der Gemeinde ist 1 Tim 4,14 vorausgesetzt. Dessen „Einsetzung“ wird auf eine ausdrückliche Weisung des Apostels zurückgeführt (Tit 1,5), wodurch diese Institution apostolisch legitimiert wird. In 1 Tim 5,17 wird den „gut vorstehenden“ Presbytern eine doppelte Honorierung zugestanden, besonders jenen, „die sich in Wort und Lehre“ abmühen. Umstritten ist, ob „vorstehen“ allgemein die Tätigkeit der Presbyter oder eine spezifische Funktion einzelner meint. Deutlich ist, daß die Lehrtätigkeit nur von einigen ausgeübt wird.

Vom Episkopos ist nur in zwei Katalogen die Rede, die die Qualifikationskriterien für ihre Auswahl festlegen (1 Tim 3,1–7; Tit 1,7–9). Möglicherweise greift hier der Autor auf traditionelle Bischofsspiegel zurück, in denen der einstige Vorsteherdienst der paulinischen Gemeinden bereits eine klar umrissene Gestalt und offenbar schon amtliche Struktur erhalten hat. 1 Tim 3,1 kann daher formulieren: „Wer nach dem Episkopat strebt, begehrt eine gute Aufgabe.“ V. 7 gilt der Episkop als Repräsentant der Gemeinde nach außen. Während 1 Tim 3 nur vom Bischof und den Diakonen spricht, werden in Tit 1,5 ff die Presbyter mit dem Bischof in Zusammenhang gebracht. V. 5 verlangt zunächst, Presbyter an allen Orten einzusetzen; V. 6 nennt die Kriterien für ihre Auswahl. V. 7 folgt dann unvermittelt eine Episkopenregel. Der harte Übergang findet durch die Übernahme traditionellen Materials eine formale Erklärung, signalisiert aber auch, daß beide Amtstraditionen vom Autor in eine allerdings nicht näher definierte Verbindung miteinander gebracht werden. Presbyter und Episkopos einfach zu identifizieren verbietet allerdings der Umstand, daß beide Ämter im übrigen Sprachgebrauch deutlich unterschieden werden und nach 5,17 nicht alle Presbyter die Lehrtätigkeit wahrnehmen, während sie dem Episkopos generell zukommt (1 Tim 3,2; Tit 1,9). Kann man dann, wie vielfach angenommen wird, in den Episkopen die die Leitungsfunktion wahrnehmenden Presbyter von 5,17 erkennen? In diesem Fall wäre die Einzahl im Episkopenspiegel generisch (Bischof als Gattungsbegriff) zu verstehen. Das ist sprachlich möglich, wie der Singular in Tit 1,6, der sich auf *die* Presbyter bezieht, oder auch 1 Tim 5,1 f zeigen. Die Organisationsform entspräche dann dem Entwicklungsstand in der korinthischen oder römischen Gemeinde, wobei den Episkopen hier vor allem die Funktion der Leitung, Lehre und Kirchenzucht zukäme.

Allerdings gibt es auch Indizien, die auf die Leitung der Gemeinden durch *einen* Bischof verweisen. Schon daß vom Bischof immer nur in der Einzahl (mit Artikel), von Diakonen und Presbytern aber in der Mehrzahl die Rede ist, läßt – trotz der Möglichkeit eines generischen Verständnisses – an eine monepiskopale Gemeindeleitung denken. Wenn gerade das Episkopenamt in Analogie zur Rolle des Familienoberhaupts beschrieben wird, ist dessen Amtsführung nach einem „monarchischen Modell“ begriffen. Schließlich legt auch die idealtypische Darstellung des Amtsträgers in den Figuren der beiden Apostelschüler kaum eine kollegiale, sondern eher eine monarchische Amtsführung nahe. Nach 1 Tim 5,19–22 besitzt Timotheus die Kompetenz, sündigen Presbytern gegenüber Kirchenzucht auszuüben und Presbyter einzusetzen. Er stellt so den Typ eines Gemeindeleiters dar, der den Presbytern übergeordnet ist. In diesen indirekten Angaben ist also ein *Trend zu einer* 54 *monarchisch-episkopalen Gemeindeleitung* zu beobachten, während die direkten praxisbezogenen Angaben ein nicht näher bestimmtes Nebeneinander episkopaler und presbyterialer Strukturen erkennen lassen.

Dieser Befund ist möglicherweise aus der Situation des Autors und seines Adressatenkreises zu erklären. Dort, wo er konkret wird, muß er auf den noch offenen komplexen Entwicklungsstand der gemeindlichen Organisationsformen Rücksicht nehmen. Er greift daher einmal diese, einmal jene Amtstradition auf und verbindet sie nur locker miteinander. In der Fiktion der Apostelschüler kommt hingegen sein eigenes Ideal des Amtsträgers zur Darstellung. So mischen sich in den Briefen in einer nicht eindeutig festlegbaren Weise die gemeindlichen Realitäten mit dem Wunschdenken des Autors. Unterderhand entsteht – der allgemeinen Entwicklung vorauseilend – das Phantombild einer entmündigten Gemeinde. Die möglichen Konsequenzen einer einseitigen Fixierung auf das Amt werden deutlich. Sie bedeuten das Ende der charismatischen Gemeinde, deren Entwurf wir dem historischen Paulus verdanken.

Die Briefe des Ignatius: Der monarchische Bischof
Ignatius, nach seinem eigenen Zeugnis Bischof von Antiochien (Röm 2,2), setzt in seinen um 110 entstandenen Briefen an die kleinasiatischen Gemeinden, bezeichnenderweise jedoch nicht in seinem Brief an die Römer, voraus, daß ein *monarchischer Bischof* an der Spitze des Presbyteriums und der Diakone steht, und sucht diese hierarchische Ordnung theologisch zu legitimieren.[60] Die Breite und Intensität, mit der dies geschieht, nötigt zu der Frage, ob Ignatius hier reale Gemeindeverhältnisse bereits voraussetzt oder ob er seine Postulate auf noch offenere Gemeindestrukturen überträgt.[61] Es ist zudem damit zu rechnen, daß die genannten „Bischöfe" jeweils nur die Führer eines Teils der Gemeinde waren und in ihrer Stellung vor allem von den häretischen Gruppen angefochten wurden, was auch für die Stellung des Ignatius in Antiochien gelten dürfte.[62]

55 Erst recht problematisch ist, welche Relevanz dem von Ignatius forcierten monarchischen Verständnis des Bischofs zu-

---

[60] Vgl. jetzt den Überblick über die Diskussion von *R. Staats,* Die katholische Kirche des Ignatius von Antiochien und das Problem ihrer Normativität im zweiten Jahrhundert, in: Zeitschrift für die neutestamentliche Wissenschaft 77 (1986) 126–145.242–254.

[61] Vgl. *W. Bauer,* Rechtgläubigkeit 65: „Daß Ignatius weniger Tatsächliches schildert als Wunschbilder malt, wird doch schon durch den Umstand nahegelegt, daß sich ihm das meiste in die Form der Mahnung kleidet, statt in die der Beschreibung."

[62] Vgl. *Bauer,* ebd. 67–74.

kommt. Der von ihm als Bischof von Smyrna angesprochene Polykarp stellt sich selbst in seinem Brief an die Philipper nicht als Bischof vor, sondern reiht sich den Presbytern seiner Heimatgemeinde ein (Phil 1,1). Offenbar hat er sein Amt nicht so prononciert gesehen wie Ignatius, sondern sich als Primus inter pares verstanden. Ignatius sucht offensichtlich ein weit anspruchsloseres Verständnis des Bischofsamtes in den angeschriebenen Gemeinden in seinem Sinn zu beeinflussen und so die Bischöfe in ihrem Kampf gegen die Häresie zu stärken. Für ihn ist der Bischof Gottes Stellvertreter (Magn 6,1), das „Abbild des Vaters“ (Trall 3,1). Gerade gegenüber den Spaltungstendenzen der Irrlehrer gilt er als Garant der Einheit. Nur in Gemeinschaft mit ihm ist gemeindliches Leben, vornehmlich die Feier der Eucharistie, möglich (Sm 8). Der alte paulinische Gedanke wechselseitiger Liebe und gegenseitiger Achtung sowie die Idee der Gemeinde als brüderlich-schwesterlicher Gemeinschaft, die für Ignatius durchaus noch lebendig sind (vgl. Magn 6,2; 13,2; Trall 13,2; Pol 5,1), werden in bezeichnender Weise von der Mahnung zu Gehorsam und Eintracht gegenüber dem Bischof überlagert (Eph 2,2; 4,1; 6,2; 20,2; Magn 3,1; Sm 8,1).

Die antihäretische Frontstellung der ignatianischen Ekklesiologie ist deutlich, doch wächst das monarchische Selbstverständnis des Bischofs nicht nur aus taktischem Kalkül, sondern aus *theologischen Voraussetzungen*. Weder wird allerdings dafür auf eine Rechtsordnung noch auf den Sukzessionsgedanken zurückgegriffen.[63] In eigentümlicher Weise durchdringen sich vielmehr bei Ignatius das einstige enthusiastische Selbstverständnis des antiochenischen Propheten und Lehrers mit seinem Amtsverständnis.[64] Kirche ist, ähnlich wie schon im Epheserbrief, als „überirdische, kosmische Größe“ gesehen, die ihre konkrete irdische Gestalt allerdings in der hierarchischen Ordnung erhält. „Sichtbar erscheint sie nur in der vollendeten Einigkeit der Gemeinde, ihrer Stände und Glieder.“[65] In der Sicht des [56] Ignatius bedeutet das konkret: in der *Unterordnung unter*

---

[63] Vgl. *Campenhausen,* Amt 106.

[64] Vgl. ebd. 113.115.

[65] Ebd. 108; vgl. *H. Paulsen,* Studien zur Theologie des Ignatius von Antiochien, Göttingen 1978, 145f. So sehr allerdings Ignatius die Autorität des Bischofs über die Ortsgemeinde betont, so ist für ihn doch deutlich, daß die „katholische Kirche“ als ganze allein durch Christus repräsentiert wird (vgl. Sm 8,2; Philad 9,1) und dazu *Staats,* a. a. O. (Anm. 60) 252–254.

den Bischof.[66] In dieser Verschränkung von Göttlichem und Menschlichem, durch die „menschliche Ordnung und Zentralisation ... so leicht mit dem Charakter göttlicher Autorität zu bekleiden ist",[67] wird in der ignatianischen Ekklesiologie eine wesentliche Prämisse für die Ausbildung der Idee der Kirche als Gnadenanstalt (i. S. M. Webers) entwickelt und die theologische Voraussetzung für den Iuris-divini-Charakter des Amtes geschaffen. Die Hypertrophie des auf sein Martyrium versessenen Bischofs von Antiochien wirkt in eigentümlicher Weise auf sein bischöfliches Selbstverständnis und damit auf das Verständnis des bischöflichen Amtes überhaupt ein.

3.4 Die matthäische Alternative: Kirche als Gemeinschaft der Schwestern und Brüder des Messias Jesus

Matthäus sieht die Kirche als die universale Jüngerschaft aus allen Völkern (28,18–20). Diese unter dem Schutz des Menschensohnes stehende Gemeinschaft ist für ihn jedoch auf ihrem Weg durch die Geschichte gefährdet (24,10–12 u. a.). So verpflichtet er in der Situation des Übergangs die entstehende Weltkirche auf ihren Ursprung beim Messias Jesus.[68]

Ähnlich wie die kurz nach ihm im gleichen syrischen Traditionsbereich entstandene Didache kennt Matthäus noch das urchristliche

---

[66] Nach *E. Dassmann* „ergibt sich die monarchische Gemeindeleitung aus dem Verhältnis des Bischofs zu Gott, dessen Typos und Repräsentant er darstellt. Wie Gott einer ist ... so muß auch der Bischof einer sein, damit die Gemeinde auf Erden ihr himmliches Urbild in allem abbildet" (Zur Entstehung des Monepiskopats, in: Jahrbuch für Antike und Christentum 17 (1974) 74–90, hier: 89). *K. Thraede* rechnet darüber hinaus „mit faktischer Anlehnung an weltliche Strukturen ..., die dann nachträglich metaphysisch verankert wurde, so daß im frühen zweiten Jahrhundert der Bischof, institutionell eine Entsprechung zu Stadtpräfekt oder Prätor, eine Legitimation erhielt, die der des Kaisertums nicht unähnlich war. Daß Führungsansprüche derartig theistisch verstärkt wurden, kannte die Epoche allerdings nicht bloß vom Hof, sondern bereits von popular-philosophischer Ethik" (Hintergrund [Anm. 59] 366).

[67] *Paulsen,* Studien (Anm. 65) 151, mit einem Zitat von E. Troeltsch.

[68] Vgl. zum Folgenden *W. Trilling,* Amt und Amtsverständnis bei Matthäus, jetzt in: Kertelge, Amt 524–542; *G. Bornkamm,* Die Binde- und Lösegewalt in der Kirche des Matthäus, in: Die Zeit Jesu. Festschrift H. Schlier, Freiburg 1970, 93–107; *P. Hoffmann,* Der Petrus-Primat im Matthäusevangelium, in: Neues Testament und Kirche. Festschrift R. Schnackenburg, Freiburg 1974, 94–114 (= in diesem Band S. 326–349); *N. Walter,* Zum Kirchenverständnis des Matthäus, in: Theologische Versuche 12, Berlin 1981, 25–45.

Wanderprophetentum. Er begegnet ihm aber bereits mit erheblicher Skepsis. 7,15 warnt vor den falschen Propheten; 7,20–22 verurteilt deren Vertrauen auf religiöse Machtdemonstrationen und stellt dem
57 bloßen Kyrios-Bekenntnis den konkreten Gehorsam gegenüber; 10,9 verbietet den Mißbrauch der missionarischen Berufung zur Bereicherung. In 10,41f wird eine traditionelle Regel von der gastlichen Aufnahme der Propheten betont auf *alle* Gemeindemitglieder ausgeweitet. Das Ende der prophetischen „Gemeindeverfassung“ zeichnet sich ab, die Ortskirche gewinnt Struktur.

Wir erfahren jedoch nichts von Presbytern oder Bischöfen, vielmehr ist der maßgebliche Funktionsträger – hier im Einflußbereich des pharisäischen Judentums, mit dem sich der Evangelist auch sonst auseinandersetzt (z. B. Mt 5,20ff) – der *Schriftgelehrte* (13,52; 23,8.34). Matthäus bejaht dessen Funktion in der Gemeinde, zugleich sucht er jedoch – im Geiste Jesu – die patriarchale Autorität zu unterlaufen, die ihm bei den Rabbinen zukommt. Die scharfe Polemik gegen die Heuchelei, das blinde Führertum und die Dummheit pharisäischer Schriftgelehrter (Mt 23) – eine Kritik an der Arroganz und Ignoranz geistlicher Macht – ist nicht zuletzt in der Absicht begründet, eine Barriere gegen eine auch in der christlichen Gemeinde mögliche Entwicklung aufzurichten. In 23,8–12 zeigt er die Andersartigkeit der christlichen Gemeindestruktur auf. Die Anrede *Rabbi* (mein Herr) und *Vater* werden der christlichen Gemeinde versagt. Für sie ist *einer* nur Lehrer und Leiter – Christus (V. 8.10), *einer* nur Vater – der in den Himmeln (V. 9). Damit wird der mit den Titeln verbundene Autoritätsanspruch dem Messias Jesus und Gott vorbehalten; dessen Inanspruchnahme durch Glieder der christlichen Gemeinde käme der Usurpation göttlicher bzw. messianischer Rechte gleich. Mit Hilfe des theologischen Vorbehalts wird das „Amt“ entideologisiert, nicht jedoch seine Funktion negiert: Matthäus setzt die Existenz und Tätigkeit solcher Lehrer voraus. Jedoch muß sich der *Lehrende,* wie er 13,52 sagt, als *Lernender* verstehen; er bleibt ein „Schüler der Herrschaft Gottes“. Dem entspricht 23,8c: „Ihr alle seid Brüder.“ Die Gemeinde ist damit positiv als die Gemeinschaft der Schwestern und Brüder Jesu definiert, die sich durch den Gehorsam gegenüber der jesuanischen Auslegung des Willens Gottes konstituiert (12,49f). Ein hierarchisches Gemeindemodell und patriarchalisches Amtsverständnis werden also von Matthäus abgelehnt. Der christliche Lehrer hat seinen Standort nicht über, sondern innerhalb der Bruderschaft der Gemeinde. In Aufnahme der jesuanischen Forderung des Herrschaftsverzichts wird in V. 11 seine Tätigkeit als *Dienst* bestimmt. Er muß sich *erniedrigen* (V. 12, vgl. 18,4) und so gerade von dem sich erniedrigenden Jesus lernen (11,29).

58 Diesem bruderschaftlichen Gemeindebild entspricht es, wenn die Petrus als Garanten der Jesusüberlieferung gegebene Binde- und Lösegewalt (16,19) auf die ganze Gemeinde übertragen wird (18,18). Ihre Vollmacht ist christologisch begründet: „Wo zwei oder drei in meinem Namen versammelt sind, bin ich mitten unter ihnen“ (V. 20, vgl. 28,20). Es ist bezeichnend für die institutionskritische Sensibilität des Matthäus, daß er das der Gemeinde übertragene Ausschlußrecht (18,15–17) sofort durch die Pflicht zu unbegrenzter Vergebungsbereitschaft relativiert (V. 21f). Da alle Gottes Vergebung erfahren haben, müssen alle bereit sein, ihrem Bruder von Herzen zu vergeben (V. 35).

Die christliche Gemeinde ist nach Matthäus nicht Selbstzweck. Mag sie auch als Minderheitsgruppe irgendwo in einer der Randprovinzen des Römischen Reiches leben, so zieht sie sich dennoch nicht in ein Ghetto zurück. Vielmehr ist ihre Sendung offensiv nach außen auf die Ökumene hin ausgerichtet. In der Eröffnung der Bergpredigt wird die Jüngerschaft „Salz der Erde“ und „Licht der Welt“ genannt. Sie ist die „Stadt auf dem Berge“. Das Erwählungsbewußtsein, das in diesen Worten zum Ausdruck kommt, weist zugleich auf die Verantwortung hin, mit der sie behaftet ist: „So soll euer Licht vor den Menschen leuchten, damit sie eure schönen Taten sehen und den Vater im Himmel preisen“ (5,16). Hier geht es nicht um Selbstdarstellung oder gar um die Weltherrschaft der Jünger, sondern darum, daß durch das Zeugnis des Evangeliums und ihrer Praxis die Lehre Jesu zu einem Ferment wird, das das Leben der Völker im Sinne der besseren Gerechtigkeit durchdringt und ändert (vgl. Mt 24,14).

Das Gemeindekonzept des Matthäus erwächst konsequent aus seinem Verständnis der Sendung und Botschaft Jesu. Das Evangelium stellt der Gemeinde Jesus als den messianischen Lehrer vor, der den Willen Gottes als die Forderung einer uneingeschränkten Güte auslegt und im Verzicht auf Macht und Gewalt selbst realisiert. Gemeinde als die Jüngerschaft dieses Jesus kann sich nur dann als „seine Kirche“ wissen, der die Verheißung gegeben ist, daß die Mächte des Todes sie nicht überwältigen (16,18), wenn sie diesem Anspruch der Güte in allen Dimensionen ihrer Existenz gerecht wird.

3.5 Rückblick und Ausblick

Mit Ignatius hatten wir jenes Stadium der frühkirchlichen Entwicklung erreicht, wo erstmals der monarchische Episkopat – allerdings als Postulat – in Erscheinung tritt. Im Laufe der folgenden hundert
59 Jahre wird er sich gegen die zunächst in den Gemeinden vorherrschenden kollegialen Führungsgremien weithin, wenn auch nicht überall (vgl. z.B. Ägypten) durchsetzen.[69] Die Gründe für diese spätere Entwicklung lassen sich nicht eindeutig klären und können hier nicht erörtert werden. Doch liegt aufgrund der bisherigen Untersuchung die Annahme nahe, daß einerseits die praktischen Bedürfnisse der Gemeindeorganisation, andererseits die in kollegialen Gremien leicht auftretenden Rivalitätskonflikte und die Gefährdung der gemeindlichen Einheit durch Irrlehrer dazu führten, daß den Episkopen, die seit je im Unterschied zu der eher allgemein repräsentativen Funktion der Presbyterkollegien die für das Gemeindeleben relevanten Funktionen wahrnahmen, auch die gesamtgemeindliche Leitungskompetenz zuwuchs. Die zunehmende Konsolidierung der Stadtgemeinden führte dabei im Sinn M. Webers zur Adaption traditional-patriarchaler Herrschaftsformen, wie schon die Rezeption der Presbyterinstitution zeigt. Dabei verraten zumindest die Pastoralbriefe den Einfluß einer konservativ orientierten antiken Ökonomik auf die als Hauswesen Gottes verstandene Gemeinde, in der der Amtsträger die Rolle des pater familias wahrnimmt. Der Gedanke einer monarchischen Leitungsspitze mag nicht zuletzt durch die öffentliche Verwaltungsorganisation nahegelegt gewesen sein. Er konnte schließlich in dem ignatianischen Theologumenon, daß der *eine* Bischof als Stellvertreter des *einen* Gottes die Einheit der Gemeinde garantiere, seine ideologische Legitimierung finden.

Die Entwicklung dokumentiert auf ihre Weise, wie die frühe Christenheit konkret auftretende Organisations- und Autoritätsprobleme unter dem Einfluß des zeitgenössischen Milieus zu lösen versuchte. Nur gilt es zu bedenken, daß das Ergebnis eine kirchengeschichtlich zwar sehr folgenreiche, aber dennoch sozio-historisch bedingte Lösung repräsentiert, die ihrerseits den Keim zahlreicher

---

[69] Vgl. dazu *H. Lietzmann*, Verfassungsgeschichte 133–143, der vor allem auf die Didaskalie und die Hippolytische Kirchenordnung verweist. Zu Ägypten s. ebd. 141f.

Probleme in sich trägt. Neben ihr stehen, wie der vorangehende Überblick zeigte, die Vielzahl der Gemeindemodelle der christlichen Frühzeit, die die Gemeindeleitung in verschiedener gleichfalls situationsbedingter Weise kollegial begriffen haben. Auch deren theologische Legitimität wird durch die neutestamentlichen Autoren deutlich gemacht. Daß sie sich nicht durchsetzen konnten, dürfte ebenso
60 historisch bedingt sein, wie die Durchsetzung der Episkopalverfassung. Das gilt schließlich auch für das paulinische Modell einer Bruderschaftsgemeinde, das am Ende des Jahrhunderts von Matthäus in Aufnahme jesuanischen Erbes erneut als für die entstehende Völkerkirche verbindlich vorgestellt wird. So offenbart der Blick in die frühe Kirchengeschichte zugleich mit der historischen Bedingtheit der entstehenden Gemeindeordnungen deren geschichtliche „Vorläufigkeit". Ihre Pluralität macht deutlich, daß keine von ihnen eine letztgültige Verbindlichkeit beanspruchen kann. Entscheidend für jede von ihnen bleibt, ob und wie es ihr gelingt, dem Erbe Jesu in der eigenen geschichtlichen Situation angemessenen Ausdruck zu geben.

Damit wird der neutestamentliche Befund zur bleibenden Anfrage an uns und insbesondere an das römische Kirchenverständnis.

Literatur

W. Bauer, Rechtgläubigkeit und Ketzerei im ältesten Christentum, Tübingen ^{2}1964

G. Bornkamm, presbys (usw.), in: ThWNT VI 651–683

U. Brockhaus, Charisma und Amt. Die paulinische Charismenlehre auf dem Hintergrund der frühchristlichen Gemeindefunktionen, Wuppertal 1972

N. Brox, Historische und theologische Probleme der Pastoralbriefe, in: Kairos 11 (1969) 81–94

H. v. Campenhausen, Kirchliches Amt und geistliche Vollmacht in den ersten drei Jahrhunderten (Beiträge zur historischen Theologie 14), Tübingen 1953

E. Dassmann, Hausgemeinde und Bischofsamt, in: Vivarium. Festschrift T. Klauser, Münster 1984, 82–97

H. Goldstein, Paulinische Gemeinde im Ersten Petrusbrief, Stuttgart 1975

J. Hainz, Ekklesia. Strukturen paulinischer Gemeinde-Theologie und Gemeinde-Ordnung, München 1972

J. Hainz (Hrsg.), Kirche im Werden. Studien zum Thema Amt und Gemeinde im Neuen Testament, Paderborn 1976

P. Hoffmann, Das Erbe Jesu und die Macht in der Kirche, Mainz ^{2}1992

E. Käsemann, Amt und Gemeinde im Neuen Testament, in: ders., Exegetische Versuche und Besinnungen I, Göttingen 1960, 109–134

K. Kertelge (Hrsg.), Das kirchliche Amt im Neuen Testament (Wege der Forschung 439), Darmstadt 1977
H. J. Klauck, Hausgemeinde und Hauskirche im frühen Christentum, Stuttgart 1981
G. Klinzing, Die Umdeutung des Kultus in der Qumrangemeinde und im Neuen Testament, Göttingen 1971
M. Küchler, Schweigen, Schmuck und Schleier, Göttingen 1986
F. Laub, Verkündigung und Gemeindeamt, Die Autorität der hegoumenoi Hebr 13,7.17.24, in: Studien zum Neuen Testament und seiner Umwelt 6/7 (1981/82) 169–190
H. Lietzmann, Zur altchristlichen Verfassungsgeschichte, in: Zeitschrift für wissenschaftliche Theologie 55 (1914) 97–153, jetzt in: Kertelge, Amt 93–143
H. v. Lips, Glaube – Gemeinde – Amt. Zum Verständnis der Ordination in den Pastoralbriefen, Göttingen 1979
W. A. Meeks, Urchristentum und Stadtkultur, Gütersloh 1993
E. Meinhold, Die Anschauung des Ignatius von der Kirche, in: ders., Studien zu Ignatius von Antiochien, Wiesbaden 1979, 57–66
H. Merklein, Das kirchliche Amt nach dem Epheserbrief, München 1973
K. Niederwimmer, Zur Entwicklungsgeschichte des Wanderradikalismus im Traditionsbereich der Didache, in: Wiener Studien 11 (1977) 145–167
F. Prast, Presbyter und Evangelium in nachapostolischer Zeit, Stuttgart 1979
J. Rhode, Urchristliche und frühkatholische Ämter, Berlin 1976
J. Roloff, Amt/Ämter/Amtsverständnis IV, in: Theologische Realenzyklopädie II, 509–533 (Literaturhinweise)
J. Roloff, Pfeiler und Fundament der Wahrheit. Erwägungen zum Kirchenverständnis der Pastoralbriefe, in: E. Gräßer und O. Merk (Hrsg.), Glaube und Handeln. Festschrift W. G. Kümmel, Tübingen 1985, 229–247
A. Satake, Die Gemeindeordnung der Johannesapokalypse, Neukirchen 1966
W. Schluchter, Max Webers Analyse des antiken Christentums, in: ders. (Hrsg.), Max Webers Sicht des antiken Christentums, Frankfurt 1985, 11–71
E. Schüssler Fiorenza, Priester für Gott. Studien zum Herrschafts- und Priestermotiv in der Apokalypse, Münster 1972
G. Schöllgen, Hausgemeinden, οἶκος-Ekklesiologie und monarschischer Episkopat, in: Jahrbuch für Antike und Christentum 31 (1988), 74–90
E. Schweizer, Gemeinde und Gemeindeordnung im Neuen Testament, Zürich ²1962
G. Theißen, Soziologie der Jesusbewegung, München 1977
G. Theißen, Studien zur Soziologie des Urchristentums, Tübingen 1979
W. Trilling, Zum „Amt" im Neuen Testament. Eine methodologische Besinnung, in: Theologisches Jahrbuch, Leipzig 1984, 453–475
A. Vögtle, Exegetische Reflexionen zur Apostolizität des Amtes und zur Amtssukzession, in: R. Schnackenburg u. a. (Hrsg.), Die Kirche des Anfangs. Festschrift H. Schürmann, Leipzig 1977, 529–605
K. Wengst, Pax Romana, München 1986 (bes. 131–146)
ders., Demut – Solidarität der Gedemütigten, München 1987 (bes. 97–102)
H. Wenschkewitz, Die Spiritualisierung der Kultusbegriffe Tempel, Priester und Opfer im Neuen Testament, Leipzig 1932

Der Petrus-Primat im Matthäusevangelium

94 In der katholischen Diskussion über Kirchenstruktur und Gemeindeorganisation, über „Hierarchie“ oder „Demokratie“ in der Kirche, argumentiert man häufig mit einer ewig-gültigen Struktur der Kirche, mit einer Verfassung, die ihr iure divino vom göttlichen Stifter ein für allemal gegeben sei. Konkret versteht man darunter die hierarchisch strukturierte Kirchenverfassung, die in der Primatialgewalt des Papstes ihren exponiertesten Ausdruck findet. Den Worten Jesu an Simon Petrus in Mt 16,17–19, die seit dem 4. Jahrhundert, vereinzelt schon im 3. Jahrhundert, zur Rechtfertigung des Führungsanspruchs römischer Bischöfe herangezogen

---

Die vorliegende Untersuchung geht auf meine öffentliche Antrittsvorlesung an der Phil.-Theol. Hochschule Bamberg im W.S. 1971 zurück: „Kirche der Väter – Kirche der Brüder? Neutestamentliche Überlegungen zur Reform der Kirchenstruktur“, die ich im Mai 1972 auch in Würzburg als Gastvorlesung vortrug. Rudolf Schnackenburgs damalige Rückfrage nach dem Petrusamt in der Sicht des Matthäus war mir Anlaß, ihm diese Überlegungen als „Versuch einer Antwort“ auf eine zentrale Frage zu widmen.
Um den Umfang nicht unnötig auszuweiten und Bekanntes nochmals zu wiederholen, beschränkte ich mich – angesichts der Fülle der Literatur und Thesen – auf eine Darstellung meines Interpretationsversuches und nenne nur die für meine Argumentation wichtigste Literatur. Die genannten Arbeiten bieten in der Regel weiterführende Hinweise.
Besonders verwiesen sei auf *Bornkamm, G.:* Die Binde- und Lösegewalt in der Kirche des Matthäus: Die Zeit Jesu, Festschrift für H. Schlier, Freiburg 1970, 93–107; *Trilling, W.:* Das wahre Israel, München [3]1964, bes. 154–163; *ders.:* Zum Petrusamt im Neuen Testament: ThQ 151 (1971) 110–133; *ders.:* Amt und Amtsverständnis bei Matthäus: Theologisches Jahrbuch, hrsg. v. A. Dänhardt, Leipzig 1972, 160–173 (= Mélanges Bibliques en Hommage au B. Rigaux, Gembloux 1970, 29–44); *Vögtle, A.:* Messiasbekenntnis und Petrusverheißung: BZ 1 (1957) 252–272; 2 (1958) 85–103 = Das Evangelium und die Evangelien, Düsseldorf 1971, 137–170; *ders.:* Zum Problem der Herkunft von „Mt 16, 17–19“: Orientierung an Jesus, Festschrift für Josef Schmid, Freiburg 1973, 372–391. Vgl. neuerdings *Blank, J.:* Neutestamentliche Petrus-Typologie und Petrusamt: Conc 9 (1973), 173–179.

wurden[1] und für die Dogmatisierung der Primatialgewalt auf dem ersten [95] Vatikanischen Konzil die biblische Grundlage bildeten, kommt daher in der theologischen Diskussion besonderes Interesse zu.

Der Exeget kann zur Lösung der anstehenden Fragen nur indirekt beitragen. Als der historischen Methode verpflichteter Theologe wird er die Vielfalt urchristlicher Gemeindeformen und die historische wie gesellschaftliche Bedingtheit kirchlicher Amtsstrukturen aufweisen müssen. Er könnte so zu einer Entideologisierung der Diskussion beitragen. Gerade auch der Exeget, der sich christlicher Tradition verpflichtet weiß, wird nicht zögern dürfen, zu fragen, wie im Neuen Testament, aber auch in der gegenwärtigen Kirche jene für beide charakteristische Berufung auf Jesus Christus zum Zuge kommt, wie also jener mit Jesus von Nazareth gegebene Anfang in der Diskontinuität der Zeiten ausgelegt wird. Gegen Auslegungen, die die mit Jesus erschlossenen Möglichkeiten zu verschütten drohen oder zur Lüge mißbrauchen, hat seine Arbeit – in der ihm möglichen, notwendig beschränkten Weise – die Tradition Jesu in Erinnerung zu bringen.[2]

1. *Traditionsgeschichtliche Einordnung von Mt 16,17–19*

In der exegetischen Diskussion werden verschiedene Möglichkeiten für die *traditionsgeschichtliche Einordnung* von Mt 16,17–19 angeboten – allerdings mit sehr unterschiedlicher Überzeugungskraft[3]: Man verteidigt (a) die Historizität der matthäischen Fassung der Cäsarea-Szene oder doch wenigstens die der Worte an Simon Petrus[4]. (b) Auch R. Bultmann beurteilte Mt 16,17–19 als ursprünglichen Be-

[1] Vgl. *Ludwig, J.:* Die Primatsworte Mt 16,18.19 in der altkirchlichen Exegese, Münster 1952.

[2] Vgl. *Adorno, T.W.:* Über Tradition: Ohne Leitbild, Frankfurt/M 1967, 29–41.

[3] Vgl. zur Geschichte der Diskussion *Obrist, F.:* Echtheitsfragen und Deutung der Primatsstelle Mt 16,18f in der deutschen protestantischen Theologie der letzten 30 Jahre, Münster 1961, sowie *Dinkler, E.:* Die Petrus-Rom-Frage: ThR 25 (1959) 189–230.289–335; 27 (1961) 33–64; *Rigaux, B.:* Der Apostel Petrus in der heutigen Exegese: Conc 3 (1967) 585–600; *Pesch, R.:* Die Stellung und Bedeutung Petri in der Kirche des Neuen Testaments. Zur Situation der Forschung: Conc 7 (1971) 240–245.

[4] Vgl. dazu den Überblick bei *Obrist* (Anm. 3), 27–47.59–65.

standteil der Perikope, ordnete sie allerdings der Osterüberlieferung zu[5]. Von einzelnen Forschern, die die matthäische Komposition für sekundär halten, wird für die Sprüche [96] als primärer Überlieferungsort (c) eine andere Situation im Leben Jesu[6] oder aber – mit zunehmender Häufigkeit – (d) eine eigene Ostergeschichte mit der Erscheinung vor Petrus[7] angenommen, wenn nicht (e) eine isolierte Überlieferung der Sprüche Mt 16,17–19 vorausgesetzt und darum auf die Bestimmung des ursprünglichen Kontextes verzichtet wird[8]. Über die Herkunft des Petrusnamens bestehen gleichfalls entgegengesetzte Auffassungen: Der Annahme einer Verleihung des Namens durch Jesus selbst steht die Auffassung gegenüber, daß der Name etwa als Folge der Protophanie des Auferstandenen vor Petrus erst in der Urgemeinde aufgekommen sei[9]. Bei der Beurteilung der traditionsgeschichtlichen Problematik muß m.E. zwischen der Verleihung des Namens und seiner Erklärung durch einen eigenen Spruch (etwa 16,18) unterschieden werden. Der in der Verleihungssituation unmittelbar einsichtige Sinn kann verlorengegangen sein, so daß der Name in einer späteren Situation neue Ausdeutungen erfuhr.

Umstritten ist ferner, ob die Sprüche Mt 16,17–19 eine ursprüngliche Einheit bilden oder ob es sich um eine sekundäre Komposition handelt. In neuerer Zeit hat A. Vögtle die Ursprünglichkeit der Überlieferungseinheit in Frage gestellt[10]. Seiner Meinung nach wurde der V. 17 von Matthäus gebildet, um die Sprüche 16,18f mit dem Petrusbekenntnis (16,16) zu verbinden. Durch diesen eleganten Vor-

---

[5] Geschichte 275–278; *ders.:* Die Frage nach dem messianischen Bewußtsein Jesu und das Petrusbekenntnis: ZNW 19 (1919/20) 165–174 (= Exegetica, Tübingen 1967, 1–9).

[6] *O. Cullmann* ordnet die Worte dem letzten Mahl Jesu zu, so auch noch ThW VI, 105.

[7] Vgl. dazu vor allem *Vögtle,* Problem 377–383, sowie *Thyen, H.:* Studien zur Sündenvergebung, Göttingen 1970, 218–236 (bes. 229).

[8] Vgl. *Strecker, G.:* Der Weg der Gerechtigkeit, Göttingen ^{2}1966, 201f; *Bornkamm,* Bindegewalt 105; *Vögtle,* Messiasbekenntnis 164.

[9] Vgl. *Thyen,* (Anm. 7) 228f; *Vögtle,* Problem 382. Nach *Schnackenburg, R.:* Das Johannes-Evangelium, I. Teil, Freiburg ^{2}1967, 311, ist „aus dem Joh-Ev genausowenig ersichtlich wie aus den Syn.“, wann die Verleihung durch Jesus erfolgte. *R. Pesch* plädiert für eine nachösterliche Herkunft ([Anm. 3] 241); *J. Blank* möchte den Namen „noch immer“ auf Jesus zurückführen (Petrus-Typologie 174).

[10] Vgl. Messias-Bekenntnis 165–167.169; Problem, bes. 390f. Zur Aufnahme dieser These in der exegetischen Diskussion vgl. ebd. 372f.

schlag erweist Vögtle all jene Versuche, die von V. 17 her eine Mt 16 analoge Bekenntnissituation in der als Ursprungsort des Wortes postulierten Protophanie-Erzählung konstruieren zu müssen meinen, als überflüssig. Der Vorschlag läßt sich durch sprachliche, kompositorische und inhaltliche Argumente rechtfertigen[11]. Für die Semitismen in V. 17 kann mit guten Gründen der Evangelist verantwortlich gemacht werden, zumal er auch sonst – z. B. in der [97] Gestaltung der Schriftzitate – seine Vertrautheit mit dem Semitischen zeigt. Er hat durch die Einführung pointiert das Bekenntnis des Petrus auf göttliche Offenbarung zurückgeführt und so im Sinn von 11,25–27 interpretiert. Wie Vögtle in seiner Darstellung andeutet, ist auch die Einleitung des folgenden Petrus-Wortes V. 18 a unmittelbar auf V. 17 zurückzubeziehen und als redaktionell zu beurteilen[12].

Darüber hinaus ist jedoch auch die – vielfach selbstverständlich vorausgesetzte[13] – Einheit von Mt 16,18 b.19 in Frage zu stellen. Denn obwohl die Sprüche einen parallelen Aufbau zeigen und durch den Gebrauch der Futura zusammengehalten werden, erweisen sie sich sowohl der Form als auch dem Inhalt nach als heterogen[14]. Der Spruch V. 18 b ist eine Namenserklärung, in der die Fundamentfunktion des Simon für den Bau der Kirche beschrieben wird. Mit V. 19 *wechselt* die Bildaussage: Mit der Schlüsselübergabe wird eine Funktion bezüglich (der zukünftigen) Basileia der Himmel beschrieben, die Simon nach dem vorliegenden Zusammenhang *in* der vorher genannten Kirche auszuüben hat. In V. 19 b *wechselt* die Bildaussage nochmals. Der Spruch spricht vom „Binden" und „Lösen" (nicht etwa vom „Schließen" und „Öffnen"). Damit kann allgemein eine richterliche Vollmacht (auf dem Hintergrund der Vorstellung des

---

[11] Vgl. dazu *Vögtle,* Problem 374 f. 377–380 (mit Recht gegen *Thyen,* [Anm. 7] 225–230).

[12] Die Krasis κἀγώ verwendet Matthäus in Jesusworten (vor allem in Hoheitsaussagen) 10,32.33 (MtR); 11,28 (MtR); 21,24 (2 × MtR); allgemein: 2,8 (S); 18,33 (S); 26,15 (MtR). Vgl. *Blass-Debrunner,* Grammatik § 18, sowie *Strecker,* (Anm. 8) 201 Anm. 5. Auch der allgemeine wortstatistische Befund spricht für matthäische Redaktion.

[13] Vgl. z. B. *Vögtle,* Problem 391 (trotz seiner Polemik gegen solchen Sprachgebrauch bei 16,17–19). Zu früheren Infragestellungen der Einheit vgl. *Obrist,* (Anm. 3) 66 f.

[14] Vgl. *Trilling,* Israel 158: Die Terminologie ist in „V. 18 bildhaft-kosmisch, in V. 19 aber juristisch".

Gefängnisses) oder aber Zaubermacht gemeint sein; nach rabbinischem Sprachgebrauch bezeichnet das Wortpaar Verbot und Erlaubnis in Lehrentscheidungen oder – allerdings nur nach wenigen Belegen – die Vollmacht, den Bann zu verhängen und aufzuheben[15]. Auch der Form nach gehört V. 19a nicht notwendig zum Spruch V. 19b; denn die zwei in einem strengen antithetischen Parallelismus angelegten Sätze bilden eine geschlossene und in sich verständliche Einheit. Der verwandte, selbständig überlieferte Spruch Mt 18,18 (vgl. auch Jo 20,23) legt es zumindest nahe, auch 16,19b [98] als eine eigenständige Bildung zu beurteilen. Zwar kann methodisch nicht ausgeschlossen werden, daß diese verschiedenen Elemente schon in der vormatthäischen Überlieferung oder sogar in der Ursprungssituation miteinander vermischt wurden, doch weisen die Spannungen mindestens auf die Verwendung unterschiedlicher Traditionen in der „Ursprungseinheit" hin; ein Befund, der auch die andere Annahme gestattet, daß es sich um eine sekundäre, möglicherweise erst redaktionelle Kombination ursprünglich verschiedener Überlieferungselemente handelt.

2. Die Schlüssel des Himmelreichs

Das matthäische Verständnis der *Schlüsselübergabe* (16,19a) – das Bild kann oberste Verwaltungsvollmacht oder Lehrvollmacht meinen – wird durch die Verwendung desselben Bildes im Q-Spruch Mt 23,13/Lk 11,52 erschlossen: „Wehe euch, Schriftgelehrte und Pharisäer, Heuchler: ihr verschließt die Herrschaft der Himmel vor den Menschen; denn ihr geht selbst nicht herein, und auch die, die hereingehen wollen, laßt ihr nicht hereingehen." Die Angeredeten besitzen „aufgrund der Kenntnis der Schrift Schlüsselvollmacht", verkehren sie aber in ihr Gegenteil[16]. Matthäus faßt mit diesem Vorwurf am Anfang der Weherede seine Kritik an der pharisäischen

---

[15] Vgl. *Dalman, G.:* Die Worte Jesu, Leipzig ²1930, 175–178; *Schlatter, A.:* Der Evangelist Matthäus, Stuttgart ⁶1963, 511; *Büchsel, F.:* ThW II, 59f.; *Jeremias, J.:* ThW III, 750f; *Billerbeck, P.:* Kommentar zum Neuen Testament I, München ⁴1965, 738f. Sein Hinweis auf *Josephus,* bell. 1,111 belegt nur den richterlichen Gebrauch, vgl. *Büchsel,* a.a.O. 60 Anm. 8, ebenso ist der Gebrauch von *šr'* „lösen" für die Aufhebung des Banns nicht allgemein nachweisbar.

[16] Vgl. zum Bild allgemein *Jeremias, J.:* ThW III, 743–749, und zur Stelle ebd. 746f (Zitat 747).

Lehre zusammen und stellt so das Versagen der jüdischen Träger der Lehrgewalt pointiert heraus. Die Parallele klärt nicht nur den Aussagegehalt des Bildes in Mt 16,19a, sie zeigt zugleich, welche Funktion ihm in der Komposition zukommt: Petrus soll – in Gegenüberstellung zu den jüdischen Schriftgelehrten – als der von Jesus eingesetzte Träger der Lehrgewalt vorgestellt werden. Während die Lehrvollmacht des jüdischen Schriftgelehrten auf die Auslegung und Überlieferung der Mose-Tora bezogen ist, gilt die Vollmacht des Petrus – aus der Sicht des Evangelisten – der Lehre und Vermittlung der „Gebote" Jesu (vgl. Mt 28,19)[17]. Sowohl Mt 23,13 als auch 16,19a beziehen ähnlich wie die rabbinische Theologie Gesetzeserfüllung und Basileia-Erwartung aufeinander; dies entspricht der allgemeinen Konzeption des Matthäus, der die Basileia (nicht mehr von der Naherwartung geleitet) als die kosmisch-universale Herrschaft Gottes begreift und auf das engste mit der Forderung der vollkommenen Erfüllung des Willens Gottes verbindet[18]. Die umstrittene [99] Zusammenordnung von Kirche und Basileia in der vorliegenden Komposition wird gerade von der Redaktion her verständlich.

Im Zusammenhang des Matthäus-Textes ist die Bedeutung des *Spruches* 16,19b klar: Mit Hilfe der Rechtsregel soll die in der Schlüssel-Vollmacht zum Ausdruck gebrachte Lehrautorität des Petrus entfaltet werden; das *Binden und Lösen* wird also im Sinn rabbinischer Terminologie auf die Lehrvollmacht des Petrus bezogen. Damit ist jedoch weder die ursprüngliche Bedeutung des Spruches erfaßt noch die Frage entschieden, welcher Traditionsstufe dieses Verständnis und die auf *eine* Person bezogene Aussageform angehören.

Der Spruch ist in drei Fassungen überliefert, im matthäischen Sondergut in einer singularischen durch den Kontext auf Petrus bezogenen (16,19b) und in einer pluralischen (18,18). Diese zwei Fassungen unterscheiden sich im übrigen nur geringfügig. In beiden wird die himmlische Anerkennung der Entscheidung „auf Erden" als zukünftige beschrieben; damit kann ein endzeitliches Geschehen gemeint sein. Die dritte Variante des Spruchs Jo 20,23 verwendet gleichfalls den Plural, doch wird hier von der „Vergebung der

---

[17] Den Unterschied betont *Bornkamm,* Bindegewalt, 105.

[18] Vgl. Mt 5,20; 6,10.33 u.a. sowie *Kretzer, A.:* Die Herrschaft der Himmel und die Söhne des Reiches, Stuttgart–Würzburg 1971.

Sünden" und ihrem „Behalten" gesprochen und das Futurum durch ein Perfekt ersetzt. Diese stärker kirchlich geprägte Terminologie läßt diese Fassung als sekundär erscheinen[19].

Umstritten ist, welcher Matthäusfassung *die Priorität* zukommt. R. Bultmann ordnet 16,19 den Gesetzesdebatten der palästinischen Urgemeinde zu, in der „man zu Petrus als dem Begründer und Führer der Gemeinde *aufsah*"[20]; Mt 18,18 stamme dagegen aus der Zeit, als „an Stelle der persönlichen Autorität des Petrus eine institutionelle Autorität von Gemeindevertretern getreten war, also mutmaßlich aus der Zeit nach der Verfolgung durch Agrippa"[21]. Wenn auch Petrus innerhalb der Urkirche eine führende Stellung zukommt, so läßt sich – vor allem angesichts des durch Gal 2,9 belegten Jerusalemer Dreierkollegiums – eine solche Führungsrolle des Petrus in Jerusalem nicht nachweisen, wie sie Bultmann als „Sitz im Leben" postuliert. Merkwürdigerweise erörtert Bultmann nicht den Bezug zur urchristlichen Mission, deren Pluralität auch ihn zu einer anderen Entscheidung geführt haben dürfte. Diese Engführung ist offenbar darin begründet, daß Bultmann das Logion, durch die rabbinisch geprägte Terminologie verleitet, formgeschichtlich den „Gesetzesdebatten" der Gemeinde zuordnet und es auf die „Autorität in Sachen der Lehre bzw. der Disziplin" , und zwar im Sinn innergemeindlicher Funktionen, [100] bezieht. Damit legt er aber das Logion zu eng aus. Ebensowenig läßt sich die Priorität von 16,19 aufgrund literarischer oder philologischer Kriterien erweisen. Denn weder 18,18 noch 16,19b bilden mit ihrem Kontext eine originäre Einheit. Beide Logien können zudem eine matthäische Bearbeitung erfahren haben, in 18,18 können die Amen-Einleitung und das Relativpronomen ὅσα, in 16,19 kann der Plural ἐν τοῖς οὐρανοῖς redaktionell sein[22]. H. v. Campenhausen hat mit Recht postuliert,

---

[19] Vgl. *Thyen,* (Anm. 7) 247f.

[20] Geschichte 277 (Hervorhebung von mir).

[21] Geschichte 151.

[22] Zur Diskussion vgl. *Bornkamm,* Bindegewalt 102 Anm. 23. *Schweizer, E.:* Gemeinde und Gemeindeordnung im Neuen Testament, Zürich ^{2}1962, 51f Anm. 210, weist auf die redaktionellen Züge in 16,19b hin, hält jedoch den Singular für das Ursprünglichere. Trilling hielt in früheren Veröffentlichungen gleichfalls Mt 16,19b für ursprünglicher (vgl. noch Petrusamt 115); in Amt 172 läßt er jedoch die Frage bewußt unentschieden. *Blank,* Petrus-Typologie 179 Anm. 20, vermutet hinter Mt 18,18 eine „ältere Tradition".

daß das „Vollmachtswort zunächst einmal für sich ohne Rücksicht auf die besondere Fassung“ zu analysieren sei[23].

E. Käsemann hat die Sprüche den von ihm entdeckten „Sätzen heiligen Rechts“ zugeordnet und von daher als ihren „Sitz im Leben“ die prophetisch-apokalyptisch geprägte urchristliche Missionsbewegung angesehen. Er entscheidet sich darum für 18,18 als die ursprünglichere Fassung, während er 16,19 als eine sektiererische Beschränkung jener allgemeinen Vollmacht durch eine „Petrus-Partei“ auf ihr „Parteihaupt als den ersten Auferstehungszeugen“ beurteilt[24]. Wenn auch die formgeschichtlichen Voraussetzungen Käsemanns, wie K. Berger überzeugend nachwies[25], nicht zutreffen und von ihnen her keine sichere Bestimmung des Ursprungsortes möglich ist, so dürfte Käsemann dennoch historisch und sachlich zutreffend den Herkunftsbereich des Spruches erkannt haben – vorausgesetzt allerdings, daß das Futurum der beiden Hauptsätze ursprünglich eschatologisch qualifiziert war. Auch für Berger handelt es sich in 18,18 wie in Mt 19,28 „um eine Aussage über die Vollmacht der Boten Jesu“; „sie repräsentieren die Hoheit des Richters“[26]. Und auch meiner [101] Meinung nach setzt der Spruch den Anspruch urchristlicher Prediger und Missionare voraus, mit ihrer Verkündigung über das endzeitliche Heil und Unheil entscheiden zu können, von deren Selbstverständnis die Instruktionsrede der

[23] Kirchliches Amt und geistliche Vollmacht in den ersten drei Jahrhunderten, Tübingen 1963, 137 Anm. 2.

[24] Die Anfänge christlicher Theologie: Exegetische Versuche und Besinnungen II, Göttingen 1964, 104. Ihm folgt *Thyen,* (Anm. 7) 252f.

[25] Zu den sogenannten Sätzen heiligen Rechts: NTS 17 (1970/71) 10–40: Berger beweist die primär weisheitliche Herkunft dieser Gattung und den sekundären Charakter der Verbindung mit der Apokalyptik (vgl. 27); einen Rückschluß auf bestimmte Träger hält er für kaum möglich, ohne damit Käsemanns Grundfrage nach dem enthusiastischen Prophetismus aufheben zu wollen (40).

[26] Die Amen-Worte Jesu, Berlin 1970, 76. Die Betonung der Vollmacht der *Zwölf,* die Berger hervorhebt, trifft zwar für 19,28, aber nicht für 18,18 zu, da das Wort in der Redaktion die Vollmacht der Gemeinde (18,14–17) erläutert und als isolierter Spruch keinen Bezug zu den Zwölf verrät. Auch *Hasler, V.:* Amen, Zürich–Stuttgart 1969, 89f, nimmt an, daß 18,18 die „ursprünglichere, vormatth. Gestalt einer charismatischen Weisung enthält“. Zur berechtigten Kritik an *Hasler* vgl. *Berger,* ebd. 158.

Logienquelle einen repräsentativen Eindruck vermittelt[27]. Das Apostolatsverständnis des Paulus und sein Verkündigungsanspruch fügen sich diesem Verständnis ein[28]. Diese im Urchristentum offenbar verbreitete Konzeption einer charismatisch-prophetischen Vollmacht der Boten des Evangeliums macht es wahrscheinlich, daß der pluralen Formulierung des Vollmachtswortes die Priorität zukommt[29]. 16,19b ist als sekundäre Adaption der allgemeinen Vollmacht auf eine bestimmte Gestalt der urchristlichen Geschichte zu beurteilen. Da diese Adaption, wie 16,19a zeigt, in engem Zusammenhang mit der Darstellung des Petrus als Träger der Lehrvollmacht steht und gerade damit auf der redaktionellen Ebene Mt 23,13 korrespondiert, ist es möglich, wenn auch nicht zwingend beweisbar, daß erst Matthäus den Spruch in solcher Weise auf Petrus bezogen

---

[27] Vgl. Lk 10,2–16 par. und dazu *Hoffmann, P.:* Studien zur Theologie der Logienquelle, Münster 1972, bes. 302–304, sowie Lk 12,10 par.; 12,2f par. Auch *Thyen,* (Anm. 7) 253, betont die Verwandtschaft zu diesem Überlieferungsbereich.

[28] Vgl. *Holtz, T.:* Zum Selbstverständnis des Apostels Paulus: ThLZ 91 (1966) 321–330, sowie *Stuhlmacher, P.:* Das paulinische Evangelium. I. Vorgeschichte, Göttingen 1968.

[29] Was „Binden" und „Lösen" ursprünglich meinte, ist schwer auszumachen. Der oft angeführte Bezug auf die rabbinische Bannpraxis überzeugt nicht, da es kaum Belege dafür gibt (vgl. oben Anm. 15) und der „Bann" in der dabei vorausgesetzten Form nachneutestamentlicher Zeit entstammt; vgl. dazu *Hunzinger, C.-H.:* Spuren pharisäischer Institutionen in der frühen rabbinischen Überlieferung: Tradition und Glaube. Festgabe für K. G. Kuhn, Göttingen 1971, 147–156, sowie *Forkman, G.:* The Limits of the Religious Community, Lund 1972, 87–98 und 130. Darum hat auch neuerdings *G. Forkman* (a.a.O. 130f), wie schon *Dalman, Schlatter, Jeremias* und *Büchsel* (Anm. 15), auf die allgemeine Bedeutung des Bildes im Sinne *richterlicher* Vollmacht zurückgegriffen. Dieses Verständnis fügt sich auch der charismatisch-prophetischen Herkunft ein: Die Boten partizipieren an der eschatologischen Vollmacht des Menschensohnrichters. Bildete Mt 18,18 mit Mt 18,15–17 eine vormatthäische Überlieferungseinheit, dann würde diese ein *zweites* Stadium signalisieren, in dem die Vollmacht auf innergemeindliche Disziplinierung bezogen wurde. Der Sache nach böte dann der durch Bar. bBekh 31a belegte „Ausschluß aus der pharisäischen Gemeinschaft" eine Analogie dazu, wie auch das Verfahren in der Qumrân-Gemeinde (vgl. *Hunzinger,* a.a.O. 155f, sowie *ders.:* Beobachtungen zur Entwicklung der Disziplinarordnung der Gemeinde von Qumrân: *Bardtke, H.:* Qumrân-Probleme, Berlin 1963, 231–247). Im Kontext des Matthäusevangeliums wird in einem *dritten* Stadium 18,18 zur Vorlage für 16,19(a)b und ist nun – im Sinn rabbinischer Lehrterminologie verstanden – auf die Lehrvollmacht im engeren Sinn bezogen (in deren Sinn schließt die Lehre disziplinarisch-richterliche Vollmacht ein).

und durch 16,19a seinem Evangelium eingeordnet hat. [102] *Traditionsgeschichtlich* gesehen setzt also die mit dem Spruch dem Petrus zugesprochene Vollmacht (auch, wenn der Spruch schon vor Matthäus auf Petrus bezogen wurde) einen Anspruch voraus, der in dem charismatisch-prophetischen Selbstverständnis urchristlicher Missionare seine Wurzel hat. Die Annahme einer petrinischen Sondervollmacht gestattet er nicht. Erst in einem *zweiten* Entwicklungsstadium ist diese Vollmacht spezifisch verstanden worden, um Petrus im Rahmen eines bestimmten Traditionsbereichs als Garanten kirchlicher Lehrüberlieferung darzustellen. Doch auch dabei bleibt der Vollmachtanspruch auf die historische Funktion des Petrus beschränkt und ist insofern nicht wiederholbar. Doch wird noch genauer zu prüfen sein, ob und wie in der Sicht des Matthäus diese petrinische Vollmacht in der Kirche Gestalt gewinnt.

3. Petrus – der „Fels"

Aufgrund der bisherigen Analyse kann nur der *Felsenspruch* Mt 16,18 als ein selbständiger, ursprünglich auf Simon bezogener Spruch angesehen werden. Er ist eine Namenserklärung, die ein Wortspiel mit dem aramäischen Beinamen des Simon, kefa, voraussetzt, das im Griechischen durch Πέτρος/πέτρα nachgeahmt wird. Die Erklärung des Namens erschließt die Bedeutung des Simon für die Kirche – Jesus wird auf diesem Fundament seine Kirche bauen – und gibt ihr die Verheißung, daß sie von den Todesmächten nicht überwunden werden wird.

Mit dem Bild des *Baus* und seiner *Gründung auf Fels* greift der Spruch auf jüdisch-traditionelle[30] und auch im Urchristentum verbreitete Vorstellungen zurück: Die Vorstellung eines *eschatologischen* Tempelbaues findet sich in dem Tempel-Logion Jesu Mk 14,58/ Mt 26,61; gleichfalls in eschatologischem Kontext steht Apk 21,14: die Fundamente der Mauern des himmlischen Jerusalem tragen die Namen der zwölf Apostel[31]. Wie schon in Qumran[32] wird auch im

---

[30] Zur Grundsteinlegung vgl. Jes 28,16 und dazu *Jeremias, J.:* Golgotha, Leipzig 1926, 51–68.73f, sowie *Cullmann, O.* (mit *S. Schulz*): ThW VI, 94f; zum eschatologischen Tempelbau vgl. Ez 40ff sowie äthHen 53,6; 90,29ff.

[31] Vgl. *Satake, A.:* Die Gemeindeordnung der Johannesapokalypse, Neukirchen 1966, 133f.

[32] Die Qumrangemeinde versteht sich als Tempelheiligtum und Allerheiligstes (1QS IX 6). In 1QH VI 22–31 wird die Situation des Frommen in der

Urchristentum die Vorstellung auf die *gegenwärtige* [103] Gemeinde übertragen: Mt 5,14 „die Stadt auf dem Berge" ist[33] – gerade auch im Hinblick auf das matthäische Verständnis der Kirche – an erster Stelle zu nennen. Verbreitet ist die Deutung der Gemeinde als „Tempel Gottes", als auf ein „Fundament" gegründeter „Bau", als „pneumatisches Haus" aus „lebendigen Steinen" usw. im paulinisch-nachpaulinischen Traditionsbereich[34]. Im Hirten des Hermas wird die Kirche mit einem Turm-Bau auf dem Felsen Christus verglichen[35]. Wenn Gal 2,9 „Jakobus, Kephas, Johannes" als die „Säulen" (vgl. Apk 3,12!) – nicht aber als „Fels"! – bezeichnet werden, verrät dies, daß auch der Jerusalemer Gemeinde die Vorstellung vertraut war[36].

Im Hinblick auf Mt 16,18 ist sowohl unter traditionsgeschichtlichem als auch unter systematischem Aspekt beachtenswert, daß das *Bild des Fundaments* in großer Variabilität Verwendung findet. In 1 Kor 3,10f ist *Christus* das von Paulus gelegte Fundament des Gemeindebaus Gottes (3,9), auf das andere Verkündiger noch „aufbauen" können. Dem steht Gal 2,9 mit der Säulenvorstellung näher als etwa Mt 16,18. Erst Eph 2,20 – in einer Zeit, in der man bereits auf die erste Generation zurückblickt (vgl. 3,5) – bilden die *Apostel und Propheten* das Fundament des Kirchenbaus, dessen *Eckstein* Jesus Christus ist (vgl. aber 4,11f). Ein ähnliches Verständnis der zwölf (!) Apostel zeigt Apk 21,14 (s.o.). 1 Tim 3,15 wird

---

Gemeinde dargestellt: Der Beter kommt aus der Situation äußerster Gefährdung (Urflut, „Pforten des Todes") in eine wohlbefestigte „unerschütterliche" Stadt; sie ist „auf Fels" gegründet „mit hochragender Mauer"; sie hat „schützende Tore" und „feste Riegel", die nicht zerbrechen beim Ansturm der Feinde. Trotz des Einspruchs von *Braun, H.:* Qumran und das Neue Testament I, Tübingen 1966, z. St., ist diese Stelle mit *Betz, O.:* Felsenmann und Felsengemeinde: ZNW 48 (1957) 49–77, als Beleg für die Vorstellung der Gemeinde als Bau und ihrer Gründung auf Fels zu werten. Vgl. dazu auch *Jeremias, G.:* Der Lehrer der Gerechtigkeit, Göttingen 1963, 248; *Maier, J.:* Die Texte vom Toten Meer II, 93, sowie jetzt auch *Danielou, J.:* RAC VII, 724–726 u. a.

[33] Vgl. *v. Rad, G.:* Die Stadt auf dem Berge: EvTh 8 (1948/49) 447: „Damit ist ein altes eschatologisch-apokalyptisches Thema aufgegriffen."

[34] Vgl. 1Kor 3,9–17; 2Kor 6,16; Eph 2,20f; 1Petr 2,4–8; 1Tim 3,15; und die Vorstellung von Christus als Eck- und Schlußstein. Neben den einschlägigen Artikeln des ThW vgl. *Vielhauer, P.:* Oikodome, Heidelberg 1940, sowie *Gnilka, J.:* Der Epheserbrief, Freiburg 1971, 154–157.

[35] Hermas, vis. III 2,3–9 und 3,1–8,9; sim. IX.

[36] Vgl. *Schlier, H.:* Der Brief an die Galater, Göttingen [11]1951, 45.

schließlich im Kontext eines durchaus neuartigen Traditions- und Amtsverständnisses die *Kirche selbst* als „Säule und Fundament der Wahrheit" bezeichnet[37].

Der Vergleich mit der urchristlichen Verwendung des Bildes legt es nahe, Mt 16,18 eher als eine Formulierung der zweiten oder dritten Generation zu beurteilen, in der sich zugleich mit dem Interesse an der Gründergeneration die Bevorzugung eines – wahrscheinlich des eigenen – Traditionsbereichs [104] und dessen hervorragendsten Trägers Ausdruck verschafft hat. Die Formulierung setzt die historische Rolle des Petrus im Jüngerkreis sowie in der Urkirche als Auferstehungszeuge und judenchristlicher Missionar (Gal 2,7) ebenso voraus wie deren literarischen Niederschlag in der synoptischen Tradition. Sie verbindet diese Rolle aber mit einem über die Historie hinausgehenden fundamentalen und universalen Geltungsanspruch. Ein analoges Interesse an dem Traditionsbegründer zeigt sich auch in den deuteropaulinischen Briefen, in den johanneischen Schriften oder auch im Jakobusbrief; auch hier ist dies jeweils mit einer Hervorhebung des Traditionsbegründers verbunden. Daß das Interesse an Petrus kein isoliertes („sektiererisches", wie Käsemann meint) war, sondern einer zunehmend sich durchsetzenden Tendenz entsprach, zeigen das Johannes-Evangelium gerade in der Konkurrenz des Lieblingsjüngers zu Petrus oder die pseudepigraphischen Petrus-Briefe in ihrer Konkurrenz zu Paulus[38].

Gegen eine zu frühe Datierung des Wortes oder gegen die Annahme, daß es auf den irdischen Jesus zurückgeht, spricht nicht zuletzt die Darstellung der Position des Petrus in der Urkirche durch den Zeitgenossen Paulus, der zwar den allgemeinen Gebrauch des Kephas-Namens ebenso bezeugt wie seine hervorragende Stellung in der Jerusalemer Kirche, ihn aber in seiner „Säulen"-Funktion mit Jakobus und Johannes *zusammen*ordnet und ihn ersterem sogar

---

[37] Vgl. *Brox, N.:* Die Kirche „Säule und Fundament der Wahrheit": Bibel und Kirche 18 (1963) 44–47; *ders.:* Historische und theologische Probleme der Pastoralbriefe: Kairos 11 (1969) 81–94.

[38] Vgl. dazu *Trilling,* Petrusamt 120–133. Wenn er ebd. 133 betont, daß es „schon innerhalb des Neuen Testaments die Frage der Kontinuität und Präsenz des ‚Petrusamtes'" gibt und sogar von einer „‚amtlichen' Bedeutung" spricht, so ist doch daran festzuhalten, daß diese *universale* Bedeutung dem *historischen* Petrus zugesprochen ist. Sie läßt sich so wenig (und so viel) institutionalisieren wie etwa die Funktion des Paulus oder des Lieblingsjüngers in einem Paulus- oder Lieblingsjünger-Amt.

*nach*stellt. Ein spezifisches Amt hat für Paulus der Beiname Kephas nicht zum Ausdruck gebracht; er gebraucht ihn als Eigennamen, wie besonders deutlich Gal 2,9 *neben* der Säulen-Bezeichnung zeigt.

Bestätigt wird diese traditionsgeschichtliche Einordnung des Logions durch innere Kriterien[39]: Die Futura in den Sprüchen weisen auf die nachösterliche Gemeindesituation hin. Die Parusieverzögerung ist vorausgesetzt; denn die Kirche wird als „eine für die Dauer der Weltzeit" auf Petrus gegründete „Institution" gesehen. Mit Schrage ist sodann der Terminus ἐκκλησία, der nur hier in der synoptischen Überlieferung zur Bezeichnung der *Gesamtkirche* dient (18,18 meint die Ortsgemeinde), aus dem *hellenistisch-jüdischen* Christentum herzuleiten. Ungewöhnlich ist jedoch [105] – im Vergleich mit dem dortigen Sprachgebrauch – seine Qualifikation durch μου: damit wird diese Gesamtkirche pointiert an die Person des Sprechers, also *an Jesus,* gebunden[40]. Sowohl die universale (hellenistisch-christliche) Sicht der Kirche als auch diese Bindung an den historischen Jesus, die dem matthäischen Verständnis der Kirche als Jüngerschaft Jesu entspricht, verrät eine deutliche Nähe zum Evangelisten selbst. Die Bindung hellenistischer Traditionen an die palästinische Jesusüberlieferung und ihre Korrektur durch sie kennzeichnet allgemein die Arbeit des Evangelisten und entspricht seiner besonderen „kirchenpolitischen" Intention[41]. Auch das Verständnis der Kirche als einer Institution, die von den Todesmächten nicht überwunden werden wird, korrepondiert seinem Verständnis der Kirche als einer Größe, die – trotz ihrer ständigen Gefährdung – bis zum Gericht besteht und welcher der bleibende Schutz durch den unter den Seinen gegenwärtigen Kyrios zugesagt ist.

Eine solche Übereinstimmung in der theologischen Konzeption legt es nahe, daß der Spruch einem dem Evangelisten sehr verwand-

---

[39] Vgl. vor allem *Bornkamm,* Bindegewalt 104.

[40] „Ekklesia" und „Synagoge". Zum Ursprung des urchristlichen Kirchenbegriffs: ZThK 60 (1963) 178–202 (bes. 201). Zur Bedeutung des μου vgl. auch *Bultmann, R.:* Die Frage nach der Echtheit von Mt 16,17–19: Exegetica, Tübingen 1967, 263f; *Strecker,* (Anm. 8) 214. Ähnlich wird Mt 1,21 die Zugehörigkeit des Volks zu Jesus durch den ungewöhnlichen Genetiv hervorgehoben; in verschiedenen Nachfolge-Sprüchen läßt sich eine redaktionelle Konzentration auf Jesus beobachten: Mt 16,25; 19,29; 5,11 (diff. Lk 6,22 = Q).

[41] Vgl. *Bornkamm, G.:* Der Auferstandene und der Irdische: *Bornkamm-Barth-Held:* Überlieferung und Auslegung im Matthäusevangelium, Neukirchen 61970, 289–310.

ten geistigen Milieu entstammt[42]. Es ist nicht auszuschließen, daß der Evangelist ihn selbst mit Hilfe traditioneller alttestamentlicher Bilder und verbreiteter urchristlicher Vorstellungen gebildet hat. Bei der Formulierung des Spruchs geht er von dem allgemein-gebräuchlichen Beinamen Kephas aus. Die Anwendung des Fundamentbildes findet in der rabbinischen Deutung Abrahams als Fels, auf dem Gott die Welt gründete, eine Analogie[43]. Eine klare Zuweisung der Autorschaft ist – abgesehen von allgemeinmethodischen Vorbehalten – bei Matthäus deswegen erschwert, weil er, wie seine Bearbeitung des Markusstoffes zeigt, mit dem Überlieferungsmaterial [106] sehr souverän umgeht, so daß zwischen Bearbeitung und Eigenbildung schwer zu unterscheiden ist.

Welche sachliche Bedeutung diesem Felsensein des Simon zukommt und worin es begründet ist, wird aus dem Spruch selbst nicht klar. Aufgrund der urchristlichen Verwendung des Bildes ließe sich an Simons Bedeutung für die Gründung der Kirche als Missionar oder als erster Zeuge der Auferstehung Jesu denken. In der Spruchgruppe 16,17–19 ist die Felsenfunktion mit der Lehrvollmacht in Verbindung gebracht, sie geht jedoch in ihr nicht auf. Dem matthäischen Verständnis beider ist daher mit Hilfe der Redaktionskritik noch weiter nachzugehen.

4. Petrus – der exemplarische Jünger

Die ekklesiologischen Tendenzen der *matthäischen Bearbeitung der Cäsareaszene* Mt 16,13–28 sind bekannt: In 16,16 spricht Simon (über Mk 8,29 hinausgehend) das Grundbekenntnis der matthäischen Kirche aus: „Du bist der Messias, der Sohn des lebendigen Gottes". Gegenüber Markus wird der Bezug auf die Jünger noch verstärkt; Petrus erscheint als ihr Wortführer, die Darstellung lenkt auf sie

---

[42] Gegenüber der früheren Annahme, Ursprungsort sei die Jerusalemer Urgemeinde, setzt sich jetzt der syrische Bereich durch. *Bornkamm,* Bindegewalt 105, nimmt an: in „der Heimat des Matthäus, seiner Kirche und seines Evangeliums, dürfte das Petruslogion seine endgültige Fassung erhalten haben". Ähnlich urteilt *R. Pesch,* (Anm. 3) 242. Seine Annahme, daß Paulus in 1Kor 3,11 gegen petrinische Ansprüche, „wie sie Mt 16,18 formuliert sind", polemisiere, setzt eine zu frühe Simon-Universalisierung voraus.

[43] Midrasch Jelammedenu (Jalqut 1 § 766) bei *Billerbeck,* Kommentar I, 733 (bemerkenswert ist, daß der Midrasch für Fels das Lehnwort pṭr' zur Bezeichnung Abrahams verwendet, vgl. unten Anm. 54).

zurück[44]. Die 16,24 angefügten Nachfolgesprüche enden mit einem Ausblick auf das *allgemeine* Gericht und mit der Verheißung, daß einige den Menschensohn „in seiner Basileia" (16,28) sehen werden; dies nimmt deutlich Bezug auf die Zeit der Kirche (vgl. 13,41; 28,18–20). Kretzer hat zudem gezeigt, daß der Komposition in 16,5–12 eine Jüngerszene auch vorangestellt ist, so daß also die Petrus-Szene durch Jünger-Szenen umrahmt ist.

Dieser Redaktionstendenz scheinen die *zwei Worte an Petrus* (V.17–19 und V.23) zu widersprechen, zumal Matthäus in V.23 den Hinweis auf die Jüngerschaft von Mk 8,33 streicht. Die Bekenntnis-und die Skandalon-Szene stehen in Korrespondenz: In Entsprechung zu V.16 gestaltet Matthäus auch den Einwand des Petrus gegen Jesu Leiden in direkter Rede[45]; dem σὺ εἶ Πέτρος korrespondiert das (redaktionell eingefügte) σκάνδαλον εἶ ἐμοῦ. Stellte der redaktionelle V.17 Simons Vorzugsstellung als Offenbarungsempfänger und Bekenner im Unterschied zu den Menschen und ihren Meinungen (vgl. 16,13) heraus, so wird nun – gerade aufgrund der redaktionellen Komposition – im Kontrast dazu durch V.23d deutlich gemacht, daß dieser Petrus „menschlichem Denken" verhaftet blieb. Matthäus stellt schärfer noch als Markus Petrus in die *Ambivalenz* herein: [107] er ist Bekenner *und* Versucher des Messias[46]. Wie der redaktionelle Bezug zur Abweisung des Satans, der Jesus die Weltherrschaft anbietet (4,10), erkennen läßt, wird Petrus gerade dadurch zum Versucher des Messias, daß er nicht bereit ist, den Weg des auf seine Macht verzichtenden Messias Jesus (vgl. 12,15–21; 26,52–54; 5,10.39) zu akzeptieren. Damit lehnt Perus aber auch die am Kriterium der Güte und Barmherzigkeit orientierte jesuanische Gesetzesauslegung in einem zentralen Punkt ab, er wird zum σκάνδαλον für Jesus. Der Bekenner Petrus ist auf das Äußerste gefährdet. Nach der matthäischen Auslegung des Gleichnisses vom

---

[44] Mt 16,16 wird Simon Petrus betont (δέ) den Jüngern gegenübergestellt; 16,20.21.24 werden *die Jünger* betont in die Szene einbezogen.

[45] Vgl. dagegen die betonte Unterwerfung Jesu unter den Willen Gottes Mt 26,39.42.

[46] Vgl. die Verleugnungsszene Mt 26,69–75: Petrus wird stereotyp nach *seiner* Zugehörigkeit zu Jesus gefragt (V.69.71–73) und verleugnet diese „vor allen" (V.70), „mit Eid" (V.72, vgl. V.74). Diese Inanspruchnahme Gottes für die Verleugnung steht im Kontrast zum Bekenntnis 16,16. Zu der Verbindung von positiven und negativen Zügen in der Petrus-Gestalt vgl. jetzt auch *Blank*, Petrus-Typologie 174.

Unkraut werden die Gerichtsengel „alle σκάνδαλα“, das sind alle, die „Gesetzlosigkeit tun“, in den Feuerofen werfen (13,41). Spätestens aufgrund der Einfügung dieses für das matthäische Kirchenverständnis leitenden Begriffs[47] wird deutlich, daß in Petrus – *trotz* der individuellen Anrede – die bleibende Gefährdung der Jüngerschaft dargestellt wird.

Diese Exemplarizität gilt auch für die *Bekenntnis-Szene*. Petrus bekennt nur das, was die Jünger schon *vor ihm* bekannt hatten (14,34). Wie er wurden 13,16 *alle* Jünger „seliggepriesen“, weil sie „verstanden“ haben; die Erkenntnis der Mysterien der Basileia ist ihnen gegeben (13,11, ohne die Einschränkung von Mk 4,13). Nach 11,25f ist den νήπιοι die Vollmacht Jesu „offenbart“. Gerade in der Gegenüberstellung zur Ablehnung Jesu durch Israel wird die Jüngerschaft als „verstehend“, wenn auch durch „Kleinglauben“ gefährdet gezeichnet (16,8), dem wiederum Petrus exemplarischen Ausdruck verleiht (14,31). Es spricht für die Konsequenz matthäischer Redaktion, daß wie in 16,22ff so auch in 13,18–23 und 11,28–30 jeweils die mit der Offenbarung beschenkten Jünger dem Anspruch der Lehre Jesu, der Forderung des Tuns der Gerechtigkeit und der Nachahmung seiner Güte konfrontiert werden. Auch das Binde- und Lösewort wird Mt 18,18 auf die Jünger *insgesamt* bezogen (vgl. 18,1). Mt 28,19 empfangen *alle* Jünger den Auftrag, die Gebote Jesu der aus allen Völkern gewonnenen Jüngerschaft zu vermitteln. *Allen* wird der bleibende Schutz des Kyrios verheißen (vgl. Mt 18,20; 28,20).

In der 16,17 und 16,19 dem Simon Petrus zugesprochenen Auszeichnung finden also Wesenszüge der Jüngerschaft ihren Ausdruck. Auch die Binde- und Lösevollmacht des Petrus kommt ohne Unterschied allen [108] Jüngern zu. Um so dringlicher wird jedoch dann die Frage, warum Matthäus sie gerade *an Simon* exemplarisch entfaltet und warum Matthäus *nur* ihm die Felsenfunktion für die Kirche, die von der Jüngerschaft als solcher nicht ausgesagt wird, zuspricht.

5. *Petrus – der erste Jünger*

Matthäus waren der *Kephas-Name* und die *Sonderstellung des Simon* aus der Überlieferung bekannt. Ihre Ableitung aus der Protophanie

---

[47] Vgl. Mt 18,6–9; 24,10; 13,21 (dazu 5,10); 5,29f.

des Auferstandenen vor Petrus, die vielfach auch für die Erklärung von Mt 16,18 herangezogen wird, kommt für Matthäus aber nicht in Betracht. Denn bei ihm findet sich keine Erwähnung der Erscheinung des Auferstandenen vor Petrus; im Gegenteil, 28,7 (vgl. V.10) ist der markinische Hinweis auf Petrus (Mk 16,7) gestrichen. Nach Matthäus wendet sich der Auferstandene an *alle* elf Jünger.

Die Petrus-Stellen bestätigen zunächst die Analyse von 16,13ff. Die Stellung des Petrus wird betont[48]; er ist der Wortführer der Jünger[49]; darin wie in einzelnen Szenen gibt er dem Jüngersein exemplarischen Ausdruck[50]. Folgende Beobachtungen können jedoch das matthäische Verständnis der *Sonderstellung* des Petrus erschließen: Matthäus verbindet die Verleihung des Petrus-Namens mit 16,18[51]; daher übergeht er bei der Konstituierung des Zwölferkreises abweichend von Mk 3,16 die Namensverleihung (Mt 10,2f). Zugleich jedoch erinnert er durch den Zusatz „der Petrus genannt wird" an den besonderen Beinamen des Simon, während er auf den Beinamen der Zebedäus-Söhne Βοανηργές verzichtet. Die Stellung Simons am Anfang der Apostelreihe akzentuiert er, indem er ihm πρῶτος voranstellt. Worauf bezieht Matthäus diese Vorzugsstellung? Die Erläuterung „der Petrus genannt wird" fügt Matthäus auch in der Berufungsszene 4,18–22 seiner Vorlage ein und stimmt außerdem sowohl in der Reihenfolge der ersten zwei Apostelpaare als auch sprachlich (ὁ ἀδελφὸς αὐτοῦ) beide Stellen aufeinander ab. Matthäus ist offenbar bestrebt, die Zwölferliste und die Berufungstraditionen einander anzugleichen, wie die Einführung des *Zöllners* Matthäus in die Liste (10,3) in Korrespondenz mit der Umbenennung des *Levi* (Mk 2,14) zu *Matthäus* [109] (Mt 9,9) bestätigt. Im Gesamtaufbau des Evangeliums umschließen die zwei Jüngerkompositionen 4,18–22 und 9,35–11,1 die Darstellung des messianischen Wirkens Jesu (4,23–9,34). Der Vergleich mit dem Aufbau des Markusevangeliums zeigt, daß die Berufungsszene offenbar sehr bewußt plaziert ist: Wirken Jesu und Jüngerschaft sollen als *von Anfang an* zueinander gehörig dargestellt werden.

---

48 Vgl. 8,14; 10,2; 17,24.25.

49 Vgl. 15,15 (R); 17,4; 18,21 (R); 19,27; die Jünger werden an Stelle des Petrus eingeführt: Mt 21,20; vgl. 24,3.

50 14,28–32; vgl. 26,35; 26,40 (diff. Mk 14,37) sowie 26,69–75.

51 Entsprechend wird von Petrus differenzierend gesprochen: 16,16 Simon Petrus, 16,17 Simon Bariona, 16,18 Petrus.

Dieser redaktionelle Zusammenhang erhellt die Intention des Zusatzes πρῶτος in 10,2: Er weist auf die Berufung des Petrus als *Ersten* der Jünger zurück; aufgrund dieses *historischen* Vorrangs begreift Matthäus Simon offenbar als den *natürlichen* Sprecher des Jüngerkreises und stellt an seiner Gestalt das Wesen der Jüngerschaft beispielhaft dar. Durch die redaktionelle Verklammerung von 4,18, 10,2 und 16,18 in der besonderen Hervorhebung des Petrus-Namens wird aber auch deutlich, worin für Matthäus das *Fundamentsein* des Simon für den zukünftigen Kirchenbau begründet ist: eben in dieser Tatsache, daß er der *Erstberufene* der Jünger ist.

Diese Petrus-Deutung des Matthäus steht im Zusammenhang seiner Sicht der Geschichte: Er begreift sie und ihre Gestalten exemplarisch[52]; dies schließt ein Interesse an historischen Abläufen, an der Unterscheidung von Epochen ebensowenig wie den Blick für Kontinuität und Diskontinuität aus[53]. Dieses „historische" Interesse erweist nicht zuletzt seine kirchengeschichtliche Leistung: die Bindung der Kirche aus allen Völkern an den *irdischen* Jesus. Hier haben die elf Jünger ihre „historische" Aufgabe: als Jesu Jünger und Brüder (28,10) werden sie mit der Weitergabe der „Gebote" Jesu beauftragt (28,18–20). *Innerhalb* dieser Gruppe steht auch Simon Petrus; als Erstberufener ist er – in geschichtlicher Sicht – Anfänger der Nachfolge und darum das „Fundament" dieser Kirche[54], insofern exemplarischer Empfänger der Lehrvollmacht und Garant der Überlieferung[55]. Die Funktion des Petrus konstituiert für Matthäus

---

[52] Vgl. neben der Darstellung der Jüngerschaft die des jüdischen Volkes oder der Pharisäer.

[53] Vgl. die Einordnung Jesu in die Geschichte Israels (Mt 1), die Funktion der Erfüllungszitate oder die besondere Qualifikation des irdischen Jesus als davidischen Messias für Israel, die Unterscheidung der Israel- und Völkermission, die Verarbeitung der jüdischen Niederlage im jüdisch-römischen Krieg.

[54] Hier ist nochmals auf den in Anm. 43 zitierten Midrasch zurückzuweisen. Abraham wird als *Stammvater des Volkes* gesehen, wie auch die Zitation von Jes 51,1 zeigt: „Blicket auf den Felsen, aus dem ihr gehauen seid"; in einer Parallelstelle wird zudem Abraham durch die „Väter" ersetzt. Dies verdeutlicht die Vorstellungen, in denen sich Matthäus bewegt. Interessant ist auch, daß in Mt 7,24.25 das Motiv des Felsfundaments auftritt. Zu ptr i.S. von „Erstgeborener" vgl. *Cullmann:* ThW VI, 100 Anm. 8, sowie *Stuhlmacher,* (Anm. 28) 94 Anm. 4.

[55] Dieser Rekurs auf die Erstberufung des Petrus bestätigt die Kritik *Trillings* (Amt 172) an einer *nur* exemplarischen Petrus-Deutung, der dazu mit Recht auf die Bemerkungen von *E. Haenchen* zur Stelle zurückweist (Die Komposition von Markus VII 27 – IX 1 und par: NovT 6 (1963) 102). Dem entwickel-

kein [110] *Kirchenamt,* auch wenn er sie mit Hilfe schriftgelehrter Terminologie beschreibt. Vielmehr dient sie dem „Neues und Altes aus seinem Schatz" (13,52) hervorholenden Schriftgelehrten Matthäus dazu, die *Kontinuität* seiner Überlieferung mit dem irdischen Jesus historisch und theologisch (insofern ihr eschatologische Verbindlichkeit zugesagt wird) abzusichern. Die Fels (oder πρῶτος)-Funktion des Simon ist also eine *historisch-einmalige*[55a]. An ihr freilich konkretisiert sich, was für Matthäus zur *bleibenden* Eigenart der Kirche gehören muß: Ihre *Bindung an Jesus,* der die Zusage der bleibenden Gegenwart des Kyrios Jesus unter den Seinen korrespondiert.

6. *Gegen ein patriarchales Amtsverständnis*

Diese Sicht der matthäischen Petrus-Deutung bedarf einer Absicherung und Ergänzung durch einen Blick auf die *Struktur der Kirche* nach matthäischem Verständnis. Das Evangelium läßt erkennen, daß der Verfasser sowohl in der Geschichte als auch in der eigenen Gemeinde verschiedene Funktionen und „Ämter" unterscheidet[56] und mit dem Problem der Auslegung der durch Petrus und die Jünger vermittelten Jesus-Tradition vertraut ist (vgl. 13,52). Während er dem urchristlichen Prophetentum zwar mit Respekt, aber angesichts seiner zeitgenössischen Depravationen (7,15–23) auch mit deutlicher Reserve begegnet, gilt sein nicht unkritisches Interesse dem Lehrer in der Gestalt des christlichen Schriftgelehrten, das auf ihre Weise auch die Darstellung des Petrus als Schriftgelehrter (16,19) bekundet. Gegen die entstehenden Ämter (und Amtsstrukturen) bringt Matthäus einen doppelten Vorbehalt ein: Die dem Petrus zugesprochene Vollmacht wird betont der Gemeinde mit *allen*

---

ten Petrus-Verständnis entspricht, was *Blank* allgemein für das frühchristliche Amts- und Sukzessionsverständnis herausstellt: „Das Hauptinteresse war … auf die anvertraute Überlieferung (gerichtet), deren Kontinuität es abzusichern und zu bewahren galt" (Petrus-Typologie 175).

[55a] Das betont *Blank,* Petrus-Typologie 177, mit Recht bereits von der „Logik" des Fundament-Bildes her. Wenn er allerdings diese Felsen-Funktion pauschal auf das „Zeuge"-Sein des Petrus „für den rechten Messias-Jesus-Glauben" zurückführt, hat er die spezifisch matthäische Bedeutung des Bildes noch nicht erfaßt; denn solches Zeuge-Sein kommt allen Jüngern zu. Richtig hebt er den Zweck „der bleibenden Rückbindung" an Jesus hervor (ebd. sowie 178).

[56] Vgl. dazu *Trilling,* Amt.

ihren Gliedern zugesprochen; die Ausübung solcher Vollmacht und damit auch die Struktur des Amtes werden dem *Maßstab der jesuanischen Gesetzesauslegung,* d.h. auch seiner *Gesetzes- und Gesellschaftskritik* (sit venia verbo), unterstellt. Mt 18,18 und 23,8–11 belegen diese These.

111 Trotz der zahlreichen literarischen und inhaltlichen Probleme des Abschnitts Mt 18,15–20 ist kaum zu bezweifeln, daß hier – durch die Gegenwart Jesu unter den Seinen begründet – die Binde- und Lösevollmacht der Ortsgemeinde, ja schon zwei oder drei Jüngern zugesprochen wird, die sich „auf Jesu Namen hin" versammeln. 18,18 nimmt 16,19 sogar verstärkt auf[57] und dürfte trotz des disziplinarischen Kontextes, wie die wörtliche Übereinstimmung mit 16,19 beweist, nach der Intention des Matthäus primär die Lehrvollmacht meinen[58]. Der zweite gleichgeordnete Spruch V.19 (πάλιν), den m.E. Matthäus auf den Kontext hin redigiert hat (vgl. Mt 21,22/Mk 11,24)[59], trägt den pragmatischen Bezug (περὶ παντὸς πράγματος) nach und bindet die Erhörung – unter Einbeziehung des sozialen Aspekts – an die „Übereinstimmung" (συμφωνεῖν) der Bittenden. Im Rückblick auf die matthäische Kritik an der Inanspruchnahme des „Namens Jesu" für bloßes Kyrie-Bekenntnis und pneumatische Demonstration (7,22f) ist die Versammlung „auf den Namen Jesu" hin in V.20 im Sinn konkreter Verpflichtungen auf die Gesetzesauslegung Jesu zu verstehen (vgl. auch 28,19f)[60]. Die Ausübung der Lehre und Disziplin ist abhängig gemacht von der Bindung an die Güte, Barmherzigkeit und ταπεινότης Jesu; nur insofern und dafür wird der Kirche der Beistand des Kyrios verheißen. Dieses Grundverständnis ekklesialer Vollmacht erklärt, warum Matthäus – anscheinend in Spannung zu den „juridischen" Anweisungen in V.15–17 – diesen eine Warnung vor der Verachtung der Kleinen und die Verpflichtung zur vorrangigen Suche der Verlorenen

---

57 ὅσα schließt ein πάντα ein, vgl. *Bauer,* Wörterbuch 1162, die Amen-Einleitung betont redaktionell die ekklesiologische Bedeutung, vgl. *Berger,* (Anm. 26) 33.

58 Im jüdischen Vorstellungsbereich, wo Lehre ethisch und praktisch orientiert ist, schließt dies eine disziplinarische Vollmacht ein, umgekehrt dürfte Matthäus die „Sünde" des Bruders nicht nur „moralisch" verstanden, sondern Differenzen in der Lehre einbezogen haben, wie auch der weitere Kontext zeigt.

59 Gegen *Bornkamm,* Bindegewalt 96 u.a.

60 Vgl. *Bornkamm,* Bindegewalt 100f; *Strecker,* (Anm. 8) 213.

voranstellt (18,10–14) und im Folgenden eine Vergebungsbereitschaft verlangt, für die das Ausmaß der Rache Lamechs (Gen 4,24) zum Maßstab der Versöhnung wird (18,21f.23–35). Matthäus konfrontiert also die entstehende Institution, die in disziplinarischen Regelungen einen ersten und notwendigen Ausdruck findet, dem Ethos Jesu und unterstellt so zugleich mit ihrer Institutionalisierung ihre Handlungsgesetze der Pflicht ständiger Selbstkritik.

Mt 23,8f ist eine Gemeinderegel, die sich mit dem Autoritätsanspruch des Rabbinats kritisch auseinandersetzt; durch den Zusatz 23,10 wird der [112] hellenistische Lehrstand in diese Kritik einbezogen; zwei Logien der Jesustradition (23,11.12) ergänzen diese Regel und begründen sie[61]. Matthäus setzt offenbar voraus, daß es in seiner Gemeinde Schriftgelehrte gibt; er stellt weder ihre Funktion und Tätigkeit noch andererseits die Notwendigkeit verbindlicher Lehre und Lehrentscheidungen in Frage. Dennoch umfaßt das Verbot des Titelgebrauchs mehr als nur die Lösung einer Stilfrage[62]. Zur Debatte steht die *Struktur des Amtes,* offenbar gerade in Auseinandersetzung mit dem zur Zeit des Matthäus sich neu konstituierenden pharisäischen Rabbinat. Die Titel „Rabbi“, „Vater“ waren, wie zeitgeschichtliche Parallelen[63], aber auch die matthäische Argumentation erkennen lassen, Ausdruck einer spezifischen Amtsautorität mit Lehr- und Gerichtsvollmacht, die eine entsprechende gesellschaftliche Stellung einschlossen (vgl. Mt 23,5f). Matthäus stellt diese Autoritätsstruktur von zwei Seiten her in Frage: Durch die drei Zusätze „einer ist euer Lehrer“, „einer ist euer Vater“ und „euer Lehrer ist einer: der Christus“ wird der sich in den Titeln äußernde Autoritätsanspruch dem Messias Jesus und dem „himmlischen“ Vater vorbehalten. Seine Inanspruchnahme durch Mitglieder der christlichen Gemeinde bedeutete die Usurpation göttlich-messianischer Autorität. Mit Hilfe dieses theologischen Vorbehalts wird die Autorität der Funktionsträger entideologisiert; erhalten bleibt eine für die Ausübung der Funktion notwendige Sachautorität, in der sich jedoch auch der Lehrer als Lernender verstehen muß

---

[61] Vgl. *Trilling,* Amt 161–163.

[62] Wenn in 23,8–10 die zunächst appellativen Aufforderungen durch grundsätzliche Aussagen erläutert werden, zeigt dies, daß mit dem Appell über den Einzelnen hinaus die (Struktur der) Gemeinde angesprochen ist.

[63] Vgl. vor allem *Lohse, E.:* Die Ordination im Spätjudentum und im Neuen Testament, Berlin 1951; *Meyer, R.:* ThW IX, 33.

(vgl. 13,52: πᾶς γραμματεὺς μαθητευθείς). Durch einen weiteren Zusatz in V. 8a „ihr alle aber seid Brüder" werden aufgrund der positiven Bestimmung, wie sich die Gemeinde zu verstehen hat[64], ein hierarchisches Gemeindemodell und eine patriarchale Amtsstruktur abgelehnt[65]. Der christliche Lehrer hat seine Lehrfunktion so auszuüben, daß er seinen Stand-Ort *innerhalb* der Bruderschaft der Gemeinde nicht verläßt.

Die angefügten Interpretamente in V. 11 und 12 lassen erkennen, daß Matthäus hier – offenbar bewußt – die Ausbildung einer Herrschaftsstruktur [113] in der christlichen Gemeinde zu verhindern sucht[66]; denn V. 11 nimmt auf ein verbreitetes Jesus-Logion Bezug (Mt 20,26f parr., vgl. Mk 9,35 par.), das in Antithese zum Verhalten der Mächtigen in der Gesellschaft die christliche Gemeinde als einen von Unterdrückung freien Bereich gegenseitigen Dienens beschreibt. Mit dem Stichwort ταπεινοῦσθαι erinnert Matthäus zugleich an den ταπεινῶς gesonnenen Messias Jesus (11,29) und an die Definition der in der Basileia gültigen Größe durch die Gestalt des Kindes (18,4R). Er verpflichtet damit die christliche Gemeinde sowie die in ihr entstehenden Ämter auf das Vorbild eines Messias, der auf Gewalt und Macht verzichtet hat. Die matthäische Amtskritik ist *christologisch* begründet.

---

64 Zur Bindung der Bruderschaft an Jesus und die Erfüllung des Willens Gottes vgl. Mt 12,49f.

65 Vgl. die verwandte Kritik des Matthäus am Vorrang der „Propheten" (10,41a) durch die Ausweitung der Regel auf die „Kleinen", denen der „Name Jünger" zukommt (10,42), und dazu *Trilling,* Amt 168f.

66 Durch die Charakteristik der Anweisung als „Demutsregel" (*Hummel, R.:* Die Auseinandersetzung zwischen Kirche und Judentum im Matthäusevangelium, München ²1966, 27f), wird der Akzent zu einseitig auf ein individuelles Ethos gelegt, das dem Kontext nicht gerecht wird. Es ist allerdings zu beachten, daß die Unterscheidungen: individuell, strukturell usw. von der modernen Diskussion bestimmt sind, während Matthäus den Sachverhalt offenbar komplexer erfahren und dargestellt hat. Die Bedeutung für die Kirchenstruktur stellen z. B. auch *Schlatter,* (Anm. 15) 511; *Strecker,* (Anm. 8) 216; *Thyen,* (Anm. 7) 235; *Hummel* (ebd.) heraus sowie neuerdings *Pesch, W.:* Theologische Aussagen der Redaktion von Mt 23: Orientierung an Jesus (Festschrift für Josef Schmid), Freiburg i. Br. 1973, 289.

7. *Ein kirchliches Petrus-Amt?*

1. Die redaktionsgeschichtliche Untersuchung bestätigte eine bekannte Einsicht: *Exegetisch* betrachtet vermag Mt 16,17–19 weder die Ableitung eines Primats-*Amtes* aus dem *Petrus*-Primat noch dessen Ausgestaltung im Rahmen einer sakral-feudalistischen Kirchenstruktur zu begründen. Matthäus versteht die Felsenfunktion und die Schlüsselgewalt des Petrus von dessen historisch-einmaliger Bedeutung für die Kontinuität der Kirche mit dem irdischen Jesus her. Dort, wo er von Lehr- oder Disziplinarvollmacht in der Kirche spricht, kommt diese – trotz der Anerkennung funktionaler Differenzierungen – allen Gliedern der Kirche zu. Matthäus legt damit die charismatisch-prophetische Vollmacht urchristlicher Missionare – offenbar in bewußter Antithese zum Rabbinat – nicht patriarchalisch, sondern *bruderschaftlich* aus. Die exemplarischen Züge seines Petrusbildes bezieht er auf die *bleibende Erwählung und Gefährdung* der Jüngerschaft und insofern auch auf die des Amtes.

2. Dieses Ergebnis gestattet es nicht, die Kirche nun einseitig auf das matthäische Gemeindemodell festzulegen; der Befund schließt nicht aus, daß die römische Primatialverfassung auf das auch heute noch bestehende [114] Problem der Leitung der *Großgruppe* Kirche, das in neutestamentlicher Zeit noch nicht bestand, eine historisch verständliche Antwort gab, er macht allerdings die Grenzen dieser Lösung deutlich. Die historische Einsicht in die Mannigfaltigkeit urchristlicher Gemeindestrukturen, in ihre Verflechtung mit der geschichtlichen Situation und ihre Abhängigkeit von soziokulturellen Gegebenheiten gibt den Weg für *verschiedene* Verfassungsformen frei, zwingt aber dazu, die Eignung der herrschend gewordenen Strukturen in neuen historischen Situationen jeweils einer sachlichen Überprüfung zu unterziehen.

3. Damit ist die Frage nach dem Maßstab möglicher Kritik und notwendiger Reformen dieser Strukturen gestellt. Das matthäische Vorgehen ist hier insofern von Interesse, weil es die entstehende Institution Kirche auf ein *theologisches Programm* verpflichtet. Und dieses Programm ist – trotz der historischen und hermeneutischen Probleme seiner Deutung und jeweiligen Vermittlung – eindeutig. Es ist das Programm *Jesu*.

4. Die häufig erhobene und m.E. berechtigte Forderung, daß Kirchenorganisation und Kirchenleitung humanwissenschaftliche Einsichten stärker berücksichtigen müßten und auch des Rechts

nicht entbehren dürfen, wird durch die Bindung an das Programm Jesu nicht in Frage gestellt. Im Gegenteil: Gerade diese *Bindung an das Programm Jesu* verlangt, daß das Ethos Jesu nicht nur eine Sache persönlicher Moral oder öffentlicher Verlautbarungen bleibt, sondern seinem Maßstab die *Struktur* der Kirche, ihre *Verfassung* und ihre *Rechtsordnungen* ebenso wie die mannigfaltigen *Organisationsformen* des Gemeindelebens unterworfen werden. Diese Bindung verlangt, die *kritische Infragestellung der Kirchen-Institution selbst zu institutionalisieren.*

Christliche Gemeinde zwischen messianischer Utopie und Realität

1. Hoffnung gegen alle Hoffnung

Das Motto dieses Treffens "Siehe, ich mache alles neu" aus Apk 21,5 greift eine uralte Thematik jüdischer und dann auch christlicher Zukunftserwartung auf. Es ist die verwegene Hoffnung, daß Gott das Elend der Geschichte, jedes Unrecht und alle Unfreiheit beseitigen wird. Die Arroganz der Mächtigen wird er brechen, den Hochmut der Reichen beugen. Den Armen wird er Recht, den Unterdrückten Befreiung, den um ihr Leben Betrogenen Leben schaffen. Man kann solche Hoffnung als "Sklavenreligion" verächtlich machen, sie als verzweifelte Projektion Besiegter abtun oder als "Opium des Volkes" verdächtigen. Sie ist in der Tat mißbrauchbar und oft genug diente sie Ideologen dazu, die gegenwärtige Position der Herrschenden zu stabilisieren. Am "St. Nimmerleinstag" (B. Brecht) könnt ihr das alles haben, lautet dann die zynische Vertröstung.

Von ihrem Ursprung her ist diese Hoffnung jedoch mehr. Sie ist, wie schon derselbe Karl Marx formulierte, eben auch und vor allem "die Protestation gegen das wirkliche Elend". "Die Religion ist der Seufzer der bedrängten Kreatur, das Gemüt einer herzlosen Welt, wie sie der Geist geistloser Zustände ist"[1]. Schauen wir zurück: Es war in den Krisenzeiten des jüdischen Volkes, in Jahrhunderten der Unterdrückung nach dem babylonischen Exil, als Israel zum Spielball der vorderasiatischen Großmächte Syrien und Ägypten wurde und schließlich dem Imperialismus der Großmacht Rom erlag. Das Volk wie der Einzelne sahen in dieser Katastrophensituation keine Chance mehr, Gottes Spur in der Geschichte auszumachen. In dieser Situation kam es zu jener "Großmutation" alttestamentlicher Hoffnung, die als die Geburtsstunde der Apokalyptik gelten kann. Heil

[1] Zitiert nach I. Fetscher, Der Marxismus. Seine Geschichte in Dokumenten, München 1967, 56.

wurde nun nicht mehr, wie bei den alten Propheten, als ein rettendes Eingreifen Jahwes in der Geschichte erwartet, das eine Wende zum Besseren im Diesseits bewirkt. Heil konnte es nur noch geben als den Einbruch des ganz anderen aus der Welt Gottes in diese korrupte dem Untergang geweihte Welt.[2]

Erst im Lichte dieser messianischen Utopie wird es möglich, die herrschende Negativität in ihrem ganzen Ausmaß wahrzunehmen.[3] Das Elend wird als Elend, das Unrecht als Unrecht denunziert. Von der Antike bis in die Neuzeit hinein stellt diese Erwartung der endzeitlichen Umkehrung der jetzt herrschenden Unrechtsverhältnisse den Gegenpol dar gegen alle Versuche, irdische Herrschaft als gottgewollte zu sanktionieren und ihr eine ideologische Rechtfertigung zu geben. Diese Hoffnung weiß von einem anderen Herrn zu reden, der der Herr der Herren und der König der Könige ist. Vor ihm bleibt das Große nicht groß und das Kleine nicht klein. “Sein Arm ist gewaltig. Er stürzt die großen Herrn von ihren Thronen, die Erniedrigten hebt er empor und richtet sie auf. Die Hungrigen sättigt er doppelt, die Reichen schickt er mit leeren Händen davon.” (Übersetzung nach W. Jens) Der Text ist bekannt. Die Überlieferung legt ihn der jungen Frau Mirjam aus Nazareth in den Mund, als sie Elisabeth besucht (Lk 1,51–53). Er spricht von jener göttlichen Revolution, die alles Bestehende und alle in Position Befindlichen endgültig in Frage stellt. Diese Tradition ist von ihrem Ursprung her subversiv, geschrieben aus der Perspektive von unten, nicht aus der Perspektive der Sieger, sondern der Besiegten.

Wer solche Texte liest, sollte sich nicht bei der uns fremden Bildersprache oder den weltanschaulichen “Absonderlichkeiten” aufhalten.[4] Die Sprache ist mythisch aufgeladen, denn es geht um die die Weltgeschichte bewegenden Kräfte und Mächte: Der aus dem Himmel auf die Erde gestürzte Drache. Das Tier aus dem Abgrund des Meeres. Das Tier vom Land, als dessen ideologischer Propagandist. Reinkarnationen der uralten Chaosmächte Behemoth und

---

2 Vgl. dazu G. Scholem, Zum Verständnis der messianischen Idee im Judentum, in: Über einige Grundbegriffe des Judentums, Frankfurt 1970, 121–167.

3 Vgl. den letzten Aphorismus in Th. W. Adornos *Minima Moralia,* Frankfurt 1951, 334.

4 Zur Auslegung vgl. U. B. Müller, Die Offenbarung des Johannes. Ökumenischer Taschenbuchkommentar zum NT Band 19, Gütersloh-Würzburg 1984. In der Übersetzung folge ich W. Jens, Das A und das O. Die Offenbarung des Johannes, Stuttgart 1987.

Leviathan. Babylon, die große Hure, "Mutter der Huren und der Greuel der Erde", in Purpur gekleidet, den goldenen Becher in der Hand, gefüllt bis zum Rand mit Gemeinheit. Die Menschen, in Rausch, trinken von ihrem Hurenwein. Die Könige der Erde treiben es mit ihr. An ihrem Luxus und Aufwand werden die Kaufleute der Erde reich. Sie selbst ist trunken vom Blut der Heiligen und Zeugen Jesu (vgl. Apk 13.17). Der Prophet Johannes lotet mit diesen Bildern die zeitgeschichtliche Situation aus. Das römische Imperium in seiner politischen, religiösen und wirtschaftlichen Machtzusammenballung entlarvt durch die Forderung der göttlichen Verehrung des Kaisers selbst seine totale Widergöttlichkeit. Die römische Staatsmacht wird zum Urbild der sich selbst absolut setzenden menschlichen Macht. Das ist Götzendienst schlechthin, in alttestamentlich-prophetischer Sprache "Hurerei". Der Mensch tritt aus der geschöpflichen Bindung an den einen Gott hinaus. Statt Gott als den einen und einzigen Herrn anzuerkennen und durch den Verzicht auf jeden menschlichen Absolutheitsanspruch freien Lebensraum allen zu gewähren, breitet des Tier aus dem Abgrund durch seinen Gottgleichheitswahn den Schreckensraum seiner Herrschaft aus. Indem es Kauf und Verkauf an das Tragen seines Markenzeichens bindet, zwingt es alle in seine Abhängigkeit: "Große und Kleine, Reiche und Arme, Sklaven und Freie" (Apk 13,16). Das Bündnis von Macht und Marktwirtschaft kommt in den Blick.[5]

Im Gegensatz zu dieser sich absolut setzenden menschlichen Macht und ihrer Anhängerschaft steht die Vision eines neuen Himmels und einer neuen Erde, als die allein von Gott her kommende Alternative. Gegen Babylon/Rom steht die aus dem Himmel herabkommende freie Stadt Jerusalem: „Gott hat sein Zelt aufgeschlagen unter den Menschen. Und er wird mit ihnen wohnen. Und sie werden seine Völker sein. Und Gott selbst ist bei ihnen und wird abtrocknen die Tränen in ihren Augen, und Tod wird nicht mehr sein und auch kein Weinen, keine Trauer, keine Mühsal mehr: denn die alte Zeit ist vergangen". Diese Stadt braucht keinen Tempel oder Altar, denn Gott und das Lamm sind ihr Tempel. Sie braucht keine Sonne und keine Gestirne, denn sie erstrahlt in der Herrlichkeit Gottes, und das Lamm ist ihr Feuer und Licht. Alle Völker werden im Glanz dieser Stadt einhergehen. Die Bäume des Lebens wachsen

[5] Vgl. auch Apk 18,11–19: die Klage der Kaufleute und Seeleute über den Untergang Babylons/Roms.

an den Ufern ihrer Wasser und bringen den Völkern Heilung. Fluch und Verbannung bleiben jener Stadt fern, wo Gottes Thron ist und der des Lammes, wo Söhne und Töchter ihm dienen, sein Angesicht sehen und sein Name auf ihren Stirnen leuchten wird. Umstrahlt von seinem Licht, werden sie in Ewigkeit herrschen (nach Apk 21.22).

In dieser Vision scheint das Urbild der antiken Polis auf: einer Stadt, die allen Menschen Heimstatt ist und Leben gewährt, ohne Terror, Folter, Einschüchterung, Vertreibung, Flucht. Ihre Tore stehen allen offen; in ihr können sich die Völker versammeln, finden sie ihr endzeitliches Asyl. Alle haben den freien Zugang zu Gott und vollziehen jenen Dienst, der im irdischen Jerusalem dem Hohenpriester vorbehalten war, geschmückt mit dem Zeichen hoherpriesterlicher Würde auf der Stirn. Ein Volk von Königen und Priestern. Johannes greift mit dieser Rede von der königlichen und priesterlichen Würde die zwei Idealgestalten antiker Lebensverwirklichung auf: den Priester und den Herrscher. Gegen deren Perversion in der Geschichte werden diese Gestalten wiederentdeckt als Urbilder wahren befreiten Menschseins: der Mensch, der in der Akzeptanz seines Geschöpfseins, im Verzicht auf das "Wie-Gott-sein-Wollen", jene Souveränität und Identität findet, die das Idealbild des königlichen Menschen ausmacht. "Wer überwindet, ... dem werde ich Gott sein, und er wird mir Sohn/Tochter sein" (21,7). Die christliche Gemeinde ist für Johannes jetzt schon hingeordnet auf diese Utopie einer neuen Welt und dieser neuen Existenzform. Von dort her gewinnt gemeindliche Existenz ihre Maßstäbe. In diesem Sinn wird die Gemeinde in der Nachfolge Jesu jetzt schon als "königliche Priesterschaft" bezeichnet. Sie hat sich im Konflikt mit und im Widerstand gegen jede sich absolut setzende Macht zu bewähren. Christliche Existenz erschöpft sich nicht in Innerlichkeit, sie bedeutet Parteinahme in den die Weltgeschichte bewegenden Antagonismen.

Diese leuchtende Vision der Vollendung wirft einen Schatten. Neben den Befreiten und Erlösten – jener großen Zahl aus allen Völkern, Stämmen und Sprachen, die keiner zu zählen vermag – stehen die "anderen", denen der Feuerpfuhl vorbehalten ist, der zweite Tod, der ewige Vernichtung bedeutet. Es sind die Mutlosen, die Ungläubigen, die Mörder und Buhler, die Zauberer, Götzendiener und Lügner.

Gegen die Vision des endzeitlichen Festmahles Gottes für alle Völker (Jes 25) steht die Vision von dem "großen Fressen", das Gott den Gerichtsvögeln mit den Leichen der Verworfenen bereiten wird:

"Und ich sah abermals einen Engel:
Aufrecht stand er,
umhüllt von der Sonne,
und sprach mit gewaltiger Stimme
zu den Vögeln, im Himmelszenit,
hoch in den Lüften:
Herbei! Versammelt Euch zum Großen Mahl,
das Gott Euch schenkt.
Kommt alle! Kommt! Freßt vom Fleisch der Könige,
vom Fleisch der Feldherrn,
vom Fleisch der Mächtigen,
vom Fleisch der Pferde und Reiter,
der Sklaven und Freien,
der Großen und Kleinen.
Berge von Fleisch: Wetzt Eure Schnäbel!" (Apk 19, Übersetzung W. Jens)

Können wir noch mit diesen Versen leben? Unsere Reaktion ist vielleicht gespalten. Lassen sich so einfach Menschen und Weltgeschichte aufteilen?

2. Die jesuanische Korrektur

Ich möchte das Gesagte von der Botschaft Jesu her unterfangen, aber auch korrigieren. Jesu Botschaft trifft sich in der Sache mit dieser apokalyptischen Hoffnung. Er überholt diese Hoffnung sogar, wenn er den kommenden Gott nicht der visionären Schau des Apokalyptikers überläßt, sondern ihn als das Potential gegenwärtiger Geschichte entdeckt. "Gottes Herrschaft kommt nicht so, daß man sie berechnen kann, man kann sie auch nicht festlegen: Hier ist sie oder dort. Siehe, Gottes Herrschaft ist mitten unter Euch." (Lk 17,20f) Jesus faßt die Zukunftserwartung der jüdischen Überlieferung mit dem Leitwort der Herrschaft Gottes zusammen. Deren Verheißungen für eine ferne Zukunft sind nun Chance der Gegenwart: Eine mit Gott versöhnte und sich versöhnende Welt. Der geheilte und befreite Mensch. Was die Apokalyptik in zwei Epochen auseinanderlegte, in diese böse und in die kommende Welt, sieht Jesus in einem dialektischen Ineinander. Ihm geht es weder um den Auszug aus der Welt in eine esoterische Sondergemeinschaft noch um die Errichtung eines totalitären Gottesstaates. Vielmehr soll mitten in dieser von Elend, Unrecht und Tod gezeichneten menschlichen Geschichte das alternative Leben gewagt werden, dank eines neuen Gottes- und Selbstbewußtseins, in einer neuen Weise des Umgangs miteinander.

Gott ist auf der Suche nach dem Menschen und freut sich, ihn zu finden. Der sich selbst entfremdete, von den Mächten der Welt vielfältig deformierte Mensch darf und soll sich wieder in seiner Geschichte als Geschöpf Gottes erfahren. Gott nimmt ihn an und bejaht ihn ohne Wenn und Aber. Diese "unbedingte" Akzeptanz des Menschen, eines *jeden* Menschen, durch Gott wird zum neuen Maßstab nicht nur privater, sondern auch der gesellschaftlich-politischen Beziehungen. Die vieldiskutierte Frage nach dem Verhältnis der Reich Gottes-Botschaft Jesu zu seiner radikalen Ethik findet hier ihre Erklärung. Was beide miteinander verbindet, ist seine Gotteserfahrung: Der Gott, der zu seinen Geschöpfen unwiderruflich Ja sagt.

Konkret: Weil Gott zu mir ohne Vorbedingungen Ja sagt, kann auch ich zu mir und meiner Lebensgeschichte Ja sagen; gewinne ich die Sensibilität für den anderen, "muß" ich konsequenterweise auch zum anderen Ja sagen, weil auch er in der gleichen Weise wie ich von Gott akzeptiert ist.

Der Gott Jesu beansprucht den Menschen unmittelbar, dort wo er auf seinen Mitmenschen trifft, auf dessen Not, auf dessen Sehnsüchte, auf dessen unerfülltes Leben oder auch auf dessen Schuldiggewordensein. Diese "Unmittelbarkeit", diese "Nähe" Gottes, macht alle heilsmittlerischen Instanzen überflüssig: sei es der Tempelkult mit seinen Sühneopfern, seien es die rituellen Praktiken und Frömmigkeitsübungen, sei es die Mosetora mit ihrer Vielzahl von Geboten und Verboten. Sie alle stellen ja auf ihre Weise nur den unzulänglichen Versuch dar, einen Zipfel von Gottes Wirklichkeit in der Welt zu fassen. "Der Mensch ist nicht für den Sabbat da, sondern der Sabbat für den Menschen" (Mk 2,28). "Nicht, was von außen in den Menschen hineingeht, verunreinigt ihn, sondern was aus seinem Inneren, seinem Herzen, herauskommt" (Mk 7,15). Nicht am Altar geschieht die Versöhnung, sondern dort, wo einer dem anderen von Herzen verzeiht (vgl. Mt 5,24). Versöhnung mit Gott gibt es nicht ohne Versöhnung mit dem anderen (Mt 6,13f). Die Wahrheit des Gottes Jesu ist konkret. Das Gesetzbuch, den "Kodex" des göttlichen Willens, finden wir nicht mehr im Toraschrein, sondern in der jeweiligen geschichtlichen Situation. Hier muß der Mensch mit viel Sensibilität für den anderen entdecken, was der Wille Gottes ist, und ihm mit spontaner Herzlichkeit entsprechen.

Jesus spricht mit seiner Botschaft seine jüdischen Zeitgenossen insgesamt an. Er hat nicht die Absicht, wie etwa die Qumran-Gemeinde, einen heiligen Rest zu sammeln oder eine Sondergruppe in Israel zu gründen. Es ist Gott der Schöpfer, der sich jetzt jedem seiner Geschöpfe ohne Ausnahme zuwendet. So erscheint die Idee des "auserwählten Volkes" aufgehoben in jener universalen Zuwendung Gottes zu jedem Menschen. Paulus wird diesen in der Gottesverkündigung Jesu angelegten Universalismus konsequent weiterdenken. "Wenn Gott der *Eine* ist (wie Israel im Schᵉma bekennt), dann muß er der Gott *aller* sein" (Röm 3,29f). Die Segensverheißung, die Abraham aufgrund seines Glaubens empfing, gilt in der Tat allen Völkern (Röm 4; Gal 3). Gottes Heilshandeln richtet sich auf die Welt. Ihr gilt die Botschaft: "Laßt Euch mit Gott versöhnen" (2 Kor 5). Damit ist jedem Erwählungsgedanken der Abschied gegeben, insofern man ihn chauvinistisch begreift, als Sonderstatus und Heilsgarantie für eine bestimmte Gruppe, gleichgültig nach welchen ethnischen oder konfessionellen Kriterien diese sich konstituiert.

In diesem Kontext ist auch Kirche zu verstehen. Jesus hatte nicht die Absicht, eine solche zu gründen. Daß es zur Bildung christlicher Gemeinden kam, schließlich zur "Kirche aus allen Völkern", ist geschichtlich bedingt. Ihre Entstehung ist Folge der Ablehnung, die die Jesusbotschaft in Israel fand, auch wenn sie ihre Legitimität durch den in Jesu Verkündigung angelegten Universalismus erhält. Die Kirche aus allen Völkern ist eine provisorische Zwischengröße. Als der Wildling, der dem Ölbaum Israel aufgepfropft wurde (Röm 11), bleibt sie eine offene Sammlungsbewegung, ein- und untergeordnet jenem universalen Heilshandeln Gottes, das immer der Welt als ganzer gilt. Sie kann sich daher weder absondern noch absolut setzen.

Als christliche Gemeinde müssen wir unseren Standort innerhalb dieser universalen Heilsbewegung Gottes auf die Welt hin bestimmen. Die Vision einer Welt, die ganz Welt Gottes, zugleich aber die Welt aller Menschen ist, verlangt von uns den Abschied von vertrauten Kirchenbildern und Gemeindeträumen, insofern sie jene universale Intention Gottes desavouieren. Es ist daher für uns als Kirche wesentlich, daß wir jene Grenzziehungen, die mit jeder historischen Gestaltwerdung einer Bewegung verbunden sind, immer wieder überschreiten in die Offenheit der menschlichen Geschichte hinein.

3. Kritische Rezeption

Jede christliche Generation steht neu vor der Aufgabe, die ihr überkommene Botschaft in die eigene Zeit zu übersetzen. Der Funke der Hoffnung, der in ihr verborgen ist, soll neu zünden. Das verlangt nicht nur die kritische Auseinandersetzung mit deren Überlieferungsgeschichte, sondern auch mit dem Überlieferten selbst. Das mag manchen vielleicht verwundern. Handelt es sich nicht um das Wort der Schrift, dem ewige Gültigkeit zukommt? Dennoch gilt: das vermeintlich überzeitliche Wort Gottes haben wir nicht anders denn als das Wort einer bestimmten Zeit, bestimmter Menschen, bestimmter Kulturen, als Wort einer ganz bestimmten historischen Situation. Es ist ein durch und durch geschichtlich bedingtes Wort. Hier spricht nicht jemand jenseits von Raum und Zeit, sondern für einen bestimmten Raum in einer bestimmten Zeit. Nur als so konkretes Wort konnte es in seiner Zeit ankommen, befreiend, ermutigend wirken. Das meint nicht nur ein fremdes Sprachgewand, das man einfach abstreifen könnte. Die Verflochtenheit in die jeweilige soziohistorische Situation greift viel tiefer, berührt die Sachaussage selbst.

Lassen Sie mich das auf die Johannesapokalypse anwenden, dann wird das Gemeinte klarer. Der Prophet Johannes spricht als Mitglied einer bedrängten, verfolgten Minderheit und für diese. Er ist konfrontiert mit einer feindlichen Umwelt, die für diese kleine Gruppe von Christen nur Verachtung übrig hat. Ein hergelaufener, verlorener Haufen: Spinner, Habenichtse, Abartige, die sich außerhalb von Recht und Ordnung bewegen, die der althergebrachten Religion und den gottgewollten Autoritäten sich verweigern. "Gottlose", "Atheisten", "Eselsanbeter" werden die Vorwürfe gegen sie in der antiken Umwelt bis ins 3. Jahrhundert lauten.

Wir können uns die Situation gut veranschaulichen, wenn wir uns einmal vorstellen, wie wir als halbwegs gute Katholiken oder Christen – heute jedenfalls noch Angehörige einer staatlich anerkannten und etablierten Religionsgemeinschaft – auf Zeugen Jehovas oder ähnliche Gruppierungen schauen und wie umgekehrt wir von jenen angesehen werden. Wir, die wir in deren Augen dem herrschenden Zeitgeist verschrieben, religiös verkommen sind, von ihnen eingeschätzt als Teil der Menschheit, der dem Zorngericht Gottes verfällt.

Auch die Apokalypse kennt nur "schwarz" oder "weiß". Auch sie teilt den ihrer Botschaft nicht folgenden Teil ihrer Mitmenschen – gnadenlos – dem "höllischen Feuerpfuhl" zu. Es ist die Welt des

Wild-West-Films, der Rambos und Cowboys, die immer genau wissen, daß sie die Guten und die anderen die Bösen sind. Ich betone das, weil dieses schlechte apokalyptische Erbe auch für uns, sei es als Großkirche, sei es aber auch als Basisgruppe in doppelter Hinsicht eine Gefahr bedeutet oder zumindest doch zu einer Gefahr werden kann.

Gruppenintern kann das geschehen durch die Fixierung auf die eigene Gruppe, deren Absolutsetzung. Wir kennen das Lied von der "allein seligmachenden Kirche" und die Scheiterhaufen der Inquisition, die dieses Lied in der Kirchengeschichte begleitet haben. Wir müssen uns fragen, ob nicht sowohl in der Großkirche als auch in unseren kirchlichen Sondergruppen schon wieder gezündelt wird.

Gruppenextern gesehen, betrifft es die fatale Abschottung nach außen. Sie mag stabilisierend wirken, ist aber tödlich. Wir verfügen dann nicht über die Souveränität, das Gute und Richtige auch bei anderen anzuerkennen. Wir müssen sie verteufeln. Uns entgegengebrachte Reserve, Distanzierung, Gleichgültigkeit, die ja sehr verschiedene Ursachen haben können und deren Grund auch wir selbst als Kirche, Gruppe oder Einzelne sein könnten, werden oft vorschnell den anderen angelastet: *Sie* sind die Weltverfallenen, die Gleichgültigen, die Abtrünnigen, die Ketzer. Und *wir* sind die Berufenen, die Rechtgläubigen, die Erwählten. Verpaßt wird die Chance des offenen Gesprächs, des gegenseitigen Lernens, des solidarischen Handelns.

Ich muß hier zwei Klarstellungen einbringen, um nicht mißverstanden zu werden. Ich plädiere nicht für verwaschene Positionen, nicht für Verzicht auf Parteinahme oder Unentschiedenheit. Im Gegenteil, ich bin für entschiedene Parteinahme gerade auch in Sachen Christentum, für den Mut zu Kontrast und Konflikt. Nur geht es dabei, das sollten wir uns auch um unseretwillen immer bewußt machen, um eine *Gratwanderung:* Positionbeziehen kann leicht zum Autoritarismus verkommen, Parteinahme zu totalitärer Vereinnahmung werden. Die andere Meinung, die man nicht ertragen will oder vielleicht auch nur nicht versteht, wird zur Ketzerei. Der vermeintliche Streit um die "Wahrheit" zum Kampf um die "Macht". Und hinter all dem verbirgt sich das Gespenst der Angst, geboren aus der Unsicherheit unseres Herzens, der Kleinglaube. In diesem Kontext gewinnt das Ideal des königlichen Menschen, das die Apokalypse zeichnet, seine Bedeutung. Es meint ja jene innere Freiheit und Gelassenheit, die dem zukommt, der sich seiner gewiß geworden ist, weil er – religiös gesprochen – sich von Gott erkannt und anerkannt wissen darf.

Die zweite Klarstellung: Wenn ich die Apokalypse kritisiere, will ich nicht ihre Kritik an dem sich selbst und seine Macht absolut setzenden Menschen verharmlosen. Im Gegenteil – folgen wir z.B. der Analyse des Psychologen H. E. Richter, dann kann gerade jener von ihr verurteilte "Allmachtswahn" als Kennzeichen der neuzeitlichen Geschichte gelten. Er wurde zum Symptom jener von "Männern" geprägten Gesellschaft, in der alles machbar erscheint und in der das Schwache dem Fortschritt der Gesellschaft, der Nation, der Wirtschaft, der Familie, dem eigenen Ich usw. skrupellos geopfert wird. Was die Apokalypse als Vergötzung der Staatsmacht an der kultischen Verehrung des römischen Kaisers kritisierte, hat längst uns alle eingeholt. In uns sitzt das apokalyptische Untier. Dieser Allmachtswahn und der damit verbundene skrupellose Egoismus bestimmen heute – neben der allenthalben ausbrechenden Barbarei, die nur als deren blutige Variante erscheint – global die Mentalität der vom Kapitalismus geprägten Weltgesellschaft. Vorerst wenigstens.

Doch wieder sollten wir Christen uns jeder Schwarz-Weiß-Malerei enthalten. Zu sehr sind wir in das Geschäft der Macht verstrickt. Nicht zu Unrecht sah der reformatorische Protest im christlichen Rom die Erbin der Caesaren, im Papst den Antichristen und in der sich an die Stelle Jesu Christi setzenden römischen Kircheninstitution ein apokalyptisches Monster. Muß nicht als eine der Ursachen der antichristlichen und antitheistischen Religionskritik des vergangenen Jahrhunderts die jahrhundertelange Liaison der Kirche mit der Macht, ihr Konkubinat mit den Mächtigen in der Welt gelten? Ist die Situation – trotz allem Reformgerede – heute anders? Gilt nicht auch für uns, was Hugo Rahner im Rückgriff auf altkirchliche Traditionen 1967 – also noch in der Phase der Konzilseuphorie – formulierte, daß die Kirche das "Trauergewand ihrer irdischen Gefangenschaft" erst dann ablegen wird, "wenn der Tag der Freiheit in Christus anbricht, dem keine Jahrhunderte mehr folgen"[6]? Unbeschadet der Tatsache, daß der monolithische Block der römischen Kircheninstitution unter den Liebhabern geschlossener Systeme auch heute noch Bewunderung findet.

---

[6] Zitiert nach M. Ebertz, in: P. Hoffmann (Hrsg.), Priesterkirche, Düsseldorf, 2. Aufl. 1989, 161.

Was uns bleibt, ist Bescheidenheit und Solidarität. Wir müssen uns eingestehen, daß wir über den Alleinvertretungsanspruch in Sachen Menschlichkeit (und damit auch in Sachen Gottes) schon längst nicht mehr verfügen, sofern wir ihn überhaupt je einmal besaßen. Dabei möchte ich nicht jene Christinnen und Christen verunglimpfen, die seit je inspiriert von der Botschaft Jesu sich für Menschlichkeit in der Kirche oder in der Gesellschaft einsetzten. Das Ideal von Gleichheit, Freiheit und Brüderlichkeit wurde im modernen Bewußtsein nicht von den christlichen Großkirchen, sondern eher gegen sie zur Geltung gebracht. Wenn Hans Jonas in seinem letzten Werk "Das Prinzip Verantwortung" eine radikale Abkehr vom bisherigen Weg der Entwürdigung des Menschen und der skrupellosen Ausbeutung der Erde fordert, ist er sich der Rolle durchaus bewußt, die hier den Religionen zukommen könnte. Doch erwartet er offensichtlich von deren Bundesgenossenschaft nicht mehr allzu viel. Die Kräfte des Widerstands gegen menschlichen Allmachtswahn und gegen Barbarei, die sich unter allen Völkern und in zahlreichen Gruppen erheben, haben vielfach andere Wurzeln als die christlichen oder sie sind nur noch über einen weiten Abstand jener Überlieferung verbunden.

Wir sind auf die "anderen" als unsere Partner verwiesen. Wir brauchen ihr Verständnis und ihre Solidarität, vielleicht mehr, als sie die unsere brauchen. Doch wir haben ein Erbe, das wir weder den Leichenfeldern der Geschichte noch den kirchlichen Machtideologen überlassen dürfen. Es ist die Option für jenen anderen Gott des Jesus von Nazareth: Nicht den Gott der Allmacht und der Machthaber, sondern jenen Gott, der uns im Geringsten und Schwächsten unserer Mitmenschen begegnet, jenen Gott, der im Schatten des Elends dieser Welt uns seine Nähe zusagt, jenen Gott, auf den sich Jesus von Nazareth mit seinem Leben eingelassen hat.

Ich erinnere mich an einen Aufsatz von Joseph Ratzinger aus den fünfziger Jahren, in dem er die alte Frage nach dem Heil der Nicht-Christen aufgriff. Mich interessiert nicht mehr diese Ausgangsfrage. Sie hat sich längst erledigt. Doch seine damalige Antwort verdient unser Interesse. Gegenüber der traditionellen Auskunft, daß Nicht-Christen aufgrund ihrer Moralität gerettet werden können, stellte er gut paulinisch heraus, daß "selbst die höchsten moralischen Entscheidungen des Menschen doch irgendwie und irgendwo ... von der Ich-Sucht angefressen sind." Insofern seien *alle,* ob moralisch oder unmoralisch, Christen oder Nicht-Christen, auf Gottes freie Gnade angewiesen. Dies zuzugeben, sei die "Demut des Glaubens".[7] Ich möchte seinen Ansatz – ohne die moralische Engführung auf die Ich-Sucht des Menschen – weiterführen. Es geht bei allen – neben der wahrhaftigen Liebe zu den Mitmenschen – um die Anerkennung menschlicher Kontingenz. Der Mensch kann sein eigenes Leben, aber auch die menschliche Geschichte als Ganzes nur sinnvoll gestalten, wenn er seine geschöpfliche Begrenztheit akzeptiert. In diesem Sinn ließe sich von einer "säkularisierten Form des Glaubens" sprechen. Das meint nichts anderes als den Abschied vom Allmachtswahn.

Lassen Sie mich hier auf die zweite Metapher vom erlösten Menschen aus der Apokalypse zurückkommen: Sie alle werden Gott als Priester dienen. Das Bild greift auf das antike Priestertum zurück, das für den Christen in Jesus Christus ein für allemal aufgehoben ist. Dieser Priester wurde in einem zugleich als Stellvertreter des Volkes vor Gott, aber immer auch als der Vertreter Gottes vor den Menschen gesehen. Wenn er als Priester das Opfer darbrachte, machte er deutlich, daß der Mensch nur Teil, nicht der Herr der ihn umgreifenden kosmischen Ordnung ist. Wenn die Apokalypse von "Gott dienen" spricht, geht es um nichts anderes: Der Mensch muß zu seinem Geschöpfsein stehen, er kann nicht wie Gott sein wollen, sonst verliert er sein Leben und wird zum Monster.

4. Gemeinde in Gesellschaft, nicht als Gesellschaft

Wie sollten sich christliche Gemeinden in der gegenwärtigen Weltsituation verstehen? Welches könnte ihre Aufgabe sein, sofern es solche Gemeinden überhaupt gibt, in einer Gesellschaft, die im Rückzug auf den Einzelnen und seine Interessen zunehmend die Fähigkeit verliert, den "anderen" wahrzunehmen? Diese Diagnose gilt sozialpsychologisch nicht nur für die persönlichen Beziehungen, sondern auch weltpolitisch für die Beziehungen der Völker und Menschen untereinander. Mit Recht haben Bischof Kräutler und

---

[7] Vgl. Die neuen Heiden und die Kirche, Hochland 51 (1958) 1–11, hier 9. Wenn Ratzinger allerdings die bei der Argumentation vorausgesetzte Stellvertretung der Vielen durch den einen Jesus Christus in einem „ganzen System der Stellvertretungen, das seine Krönung in dem Gegensatz von Kirche und Nicht-Kirche hat", fortgesetzt sieht, ist wieder einmal die Ideologisierung der Rolle der Kirche mit Händen zu greifen.

Paulo Suess das Leitwort der Befreiungstheologie von der "Option für die Armen" ausgeweitet auf die "Option für den anderen". Nur in der Anerkennung solchen Andersseins kann dessen Menschenwürde entsprochen werden.

Als erstes möchte ich daher vorschlagen, das Programmwort "Gemeinde als Kontrastgesellschaft" aus dem Verkehr zu ziehen. Mich stört an diesem Begrif nicht das Wort "Kontrast" – es ist selbstverständlich, daß die Nachfolge Jesu immer wieder in Kontrast mit den herrschenden Verhältnissen und in den Konflikt mit den sie Beherrschenden führt. Was mich stört, ist das Wort "Gesellschaft". Es erinnert fatal an die Kirche als societas perfecta. So als handele es sich bei der Kirche um eine eigenständige, von der übrigen Gesellschaft unterschiedene Größe, mit einem eigenen Sozialsystem. Die Idee der civitas dei im Gegensatz zur civitas diaboli der Welt steht hier Pate. Als wenn wir als Kirche nicht auch "Welt" wären. Das zweite vatikanische Konzil hat diesem Kirchenbild den Abschied gegeben und stattdessen das dynamischere Bild von dem durch die Zeiten und Kulturen wandernden Gottesvolk gewählt. In dem Gemeindetraum von der "Kontrastgesellschaft" kehrt jenes falsche Bild der Kirche als societas perfecta en miniature wieder. Für mich ist es ein frommer Selbstbetrug, wenn die Vorstellung geweckt wird, ein Christ könnte aus der allgemeinen Gesellschaft, aus seiner Zeit und Geschichte ausscheren, sich seine eigene Gemeindewelt einrichten nach dem Motto "my church is my castle". Ein christliche Gemeinde ist kein Kloster (wobei mir fraglich ist, ob solches auch dort je gelang) und erst recht nicht ein Neu-Qumran im 20. Jahrhundert.

Der Weg der "Kontrastgesellschaft" ist in mehrfacher Hinsicht eine Sackgasse.

1. Wir stehen damit gar nicht im "Kontrast" zur Gesellschaft, wie wir vorgeben, sondern folgen nur dem allgemeinen gesellschaftlichen Trend der Privatisierung.

2. Wir sperren uns damit selbst in den Augen der Öffentlichkeit aus der Gesellschaft aus und werden so zur Sekte, zum Geheimbund, zu Außenseitern, die man nicht ernst nimmt.

3. Der Auszug aus der Gesellschaft wird in der Regel nicht gelingen. Zu vielfältig sind die bewußten und unbewußten Kanäle, die uns mit dieser verbinden. Die Erfahrung lehrt, daß sehr schnell in der vermeintlich heilen Gemeindewelt all das reproduziert werden kann, was wir an der Gesellschaft verteufeln: Macht und Kapital,

die totalitäre Unterdrückung der Mehrzahl durch eine angeblich geistliche Elite, Inquisition und Exkommunikation, oft gepaart mit einem Antiintellektualismus und einer unaufgeklärten Gefühlsseligkeit. Spielend holt man dann in ein paar Jahrzehnten zweitausend Jahre Kirchengeschichte nach. Schauen wir uns einmal unter diesem Blickwinkel die verschiedenen neueren christlichen Gruppierungen an: die allerorts sich bildenden charismatischen Zirkel, die integrierten Gemeinden, das sogenannte Opus Dei, die amerikanischen Fernsehkirchen usw.!

4. Mein Haupteinwand ist jedoch theologischer Art: Wenn Gott das Heil aller Menschen will, Jesus sein Leben für alle eingesetzt hat, wenn Gottes Herrschaft das Ziel hat, daß Gott alles in allen sei (1 Kor 15, 28) – dann kann christliche Gemeinde sich nur als eine offene Größe verstehen, nicht aber als geschlossenes System. Aufgrund der Solidarität Gottes mit der Welt muß sie selbst solidarisch mit der Welt werden, d.h. mit allen Menschen, nicht nur mit einigen Erwählten, die wir uns ausgewählt haben. Ob dies auch Gott tat, müssen wir ihm überlassen.

Christlicher Gottesdienst hat seinen Ort im "Alltag der Welt", nicht im kultischen Raum eines heiligen Bezirks. Er kann sich daher auch nicht auf eine Gemeinde beschränken, die sich aus der Welt ausgrenzt. Wie es Paulus Röm 12,1f formuliert, sollen wir "unsere Leiber", d.h. uns in unserer leibhaftigen, also weltverhafteten Existenz, Gott als Gabe darbringen. Getragen von einem erneuerten Bewußtsein, nicht angepaßt den die Gesellschaft bestimmenden Denk- und Verhaltensmustern, im Wissen darum, worauf es ankommt: nämlich auf das Gute, das allein Gott gefällt und den Menschen zum Mitmenschen macht.

Der Christ also ein Mensch, der im Namen Jesu immer wieder die Revolte gegen das Etablierte, gegen den Trend, gegen die herrschenden Ideologien, die geheimen Verführer und selbsternannten Führer in Gesellschaft und Kirche wagt. Der Christ, ein Partisan im Widerstand des Nazareners, wie es Ernst Käsemann provokant formulierte: um des Menschen willen.

Wir müssen jede Form von Autoritarismus in der Kirche vermeiden: den von oben und den von unten, den rechts- wie den linkstheologischen, den neutestamentlichen wie den traditionalistisch-römischen. Ich bin bewußt bei meinen Überlegungen auf die aktuellen Fragen der Autoritätsausübung in der römischen Kirche oder auch in den Basisgemeinden nicht eingegangen. Die mit Gruppenprozessen oft verbundenen Herrschaftsprobleme sind normale Vorgänge, wir brauchen sie nicht zu ideologisieren, sondern müssen an ihnen arbeiten. Angesichts der Weltprobleme gleichen die großkirchlichen Autoritätsspiele anachronistischen Überbleibseln aus einem Narrenstück der Weltgeschichte.

Natürlich brauchen wir den Zusammenhalt in christlichen Gemeinden miteinander, brauchen wir Freundinnen und Freunde, die uns den Rücken stärken, allerdings nicht nur christliche und nicht nur die in der eigenen Gemeinde. Wir brauchen sie, wie der Partisan seine Gruppe braucht, um zu überleben. Wir brauchen die Erinnerung an Jesus von Nazareth im gemeinsamen Gespräch, im gemeinsamen Lesen der Bibel, im Gebet, in der gemeinsamen Feier des Herrenmahls als der zeichenhaften Vorwegnahme jenes Festmahles, das Gott allen Völkern bereiten will, eben jener völkerumgreifenden neuen Gemeinschaft. In diesem Sinn ist christliche Gemeinde voll zu bejahen, ist die Erfahrung unserer Zusammengehörigkeit, wie auch unserer Verschiedenheit, lebensnotwendig. Wir brauchen dies, um uns von dem inspirieren zu lassen, der der Anstifter unseres Glaubens auch heute ist. ER ist es und kein selbsternannter Stellvertreter. ER, der selbst den Weg des Glaubens, der Hoffnung und der Liebe uns vorangegangen ist. Das alles könnte und sollte christliche Gemeinde leisten, wenn es sie gäbe. Nur eines darf sie in all dem nicht sein – Selbstzweck. Das wäre Verrat an jenem Dienst an der Welt, der seinen Grund im Dienst Jesu für alle ohne Ausnahme hat.

Stellenregister

Die Stellen der Q-Überlieferung sind in der Regel nach Lk, die der Mk/Mt/Lk-Überlieferung nach Mk zitiert. Zahlen in Klammern beziehen sich auf die Anmerkung der entsprechenden Seite.